服务教学 促进发展

2017年度教师教学发展中心论文集

王关义 主编

文化发展出版社
Cultural Development Press

图书在版编目（CIP）数据

服务教学　促进发展/王关义 主编.-北京:文化发展出版社，2018.5
ISBN 978-7-5142-2202-9

Ⅰ.①服… Ⅱ.①王… Ⅲ.①高等学校－教学研究－文集 Ⅳ.①G642.0-53

中国版本图书馆CIP数据核字(2018)第067216号

服务教学 促进发展

——2017年度教师教学发展中心论文集

主　　编：王关义

责任编辑：张　琪　　　　责任校对：岳智勇
责任印制：邓辉明　　　　责任设计：侯　铮
出版发行：文化发展出版社（北京市翠微路2号 邮编：100036）
网　　址：www.wenhuafazhan.com　　www.printhome.com
经　　销：各地新华书店
印　　刷：北京虎彩文化传播有限公司

开　　本：787mm×1092mm　1/16
字　　数：430千字
印　　张：26.5
印　　次：2018年7月第1版　2018年7月第1次印刷
定　　价：108.00元
I S B N ：978-7-5142-2202-9

◆ 如发现任何质量问题请与我社发行部联系。发行部电话：010-88275710

服务教学 促进发展

编委会名单

主　编： 王关义

副主编： 杨丽珍　陈剑利

编　委： 孙玉秋　李福芸　胡虹霞　张勇斌　吴魏霞

卷首语

百年大计，教育为本。教育大计，教师为本。为进一步深化教学改革，提高教育教学质量，促进教师教学能力的提高，2012 年 11 月，北京印刷学院成立了教师教学发展中心。在北京市教委的大力支持下，在校领导的高度重视和全体中心委员的辛勤努力下，在全校教职工的积极配合下，中心如同一株幼苗，在风风雨雨中茁壮成长起来。中心从无到有，从小到大，一步一个脚印，走出了一条符合我校实际的特色发展道路。

“国将兴，必贵师而重傅。”邓小平曾经指出：“一个学校能不能为社会主义建设培养合格的人才，培养德智体全面发展、有社会主义觉悟的有文化的劳动者，关键在教师。”习近平总书记说，“教师重要，就在于教师的工作是塑造灵魂、塑造生命、塑造人的工作”，“教师是人类历史上最古老的职业之一，也是最伟大、最神圣的职业之一”。面向新世纪新阶段的挑战，高校如何进行教育教学改革，如何提高教师的道德素质和业务水平，如何提高教师的创新精神和实践能力，既没有固定的模式，也没有可供借鉴的经验。我们在摸索中前进，在学习中前行。

回顾过去的艰难探索，我们既有收获时的喜悦，也有挫折时的失落。我们把实践探索的点滴成果和理论思考的经验结集成册，向诸位教育界同人汇报，以期得到同行们的批评与建议。

本论文集虽然不是《古文观止》式的经典美文，但展示的却是我们自己的心声，散发着原汁原味的气息，这种来自于真实的东西也许才是最美、最有价值的。我们力争多一点自己的见解，多一分独到的思辨，多一段个性化的描述，多一条创新的实践总结。收录其中的教育教学论文和师德心声，无不展示出教师在教学过程中的大胆尝试与艰辛摸索，字里行间蕴含着对教育事业的一腔热情，对教学境界的更高追求。它或是在教学中的点滴所得，或是在教育中的瞬间感悟，或是在师生情感上的碰撞，或是在教学乐园中的共鸣……

展望未来，教育如何迎接全面深化改革的挑战？如何更好地为社会经济发展服务？教师如何担负起“天底下最光辉的职业”的崇高赞誉？这些问题时时萦绕脑际，我们深感肩负的责任之重大，使命之高尚。我们将以年度论文集的出版为契机，进一步解放思想，转变观念，认清形势，自加压力，真诚地向各位同行学习，也期待着与各位专家学者、兄弟院校的同人们进行交流，以更好地服务教学、促进发展。

“路漫漫其修远兮，吾将上下而求索！”愿这本论文集能使大家有所得、有所感、有所悟！

杨丽珍

2017 年 10 月

前　言

PREFACE

为深入贯彻落实国家和北京市中长期教育改革和发展规划纲要，根据京教函〔2011〕701号《北京市教育委员会关于开展北京高等学校教师教学发展中心建设的通知》精神，推动我校教师教学平台的建设，进一步深化教学改革，提高教育教学质量，促进教师教学能力的提高，2012年11月，经学校研究决定，北京印刷学院成立了教师教学发展中心。

学校教师教学发展中心的成立经过了前期大量的调研和筹备工作。2012年3月28日，我带领教务处、人事处、宣传部、工会等相关职能部门负责人赴首都经济贸易大学教师促进中心（OTA）进行考察。学习首都经济贸易大学教师促进中心建设的成功经验和好的做法。通过此次考察，对首都经济贸易大学教师促进中心“释放教师潜能、追求卓越教学、提升科研层次”的宗旨，“致力于全面促进教师教学、科研、身心健康”的使命，“打造学术共同体”的理念，建设“大学中的大学”的目标有了深入的认识和了解，同时对教师促进中心开展教师教育特色工作方式表示了高度的认同，为成立北京印刷学院教师教学发展中心打下了很好的基础。

教师教学发展中心定位为学校的非行政机构，以“服务教学工作、促进教师发展”为理念，致力于开展教师教学培训，提升教师教学水平，推动教育教学改革，推广教学创新成果，促进教师教学能力的提高，为学校教学工作开展提供服务。

2012年12月，教育部会同相关部委印发了《关于加强高等学校青年教师队伍建设的意见》。该意见指出，高等学校青年教师是高校教师队伍的重要力量，关系着高校发展的未来，关系着人才培养的未来，关系着教育事业的未来，从而明确了青年教师队伍建设在高校发展和教育事业发展中的战略地位。人才培养目标的实现依赖于教师队伍的结构优化与知识更新，这需要从提升青年教师教育教学能力做起。随着学校事业的发展，学科门类和专业数量不断增加，青年教师的数量也在不断增加，青年教师教学水平的提高成为制约高校人才培养质量提高的重要因素之一。

我校教师教学发展中心自成立以来，结合学校实际情况，积极为青年教师服务，为各科教师提供教学研究和课程研究的平台，实现教学资源共享和交流，促进青年教师的成长。探索性地开展了一系列活动，活动形式有专题研讨会、工作坊、座谈会、名师公开课、讲座、个性辅导等。教师自愿报名，参加活动教师的年龄、职称、部门涵盖了全校所有层次和范围，取得了良好的效果。

本论文集收录了不同学科和专业背景的教师的教学研究论文和师德师风感言心声，由教师教学发展中心负责编写。这些论文是广大教师长期在教学科研事业第一线工作的经验总结和深入思考，是教师爱岗敬业的真诚表达。这些论文从人才培养模式研究、教学方法与手段改革研究、课程建设体系与方法研究、实践教学体系与方法研究、师德修养与校园文化建设研究等不同角度对高校教学和人才培养提出了自己的见解，有一定的创新性，对于提高高校人才培养质量和展示青年教师教学研究方面的成果和心得体会具有重要的意义。

在人才培养这条轨道上，高校建立教师教学发展中心是一个有益的尝试，也是一项影响深远的战略性事业。作为中心的一名编外教师，我愿和大家共同推动中心事业的可持续发展，也借此机会向本书的正式出版表示祝贺，向各位论文作者表示衷心感谢！

王关义
2017 年 11 月

目　录

CONTENTS

总　论

办有情怀有灵魂的高等教育

罗学科

（北京印刷学院　校办　北京　102600）

当前，面临国家经济发展新常态、首都功能定位新调整、传媒产业转型升级和融合发展、高等教育综合改革持续推进等重要机遇和挑战，北京印刷学院牢牢抓住立德树人根本任务，聚焦优势教育资源，创新教学模式，加大科研创新，进一步提升人才培养质量与办学综合水平，逐步向“国际知名、有特色、高水平”的传媒类大学建设目标迈进。

一、内涵发展　理念先行

理念是行动的先导。北京印刷学院顺应时代发展新要求，把握高等教育发展和人才培养规律，更新教育观念与办学理念，提出了“以学生为本，建设对学生最好的大学”的办学理念。办有情怀、有灵魂、有内涵、有价值的高等教育。

一是教育要有情怀。对学生最好的大学，就是要办有大爱情怀的教育。学校全体教职员工，要发自内心热爱教育事业、关照学生成长，把平凡工作当作崇高事业来追求，把普通学生当作自己的孩子来热爱，全心全意、全情投入，在大爱的育人氛围中，将学生培育成为有爱心、有情怀的合格公民。

二是教育要有灵魂。对学生最好的大学，就是要办有思想灵魂的教育。学校要坚持社会主义办学方向，持续加大社会主义核心价值观教育和意识形态建设，增强学生爱国爱党爱社会主义的思想情怀，帮助学生树立正确的世界观、人生观、价值观，系好人生的第一颗扣子。

三是教育要有内涵。对学生最好的大学，就是要办有专业内涵的教育。学校要坚持德才兼备、以德为先的人才培养目标，在夯实学生思想根基的基础上，不断加强学科专业建设，构建优良校风学风，提升科学精神、人文情怀、专业素养综合教育，培育有知识、有能力的行业精英。

四是教育要有价值。对学生最好的大学，就是要办有价值追求的教育。教育的本质在于引导、促进人的全面发展。学校要以全面发展为价值取向，面向不同的学生群体，通过有针对性的成长成才服务体系，培育德智体美全面发展的综合性人才，实现全体学生全面发展的终极价值追求。

二、多措并举 落细做实

“建设对学生最好的大学”的办学理念一经提出，就在师生中引起了强烈反响和认同。全校上下，积极行动起来，通过营造全员育人氛围、加强学生思想教育、构建优良教风学风、健全成长服务机制等多种举措，深入推动“对学生最好”落细做实。

一是营造全员育人氛围。学校积极构建全员育人教育模式，建立健全制度机制，明确将教书育人、管理育人、服务育人纳入全员育人范畴，要求教师、干部、职工在“守好一段渠，种好责任田”的基础上，心怀大爱，协同创新，共同推进学生工作，并通过学生推选“我最尊敬的老师”及全体教工参与年度优秀学生颁奖典礼为获奖学生颁奖等途径，让学生的进步成为每一位教工的荣耀，提升全体教工的职业荣誉感和获得感，增强全员育人的动力源泉。

二是加强学生思想教育。学校坚持狠抓意识形态建设不动摇，坚持学校领导干部为学生讲授形势政策课制度，坚持将思想政治教育的一般要求与学科特色相结合，贴近学生，以学生喜闻乐见的形式开展教育活动；学校注重创新学生思想教育形式与载体，积极开展网络思想政治教育；学校着力将思想教育与解决学生实际问题相结合，针对四个年级学生的不同特点，开展“引航、筑基、寻梦、护航”四大工程，对大一学生讲适应、大二学生讲学习、大三学生讲目标、大四学生讲就业，对各类特殊学生群体开展各有侧重的思想政治工作；学校充分发挥朋辈引领的作用，举办新生奖学金颁奖仪式、优秀学生颁奖典礼、青春榜样等大型表彰宣讲会，以党建带动班团建，以优秀学生影响、感染、带动全体学生，收到了良好的效果。

三是构建优良教风学风。学校以经典阅读为基础，以英语学习、考研为抓手，狠抓教风学风建设，大力培育学生的学习能力、专业素养、实践能力和创新能力，努力提升信息时代以知识创新为标杆的核心竞争力。学校高度重视培养学生的阅读行为，举办校长赠书《平凡的世界》及读后感征文、三行话、手抄、剧评、“读同一本书圆同一个梦”校长公开课、“读书·圆梦”主题演讲比赛系列读书活动，并将优秀读书活动成果结集出版“大学第一本书”，增强学生的读书信心和兴趣，以读书为纽带，深入推进社会主义核心价值观内化于心、外化于行。

学校注重提升学生的学习兴趣和能力，通过早晚校园广播、每周三下午全校英语测试、邀请名师讲座辅导等途径，提高英语四、六级考试通过率；通过举办考研动员大会、考研经验交流会、考研基础科目培训班，鼓励优秀学子考研深造，攀登人生新起点；通过组织学生参加国内外科技竞赛、举办大学生科技节、开展大学生研究计划、建设校内外实习实践基地、开设创新创业课程，开办“卓越工程师班”“韬奋班”“雅昌班”实验班等途径，培育学生的实践创新能力。

四是健全成长服务机制。学校瞄准学生成长的关键节点，健全学生成长服务机制，通过入学教育服务、奖勤资助服务、心理健康服务、学业提升服务、就业创业服务、毕业离校服务等服务体系，帮助学生解决实际问题，促进全体学生全面发展。针对大一新生，学校实施入学教育暨引航工程，举办了新生军训、校长公开课、院长公开课、新生主题班会、新生骨干工作坊、新生入党启蒙教育、新生心理普查、新生颁奖典礼、新生读书交流会等系列活动，帮助新生尽快适应校园环境、融入大学教育、明确大学规划。针对大二、大三学生，学校以党建、班团建设、学业学风建设为抓手，帮助学生提高学习能力，掌握专业知识技能，提升实践创新能力。针对高年级学生和大四学生，学校深入开展就业创业和毕业离校服务，强化就业帮扶，实施毕业生离校教育和“起航”工程。面向全体学生，学校持续开展助学贷款、贫困资助，提供勤工助学岗位，开展诚信、感恩教育，保证“让每一位学生有尊严地学习和生活”。

三、成效初显　继续前行

通过举校上下齐心协力、多种措施共同发力，“建设对学生最好的大学”的办学理念得到有效落实，有情怀、有灵魂、有内涵的教育成效明显。

在全员育人的大格局下，全体教工精神抖擞，信心百倍，爱岗敬业，奋发进取。一年来，共有9位教师荣获北京市政府特殊津贴、“北京市百千万人才工程”“北京市师德先锋”等荣誉称号；学校博士后队伍获得多项国家和北京市的项目资助；近百名青年教师参加社会实践，多项调研成果获评优秀。在全体教工无私奉献、倾情付出的感染下，学生之间团结关照，相互帮助，并积极参加志愿服务、社会实践，努力为经济社会发展贡献力量。

在党委的坚强领导下，学校意识形态工作牢牢掌握领导权、管理权和话语权，通过思政课主渠道和第二课堂思政教育强大合力，对学生加强中国特色社会主义理论体系和社会主义核心价值观教育，并结合学科特色，进行马克思主义新闻观、出版观、文艺观教育，学生爱国爱党情感浓厚，感恩奉献意识强烈。一年来，学校无一例政治安全事件，无校园传教行为，校园文化和谐、文明。广大学生思想端正，信仰坚定，努力前行在筑梦路上。

完善的成长服务机制和良好的读书学习氛围保障了学生的健康成长，激发了学生的学习动力，有效提升了学生的综合素质。一年来，共有 2795 名学生荣获校级、市级、国家级各类学业奖学金和荣誉称号。学生的就业率稳居 97% 以上，毕业季出现用人单位到学校“抢人”现象。全体学生的全面发展不仅仅是学校教育的价值取向，而且是通过教书、管理和服务扎实推进的具体行动和现实目标。（《中国高等教育》，2017 年第 2 期）

如何建设中国特色社会主义传媒类大学

刘超美

（北京印刷学院　校办　北京　102600）

摘要：2016年，中央召开了新中国成立以来最高规格的全国高校思想政治工作会议，在高校党建历史上具有里程碑意义。北京印刷学院党委学深悟透习近平总书记系列重要讲话精神，要求学校上下自觉用习近平总书记系列重要讲话精神统一思想认识，提高思想政治站位，坚持问题导向，推动思想政治工作落细、落小、落实、落地。

关键词：高校；党建；思想政治工作

一、学深悟透习近平总书记系列重要讲话精神

习近平总书记系列重要讲话，尤其在全国高校思想政治工作会议上的重要讲话，为北京印刷学院进一步明确“建设什么样的北京印刷学院、培养什么样的合格建设者和可靠接班人”的办学治校方针提供了重要遵循依据。

一是必须深入领会高校思想政治工作的重大意义。习近平总书记关于我国高等教育定位的全新表述，具有鲜明的现实指向：高校不仅要立德树人，更要为治国理政、改革开放和现代化建设提供解决方案和智慧。习近平总书记在讲话中关于办好中国特色社会主义大学的重要论述，深刻阐明了思想政治工作对办学治校、育人育才的特殊重要性。我们必须坚持把立德树人作为中心环节，抓好政治领导和思想领导，坚持党管办学方向，坚持党管高校改革发展，坚持党管干部原则，切实把党的领导在学校落到实处，腰杆硬、底气足地把思想政治工作贯穿于教育教学全过程。

二是必须深刻认识理解加强教师思想政治工作是落实立德树人中心环节的根本所在。在思政工作会议上，习近平总书记强调，“教师是人类灵魂的工程师，

承担着神圣使命。传道者自己首先要明道、信道。高校教师要坚持教育者先受教育，努力成为先进思想文化的传播者、党执政的坚定支持者，更好地担起学生健康成长指导者和引路人的责任”；要“加强师德师风建设，坚持教书和育人相统一，坚持言传和身教相统一，坚持潜心问道和关注社会相统一，坚持学术自由和学术规范相统一，努力成为先进思想文化的传播者、党执政的坚定支持者，学生健康成长的指导者和引路人”。我们要按照习近平总书记的要求，坚持育人为本，强化思想教育和价值引领，引导学生铸就理想信念、锤炼高尚品格，引导教师明道信道、传道授业。

三是必须深刻认识改革创新是提升大学生思想政治工作针对性、实效性的主要手段。思想政治工作改革创新的重点是要用好课堂教学这个主渠道，关键是构建中国特色哲学社会科学学科体系和教材体系。我们要按照习近平总书记的要求，利用新媒体、新技术做好思想政治工作，“跳出高校看高校，推动思想政治工作传统优势和信息技术高度融合，形成新媒体矩阵”“既会面对面，又会键对键”地与“无人不网、无处不网、无时不网”的新青年交流交心，为学生解答人生应该在哪儿用力、对谁用情、如何用心等问题。

四是必须深刻认识学校作为首都高校所肩负的功能使命。2016 年 6 月 28 日，北京市委常委、教育工委书记林克庆同志主持召开北京高校党委书记会议，强调“深化教育体制改革必须向首都目标聚焦，向教育现代化聚焦、向特色聚焦、向加快现代大学制度建设聚焦”。北京市教委近期出台了《关于进一步研究确定市属本科高校办学定位的通知》，要求各高校要面向2030年研究确定自身办学类型。面对首都未来发展和高等教育改革的新形势、新机遇，我们要深入思考并精准定位学校未来十五年的发展，紧密围绕立德树人根本任务，努力提升教育质量和科研创新能力，立足定位，办出特色。

五是必须深刻认识学校作为行业高校所独有的政治文化属性。新闻出版业是建设和巩固社会主义思想文化的主阵地，具有鲜明的政治和意识形态属性。北京印刷学院溯源于文化部的文化学院、中央工艺美术学院的印刷工艺系，肩负为新闻出版行业和首都输送传媒类人才的重要使命，具有鲜明的政治文化和意识形态属性。经过近 60 年的积淀，学校学科专业基本覆盖新闻出版全产业链、毕业生基本遍布行业全领域，我们必须深刻学习领会贯彻习近平总书记在全国宣传思想工作会议、哲学社会科学工作座谈会、中央新闻单位调研、新闻舆论工作座谈会、全国高校思想政治工作会议等重要场合围绕“宣传思想工作”提出的一系列新观点、新精神、新要求，在办学方向、发展定位、人才培养目标、保持足够的战略定力和发展自信，努力培养既有坚定理想信念又适应媒体融合核心能力的应用型传媒类人才。

二、努力提高办学治校的政治站位

作为一所意识形态和文化属性鲜明的首都高校，学校党委注重将思想政治建设作为一项战略性、基础性工程常抓不懈。全国高校思想政治工作会议召开以后，党委坚持边学习边贯彻，带领全校上下把思想和行动统一到会议精神上来。

一是以各种形式深入学习传达会议精神。全国高校思想政治工作会议召开以来，学校党委第一时间在党委理论中心组学习会和党委常委会上学习传达会议精神，随即召集全校教师代表学习会议讲话精神，邀请北京市委党校常务副校长王民忠作高校思想政治工作会议精神辅导报告；先后召开四次党委理论中心组扩大会议，10 位同志先后作了专题学习报告，有的经过数月准备，将会议精神结合工作层层传递、入脑入心；2017 年年初，以“学习贯彻全国高校思想政治工作会议精神”为主题召开领导班子务虚会扩大会，邀请曾出席全国高校思想政治工作会议的北京外国语大学党委书记韩震教授作了辅导报告；5 月，以中层干部换届为契机，先后邀请教育部社科司司长刘贵芹等 6 位同志到校作了《深入贯彻落实全国高校思政会议精神，切实增强大学生对思政课的获得感》等辅导报告，深化了全校干部对会议精神的理解；通过新闻出版大讲堂等平台加强思想文化引领，邀请全国政协委员、原新闻出版总署副署长李东东来校作了《继承优良传统、履行职责使命、提高修养学养——做党和人民信赖的优秀新闻工作者》报告。

二是层层发力将会议精神传递到“最后一公里”。全国高校思想政治工作会议召开以来，学校党委班子成员通过谈学习体会、讲党课、讲形势政策课等途径宣传思想政治工作会议精神，走遍所有二级学院，和全校教职员工“一对一”谈话。个别谈话 754 人，占在编教职员工的 93.55%；和毕业生代表进行座谈，调研大学生思想政治工作，基本做到了全校性会议逢会必讲、谈心谈话逢人必谈；各级单位层层落实，深入学习贯彻全国高校思想政治工作会议精神，全校上下氛围浓厚。全国高校思想政治工作会议结束后，师生报送发表学习会议精神感想 160 余篇，34 名博士后通过座谈、微信发表学习感想；从 2016 年年底到今年 6 月，全校各学院、学工系统、共青团系统以多种形式多次学习全国和北京市高校思政会议精神；7月初，组织各民主党派及无党派人士深入学习北京市党代会及学校思想政治工作会议精神；7月4日至5日，20个基层党组织书记依次向学校党委汇报本单位思想政治工作。

三是开好学校思想政治工作会议。6月30日，学校以“立德树人，全面提升思想政治工作水平”为主题召开落实思想政治工作会议精神暨“七一”表彰大会。为开好这次会议，学校党委先后到中央党校、中央财经大学、北京林业大学、北京工业大学等单位深入学习调研。笔者代表学校党委在会上作了《立德树人全面提升思想政治工作水平》的主题报告并全文印发至全校各党组织，要求全校上下自觉用习近平总书记系列重要讲话精神统一思想认识，提高政治站位，确保学校立德树人中心环节；7位来自各基层单位的同志分别代表基层党委、专业教师、辅导员、学生党员作了专题发言。6月29日，在北京高校庆祝中国共产党成立96周年表彰大会上，学校三名师生获得表彰，许诚同学还作为北京市15万大学生党员的唯一代表进行了发言，获得全场好评。

四是强化思想政治工作建章立制。按照中央31号、北京市委10号、市委教育工委32号文件精神，党委组织形成了“3+X”制度体系设计，即《关于加强和改进新形势下思想政治工作的实施意见》等三个文件加上若干个落实细则，制定责任清单，分三年逐步推进落实，争取“十三五”末大部分落实到位；以贯彻全国高校思想政治工作会议精神为导向，修订完善《北京印刷学院校级党委理论中心组学习规则》《北京印刷学院二级党委理论中心组学习规则》《北京印刷学院2017年校级党委中心组学习计划》等文件。

三、坚持问题导向，推动思想政治工作落细、落小、落实、落地

当前，学校思想政治工作与中央和北京市委的要求相比，还存在不小差距。例如，思想政治工作领导体制和工作机制有待完善，全员全程全方位育人格局有待构建，教师思想政治工作体制机制建设有待加强，基层党组织在思想政治工作中发挥作用不明显，思想政治理论课教学水平有待提高等。我们必须将深入学习贯彻思政会议精神作为学校当前和今后一个时期首要的政治任务，持之以恒地抓好思想政治工作。

一是抓党的领导，坚持和完善党委领导下的校长负责制。党委坚持每月定期

由党委书记、校长、副书记、组织部部长、宣传部部长碰头议党建和思想政治工作，切实增强校级班子成员抓党建和思想政治工作责任意识；坚持党委常委每年至少两次专题研究思想政治工作，强化会前调研和议题论证、把关工作；严格执行各级党组织抓思想政治工作述职评议考核制度，要求校院两级班子成员每年至少与所联系师生谈心谈话两次，为师生和党员讲党课一次；建立了党员校领导干部联系基层党组织制度，形成了党委书记负总责，党员校领导分工负责，党委委员协调配合，党委职能部门具体落实的党建工作格局。下一步，我们将继续提高思想政治站位，提高校院两级党委理论学习中心组学习质量，强化校院两级党委政治核心作用，凝聚各级党组织，抓思想政治工作的合力。

二是抓党管人才，强化教师队伍的思想政治工作。从 2016 年开始，在职称评审和干部推荐选拔中增强师德师风和思想品德考察比重。在 2017 年 5 月的科级干部晋级考核和新教工引进聘任中，均把政治立场和思想政治表现作为遴选成员底线要求，目前正在研究在教师职称评审中严格落实师德一票否决制；实施 45 岁以下青年教师思想政治教育五年轮训，由党委书记亲自审定培训内容，校领导亲自带队并授课，目前已经举办三期暑期井冈山、古田培训班，培训 120 多人，举办十期中青年骨干教师读书班，分批次参观苏区中央出版局、中央印刷局旧址，专题学习苏区出版史、印刷史；将师德教育与教师发展相结合，制订人才专项支持计划，每年投入上百万元支持“北印英才”“北印学者”等人才项目。将学术委员会委员纳入理想信念教育计划，开通职称评审直通车，增加了教学型教授（副教授）职称，鼓励教师既做好科研创新又做好教书育人。下一步，我们将进一步坚持以教书育人、立德树人为根本导向，加强党管人才顶层设计，强化教师理想信念教育，健全完善教师考核评价体系，切实提升教师队伍思想政治工作水平。

三是抓思想政治价值引领，坚持思想育人和专业育人并重。成立马克思主义学院，加强思想政治课建设，安排专项资金进行思想政治理论课专题化改革，深化专题教学、案例教学，开展大班教学“课中课”；推进大班教学向中班教学和小班教学转变，秋季学期最小教学班人数为63人；加强课堂管理，提高教学质量，思政课整体出勤率达到 92%。加强马克思主义理论研究，6 月，学校马克思主义学院 4 名教师获全国艺术院校思想政治理论课优秀论文。注重强化思想政治教育和专业教育的融合，发挥专业课程、专业教师在思想政治工作中的作用。例如，一些专业教学与思政教育同向同行的课程设计模式已列入学校的重点教改项目，在《市场营销学》商品层次教学中，围绕“商品的最高层次是满足人灵魂的需求”这一属性融入思想政治教育内容；在讲授“决策”课程时，教师以《春天的故事》这首歌入题，带领学生一起回顾邓小平同志大胆决策、努力开创改革开放新局面的整个历程；在讲授“企业”课程时，列举华为、万达等优秀企业的案例，这样既讲授了知识点，又传递了正能量，课堂育人成效明显。下一步，我们要继续加强“一观三论”和思想政治理论课主渠道建设，深化思想政治理论课教学改革，提高思想政治课水平。

四是抓队伍保障，强化思想政治专门力量建设。按师生比不低于1∶200的比例设置专职辅导员岗位，按师生比不低于1∶350的比例设置专职思政课教师岗位；从制度上保障了辅导员作为专任教师和管理干部的双重身份、职称职级双线晋升的评聘政策；修订了校内辅导员、班主任规章制度5项，设立思想政治工作为专项研究经费，支持和激励思想政治工作队伍攻读专业学位，参加校外理论课程研修；通过专题培训、科研项目、深度辅导督察、职业能力大赛等途径，加强辅导员队伍专业化建设，提升辅导员的政治素养和专业能力，为开展大学生日常思政工作培养合格的教育者。下一步，我们要继续统筹设计，加强思想政治理论课教师和哲学社会科学课教师及党政干部、共青团干部、辅导员班主任等队伍的建设发展。

五是抓基层党建，强化思想政治工作“最后一公里”建设。选优配强基层党组织书记，坚持“双向融合”+“一人一策”培养基层党组织书记。以优化班子结构、增强整体功能作为重要着力点，注重选拔既懂管理工作又懂学科专业的复合型领导人，实现二级单位党组织书记中有74%为高级职称，教工党支部书记中高级职称比例占61%。推进基层试点改革，在基层党委设立由系主任、支部书记、专业负责人组成的“三人核心组”，支部书记不仅参与系里的决策和管理工作，而且在评奖评优中拥有师德一票否决权及奖励绩效、管理绩效分配权，促进基层书记积极性显著提升；持续开展“育才工程”“先锋工程”“青春榜样”等党建、德育创新品牌活动及网络安全文化月、传媒文化节等红色正能量活动，与团市委联合举办“西沙英雄与首都青年面对面”，赢得人民网等主流媒体和社会关注好评；“青春榜样”等思政品牌获团中央表彰并在北京市推广，2016年获得超过百万的网络观看量和点赞量，思想政治育人活动成效明显。下一步，我们要将全面从严治党引向基层党支部，推进基层党支部规范化、常态化建设，巩固和拓展党内教育成果，营造想干事、能干事、干成事的浓厚氛围，走好新形势下的群众路线。

六是抓特色凝练，结合行业属性强化思想政治工作。学校正在打造的“新闻出版先锋号”红色出版史学习教育活动，在“思想育人”中融入中华优秀传统文化和革命文化、社会主义先进文化教育及党史、国史教育，以“红色出版史”为主线，以师生支部共建的形式，选取《新青年》《红色中华》《解放日报》等100种有代表性的红色报刊，每名学生负责一种报刊，挖掘、整理、编写、传播与代表性红色出版物有关的史料，使学生在参与的过程中受教育。此外，学校自发起成立“京南大学联盟”以来，注重积极整合联盟高校人文学科优势，探索共建马克思主义学院。目前，联盟高校正在研究整合资源，联合申报北京高校思想政治教育教学改革示范点项目。

学校将继续以改革创新和久久为功的精神，一届接一届地抓好落实，抓出成效，一张蓝图绘到底，扑下身子加油干，以拼搏为美，向行动致敬，以良好的精神面貌和优异的思想政治工作成绩，迎接党的十九大胜利召开。（《北京教育》高教版，2017年第9期）

加强高校党建工作的探索与思考

赵盛伟

（北京印刷学院　校办　北京　102600）

摘要：高校党建工作，是党的建设的重要组成部分。在新形势下加强和改进高校党建工作，是办好中国特色社会主义大学的根本保证。北京印刷学院在党建工作方面虽然积累了一定的实践经验，但存在一些不足。为此，需要进一步加强党的领导，坚持社会主义办学方向；强化思想引领，全面加强思想政治工作；坚持好干部标准，加强领导班子和干部队伍建设；强化作用发挥，扎实推进基层党组织建设；深化作风建设，扎实开展党风廉政建设。

关键词：高校；党建；规划；探索

高校党建工作，是党的建设的重要组成部分。习近平总书记指出，“加强党对高校的领导，加强和改进高校党的建设，是办好中国特色社会主义大学的根本保证。”“要切实把党要管党、从严治党落到实处。”面对世情、国情、党情的深刻变化，不同思想文化交流、交融、交锋，社会思潮多元、多样、多变等新形势、新挑战、新要求，高校党的建设既有成功的经验和成绩，也存在一定的劣势与不足。为确保中国特色社会主义大学的办学方向，加强和改进在新形势下高校党的建设就显得尤为重要。多年来，在北京市委、市委教工委的正确领导和指导下，北京印刷学院党委始终坚持正确的政治方向，把握高等教育的发展规律，坚持党的领导，牢牢把握党对学校工作的领导权，保证正确的办学方向、精心谋划学校顶层设计、扎实推进党建创新落实，发挥党建和思想政治工作对学校中心工作的导向、动力和保障作用。

一、探索与实践的经验

1. 学校党委把方向、谋全局，引领学校事业发展

一是科学谋划顶层设计。确立“到 2020 年，初步建成国际知名、有特色、

高水平的传媒类大学，基本实现从教学型向教学研究型大学转变”的奋斗目标，提出质量立校、人才强校、创新驱动、党建创新“四大工程”，完成“十二五”时期学校发展的顶层设计，在全校上下形成广泛共识。党委坚持抓思想、抓战略、抓队伍、抓稳定，定期召开学科、教学、科研、人才等工作会议，初步构建“以学科为基础，统领学校事业发展”的办学模式，开创各项事业发展的崭新局面。

二是深入开展学习教育。按照中央和北京市委要求，带领全校党员干部认真开展党的群众路线教育实践活动、“三严三实”专题教育、“两学一做”学习教育，持之以恒改进作风，深入贯彻全面从严治党要求，扎实推进“两学一做”学习教育常态化、制度化，进一步解决党员队伍在思想、组织、作风、纪律等方面存在的问题，取得明显实效。

2. 中层干部敢担当、干实事，推动学校事业发展

一是扎实做好中层干部选拔任用工作。认真贯彻落实《党政领导干部选拔任用工作条例》，坚持好干部标准，坚持“事业为上，以事择人、依岗选人、人岗相适”的选人、用人原则，以建设学习型领导班子为重点，以服务师生群众为宗旨、以坚持民主集中制为核心、以能力建设为主线，不断优化干部队伍结构，提升干部队伍素质，完成中层干部换届聘任工作。换届工作整体做到竞争择优、能上能下、推进交流，做到不简单以年龄划线、不搞班子成员年龄层层递减和“一刀切”、用好各年龄段干部，做到基层导向、注重实绩、群众公认、敢于担当。特别是打通了进退流转渠道，对不再担任领导职务的中层干部，实行转岗分流，或回归教学科研岗位，或转为相应职级的职员。充分体现事业为上和人文关怀，对身体原因不能正常履行职责、满负荷工作的中层干部实行照顾性转岗，转任相应职级的职员，待身体恢复后再安排任用。广大干部教师对干部聘任工作总体满意率达到98.18%。

二是选好配强中层领导班子。创新性地探索并实践“院长＋执行院长”的管理模式，采用柔性引进的方式，聘请“千人计划”“长江学者”等高层次领军人才担任二级学院院长，充分发挥其社会声誉和资源优势，大大提升了学校的学术影响力，增强了学校在行业的核心竞争力。对二级学院中层班子人选，采取先个别谈话推荐，后会议推荐的方式进行全额定向推荐。民主推荐结果作为考察对象的重要参考，防止简单以票取人，进一步强化了公道正派的干部工作核心理念，引导干部把精力真正用在扎实工作和加强自身修养上。

三是创新干部培养模式。坚持“理论培训＋挂职锻炼”相结合的干部培养模式，采取集中培训、专题培训、依托红色教育基地党性教育，以及经验交流座谈等多种方式，不断加强和改进中层干部的教育培训工作，提高分层、分类培训的实效性，提升中层干部的理论素养和履职能力，为实现学校“十三五”战略规划目标提供坚强的人才保障。

四是着力培养优秀青年干部。通过采取“校外＋校内”挂职锻炼相结合的方式，加大对优秀青年干部培养力度。近年来，学校选派60多名中青年干部赴国家新闻出版广电总局、科技部、市委教育工委、市教委等部门，以及新疆、西藏、大兴、密云等地区校外挂职锻炼；安排50多名青年教师进行校内挂职锻炼。

3. 广大党员做表率、甘奉献，助力学校事业发展

一是着力加强党员教育管理。以坚定理想信念为重点，加强党员教育培训工作，组织党员认真学习党的理论知识、党章党规党纪、习近平总书记系列重要讲话精神和治国理政新理念、新思想、新战略等。定期调研分析党员思想状况，丰富党员教育培训内容，创新教育培训方式，坚持分层分类施教，增强教育培训的针对性和实效性。

二是切实保障党员民主权利。认真落实党代表任期制和代表提案制，定期召开党员代表大会，发挥党员在学校建设和发展中的主人翁作用，调动和激发广大党员为学校发展献计献策的积极性。常委会向全委会、全委会向党代会定期报告工作并接受监督，听取党代表对学校发展改革和重要事项决定的意见建议。推行党务公开，发挥党员民主权利，健全党内情况通报制度，向党代表和党员反馈提案办理和意见建议受理情况。

三是党员作用发挥明显。广大党员主动服务师生员工，把师生的政治追求、发展成长、情感交流、生活帮助等纳入工作范畴，切实帮助师生解决实际困难和问题。主动服务社会，建立青年教师社会实践基地，广泛开展党员志愿服务和社会实践活动，与毕业生党员所在的农村、街道社区、企事业单位党支部结对共建。利用微信、微博等新媒体、新平台增强服务师生的针对性和实效性。

4. 基层组织凝人心、聚力量，保障学校事业发展

一是优化党组织设置。按照有利于发挥党支部战斗堡垒作用和党员先锋模范作用、有利于开展党员教育管理服务活动、有利于密切联系群众的原则，规范基层党组织设置。在2017年的组织机构调整和中层干部换届工作中，将职能相近、

业务联系紧密但又难以形成“大部门”的“小机构”，通过党政合署或共同组建基层党组织的方式，形成紧密的党政融合关系。例如，宣传部、新闻中心、网信办联合成立宣传网络信息直属党支部；科研处、校产办联合成立校产科研直属党支部。及时新增、整合、优化院系级党组织设置；根据实际需要，合理设置教师和学生党支部，探索在学生公寓、社区、社团组织等设立功能型党组织。

二是重视基层党建创新。聚焦于强化党员宗旨意识，服务社会、服务学校事业发展，服务教师、服务学生成长成才，定期开展党建特色活动评选、特色案例征集，及时总结推广党建活动创新实践和新鲜经验，凝练了一批党建品牌活动。例如，“红帆”“聚力工程”“领航计划”“社区小秘书”等。

5. 全校师生做主人、干实事，促进学校事业发展

一是调动师生的积极性和创造性。党委始终把调动全校师生积极性、创造性作为学校各级党组织工作的重要内容，深化岗位聘任和人事制度改革，加大对高层次、高水平教学科研成果的奖励力度，激发教师潜能和工作热情。

二是搭建领导与师生沟通的“直通车”。完善教代会、团代会、学代会制度，定期举办“校长有约”“和谐校园面对面”，定期召开教师座谈会，开展师生思想状况调研，搜集学生网络舆情，搭建学校领导与师生沟通的“直通车”，拓宽了解基层信息的渠道，虚心听取师生意见，有针对性地解决师生的问题，营造人人想干事、能干事、干成事的良好氛围。

三是选树优秀教师典型。通过评选师德先进个人、举办师德演讲比赛、开展“我最尊敬的老师”评选活动等，选树“四有好老师”，并进行广泛宣传，以榜样的力量感染人、带动人。

二、存在的不足

1. 党建“最后一公里”尚未彻底打通

学校在“一级抓一级、层层抓落实”的党建格局构建上取得了进展，在推动班子成员齐抓共管党建方面取得了成效。但在基层党组织充分发挥联系服务群众“最后一公里”，为群众办实事、解难事、做好事上抓得不够实、不够好，打基础、利长远、惠师生的民心工程推动不够有力。部分基层党组织服务群众，化解矛盾，凝聚人心作用发挥不明显等问题，无形中在党组织和群众之间产生了一堵墙。

2. 党委全委会成员抓党建作用尚未充分发挥

党委全委会成员党建责任不明确，有的缺乏抓党建的主动性和自觉性，就党建工作议题作调查研究、深入思考和充分酝酿不够，在全委会讨论、表决时总想着与常委会保持一致，不能或不愿充分表达自己的真实意愿。

3. 基层党建缺乏系统凝练，党建创新不够

党建工作设计缺乏系统性、整体性。党建活动形式单一，活力不足，吸引力不强，以听讲座和参观为主的传统党建活动模式较多，思想性和教育性深度不够。部分基层党支部学习以“读报纸、学文件”为主，存在表面化、形式化、娱乐化、庸俗化现象。一些基层支部不能根据中青年教师的思想特点有效与之沟通，开展丰富多彩的学习和交流活动，出现了中青年教师入党不积极、在教职工中发展党员有难度的局面。

4. 党要管党、从严治党意识尚未完全到位

部分领导党要管党的意识尚未完全到位，从严治党还存在宽、松、软，缺乏严、实、硬。一些单位还存在“说起来重要、做起来次要、忙起来不要”“上热下冷”“好在点上、差在面上”的情况。有些党组织书记忙于业务工作，没有把党建工作作为“主业”，“轻种责任田，主种自留地”。有的单位行政领导支持支部书记抓党建的意识不强，党政合力不足；有的中层干部忙教学科研多，“一岗双责”意识、纪律规矩意识不强，重视分管的业务工作，轻视分管工作中的廉政责任。

5. 科学民主决策机制有待更加完善

有的单位各项会议制度的地位和职责明晰不到位，存在职责交织，决策交叉等问题；有的单位不论大小事情都上党政联席会；有的单位党政联席会议题不明确，并非一事一议，议而不决现象时有发生。还有的单位长期不开党委会、支委会，或者以党政联席会代替党委会、支委会；有的干部民主集中制意识不强，重大事项不经集体研究就决定。

三、加强和推进学校党建工作的思考

1. 加强党的领导，坚持社会主义办学方向

强化学校党委领导核心作用，把方向、管大局、作决策、保落实，确保党的教育方针在高校教学、科研、管理等各领域得到贯彻落实。强化院系级党组织政

治核心作用和基层党支部战斗堡垒作用，履行政治责任。完善二级单位党政联席会议制度，健全二级单位集体领导、党政分工合作、协调运行机制。院系级党组织在干部队伍、教师队伍建设中要发挥主导作用，党支部要在教职工聘用、晋职晋级、评奖评优工作中提出意见，把好政治关、师德关。完善学生党支部、团支部、班委会协同工作机制和党支部委员、团支部委员、班委交叉任职机制。

2. 强化思想引领，全面加强思想政治工作

扎实推进“两学一做”学习教育常态化、制度化，始终把思想教育作为首要任务，坚持用党章、党规规范党组织和党员行为，用习近平总书记系列重要讲话精神武装头脑、指导实践、推动工作，真正让党章、党规、党纪和习近平总书记系列重要讲话精神入目、入脑、入心，确保在思想上、政治上、行动上与以习近平同志为核心的党中央保持高度一致。将“两学一做”学习教育与《北京普通高等学校党建和思想政治工作基本标准》（以下简称《基本标准》）检查、日常工作有机结合，按照《基本标准》要求，对标、对表，推进党建工作科学化和规范化。

3. 坚持好干部标准，加强领导班子和干部队伍建设

继续坚持“理论培训＋挂职锻炼”相结合模式，整合全校教育培训资源，着力增强教育培训的系统性、统筹性、针对性和实效性，加强和改进干部教育培训工作，重点加强中层正职、新任干部和优秀年轻干部培训，切实为学校中心工作提供坚强的思想政治保证、人才保证和智力支持。严格落实干部职务任期制和任期目标责任制，加强中层领导班子建设；加强对党组织主要负责人和关键岗位领导干部的监督，严格执行领导干部个人有关事项报告制度；加大提醒、函询、诫勉工作力度，完善干部考核办法和正向激励措施。综合运用考察考核、述职述廉、民主生活会等方式，从严管理监督领导班子和干部。

4. 强化作用发挥，扎实推进基层党组织建设

牢固树立党的一切工作到党支部的鲜明导向，抓住党支部这个重点，把党支部建设作为最重要的基本建设，把推动改革发展、服务师生成长成才、做好师生思想政治工作、从严教育管理党员作为党支部的主要任务，充分发挥基层党组织联系服务师生“最后一公里”的功能和作用。始终坚持问题导向，及时整顿软弱涣散基层党组织，解决基层党组织被边缘化、功能弱化的问题。抓住严格和规范党内政治生活这个重点，严格执行“三会一课”、民主生活会、组织生活会等制度，将从严治党要求落实到每个支部和党员，发挥基层组织战斗堡垒作用和党员先

锋模范作用。

5. 深化作风建设，扎实开展党风廉政建设

习近平总书记多次强调，“作风建设永远在路上，永远没有休止符。”要切实提高政治意识，把整治“为官不为”作为作风建设的一项重要内容。严肃查处师生身边不正之风和腐败问题，整治“微权力”腐败，维护师生切身利益。扎实开展党性、党风、党纪教育，引导党员干部和广大师生增强纪律自觉。聚焦于政治纪律、组织纪律和廉洁纪律，有效运用好监督执纪“四种形态”，将党内监督与党外监督相结合。将党要管党、从严治党向基层党组织延伸，着力筑牢战斗堡垒，增强党同师生群众之间的紧密联系，让广大师生有实实在在的获得感、幸福感，坚定对党的信任、跟党走的信心。（《北京教育》高教版，2017 年第 9 期）

专业教育与思想政治教育融合渗透思考与实践

田忠利

（北京印刷学院　校办　北京　102600）

摘要：我国高等教育肩负着培养德智体美全面发展的社会主义事业建设者和接班人的重大任务，专业教育和思想政治教育有机融合对培养德才兼备、全面发展的高素质人才具有重要意义。北京印刷学院学习贯彻落实全国高校思想政治工作会议精神，在推进专业教育与大学生思想政治教育融合、把思想政治工作贯穿到教育教学全过程方面进行了积极的探索与实践。

2016年12月7日至8日，全国高校思想政治工作会议在北京召开。中共中央总书记、国家主席、中央军委主席习近平出席会议并发表重要讲话，深刻回答了事关我国高等教育事业发展和高校思想政治工作的一系列重大问题，具有很强的政治性、思想性和针对性，是指导做好新形势下我国高校思想政治工作的纲领性文献。学习贯彻落实会议精神是教育系统当前和今后一个时期首要的政治任务。

习总书记在讲话中强调指出："高校思想政治工作关系高校培养什么样的人、如何培养人及为谁培养人这个根本问题。要坚持把立德树人作为中心环节，把思想政治工作贯穿教育教学全过程，实现全程育人、全方位育人，努力开创我国高等教育事业发展新局面。"通过紧密联系我国高等教育发展历程和历史使命，深刻阐述了高校思想政治工作的重要意义和紧迫性，将高校思想政治工作的认识提高到了一个新的高度。"高校是党领导下的有中国特色的社会主义高校，必须坚持以马克思主义为指导，坚持社会主义办学方向不动摇，要本着为人民服务、为中国共产党治国理政服务、为巩固和发展中国特色社会主义制度服务、为改革开放和社会主义现代化建设服务的立场，把正确的政治方向、价值导向贯穿到人才培养全过程，努力培养德才兼备、全面发展的社会主义建设者和接班人。”习总书记的讲话阐述了加强和改进高校思想政治工作的重大意义、根本方向、目标任务及基本要求，为高等教育事业健康发展指明了方向。学习贯彻落实习习近平总书记系列重要讲话精神，要求我们在充分发挥思想政治理论课主阵地作用的同时，其他各门课都要“守好一段渠、种好责任田”，使各类课程与思想政治理论课同向同行，形成协同效应。同时，要更加注重以文化人，以文育人，广泛开展文明校园创建，开展形式多样、健康向上、格调高雅的校园文化活动，广泛开展各类社会实践。要推动思想政治工作传统优势同信息技术高度融合，增强时代感和吸引力，推动高校思想政治工作强起来。

当前，高校思想政治工作面临着复杂多变的内外部环境，以马克思主义为指导思想的思想政治教育受到社会各种思潮的侵袭；社会主义市场经济的高速发展的同时，社会主义核心价值观也受到市场经济利益驱动的挑战；信息技术和互联网的发展给高校思想政治教育带来新发展的同时，网络的开放性和网络文化的多元化，也给高校思想政治教育带来巨大的冲击。面对新挑战，高校思想政治教育工作未能及时跟上人才培养的步伐，在思想政治教育内容上未能紧密结合国家社会对专业人才全面发展的要求，思想政治教育的针对性和实效性不足。在这种形势下，高校思想政治工作还存在诸多突出矛盾和问题，特别是在专业教育上对思想政治教育工作不够重视，主要体现在重教书轻育人，教书育人“两张皮”现象尤为严重，专业课教师思想政治育人意识不强；重智育轻德育，缺少科学系统的理论基础和针对性的设计指导，思想政治教育长期以来在专业教育过程中缺乏针对性和实效性；“重科研轻教学”的人事考评制度和“重业务轻育人”的教学工作考评制度不能激发教师育人的积极性。在日常管理方面，学校内部各部门和院系的协调配合不够，未形成协同育人的合力。作为一所以培养国家新闻出版业专门人才为己任、具有鲜明的意识形态和文化属性的传媒类高校，北京印刷学院必须更加注重加强对学生思想政治素质的培养，更加注重用马克思主义新闻观立德树人，积极培育学生坚定的政治立场，培养德才兼备、让党和人民放心的出版传媒人。

一、发挥课堂教育主渠道作用，将大学生思想政治教育有机融入学生专业教育的全过程

大学的人才培养重点是专业教育，专业教学内容占到 80% 以上，如何把专业教育与学生思想政治教育有机结合起来，在传授专业理论知识和强化实践技能的同时，更要培养学生高尚的思想品德、坚定的政治立场和强烈的国家意识，增强民族文化自信、民族文化自觉和历史使命感，使我们的专业教育与思想政治教育同向同行，在新形势下更好地发挥全程育人、全方位育人的积极作用。北京印刷学院明确提出思想政治教育进专业教育课堂，与专业课程建设相融合。根据我校工、文、艺、管四大学科门类不同的特点，以不同的方式融入思想政治教育的全过程。例如，在工科计算机专业课程的绪论部分，以我国现代印前技术奠基人、北大方正集团创始人、两院院士、北京大学王选教授为例，介绍王选院士通过计算机技术改革与创新，并应用在我国印刷领域所取得的成就，以此激励学生学习计算机和网络信息技术，为印刷出版领域做贡献。在印刷专业教学过程中，通过对我国印刷领域知名学者和重要发展成就作为典型案例介绍，以期激发学生为国争光，增强民族自信、抒发爱国情怀，勇攀科学高峰。再如，艺术类专业，坚持弘扬中国优秀传统文化，倡导艺术为人民服务的教育理念，新开设选修课《中国文化概论》，增强学生传统文化的人文素养。在跨专业小学期专业教学上，联合开展毕业设计，鼓励新媒体作品选题定位在中国传统文化、红色革命历史的呈现上；在《传媒信息可视化小学期》中，引导学生作品以信息可视化的方式展现我国改革开放和社会主义现代化建设取得的伟大成就，激发民族自豪感，增强“四个自信”。

二、坚持实践育人，鼓励和引导师生在弘扬主旋律、传播正能量方面多出作品、出好作品

北京印刷学院立足大学人才培养，放眼学生的长期可持续发展，特别注重培养学生的学习能力、实践能力和创新能力，将“培育具有社会责任感、创新精神和实践能力的应用型高级专门人才”列入学校“十三五”规划的人才培养目标，并通过一系列行之有效的措施引导师生在传承中华印刷文明、弘扬优秀传统文化、励志成才报国等方面多出优秀的文学、科技、艺术作品。学校强化实践教学的育

人功能，在专业认识实践、实习实践、创新创意、毕业设计等主要实践课程中结合思想政治教育，推进全员育人、全过程育人、全方位育人。专业认识实践在课程中，将思想政治教育与专业教育相结合，对于专业领域内的国内知名学者、典型案例、新技术发展及学生日后的人生规划，在专业层面进行引导；在实习实践过程中，对基础知识、专业技能与道德修养的相结合，在实践中进行全面检验、重点培养和不断提高，将知识转化为能力、智慧、精神、品格；学科竞赛、创意大赛、创新创业项目等创新创意类实践，鼓励和引导师生宣扬社会主义核心价值观的主题或是红色经典主题，弘扬主旋律、传播正能量；鼓励学生的实践和毕业设计作品展示中华优秀传统文化，宣传党中央治国理政新理念、新思想、新战略，弘扬改革创新精神的优秀作品。学校将思想政治教育的一般要求与学科特色相结合，以学生喜闻乐见的方式开展教育活动，比如，“传承红色精神”百米长卷主题绘画大赛、“两学一做”海报插图动漫设计比赛、网络安全设计大赛等；注重创新学生思想教育形式与载体，结合专业特色，顺应媒体融合发展趋势，积极开展网络思想政治教育，建设了“两微一端”宣传教育平台，利用微信公众平台开展社会主义核心价值观教育、爱国爱党教育及各类主题教育，取得了良好的成效。

三、发挥第二课堂在学生成长成才教育中的重要作用，使学生在参与过程中潜移默化接受教育

通过整合校内外资源，充分利用校园文化活动、现代网络、校内外实训基地及素质教育基地等平台，创新工作方法，凝练大学生思想政治教育特色品牌活动，加强对学生的爱国主义精神、社会主义理想信念、组织纪律观念、岗位责任感、工匠精神、团队精神的培养。例如，新闻出版学院开展名家名师名校友进课堂活动，以他们自身参与的重大事件或者取得的重大成果的创作为例，讲述创作背景、设计思路、当时对设计主题的理解，通过邀请杰出校友结合自己成长经历，使学生树立献身印刷出版行业的决心和信心；开展“新闻出版先锋号”红色出版史学习教育活动，以“整理一套文献、编写一个故事、组织一次宣讲、运营一个公众号、发表一段帖文、开展一次实践、汇编一本教材”七类活动为主要形式，使学生在参与的过程中受教育；邀请专业领域知名学者进行科技讲座，使学生了解老一辈科学家为祖国为人民，现身科技事业的科学精神，树立正确的价值观、人生

观。信息工程学院整合校内外资源，充分利用校园文化活动、现代网络、校内外实训基地及素质教育基地等平台，进行创新教学方法，将案例教学法、互动教学法、开放式教学法等国内外先进教学方法运用于课堂，精心设计实践课程的各个教学环节，加强对学生的纪律观念、岗位意识、工作责任感、质量意识、团队精神的培养，使学生不断认识到社会主义核心价值观在自身成长过程中所发挥的重要作用。

下一步，我们将以习近平总书记系列重要讲话精神为指引，坚持“以文化人、以文育人，建设对学生最好的大学”为目标，始终遵循思想政治工作规律，遵循教书育人规律，遵循学生成长规律，精心谋划、系统设计，把社会主义核心价值观融入人才培养全过程，使各项教育教学工作与思想政治教育同向同行，相融相通，为出版传媒行业和经济社会发展培养更多优秀人才。（《北京教育》高教版，2017 年第 6 期）

帮助学生做好人生第一本书系好人生第一粒扣子——北京印刷学院以“书”为载体落细落小落实社会主义核心价值观

彭　红

（北京印刷学院　校办　北京　102600）

作为覆盖图书编辑、制作、出版、印刷、营销、评析与传播等全产业链的行业特色高校，北京印刷学院在媒体融合发展的时代背景下，紧紧围绕学校学科特色和人才培养目标，探索以“书”为载体，以“我的大学一本书”为主题，形成以“读书”“做书”“传书”为主要途径的思想教育模式，帮助学生做好人生第一本书，系好人生第一粒扣子，落细落小落实社会主义核心价值观。

一、读书：内化核心价值观，帮助学生认识书的价值，理解北印的文化使命

学校以“书”为媒介，通过“读书”，在阅读中帮助学生增强辨别力，内化核心价值观。2016年，与新生录取通知单同步寄出校长赠书《平凡的世界》，以及读后感征文、三行话、经典名句手抄、剧评等活动邀约。面向全体新生，围绕青春梦、大学梦、北印梦、中国梦等共同的梦想，以“读同一本书，圆同一个梦”的主题举办校长公开课。通过阅读经典，剖析书中蕴含的深刻启示，帮助学生正确认识国家的发展、时代的责任和行业的使命，引导学生脚踏实地、艰苦努力，奋力追梦。

学校党委书记刘超美在2016年读书月中，亲自为学生推荐习近平总书记新书《知之深 爱之切》，并在“书香印苑”读书沙龙与学生交流心得体会。同时，在全校范围内举办“读书·圆梦”主题演讲比赛，分享读书体会和成长故事，激励学生“读好书 做好人”。层层选拔出的优秀选手在“首都高校学生读书演讲比赛”中取得了优异成绩。此外，学校还举办学生党员骨干读书班、“红色读书月”和

领导荐书阅读、班级“书香”阅读等活动，倡导全体师生“读书”，并提出要做“全面阅读的领读者”。

突出学校特色优势，与人民出版社携手，统筹各大出版社、知名作者和新媒体资源，成立“人民读书会”。作为学校重点学科的新闻出版学院，成立“读书会研究中心”，为“读书会”服务，助力全民阅读，努力做“全民阅读的领读者”。

二、做书：践行核心价值观，帮助学生明确书的主题，认同北印的文化担当

学校以“书”为载体，结合学科专业，通过教会学生“做书”，在绘画、书籍制作、多媒体设计等艺术创作实践中践行核心价值观。连续十三年举办“百米长卷”绘画，以“铭史承志筑梦中国”“传承长征精神”等重大史政为主题，以画笔描绘学生追求爱国、爱党的真挚情感；指导学生完成《“品读经典 塑造价值”阅读成果集》文章的选编、排版、插图到图书设计、装帧、印制，并公开出版；指导学生创编的《新出版人》《经管传媒》《为学》杂志与报纸连续刊出；指导学生创办“青春北印”“北印为学”“读书会”等微信公众号，力求打造“服务成长 引领风尚”新媒体平台。

以“为大众、爱祖国、真敬业”的“韬奋”新闻人精神为引领，学校创办“韬奋”实验班，激励学生“爱国奉献，不懈奋斗”。2016 届数字出版专业，在毕业作品 22 本电子书中，其中 15 本均是深度挖掘、传播中国古典文化和优秀民族文化的主要内容，学生们用新媒体技术诠释出繁荣中国文化的己任。

三、传书：弘扬核心价值观，帮助学生提升书的价值，承担北印的文化责任

学校以“书”为平台，通过提升“书”的价值，激励学生担当文化责任，弘扬核心价值观。连续 7 年评选学生先锋模范、举办“青春榜样”宣讲会，并将 66 名“青春榜样”的先进事迹汇编出版 6 册《青春榜样——北京印刷学院优秀学子的知行思》，发送给学生，弘扬正气，激扬精神，塑造价值。

设计艺术学院研究生以自己 3 年村官经历为真实素材，编辑制作并公开出版绘本《大学生村官日记》，号召青年一代弘扬核心价值观、建设社会主义新农村。伴随着中国文化走出去的脚步，由在校学生王鹏设计的《和・旅行餐具》作品，

荣获世界级最高设计“红点至尊大奖”，将中国元素推向国际舞台。返校后，他在学校搭建的“优秀学子报告会”上，分享自己以民族文化获得世界盛誉的获奖感想。

“国有大事，必有雅昌”的中国文化名片，杰出校友万捷创办的雅昌文化集团，突破传统印刷概念，将艺术之美融入书籍艺术品的制作中，赋予书籍艺术的灵魂，凭借精湛的印刷技艺与卓越的艺术品质，多次荣获“世界最美的书”奖项，引领中国文化、中国艺术、中国出版走向世界。

浩渺行无极，扬帆但信风。在“互联网 +”背景下，作为传媒类高校的北京印刷学院坚持“立德树人”，以培养新闻出版复合人才为时代责任，结合学科特色、以“书”为载体，细化实化社会主义核心价值观，既夯实学生的思想根基，又提高学生的专业素养，落实学校“建设对学生最好的大学”的办学理念，不断引导着学生坚定政治立场，担当文化责任。从而增强读书、做书、传书用“中国好书”讲好中国故事的自信，确立做党和人民信赖的中国新印刷人、新出版人、新媒体人的成才目标。(《北京教育》高教版，2017 年第 6 期)

柔性引进人才建设的探索与实践
——以北京印刷学院为例

王关义

（北京印刷学院　校办　北京　102600）

摘要：在北京市属高校中，北京印刷学院是较早制定和实施柔性引进高层次人才政策的大学。在具体实施时，强调制度规范、领导带头、分类引进、以人为本、专项支出，及时出台了柔性引进高层次人才的灵活政策，引进方式多样，指出了存在的问题，柔性引进高层次人才取得了一系列重大成果，为学校转型发展做出了贡献。

关键词：柔性引进；人才建设

一、关于柔性引进的“五个强调”

所谓柔性引进，是相对于刚性引进而言的，是指在不改变国籍、不迁移户口、不转接人事档案、不调动工作关系的前提下，按照“不求所有、但求所用”的原则，以提供智力服务为核心，以完成特定专项任务为目的一种引进聘用模式。学校柔性引进高层次人才的工作内容主要包括：学科建设、科研合作、技术攻关、师资培养和学术交流等。多年来，北京印刷学院在柔性引进高层次人才工作的主要做法，概括地讲，就是“五个强调”。

第一，强调制度规范，组织协同。柔性引进高层次人才不是为了建立领导干部个人的“朋友圈”，不是学校领导干部的“私活”。在学校制定和实施的《北京印刷学院高层次人才引进与管理办法》中，对于如何柔性引进使用高层次人才，作出了专门规定，构建了较为完整的工作体系：一是学校层面主要负责做好顶层设计、完善制度保障、设立专门机构；二是二级学院层面主要提出引才需求、落实引才责任，明确人才职责；三是各职能部门、特别是人事部门，主要做好指导协调配合和服务跟踪评价工作。

第二，强调领导带头，主动出击。引进高层次人才工作，历来是各地高校的“老大难”问题，但“老大难、老大难，老大带头就不难”。抓高层次人才引进工作必须上下动员形成“合力”，学校把这项工作确定为“一把手”工程，从规划战略、制定落实政策，到协调各方面力量、提供引进后服务等，学校领导都做到了紧盯不放、真抓实干、一抓到底。多年来，学校柔性引进的每一位高层次人才，校级领导都做出了决定性贡献。

第三，强调分类引进、一人一策。对于柔性引进高层次人才的待遇标准，学校既做到了量力而为，也做到了尽力而为。根据国家有关政策和学校实际情况，学校分类确定柔性引进高层次人才的薪酬标准和相关待遇，建立了“一对一”协商引进的工作机制，制定了具有竞争力的激励机制，努力激发高层次人才的工作积极性、主动性和创造性。

第四，强调以人为本，真情关爱。学校积极协调解决柔性引进高层次人才的住房、医疗、配偶户口、子女入学等实际问题，努力营造柔性引进高层次人才安心工作、舒心生活的良好环境。对于柔性引进的高层次人才，符合国家及北京市有关政策的，学校积极向上级主管部门推荐申报，申请落实国家及北京市给予高层次引进人才的相关政策和待遇。

第五，强调专项支出，不断优化服务。学校设立了高层次人才引进工作专项基金。专项基金主要用于学校引进高层次人才的科研启动经费及相关待遇等。学校围绕引进高层次人才实际工作需要，还加强了配套政策保障和团队建设，使柔性引进高层次人才能够尽快开展科学研究和人才培养工作。

二、柔性引进的形式及所取得的主要成效

第一，学校实行双聘院长制度。根据学校学科发展需要，聘请学术造诣高、知名度广的专家学者担任二级学院（研究院）院长，实验室主任等，对学校的科学研究、人才培养和体制改革等重大问题的解决提供指导。目前，学校已经有四个二级学院和三个研究院院长是由柔性引进的高层次人才担任。

第二，进行科研合作。根据学校的科研规划，聘请相关方面专家作为学校的特聘教授，共同申报重大科研项目，或者承担科研课题的指导作用。

第三，聘请知名教授担任学校硕士生导师和博士后合作导师。依托学校博士

后科研工作站，学校建立了与清华大学联合培养博士后的关系，每位进站博士后，学校都为他们配备了两位合作导师，一位是北京印刷学院的教授，另一位是清华大学的教授。通过聘用清华大学教授作为合作导师，不仅大幅提高了在站博士后的培养水平，而且提高了校内导师的学术水平。

第四，聘请某一方面的专家学者或相关领域的权威人士以兼职教授身份来学校讲学、作报告或进行其他学术交流活动。“十二五”期间，在学校柔性引进的高层次人才中，有 3 人为国家“千人计划”入选者，有 3 人入选北京市“海聚工程”。柔性引进高层次人才取得了一系列重大成果，为学校转型发展做出了重大贡献。例如，聂震宁推动学校与中国传媒大学在合作培养博士生等方面达成战略合作伙伴关系；以项目负责人身份为学校新闻传播学学科争取到第一项国家级课题，到位经费 134 万元；组队成功申报一项国家社科基金项目，到校经费 20 万元。杨义先帮助和引导学校建立科研团队，并协助团队申请并获批省部级科研项目；以学校的名义在著名学术期刊发表了 3 篇 SCI 检索论文，1 篇 EI 检索论文；在学校建立“杨义先科教基金”等。崔铮参与推进“印刷电子产业技术创新联盟”的建立与运行；协助学校成功举办第 5 届国际柔性与印刷电子大会（ICFPE）；积极推动建立印刷电子研究生课程体系建设。

三、存在的问题和下一步打算

近年来，柔性引进高层次人才在一定程度上缓解了学校快速发展过程中对人才的急需，但与国内部分一流高校相比，在观念解放、政策配套、氛围营造、主动作为方面还有很大提升空间，引进的数量和质量还有待进一步增加和提高。在学校二级单位之间，柔性引进高层次人才发挥作用的情况不够均衡，有的“雷声大、雨点小”，其中高层次人才“引而不用”和“用而不当”的现象比较普遍。对于做好柔性引进高层次人才工作，学校“十三五”规划制定了一系列有针对性的政策，贯彻落实这些政策措施，我们还需要进一步做好以下工作：

第一，落实责任主体。抓好高层次人才队伍建设，包括柔性引进高层次人才工作，关键是强化二级学院、研究院的主体地位，激发基层组织的积极性和主动性。在学校“十三五”规划中，我们进一步明确了学校领导干部联系专家的制度，建立了二级学院（研究院）领导干部引进高层次人才目标责任制。二级学院、研究院领导班子是学校高层次人才队伍建设的责任主体，院系主要负责人是高层次人才队伍建设的第一责任人。高层次人才队伍建设成效将成为二级学院、研究院领导干部任期考核的核心指标。学校还进一步建立健全了高层次人才队伍建设考核评估机制，加强对二级学院、研究院学科与高层次人才队伍建设进度和成效的动态监测，强化绩效激励。

第二，制订需求计划。做好高层次人才工作，要有清晰明确的战略规划，应根据学科发展定位来确定高层次人才引进的需求计划。学校“十三五”规划规定，要加大海外引才工作力度，优先保障重点学科、重点实验室和重大科研项目等平台的人才需求；注重引进和培养新兴学科、交叉学科和具有较强国际交往能力的高层次人才。二级学院、研究院应将本单位学科建设规划与高层次人才队伍建设紧密结合起来，突出“高精尖缺”导向，注重发挥柔性引进高层次人才的支撑引领作用。

第三，健全评价考核机制，加强在岗管理。“十三五”时期，学校对柔性引进高层次人才的投入力度会逐步加大，与之相对应，高层次人才引进的风险也会相应增加。因此，强化对柔性引进高层次人才的评价考核就非常必要、非常重要。依据各二级单位学科发展要求和高层次人才岗位特点，学校正在建立健全以岗位职责为基础，以品德、能力和业绩为导向的高层次人才考核评价机制。年度考核主要考核到岗时间和工作进展情况，聘期考核以师德师风、创新质量、服务贡献和队伍建设为重点，考核合同履行及作用发挥情况，并将考核结果作为是否续聘或薪酬调整的重要依据。

综上所述，在今后的柔性引进高层次人才工作中，学校将牢固树立更强烈的人才意识——“寻觅人才求贤若渴、发现人才如获至宝、举荐人才不拘一格、使用人才各尽其能”，全力做好学校高层次人才队伍的团结、引领、服务工作，真诚关心人才、爱护人才、成就人才，激励各类高层次人才为早日建成国际知名、有特色、高水平传媒大学的北印梦而努力奋斗！（《北京教育》高教版，2016 年第 12 期）

提升学生核心素养打造有特色的马克思主义学院

张养志

（北京印刷学院　校办　北京　102600）

摘要：党中央召开的全国高校思想政治工作会议，是新形势下坚定不移走中国特色社会主义的高等教育发展道路、扎实办好中国特色社会主义高校的里程碑。会议从共产党长期执政、国家长治久安的视角强调了高等教育的战略性，开启了高等学校具有灵魂性和方向性的第二次综合改革。会议精神具有丰富的内涵，必须系统学习、认真领会、深刻把握。内化于心、外化于行，在特色马克思主义学院建设上下功夫。

关键词：马克思主义学院；新闻出版；传媒人才

北京印刷学院从围绕新闻出版全产业链办学治校、育人育才的实际出发，以实际行动落实全国高校思想政治工作会议精神，就需要在马克思主义学院建设上回答三个问题：一是厘清建设思路；二是准确定位建设方向；三是构建特色内容。

一、找准理论依据，做到一般性和特殊性相结合

思路决定出路。要厘清马克思主义学院建设的工作思路，必须做到遵循高校思政工作的一般性要求和贴近新闻出版行业对传媒人才的特殊性需求相结合。

从一般性上看，就是按照高校思想政治会议精神和31号文件要求，遵循马克思主义学院建设的基本要求，从全局的高度，运用科学的思想方法和工作方法，遵循教育规律、思想政治工作规律、学生成才规律，主动适应，超前布局，通过内涵建设做好基础性工作，提高传播马克思主义理论和开展思想政治教育的能力。在工作思路上要坚持正确方向，坚持首善标准，坚持贯穿融入，把行动统一到马克思主义学院必须全面落实的立德树人总要求和“四为”人才培养的总目标上来。

从特殊性上看，北京印刷学院作为意识形态鲜明，文化属性强，以印刷、出版、传媒为特色的行业院校，所培养出的学生大多就业于新闻出版、媒体传播领域的各个岗位，所从事的工作与传播社会舆论、主流媒体发声有密切联系。这些工作对社会思潮与舆论导向的影响面更广、更深、更宽。所以，学校在人才培养上必须引导学生养成正确的思想观念与价值认同。学校要针对行业的特殊需求，深刻领会习总书记关于意识形态、舆论宣传、新闻出版、网络安全等系列重要讲话精神，深入分析学校围绕新闻出版行业办学所肩负的历史使命和社会责任，在工作思路中坚持问题导向，遵循新闻出版工作规律，突出新闻出版的意识形态属性和政治功能，至少在三个方面有所体现：一是在内涵上体现出版文化的精神实质。从历史方位的新阐释、价值定位的新导向、工作布局的新要求三个方面悟透马克思主义学院建设的精髓所在。二是在使命上体现出版行业的客观需求。要认清行业特色性大学在党和国家新闻出版事业全局中的地位作用、目标任务。三是在路径上体现现实状况。要坚持问题导向，反思不足，找出差距，务实推动顶层设计、系统谋划和工作举措。

二、立足行业需求，做到内在要求和外生动力双思考

对于学校马克思主义学院的定位应该从内生要求和外生动力两个方面来分析。

从人才培养、科学研究、社会服务使命而言，加强内涵建设、提高人才培养质量、强化服务行业针对性，这是学校发展的内在要求。要求马克思主义学院坚持学校“以文化人，以文育人，建设对学生最好大学”的办学理念，坚持遵循教育规律、思想政治工作规律和学生成长规律，练好内功，做好规定动作。

从文化传承创新、国际交流合作使命而言，要成为新闻出版行业、首都国际传播中心、文化创意产业发展的领军人才摇篮和智库，马克思主义学院建设必须找对自选动作，办出特色，走差异化发展之路。以行业需求为导向，强化人才培养的政治导向和文化基础，提高各专业的人文素养、提升职业契合度，这是新闻出版的意识形态属性、政治功能和社会责任所决定的，也是马克思主义学院建设的外生动力。重视人文素养能增强人才整体的厚重感和文化修养，也就能围绕新闻出版需求传承中华文明、创新传媒文化，通过讲好中国故事、传播好中国声音服务“一带一路”国家倡议。因此，北京印刷学院马克思主义学院的定位，需要在三个层面体现特色：

1. 坚持理论传播，突出马克思主义出版观的引领性

构建适应行业需求、适应北印人才培养需要的“一观三论”（马克思主义新闻出版观、出版概论、印刷概论、艺术概论）理论课程体系。以此扎根新闻出版行业，对接马克思主义理论研究和建设工程，更好地坚持和发展有中国特色的社会主义理论在传媒类特色高校的落地。马克思主义新闻出版观的引领性应通过两个路径来实现：一是转化马克思主义基本理论在传媒类高校思想政治教育中的应用，以此来指导特色学科方向凝练、队伍建设、教材建设、课程建设和实践教学。二是指导围绕相关专业的课程教学嵌入思想政治教育元素，做到围绕新闻出版产业链的知识传授与马克思主义理论教育、思想政治教育同向同行、相互融合，形成协同效应。

2. 坚持特色凝练，强化思想政治教育的针对性

在承担思想政治理论课教学任务的基础上，结合学校办学特色，把思想政治理论课建设的基本要求与新闻出版行业的特殊性相结合，使马克思主义新闻出版观体现在思想政治理论课教学的各个环节，渗透在各专业教学内容之中。围绕“传媒技术、传媒文化、传媒艺术、传媒管理”四大学科群，培育思想政治教育与行业需求相适应的特色领域、搭建基础平台。强化案例教学，以政治性强、富有红色元素、内容鲜活的出版印刷故事诠释红色文化、革命文化、优秀传统文化和社会主义先进文化，培训大学生的文化情怀，提高思想政治理论课教学的针对性。

3. 坚持资源整合，强化人文素质教育的基础性

新闻出版行业以内容为核心、以技术为支撑、以文化为引领。相应的人才培养也要以专业为核心、以应用为支撑、以思想为引领。而人才培养中的思想性需要通过强化人文素质教育的基础性来体现。这样就能把社会主义核心价值观教育与出版职业素养相结合。具体在学校就是把分散在相关二级学院的现代汉语、知识产权（版权）、出版史、印刷史、艺术史等相关课程进行整合，构建支撑各专业人才培养的人文社科基础教育体系。同时，对大学生的文化与思想素质教育和第二课堂进行业务指导。

三、广泛调研，科学论证，做到规范性和特色性相适应

马克思主义学院的建设内容应该包括学科建设、队伍建设、课程建设、教材/案例建设、平台建设、学术建设、机制和手段建设。这里重点对学科建设、课程建设、教材/案例建设进行分析。

1. 学科建设

马克思主义学院的科学研究，不是纯粹的学术研究，而是马克思主义理论和思想政治理论在人才培养中的应用。这种研究主要体现在三个方面：一是基础理论研究，主要是搭建起马克思主义出版观的研究框架和内容体系，并以此为专业教学和特色教学指明方向，形成理论支撑；二是教学研究，主要是针对课程、教学研究，即如何把思政教育转化为出版价值教育，并通过案例建设落到实处；三是面对行业需求的应用研究，属于拓展性的外向型服务内容。这种面向培养对象的教学性研究需要马克思主义理论一级学科的支撑。通过学科建设能为教师全面发展创造良好的生态环境。而在学科建设中，基础性工作就是对教师开展行业特色融入性学科方向引导和调整，无论其从事马克思主义理论教学、思想政治教育，还是人文素质教学，都必须与其研究的内容和出版的行业属性相结合，并归口到适合自己的研究方向上。所凝练的特色研究方向应该包括马克思主义出版理论研究、出版文化传承与出版价值研究、版权保护与文化传播力提升研究、党的建设与思想政治教育研究等。

2. 课程建设

课程建设主要涉及内容、方法、手段、环节等内容。在教学内容一定的情况下，要在课堂教学上创新，不同类别的课程应采取分类管理，因材施教。加强课程的集体研究和备课，思政课程教学要多采用专题式、团队式教学，课程内容贴近行业、贴近学生、贴近实践。

总之，针对思政课教学，要在深化课程教学改革、创新人才培养方式、培育出版价值体系上下功夫。在课程改革和培养方式创新的过程中，应采取措施培养学生全面熟悉出版价值体系。了解、熟悉、传播出版价值体系是北印肩负的使命和责任。因为只有让学生认可价值体系，才能通过职业素养提高对教学内容的兴趣，提高抬头率。所以，在围绕出版产业链的教学过程中，要加强内容的遴选和推荐，使学生在专业学习的基础上，重点了解一批展现社会主义核心价值、展示中华文化独特魅力、反映当代中国精神风貌和学术品质、符合国外受众文化需求和消费习惯的品牌产品。而针对人文课程，则是需要梳理和系统设计，这方面的教学内容应该包括语言文字类，如现代汉语、作品赏析、文学修养、人文社科方法论、自然辩证法等；知识产权法务类，如知识产权保护、著作权法、版权法律法规、版权管理与应用、版权法务等；出版印刷史学类，如印刷史、马克思主义经典作家与党和国家重要领导人的出版思想、改革开放以来出版业的发展历程等。

3. 教材 / 案例建设

关于教材建设，首先是用好用活规定教材。其次，涉及学校办学优势和特色、与马克思主义出版观相适应的教材需要加大建设力度，形成本领域的话语权和影响力，很好地支撑相关研究方法。而重点是案例建设。只有通过案例建设和案例教学，才能把马克思主义理论、社会主义核心价值观、思想政治教育的重要内容、大学生成长成才、立德树人的相关要求转化为出版传媒类人才培养的“方言”，让培养对象感兴趣，容易接受。在这方面，学校具有得天独厚的行业资源，无论是历史的还是现实的，无论是内容的还是技术进步的，无论是制度的还是人文的，都有发掘和整理的资源。北印培养的人才，必须有强烈的文化担当意识。作为通向人们精神世界和思想肌理的文化生产者和把关者，北印在贯彻落实思想政治会议精神、强化人文社科素质培养方面必须担当。如何为出版物注入社会主义核心价值观和正能量，如何在更大程度上丰富人们的精神世界，这是北印马克思主义学院必须面对的现实问题。而这两个问题落实在内涵建设上就是搞好案例教学和案例建设。

在明晰思路、准确定位、构建内容的基础上，马克思主义学院的建设需要做到整体推进和重点突破相统一。首先，思政课教师要强化理论武装，抓住理想信念这个根本，把树立道路自信、理论自信、制度自信、文化自信转化为自己的职业自信。其次，在推动工作上树立“学科引领，教学为重”的理念，在通过学科建设营造良好生态环境的同时，把重点放在教学建设上，创新方法和路径研究课程教学、教材建设等内容。北印的思政课老师一定要提高“讲故事”水平。讲故事是课堂落实思想政治工作的手段之一。以有情怀、简明易懂的话语将党中央治国理政新理念新思想新战略故事化，用更多有情节、有情感、有思想、有温度的故事，阐述新闻出版改革与发展的丰富实践，使大学生真正体会到“中国味”“出版范”。最后，内引外联，借势发展，强化与新闻出版行业企业的深度融合，共享思想政治教育资源。

只有把思想政治工作会议精神落到实处，把以“知识为本”的教学转变为以“核心素养”为本的教学，在学习方法和教学模式上下功夫，才能为“传承印刷文明、创新传媒文化”增添新的内涵。学校的人才培养才能贴近行业需求，培养出具有政治担当、文化基础、自主发展素质和社会参与能力的传媒人才。（《北京教育》高教版，2017 年第 9 期）

深化“实培计划”育人新模式，开创共建联合培养新格局

姜东升　王　巍　张秋芸

（北京印刷学院　教务处　北京　102600）

摘要：北京印刷学院在推动“实培计划”工作中，以联合学科竞赛为抓手，着力提高学生的创新思维；以联合研究项目为抓手，着力提高学生的科学素养；以联合毕业设计为抓手，着力提高学生的综合能力。通过学科竞赛、科研训练和毕业设计等形式，真题真做，以协同创新为途径，以共赢互利为纽带，以锤炼创新能力为目的，多层次全方位有机融合，不断推动学校实践创新育人工作取得新成效、开创新局面。

关键词：实培计划；联合培养；实践创新

北京印刷学院高度重视实践育人工作，谋划“实培计划”作为实践教学改革发展的着力点和突破点，注重学思相结合，注重知行相统一，注重因材施教，积极调动整合社会各方面资源，以提升人才培养质量为导向，以增强大学生素质能力为主线，以创新实践育人方法途径为基础，以实验室、创新实践基地和校外人才培养基地为依托，以加大实践育人经费投入为保障，形成实践育人合力，着力构建长效机制，引导广大教师积极指导大学生的知识学习与能力锻炼，探索“三个联合、三个提高”的实践创新有效途径，彰显印刷包装、新闻出版和艺术设计特色培养新模式，不断推动学校实践育人工作取得新成效、开创新局面。

一、统筹谋划“开放、共享、创新”实践改革系统工程

北京印刷学院落实教育部双创政策，紧密结合学校办学特色和行业需求，强化组织领导、队伍建设、制度建设和经费投入“四个到位”的保障措施，不断丰

富实践育人形式，完善实践育人内容，以联合学科竞赛为抓手，着力提高学生的创新思维；以联合研究项目为抓手，着力提高学生的科学素养；以联合毕业设计为抓手，着力提高学生的综合能力的“三个联合、三个提高”工作模式，扎实谋划和推进“实培计划”。积极开拓与中国科学院、中国新闻出版研究院等国内知名科研单位的深度合作，做好“走出去”“请进来”工作战略，在校内创建实践创新平台，实现学生跨专业、跨学科融合，培养复合型应用人才；与中国科技出版传媒股份有限公司、雅昌文化集团等行业知名优秀企业进行深入合作，邀请企业专家进入校园讲授实操技巧，参与人才培养方案和课程体系设计，通过共赢互利的原则，在校内建立企业需求孵化器，以大学生科研项目为载体，以共享智力的方式帮助企业解决生产实际问题，真正把“实培计划”精神落在实处，全面提升学校实践创新人才培养质量。

二、探索“三个联合、三个提高”的实践创新有效途径

1. 以联合学科竞赛为抓手，着力提高学生的创新思维

学校首创“项目＋竞赛”的学科竞赛新模式，是一种对传统实践创新模式的有力补充。学科竞赛旨在锤炼参赛学生应具有深厚的专业知识、较强的实践能力和灵活的创新思维，通过学科竞赛使学生在系统性、创新性的实践过程中进行科研训练，在解决实践问题中提高创新能力，是实现高校人才培养体系的重要组成部分。“项目＋竞赛”学科竞赛新模式以学科竞赛为依托，以真实项目为驱动，引导学生加强对实践创新能力的认知和重视，激发学生参与项目的兴趣，不断提升了学科竞赛的质量和水平。一批优秀学生运用创新思维，将理论与实践相结合，在项目研发过程中自主提升创新能力，并通过学科竞赛获得业界认可。

“实培计划”项目均来自于中科院、中国艺术研究院等知名研究机构及雅昌文化集团等著名企业的真实课题，具备前瞻性、现实性和创新性，其项目成果在参加学科竞赛中具有很强的竞争能力。学生与中国艺术研究院合作完成成果获得全国工业设计大赛入围奖及北京市大学生工业设计二等奖。其作品《故里四九》获得首届全国图书编辑出版能力大赛（学生组）大奖一等奖，《恐龙大百科全书》获得第二届两岸电子书创作大赛一等奖，《随车装卸托运机》获得第七届全国大学生机械创新大赛慧鱼赛区一等奖。

受“实培计划”的启发，作为北京市教委主办的“北京高校大学生数字媒体

设计大赛”承办单位，学校要求“实培计划”涉及项目均要参赛，通过与北京地区兄弟院校的横向比较，寻差距，找亮点，使得一批成果脱颖而出。

图 1 领导观看“实培计划”成果

2. 以联合研究项目为抓手，着力提高学生的科学素养

（1）以严谨求实培养学生的科学精神

高等教育要弘扬科学精神，支持学生早进科研项目、早进实验室。通过对科研项目开展分析、研究、总结等活动，促使学生逐渐形成探求知识、坚持真理的科学精神，具备对未知世界的探索精神、创新精神。在“实培计划”执行过程中，校内校外导师对于培养学生实事求是的科学态度、严谨踏实的工作作风和科研思维能力方面，发挥了非常重要的作用。学生在校内校外导师的指引下，深入企业一线调研学习，按照规范的科学方法开展研究工作，设计研究技术路线，探索工程实践和文化创新，不断学习校内校外导师传授的科学研究技能及创新思维方式，从而产生强烈的专业认同感和专业自信。

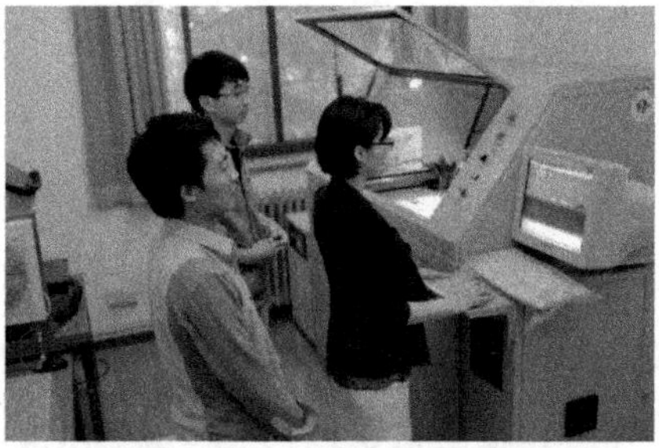

图 2 师生共同研发新产品

（2）以真题真做提升学生的科研能力

大力推行“校企结合、真题真做”的模式，走进校外人才培养基地，与企业开展深度合作。教师带领学生与企业导师共同分析生产过程中的实际问题，让学生与企业真实有效对接中，结合专业知识提出解决方案。我国印刷行业龙头企业雅昌文化集团与日本小森公司合作开展的“珠峰行动”，是运用二维码技术、建立及运作 MES 及 K-Station 系统，改进印刷生产工艺，提高印刷生产效率。学生参与其中“珠峰行动－标准化印刷生产”“珠峰行动－提高印刷生产效率”等系列项目，项目成员在企业导师指导下深入雅昌文化集团印刷生产线，与公司技术人员、车间师傅一同分析问题，提出了合理的工艺改进方案，通过解决生产实际问题，学生既巩固了其所学的印刷专业理论知识，也提升了实践工作能力和科学研究能力。

图 3 高压输电线路杆塔塔材及配电线路防盗监测系统

（3）以学科融合开拓学生的科学视野

大学生科研训练计划深化项目旨在面向复合型拔尖创新人才的培养，主要解决企业实际面临的、涉及更加宽泛领域的、综合性的生产技术难题。学校鼓励在全校范围内组建跨专业、跨学科、跨学院学生科研团队，在校内外“双导师”指导下，张弛有度，有的放矢，参与项目研究的攻坚克难。与此同时，学校还提出倡导“利用好平台、建设好团队”，吸纳低年级学生参与，培育课题团队及梯队建设，促进学科专业融合，促进教师和学生之间的跨专业合作。来自中国科技出版传媒股份有限公司（科学出版社）“‘爱医课’互动教学平台”合作项目，是面向医学教育领域，集互动教学、超强云笔记及职业资格考试、题库等一系列信息化教育教学手段于一体的大型教育云平台，用户可通过手机扫码查看三维人体器官结构，实现了“移动互联＋教育”的完美结合。项目团队成员分别由编辑出版学、数字出版、视觉传达设计、计算机科学与技术等专业学生组成，是一支素质优良、专业知识结构合理的研发队伍。在校内外导师的分工合作指导下，学生们相互交流和学习，扩展不同领域专业知识，从界面视觉效果设计、内容编辑整理、软件开发等不同层面进行协同研发合作，开拓了学生的科学视野。企业提出的综合性生产技术难题，仅通过单一学科背景学生无法完成整个项目的实施，工科、文科与艺术学科融合的学生团队的创设，为摸索复合型拔尖创新人才培养提供了有益尝试。

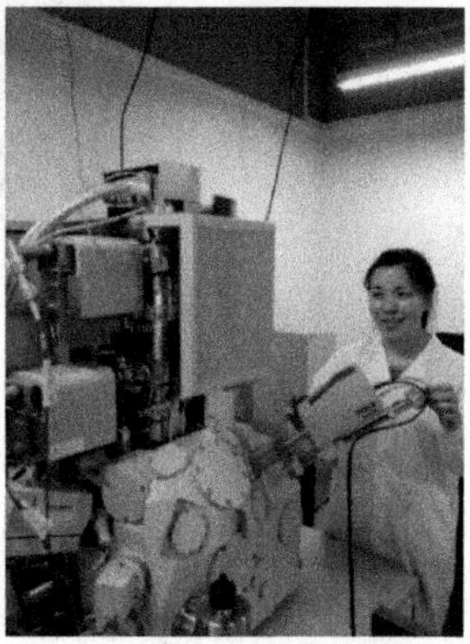

图 4 学生在中国建筑材料科学研究总院进行测试

3. *以联合毕业设计为抓手，着力提高学生的综合能力*

为切实提高毕业设计质量，提升大学生实践创新能力，进一步提升本科教学质量，学校在现有基础上，结合“实培计划”进行了毕业设计改革工作。

树立一流本科教育目标，深化人才培养机制改革，以创新人才培养机制为主线，积极贯彻“实培计划”要求，为拔尖学生的科研创新能力培养搭建平台。遵照专业对口原则，学校在全校毕业生中，尤其在印刷工程专业的“毕昇班”（国家级卓越工程师计划）、机械工程专业卓越工程师班（国家级卓越工程师计划）、编辑出版学专业的“韬奋班”（校级卓越新闻出版人才培育计划）之中选拔优秀学生进入中科院等国内知名科研单位接受科研创新训练。在校内外导师的精心指导下，针对当前科技发展的热点问题，合作开设“喷墨打印制备光子晶体图案”“柔性温度传感器的研制和应用”“基于格的数字证书系统的研究与设计”“基于大数据的互联网阅读行为模型研究”等题目。学生紧密结合行业发展，依托科研单位的雄厚资源，通过努力专研，在科学研究中提高科技创新和解决实际问题的能力。在毕业设计不同阶段，学校多次召开毕业设计研讨会，邀请校内外导师共同听取学生汇报，加强教师与科研单位之间的横向合作，为拓展人才培养搭建平台，形成良好的校所合作育人环境。

图 5　实培计划项目研讨会

三、因材施教，协同创新，全方位育人取得显著实效

在科研成果上，学生与中国艺术研究院合作完成的“现代餐具设计在家居设计中的应用研究”成果之一——“鸾明系列灯具”获得全国工业设计大赛入围奖，获得 2 项实用新型专利；与中国艺术研究院合作完成的“智能手机 APP 产品交

互等待状态的用户体验设计研究”成果获得北京市大学生工业设计二等奖，获得1项实用新型专利；与中科院化学所合作完成的“包装用生物降解聚酯的功能化”成果在*Lecture Notes in Electrical Engineering*上发表一篇EI论文；与中国新闻出版研究院合作完成的“学术期刊评价指标研究”的成果在《中国期刊年鉴》上发表题目为《高校人文社科类学报数字化现状统计——基于2015年CSSCI数据》的文章等，实现了在国内知名科研单位和优秀企业的高水平环境下，培养拔尖人才从事科学研究的目的。

在人才培养上，通过“实培计划”的科研训练和专业认同，凭借获得的一系列学术成就，部分学生立志在学术上进一步深造，共有15名项目负责人考取了国内研究生，4名考取国外研究生。其中，项目“报业竞争力研究”“少儿出版物市场研究”的负责人考取了南京大学研究生；项目“现代常用印刷纸张的植硅石鉴定”负责人考取了北京化工大学研究生；项目“中美出版贸易比较研究”负责人考取了北京师范大学研究生；项目“基于大数据的互联网阅读行为模型研究”“新闻出版业互联网发展年度报告”负责人考取了英国斯特林大学研究生；项目“‘爱医课’互动教学平台”负责人考取了英国南安普顿大学研究生等。在“实培计划”执行过程中，每个项目均构建了学生科研团队，惠及学生近200人。

图6 基于虚拟现实技术的印刷文化遗产保护应用研究

图7 爱海玫瑰手表设计

图 8 立体书籍形态设计

北京印刷学院扎实推进“实培计划”工作，因材施教，构建实践创新、拔尖创新等多层次人才培养体系，将实践教学作为培养学生创新意识和实践能力的重要途径，不断深化实践教学改革模式，将内涵发展与外延拓展相结合，培养德才兼备、基础宽厚、专业扎实、协同创新的高素质复合型人才，进一步加强与企事业单位的合作育人工作，提高人才培养质量，为我国印刷出版领域的发展培养更多优秀的人才。（《北京教育》高教版，2017 年第 6 期）

高校教师明道、信道与传道

高杨文

（北京印刷学院　新闻出版学院　北京　102600）

摘要：传道者自己首先要明道、信道，分析传道、明道、信道之间的关系，笔者认为：明道是基础、信道是关键、传道是根本。明道要从客观规律、社会规范、价值取向、价值标准四个纬度来把握“道”，信道要做先进思想文化的传播者和党执政的坚定支持者，传道要站在学生立场上、增进师生情感、坚持四个一。

关键词：明道；信道；传道

2014年，在同北京师范大学师生座谈时，习近平总书记指出：教师职责第一位的就应该是“传道”。2016年，在全国高校思想政治工作会议上，习近平总书记强调：传道者自己首先要明道、信道。上述两段讲话，不仅重申了“传道”在传道、授业、解惑教师三大职责中的首要地位，而且提出了“传道”的先决条件是明道和信道。分析传道、明道、信道之间的关系，笔者认为：明道是基础、信道是关键、传道是根本。

一、明道是基础

要传好道，首先需要弄明白传的“道”是什么，包含哪些方面，有什么具体内容，并理解其内涵，只有这样，才能全面、准确地把握传道的客体。“道”作为中国哲学的一个核心概念，在历史演变过程中，产生了道理、道德、道义等中国价值的具体形式，道理是必须遵循的客观规律和社会规范，道德是社会的价值取向，道义是社会的价值标准。根据对“道”的这一释义，我们可以从客观规律、社会规范、价值取向、价值标准四个纬度来把握“道”。

（一）客观规律

客观规律是不以人的意志为转移的客观世界的运转规则，由于客观世界纷繁复杂，作为个体的人，要把握客观世界的全部规律是不可能的，唯有掌握认识客观世界的科学方法，才可能认识并把握客观规律。而认识世界的方法属于哲学认识论的范畴，哲学发展史上，认识论有唯心主义和唯物主义两条基本路线，唯物主义有辩证唯物主义和形而上学唯物主义两大派别。从认识论历史发展的大趋势来看，是从唯心主义走向唯物主义、从形而上学唯物主义走向辩证唯物主义，辩证唯物主义是马克思主义认识论的基本观点，马克思把辩证唯物主义贯穿到人类社会历史领域就形成了历史唯物主义，所以，认识客观世界的科学方法就包括辩证唯物主义和历史唯物主义。因此，从客观规律方面来理解“道”，传道就是传播辩证唯物主义、历史唯物主义等马克思主义理论，引导学生用马克思主义的立场、观点、方法来思考问题、分析问题、解决问题，从而得出合乎规律的认识和结论。

（二）社会规范

社会规范是指导全体社会成员共同遵守的行为准则。社会规范的形成一般有两条途径：一条是由国家有关机关或者其他社会组织根据需要制定的，如法律、纪律、制度等，这类规范属于硬规范；另一条是由少数人提倡而后得到多数人认可，并成为一种社会的行为准则，如风俗、习惯、道德、礼仪等，这类规范属于软规范。硬规范是处理社会交往中出现问题的一种机制，具有强制性；而软规范是一个社会形成的共同价值体系，具有较强的内在约束力。无论是硬规范还是软规范，都需要通过教育和训练习得，大学阶段作为狭义人的社会化的最后阶段，硬规范的社会化和软规范的社会化，都由未定型走向定型，在这样一个关键时期，需要高校通过有效的教育引导，帮助学生顺利完成社会规范的内化。因此，从社会规范方面来理解“道”，传道就是传播法律法规、规章制度、道德礼仪、职业规范等，引导学生做“有理想、有道德、有纪律、有文化”的四有新人。

（三）价值取向

价值取向是主体基于自己的价值观在面对或处理各种矛盾、冲突、关系时所持的基本价值立场、价值态度及所表现出来的基本价值选择。价值取向根据主体的不同，可以分为：个人价值取向、集体价值取向和社会价值取向。在我国，当三者发生矛盾时，必须个人价值取向和集体价值取向服从于社会价值取向，个人价值取向服从于集体价值取向。从三种价值取向之间的关系可以看出，社会价值取向是集体价值取向和个人价值取向的取向，因此，在讨论价值取向时，通常都指社会价值取向，而社会价值取向又可分为经济价值取向、政治价值取向、文化价值取向，我国不同历史发展时期，都以某种价值取向为主导，以中国共产党成立和改革开放为界，中国社会价值取向经历了“文化主导—政治主导—经济主导”三个发展阶段。在经济主导价值取向下，中国共产党总结市场经济对社会价值带来冲击的教训，提出了以人为本的科学发展观，牢固树立并贯彻创新、协调、绿色、开放、共享五大发展理念，形成了中国特色社会主义道路、理论、制度和文化。因此，从价值取向方面来理解“道”，传道就是传播中国特色社会主义，增强学生对中国特色社会主义道路自信、理论自信、制度自信和文化自信。

（四）价值标准

价值标准是判断客体对于主体是否有价值的标尺，社会的价值标准就是一个社会评判是非曲直的标尺。社会的价值标准关键在于其核心价值观，因为核心价值观承载着一个民族、一个国家的精神追求，体现着一个社会评判是非曲直的价值标准。社会主义核心价值观是我国的价值标准，从国家、社会、公民三个层面，分别给出了衡量的标尺。“富强、民主、文明、和谐”是国家的价值目标；“自由、平等、公正、法治”是社会的价值理念；“爱国、敬业、诚信、友善”是公民的价值标准。作为公民个人的价值标准，爱国是家国情怀之道，敬业是恪尽职守之道，诚信是为人处世之道，友善是处理人际关系之道。因此，从价值标准方面来理解“道”，传道就是传播社会主义核心价值观，引导学生做社会主义核心价值观坚定信仰者、积极传播者、模范践行者。

综上所述，从客观规律、社会规范、价值取向、价值标准四个纬度来理解“道”，传道就是传播马克思主义、中国特色社会主义、社会主义核心价值观及法律法规、规章制度、道德礼仪等社会规范。习近平总书记要求“用好课堂教学这个主渠道”，不仅思想政治理论课教师要在课堂上传好道，而且基础课教师和专业课教师也要“守好自己这段渠、种好自己的责任田”，把思想引导和价值观塑造融入每一门课程中，认认真真地讲好每一堂课。

二、信道是关键

习近平总书记强调：教育者要先受教育，努力成为先进思想文化的传播者、党执政的坚定支持者，才能更好地担起学生健康成长指导者和引路人的责任。其中“先进思想文化的传播者和党执政的坚定支持者”是对教师信道标准的表述。

（一）做先进思想文化的传播者

如果说，在影响社会变革和现代化进程的诸项主要因素中，中国与其他国家相比较，有些什么特别突出和鲜明的东西，那就是中国学习了先进的文化，并且把握住了先进文化最核心的东西——马克思主义。正是在马克思主义这一先进文化的引领下，中国共产党解决了中国社会发展的道路问题，破解了中国社会发展的困局，探索出了中国特色社会主义道路、理论、制度和文化。所以，马克思主义的先进思想文化是中国发展模式的本源，中国特色社会主义是马克思主义结合中国实际与时俱进的发展成果，中国共产党是中国先进思想文化的代表者。中国共产党的成功原因之一在于代表了先进思想文化，苏共失败的重要原因是搞思想文化专制，没有与时俱进地发展马克思主义。教师作为先进思想文化的传播者，要善于运用马克思主义立场、观点和方法来研究问题，得出合乎规律的正确认识；要把握好学术问题与政治问题的界限，既不能把探索性的学术问题等同于严肃的政治问题，也不能把严肃的政治问题当成一般的学术问题，更不能以所谓“学术自由”为名诋毁马克思主义，否定马克思主义的指导地位。教师信道，体现在于以对国家负责、对社会负责、对学生负责的态度，积极做以马克思主义为核心的先进思想文化的传播者。

（二）做党执政的坚定支持者

党的七大报告指出：“三次革命的经验，尤其是抗日战争的经验，给了我们和中国人民这样一种信心，没有共产党的努力，没有中国共产党做中国人民的中流砥柱，中国的独立和解放是不可能的，中国的工业化和农业现代化也是不可能的。”党的十六届四中全会指出：“中国共产党成为执政党是历史的选择、是人民的选择。”王岐山会见出席“2015 中国共产党与世界对话会”外方代表时指出：“中国共产党的合法性来自于历史，是人心向背决定的，是人民的选择。”所以，中国共产党执政是历史的选择、是人民的选择、是人心向背决定的，作为人类灵魂的工程师，教师信道，就是要通过学习国史、党史、社会主义史、改革开放史，正确认知并认同历史和人民的这种选择，做党执政的坚定支持者。习近平总书记在与高校教师和哲学社会科学工作者座谈时反复强调：“知识分子做党执政的坚定支持者，就要与党同心、与中国特色社会主义同行、与中华民族伟大复兴同进。”

教师作为知识分子，做党执政的坚定支持者，就一定要自觉接受中国共产党的领导，积极拥护中国共产党的路线方针政策，自觉践行社会主义核心价值观，充分发挥自己的聪明才智，为中华民族伟大复兴中国梦的实现贡献智慧和力量。

教师信道除了要做先进思想文化的传播者和党执政的坚定支持者外，还要做社会规范的模范遵守者，努力做“有理想信念、有道德情操、有扎实知识、有仁爱之心”的好老师。

三、传道是根本

要坚持把“立德树人”作为中心环节，把思想政治教育工作贯穿到教育教学的全过程，实现全程育人、全方位育人，教师在教书育人、科研育人、实践育人中负有守好一段渠、种好责任田的直接责任，在文化育人、组织育人、管理育人、服务育人中也负有一定的间接责任。无论是直接责任还是间接责任，都要求教师履行好传道的职责。教师要履行好传道职责，必须从立场、情感、方法三个方面把握。

（一）站在学生立场上教书

立场问题向来是根本的、原则性问题，我们党历来坚持人民立场，人民立场就是要把人民群众的需要和利益作为一切工作的出发点和落脚点，把人民群众是否满意作为衡量一切工作的唯一标准。教育部部长陈宝生在武汉高校工作座谈会上 强调：高等教育要做到四个“回归”，即一是回归常识—读书；二是回归本分—教书育人；三是回归初心—培养人才；四是回归梦想—报国梦、强国梦。四个回归最终都体现在学生身上，因此，高等教育要做到四个“回归”，关键在于立场问题。对于高校来讲，教育的人民立场就是站在有利于学生全面成长成才的立场上施管；对于教师来讲，教书的人民立场就是要站在学生的立场上施教，围绕学生成长成才的需要，来组织教学内容、设计教学形式，为学生上好每一堂课，而不是仅仅上完一堂课。要上好每一堂课，需要教师在育人为本理念的指导下，努力实现从“演员”向“导演”的角色转变，从教师一个人唱“独角戏”向师生共同演奏“合奏曲”的形式转变，只有这样，才能把学生吸引到课堂上来，引导学生参与到教学中来，使学生在积极参与课堂教学的过程中，吸收教师融入课堂教学中做人做事的基本道理、社会主义核心价值观的要求、实现民族复兴的理想和责任等思想引导和价值观塑造的“盐”，进而增强课堂的育人功能。

（二）增进师生情感育人

习近平总书记在“四有好教师”的论述中指出：“爱是教育的灵魂，没有爱就没有教育。”好老师应该把自己的温暖和情感倾注到每一个学生身上，用欣赏增强学生的信心，用信任树立学生的自尊，让每一个学生都健康成长，让每一个学生都享受成功的喜悦。爱作为教育的灵魂，对于高校来讲，就是要努力让校园充满爱、让学生感受到爱，必须努力营造教职工人人关爱学生的氛围，每一个教职工要能结合岗位职责，主动思考自己可以为学生做点什么并努力做好，让学校和老师关爱的阳光能够照到每一名学生的身上。对于老师来讲，就是要认识到“因为爱，所以爱”的道理，只有每位老师都能把教育当作事业来追求，把爱作为教育至高无上的境界，真正走到学生身边，走进学生心灵，真诚关心学生的生活，关心学生的发展，才能赢得学生发自内心的爱戴，才能成为让学生满意、让学生终身受益的好老师。老师为学生做的每一件事，讲的每一句话，只要是真心为学生好，学生迟早是会理解的，对于学生暂时的不理解、不配合，需要老师发扬“不放弃、不抛弃”的精神，因为大学是人生成长的关键时期，学生的知识体系搭建尚未完成、价值观塑造尚未成形、情感心理尚未成熟，需要教师在授业解惑中将其引入大道，有效地教育和引导，不仅可以挽救一个学生，也可能挽救一个家庭，更有可能挽救一名成功的校友。因此，教师要用爱心去铸就良好的师生关系，师生关系好不好，就体现在“招呼”二字上。一是“听不听招呼”。如果学生都能够自觉听某个老师招呼，就表明这个老师有较好的关系；二是“打不打招呼”。如果一个老师在校园里主动打招呼的学生越多，就表明该老师与学生的关系越密切。只有师生关系良好，老师讲的话，学生才会听、才会信，这样传道才有效果。

（三）坚持四个统一传道

教师传道要坚持教书与育人相统一、言传与身教相统一、潜心问道和关注社会相统一、学术自由和学术规范相统一，四个统一直接体现在教书育人、文化育人、实践育人和科研育人上。教书育人中要坚持知识教育与价值观教育、能力教育相结合，所有课程均可融入做人做事的基本道理、社会主义核心价值观的要求、实现民族复兴的理想和责任等教育内容。例如，人文社科类通识课程，可以融入人文精神教育；自然科学类通识课程，可以融入科学精神；专业类课程可以融入专业素养、职业精神教育。文化育人要以优良师德、高尚人格、仁爱之心，营造良好育人氛围，用真才实学和人格魅力在传道授业解惑中启发学生、引导学生，以模范的言行举止为学生树立榜样，这种文化不仅要在课堂、校园等现实空间中营造，也要在微信、微博等虚拟空间中营造。实践育人要以家国情怀关注社会现实，坚持问题导向，教师要用自己渊博的知识、深厚的积累、成长的经验、科学的方法，教育和引导学生正确看待社会问题，尤其是对社会热点问题有正确的判断。科研育人要做到政治方向、价值取向、学术导向均正确，要遵守“学术研究无禁区、课堂教授有纪律、公开言论守规矩”的要求，一方面要坚守学术规范，另一方面要遵守政治纪律，按照学术规范开展研究，根据纪律要求使用研究结果，为学生树立科研上学习的榜样。

站在学生立场上，解决了传道的出发点和落脚点问题；增进师生情感，解决了传道的基础和效果问题；坚持四个统一，解决了传道的方法和要求问题。教师只有把三个方面统一起来，才有可能履行好传道这一第一职责，真正成为塑造学生品格、品行和品位的大先生。

图 1　通过“红色出版史教育”，培育社会主义核心价值观

图 2　通过“立德树人、人人有责”主题党课，增强教书育人意识

图 3 通过“意识形态”专题学习，增强教师的政治意识

图 4 通过“英雄史诗、不朽丰碑”主题展览，培育教师的爱国爱党情怀

图 5 通过新华网“全球新闻中心”参观，让教师了解业务之道

图 6 通过人民日报“中央厨房”观摩，让教师了解业务之道

（《北京教育》高教版，2017 年第 9 期）

参考文献：

[1] 高德步. 道与中国价值[J]. 学术研究, 2016(1) .

[2] 张祥明. 略论社会规范教育[J]. 教育评论, 1994(4) .

[3] 张虹海. 社会化的大学阶段[J]. 青年研究, 1983(12) .

[4] 李建秋. 我国体制转型时期的价值观探析[J]. 苏州大学学报(哲学社会科学版) , 1995(4) .

[5] 钟添生. 社会价值变迁的历史规律及其对现实的启示[J]. 求实, 2005(4) .

[6] 习近平在全国高校思想政治工作会议上发表重要讲话. 新华社[N], 2016-12-08.

[7] 孙力. 文化选择视野下的中国发展之谜[J]. 社会科学, 2010(3) .

[8] 陈鹤. 苏共失败原因研究综述[J]. 中共党史研究, 2004(2) .

[9] 毛泽东选集: 第3卷[M]. 北京: 人民出版社, 1991: 1098.

[10] 中共中央关于加强党的执政能力建设的决定[J]. 共产党员, 2004(10) .

[11] 王岐山会见出席“2015中国共产党与世界对话会”外方代表[N]. 人民日报, 2015-09-10.

[12] 辛鸣. 创造无愧于伟大时代的业绩[N]. 人民日报, 2017-03-14.

[13] 高等教育要做到四个“回归”[N]. 中国教育报, 2016-10-25.

[14] 习近平“四有”教师指向“四个导向”[N]. 人民日报, 2014-9-11.

[15] 习近平在全国高校思想政治工作会议上发表重要讲话[N]. 新华社, 2016-12-8.

UCLA 校园文化考察报告——北京高校学生事务管理高级培训项目校园文化考察组报告

张晓新

（北京印刷学院　宣传部　北京　102600）

2014 年 11 月 23 日～12 月 13 日，在北京市委教育工委的大力支持下，我们来自北京地区 18 所高校的学生处长、宣传部长、思政课负责人共 20 位同志完成了在美国加州大学洛杉矶分校举行的“北京高校学生事务管理高级培训”项目。学习期间，我们重点学习考察了加州大学洛杉矶分校（UCLA）的学生事务管理、校园文化建设和通识课教育。现代表宣传组就对加州大学洛杉矶分校（UCLA）校园文化建设的考察情况总结如下。

一、UCLA 简介

加州大学洛杉矶分校（University of California，Los Angeles，通常缩写为 UCLA），是位于美国加利福尼亚州洛杉矶市的一所公立研究型大学，是美国最顶尖的综合大学之一。它位于洛杉矶西部，日落大道的南部。UCLA 是美国商业金融、高科技产业、电影艺术等专业人才的摇篮。它是加利福尼亚大学系统中的第二所大学，与加州大学伯克利分校（UC Berkeley）齐名，是美国最好的公立研究型大学之一。它是南加州地区入学竞争最激烈的学校，也是整个加州最大的大学。UCLA 先后有 16 位教授和毕业生获得诺贝尔奖。2006 年，UCLA 数学系 31 岁的澳籍华裔教授陶哲轩（Terence Tao）获得数学领域的诺贝尔奖——菲尔兹奖。UCLA 同时也因其学生在体育方面取得的优异成绩而闻名于世。UCLA 的学生参加了自 1928 年以来的每届奥运会，并且获得了包括 106 枚金牌在内的 214 枚奥运会奖牌；共有 76 名 UCLA 球员进入过 NBA，NBA 现役球员中有 12 名 UCLA 球员，共有 31 名 UCLA 球员成为 NBA 首轮新秀。

相比于美国其他著名高校，UCLA 的历史是比较短的。1919 年 5 月 23 日，当时的加州州长 William D. Stephens 签署命令成立加州大学南部分部 Southern Branch，学校的创始人是导演 Ernest Carroll Moore。1927 年改名为 University of California，Los Angeles，1958 年改为现在的名称。UCLA 在第二次世界大战后 25 年中取得了重大的发展，修建了大量的校舍，学生人数大增。现在，校园占地面积 419 英亩（约 1. 7 平方千米），校内共有 163 个建筑。设有 109 个学术系、12 个专业学院、800 个研究机构，注册在校本科生 28000 人，研究生 12000 人，专任教师 3800 人，提供包括学士、硕士与博士在内的超过 300 种不同的学位课程。UCLA 常年稳坐《泰晤士报》全球大学排行榜前十五名，并且在 2015 年 USNEWS 全球大学排名中位列第 8。

注：关于 UCLA 的其他出几个数据：师生来自世界 125 个国家；31 个系入选全美前二十，13 个系进入前十；拥有全美最大的研究型图书馆，藏书高达 800 多万册；艾滋病首次被该校科学家发现（1981 年）；互联网在这里诞生（Boelter Hall）。

校园文化是“学校历史、使命、物质环境、标准、传统、价值观、办学实践、信仰、假说等诸多因素综合起来的且相互影响而形成的指导大学生个体或团体行为，以及认识理解校园内外一些事件、行为提供参考框架的一种模式”。（杨晓江，美国学者视野中的校园文化）

二、UCLA 的校园文化特色

（一）高度重视核心价值观的培育和践行

UCLA 高度重视自身的使命，并通过在大学机构每一个层面的策略性规划和实行贯彻来实现。为完成学校教育、研究、服务的三大使命，UCLA 创建伊始，即提炼出“尊重、责任、正直、服务、卓越”的 Bruin 精神和“Fiat lux（Let there be light）要有光”的 UCLA 校训，并传承至今。近十年，又把“卓越”的理念加入其中，目前“尊重、责任、正直、服务、卓越”这一精神正在成为增强认同、凝聚共识、激励师生的有效手段，为 UCLA 跻身美国顶尖高校起到了积极作用，同时这一精神也和美国精神、美国梦具有相通之处，对美国公民教育具有推动作用。Bruin 精神的培育和宣传教育的主要做法如下：

1. 对 Bruin 精神进行明确解读，并具体形象化

在 UCLA 校园中心广场矗立着一只巨大的、棕绿色的熊的雕塑，到 UCLA

来参观、游览的人都会在此驻足，与它合影或围坐其周围，这已经成为UCLA校园一道亮丽的风景线。当UCLA在体育比赛中获胜时，大家会围着它庆祝；当比赛失利时，也会有人往它身上泼洒不同颜色的颜料，来宣泄情绪。这只熊叫Bruin，它是UCLA精神的象征，它体现着UCLA师生最高的道德标准。每位来UCLA学习的学生都要宣誓：作为一个UCLA学生，我将自觉投入于最高的道德标准。正直诚实：在与学校交流或者代表学校的时候，我将会保持正直诚信；卓越出彩：我将会努力在学习工作上获得出彩；责任：我将会为我所在的这个社区的道德行动负责；尊重：我会尊敬他人的权利和尊严；服务：我将会通过公共服务来为全球社区做出贡献。

为了让不同文化背景的学生深入了解Bruin精神，学校从具体层面用讲故事、组织学生讨论等方式让学生了解、理解和接受这一观念。比如，他们从众多师生推荐的学生必读书中选取了图画式的《佩德罗和我》，让学生通过共同阅读这本书建立对Bruin精神的认同。关于“尊重”，这本书告诉我们，要尊重别人的隐私，要尊重每一个在生活中遭遇不幸的人，尊重每一个人的生命和发展的权利。关于“责任”，一个人要尽可能关心家人，帮助他人，信赖国家。关于“正直”，一方面，我们有责任尊重别人的隐私，但另一方面，我们也不要隐瞒自己的错误。将自己的错误告诉别人，恰恰是帮助别人避免犯同样的错误的最好途径。关于“服务”，每个人都会得到别人的服务，每个人也应该积极地服务社会。更重要的是，每个人都应该将服务精神不断地传递下去。关于“卓越”，每一个人都有责任不断超越自己，实现自己的人生价值。但是，一个“卓越”的人，一定是以尊重、责任、正直和服务为基础的。虽然缺乏对这五个方面关系的深入思考，但是这五个方面却以形象化的解读成为UCLA人的共同追求和信条，用这一精神指导工作和矛盾处理。

2. 把新生入学教育作为Bruin精神传承的重点

新生入学教育是塑造UCLA人的关键，他们为此设计了许多项目，如新生指南活动、新生夏令营活动、欢迎周活动等。UCLA的“同一本书”活动是UCLA新生一年级教育的重要组成部分。学校希望所有的一年级新生在开学前的暑假阅读这本书，在入学后第0周的“欢迎真正的UCLA人”（True Bruin Welcome Week）活动中互相分享阅读体会。这一活动由住宿助理（Resident Assistants）组织，鼓励学校教师和职工参与讨论。校方认为，通过共同的主题，新生们不仅能够学习关于社会和人生的知识，而且能够在讨论中分享和理解不同视角，形成一个精神共同体，思考他们在建设一个正义的社会中将要扮演的角色，并由此开始一种批判性的行动。

世界经典著作浩如烟海，每年新出版的书目不计其数，选出一本能够被来自多元文化背景和不同成长经历的大学一年级新生们共同欣赏并有所启发的书并不容易。UCLA“同一本书”的选择机制是“民主集中制”。任何人都可以登录“同一本书”的主页（https://www.orl.ucla.edu/commonbook/nominate），推荐心目中的“同一本书”。推荐者需要填写如下信息：（1）基本信息：书名、作者、出版时间、页数。（2）推荐理由：你认为这本书是否符合学校为“同一本书”所设定的目标，以及这本书是否有助于构建UCLA或者与洛杉矶社区共同体。（3）推荐者个人信息：根据相关负责人的介绍，每年大概有30～40本推荐书目，2014年的“同一本书”《杰基·罗宾森》（*Jackie Robinson*）就是从34本书中选出来的。UCLA会为此组成一个专门的委员会——包括教师、职工和学生——讨论确定最终哪一本书有幸成为一届UCLA新人的入门书。

该活动始于2009年，至今已经有6本“同一本书”。

2009—2010学年的“同一本书”是《山外有山》（*Mountains Beyond Mountains*），这本书讲述的是哈佛医学院毕业的Paul Farmer医生在海地及世界上其他贫穷地区治病救人的故事。本书力图展现一个人如何凭借一己之力，为世界健康问题做出巨大贡献的，并且帮助我们充分了解政治、健康、社会体制和疾病之间的相互联系。

2010—2011学年的“同一本书”是Zeitoun。这本书讲述的是一个家庭富裕的叙利亚裔美国人Abdulrahman Zeitoun的故事。在2005年卡特琳娜飓风灾难时，他不听家人劝告，没有和家人一起撤离他居住的新奥尔良。本书试图通过他们一家人在灾难中的经历，揭示出他和家人的叙利亚身份所遭受的不公正和欺凌。

2011—2012学年的“同一本书”是《永生的海瑞塔·拉克丝》（*The Immortal Life of Henrietta Lacks*）。这本书讲述的是20世纪50年代，美国种族歧视非常严重。贫穷的非洲裔美国人海瑞塔·拉克丝（Henrietta Lacks）身患晚期宫颈癌。当时唯一能免费治疗“有色人群”医院的是离家30千米以外的约翰·霍普金斯大学医院。医生兴奋地发现，拉克丝的癌细胞的繁殖能力极强，是可以在实验室培养皿中无限次繁殖的“永生”细胞。医生用“海拉”（Hela）——由海瑞塔·拉克丝的姓和名的前两个字母组成——来称呼这组细胞。六十年来，“海拉”细胞帮助科学家实现了一系列重要突破：化学疗法、克隆、基因组、人工受精等。无数人受益于此。无数人因此发迹发财。但是，无论是当年的医生还是今天的科学界，都没有告知拉克丝及其家人，她的癌细胞的真正价值。拉克丝在去世时贫病交加，她的后人至今也只有少数几个人能够自己支付自己的医疗费用。这本书揭示的关于科学伦理、种族歧视等一系列重要问题值得每个人深思。

2012—2013 学年的“同一本书”是《另一个摩尔》（*The Other Wes Moore*）。这本书讲述的是生活在同一个城市里的两个同名同姓的男孩，有着不同的人生轨迹。其中一个在人生道路上功成名就，另一个却因为参与抢劫枪杀警察而被判终身监禁。都市中贫穷的黑人社区往往被人们隔离和“遗忘”，黑人少年们只能在充满犯罪、毒品、暴力、辍学、未婚妈妈的环境中成长。能侥幸脱颖而出的人往往是众多因素——值得尊敬的长辈、重视教育的家庭、有幸遇到的导师及发展机遇——共同作用的结果。“令人惊心的事实是，他的故事可能成为我的故事；而悲剧在于，我的故事原本可以成为他的故事。”这本书力图展示的是社会、社区、家庭与个人命运之间的复杂关系。

2013—2014 学年的“同一本书”是《佩德罗和我》（*Pedro And Me*）。这本书讲述的是第一个敢于在电视真人秀节目上公布自己的艾滋病患者身份，并成为艾滋病教育者的古巴裔美国人 Pedro 的人生故事。

2014—2015 学年的“同一本书”是《杰基·罗宾森》（*Jackie Robinson*）。传主是 UCLA 的校友，是美国职业棒球大联盟史上第一位非裔美国人球员。这本书讲述的是在 20 世纪 50 年代，尽管美国种族隔离政策已经在法律上被废除，但是无所不在的种族偏见仍然在社会中根深蒂固。黑人球员只被允许在黑人联盟打球。罗宾森成为大联盟的第一位黑人球手，被认为是现代美国民权运动最重要的事件之一。

尽管 6 年来“同一本书”的内容迥异，但其共同的关注点都不是聚焦于大学生活辅导，而是希望促进对人生和社会的反思。

“同一本书”旨在通过不同的人生故事，特别是平民英雄的故事，传递 UCLA 的核心价值观——Bruins 精神——尊重、责任、正直、服务、卓越。

3. 将 Bruin 精神融入通识教育课程

UCLA 的通识教育课程包括 10 门课，最低为 48 个学分，这些课程主要分为三类，第一类是艺术和人文的基础课程，共 15 个学分，其中包括 3 门课，需要从如下三类课程中各选其一：一是文学和文化课程；二是哲学和语言分析课程；三是视觉表演和艺术课程。第二类是社会和文化的基础课程，共 15 个学分，其中也包括 3 门课，需要从如下三类课程中各选其一：一是历史分析课程；二是社会分析课程；三是历史分析或者社会分析的课程。第三类是科学探索的基础课程，共 18 ～ 20 个学分，其中包括 2 门课，从如下两类课程中各选其二：一是生命科学课程；二是物理科学课程。每一门课程都由众多具体课程组成，比如，社会分析课程就包括社会学、政治学等。通识教育课程针对本科生开设，主要以 120 人左右的大班授课为主，要求第一学年必须修完写作一，第二学年修完写作二，其他课程必须在毕业前修完。教师主要分为两类：一是专业教师讲授相关课程，如历史教师讲授历史分析课程，社会学教师讲授社会分析课程等；二是不同专业的教师组成教学团队，集体完成某一类课程的教学任务。原则上，每门课程的学习时间为一学期，共 10 周，每周上 6 小时左右，大约为三节课，其中一节课为讲授，另两节课为讨论。从通识教育课程的设置来看，渗透着美国历史、文化、精神、自由、民主等方方面面的内容，贯穿着美国价值观的教育。

4. 广泛宣传 Bruin 精神，使人人知晓

美国高校高度重视多样化，注意在招生和管理等各个环节促进多文化背景学生的融合，其中用 Bruin 精神整合学校文化做得比较好。在把 Bruin 精神带入各种校园文化方面给人印象深刻，将 UCLA True Bruin 形象化，将 Bruin 熊雕塑放在校园中央广场；在校园广告牌、路标、围栏、餐厅、会议室、休息室、体育场馆、教师办公室、学生事务办公室、心理咨询中心等场所挂有体现 UCLA True Bruin 张贴、悬挂 Bruin 招贴；在招生、新生欢迎会、文体学术活动中，宣讲 Bruin 精神、“UCLA 共同体的行为规范”（UCLA Principles of Community）、宣传 UCLA 著名校友；在学校文化产品上、校车上、宣传品上处处充斥“Bruin”标识，如校车冠名为“Bruin BUS”；在学校中央广场设有学校的相关宣传项目冠以“True Bruin”项目。Bruin 已经成为 UCLA 人的一种自称，也成为全校师生的共同追求。

与此同时，UCLA 也十分重视通过环境的创造来进行价值观教育，如以学校历史上著名的杰出人物命名图书馆、广场、楼宇、街道、博物馆、体育中心、学院等，这些杰出人物无疑都是 Bruin 精神的突出代表，对价值观的教育起着潜移默化的作用。

5. 在校园活动中践行 Bruin 精神

在 UCLA，校园生活占据了学生的绝大部分时间和空间，对学生的思想、态度、价值观的形成产生了极大影响。UCLA 校园活动主要包括以下几种：

一是校方发起的活动。例如，形式多样、内容丰富的各类学术活动，丰富多彩、内容实际的文体活动，热烈庄重、永生难忘的校庆、入学和毕业典礼等。

二是学生组织的活动。UCLA 很强调学生自我管理能力，通过让学生独立开展各种各样的活动，来培养学生的价值观和领导能力。UCLA 学生联合会被誉为“学生政府”，经一年一度的竞选产生主席，UCLA 学生联合会主席是校董事会的当然成员，它在法律上代表了学生整体，掌管全校学生活动经费，组织学术活动、帮助学生制订合理的保险计划、参与学校相关的招人工作和制度建设。例如，学生费用顾问委员会的组成人员包括 4 名研究生、4 名本科生、3 名工作人员、1 名行政顾问，负责决策 4000 万美元学生事务经费的使用。UCLA 学生联合会还自营 UCLA 商店、20 个饭店、亚洲合作店，每年盈利 800 万美元，为学生领导力提升提供更多机会。UCLA 学生自己创建社团 1000 多个，通过申请活动项目和资金支持，独立开展活动。

三是社会活动。UCLA 支持学生社会活动，使学生在活动中受教育并建立他们作为个体和世界公民的身份。例如，让学生参加反战游行、维护和平、保护环境、反对各族歧视等政治活动，也让学生参加包括扶贫救困、扶老助残、社区劳动、公益性义务志愿服务活动等。UCLA 推行社会服务的目的是让青年学生更好地接触社会，培养团队精神和社会意识。

此外，Bruin 精神贯穿于学生纪律管理、道德决策、校园氛围评估、学生事务发展等相关工作中。

（二）鼓励校园文化的多元性和开放性

美国是一个移民国家，大部分美国人都是从世界各地到美国的移民的后裔，因此，美国一向以“民族熔炉”而著称于世。当各个国家、各个民族的人们纷纷涌向这片土地的同时，也把各国、各民族的文化种子播撒到了这里。各种文化互相渗透、互相影响、互相作用、互相融合，形成了美国文化较为宽容的特点。而美国洛杉矶，更凸显了这种多元性特征。美国教育界普遍认同的一种教育观就是尊重差异，不仅尊重一般性差异，而且尊重特殊性差异，在他们看来，人的千差万别恰恰构成了人丰富多彩的创造力基础，而教育的任务恰恰应该是把人的各种各样的能量发掘出来，而不能像可口可乐的生产线，把产品造成一个模样。

在UCLA里，各种肤色的人群，形态多异的装束，各种不同的语言交汇在一起，不同的教育形式、多元的师生构成、国际性的文化背景、色彩各异的教学组织方式，形成了一道多彩的风景线。据UCLA本科生招生部主任Ffiona Rees博士介绍，该校师生来自于世界125个国家，每年本科招收国际生近700名，目前在校国际生已达几千人。学生事务管理部分的教师1/3来自其他国家，教师中有色人种也占有一定的比例。在UCLA中，除了从高中毕业直接进入大学的普通型学生外，UCLA还接收一定比例从社区大学毕业的转学生，这一点是UCLA不同于美国其他大学之处。树立国际眼光，重视民族文化，关注社区发展，也是UCLA多元性文化的一个特点。UCLA副校长Janina Montero谈到，在他们的学生中，有许多国际生，我们希望他们毕业以后回到他们的国家去，把我们的大学文化传播到世界各地，使我们的大学文化融入世界文化的整体中去。正是这种国际眼光，使美国各大学积极开展对外交流与合作办学，在世界各地广泛进行招生宣传，吸引外国留学生。此外，还通过举办各种国际性画展、国际学术会议和国际性体育、艺术活动，来促进各国文化的交流。

（三）重视校园文化的审美特色

美国大学的校园和公共场所的布置十分重视审美原则，从中体现出一定价值指向的人文精神，是美国校园文化建设的一个重要特征。办学理念、育人原则及人文精神是需要一定的载体体现的，用一定的建筑、雕塑、校徽等载体将学校的办学理念、育人原则直观、形象地传达出来，其效果必然是巨大、广泛而且持久的，在校园文化建设中具有重要的作用。美国大学早期受英国大学办学模式的影响，因此，美国大学一般都有较好的人文传统，体现在对美、正义、和谐、智慧等人文精神的终极目标十分重视，并且努力用建筑、雕塑、园林等形式加以体现。

UCLA的校园面积1.7平方千米，里面共有163个建筑。它位于洛杉矶西部，日落大道的南部。就大小而言，它仍是加州大学系统内第二个小的校区。这个校园世界闻名，尤其它的建筑和优美的风景广受赞扬。它的周围是洛杉矶最富的三个区。学校最初的校园设计遵循伦巴蒂文艺复兴艺术风格，最初的四幢建筑Royce Hall，Powell Library，Haines Hall和Kinsey Hall展现了精美的艺术细节，为校园面貌奠定了基础。第二次世界大战后，受到当时建筑潮流的影响，出现了很多现代化的简约建筑。20世纪90年代后，兴建的工程大部分回归了建校之初的设想。整个校园被不正式地分为南北两个校园，这两个校园都位于大学占地的东半部。北校园是原校园的中心，其中的建筑风格比较老，所有的建筑都覆盖着进口的意大利的砖头。这里是艺术、人文、社会科学、法律和经济等学科的中心。北校园的中心是橡树环绕的迪克森广场。这个广场曾在许多电影中出现。而南校园的建筑物比较新，它的风格与北校园截然不同。这里是自然科学的中心：物理、生物科学、数学和工程技术。医学和它的附属建筑既不算南校园也不算北校园。

漫步校园，雕塑随处可见。UCLA 校园内有一个雕塑公园，放置历届学生的优秀雕塑作品，既给学生展示才华的机会，又给学校增添了文化景点。为了方便师生，校园设置了很多休闲桌椅，形式各异，在树荫下随意摆放的经粗加工的大石块，有在草坪边放置的略显陈旧的木质桌椅，有在建筑平台或楼前小广场上成片布置的钢制或塑料桌椅。

校园绿化，大树与大片草坪相映，彰显了大气与大雅。草坪加大树的模式，视线通透，突出了建筑主体，这种模式几乎覆盖了校园。学校演艺厅与图书馆之间设计了一片开阔的草坪，四周几棵大树加以衬托，使远处的景点尽收眼底。校园大树彰显着学校的文化底蕴，大树加大片草坪不仅开阔了人们的视野，而且还给师生室外活动及教学提供了一个很好的场所，显示了校园勃勃生机和无限活力。在树木上、草坪上，还不时会看到上蹿下跳和左右穿梭的调皮松鼠，各种鸟类穿行在人们脚下，成为校园内人与自然和谐相处的一幅画卷。

图书馆、教师工作室、学生机房、学生宿舍注重创意和设计。图书馆造型古朴厚重，馆内环境优美，安静舒适；教师工作室可以通过不同材质、不同颜色的桌椅组合，但并不显得突兀；学生机房里的设备虽然数量不少，但通过转达变摆放的位置，并不感觉拥挤；学生宿舍 2 ～ 3 人一间，干净整洁，宽敞舒适。

UCLA 不仅在校园环境和校内公共场所等方面都十分重视艺术效果和审美原则，而且还通过各种途径开展多种多样的审美教育活动。在校内博物馆展陈艺术精品，学生可免费参观；将艺术和文学等课程作为每一位学生都必须学习的重要课程。同时，学校还经常性地举办各种不同形式的艺术展览、音乐会和舞会等活动。通过这种活泼、轻松而又愉快的方式来教育和影响学生的成长和发展。本次访学，我们有幸参观了 UCLA 博物馆展陈的精美艺术品。

（四）充满活力、彰显体育文化的地位

充满活力的校园体育活动是 UCLA 校园十分醒目的文化现象，体育在其校园文化构成中占有十分重要的地位。在UCLA学习期间，我们参观了学校体育场馆和设施，并有幸在洛杉矶著名玫瑰碗观看了UCLA与斯坦福两所大学的校际橄榄球比赛，在UCLA篮球馆观看了UCLA与南加州大学篮球赛，在斯坦普斯体育馆观看了NBA篮球联赛（湖人—灰熊），使我们有机会具体观察了美国大学体育文化的形式及其作用。在传统教育体系中，体育在整个教育过程中发挥十分重要的作用，因为积极而健全的思想与健康的身体是密切联系的。在现代教育中，由于工具理性在教育思想中的影响，体育的作用被降低了，体育与教育目标的关系也变得较为模糊了。从我们对美国大学体育的粗浅观察中，感受到一个印象：美国大学非常重视体育，把体育作为爱国、爱校教育的重要途径，把体育与学校的形象、社会地位及公共关系联系起来，成为将大学文化与商业化的大众文化联系起来的一个中间环节。学校一般拥有条件优良的运动场馆，对运动员，特别是有成绩的运动员给予很高的荣誉，运动队和优秀运动员成为学校及社区的形象代表。高水平的运动队成为学校形象的体现及社区文化的代表，因而，比赛也成为全校十分重要的文化内容，甚至成为仪式化的节日，成为激发学校凝聚力的重要文化载体。

“学生娱乐与健康（Recreation and Wellness）”事务项目是UCLA学生事务的重要组成部分。该项目的工作目标是为UCLA的学生在学校期间提供健康和发展教育，为学生提供高品质的娱乐体验。这一目标也是UCLA作为大学承担学术使命和公共服务使命的重要内容之一。其主管部门是文化和娱乐事务办公室（Cultural and Recreational Affairs）。其主要工作内容包括：

1. 举办校运会（Intramural Sports）；
2. 开设体育俱乐部（Club Teams）；
3. 开设体育课（Instructional programs）；
4. 提供健身服务和指导（Fitness and Wellness）；
5. 为教职工提供健身服务和指导（Employee Workplace Wellness ）；
6. 组织和开展户外活动及相关教育（Outdoor and Experiential Education）；
7. 开展划船与皮划艇运动项目（Boating and Sailing）；
8. 对设施、设备进行管理（Facility Management）；
9. 为社会服务（Open Recreation）；
10. 组织夏令营（Summer Camps）；

11. 开设特别运动项目（Special Events）；

12. 承办大型学生活动（Student Programming）。

UCLA 不仅竞技体育水平很高，而且高度重视高水平运动队的建设和训练。学校有 26 个体育项目的 52 个高水平运动队。学校为每个运动项目都设立了专门的奖学金，以吸引全世界的优秀运动员到 UCLA 学习，同时学生事务部门还为这部分学生提供专门的学业支持和服务，如安排研究生为他们进行“一对一”的学业指导。UCLA 的学生参加了自 1928 年以来的每届奥运会，并且获得了包括 106 枚金牌在内的 214 枚奥运会奖牌。UCLA 建立了 40 多个学生体育俱乐部。从而形成了较为完善的竞技体育训练、竞赛体系，系统培养高水平运动队和运动员。

UCLA 体育课与健身服务内容丰富（Instructional Classes）每学期为学生开设 350 多门体育课程。其中包括：健美操、体育舞蹈、艺术体操、游泳等项目。授课教师一般由外聘体育教师担任。课程纳入学分制，由学生自愿选择是否上课。同时，学校还向学生提供个人训练指导及健身服务，包括开设健身课、举办健康讲座、提供个人健身指导、提供力量训练房等。在学生中还积极组织包括旅游、徒步行走、素质拓展等户外运动。

UCLA 体育文化传承很有特色，学院建有体育博物馆——约翰・伍登中心，以 UCLA 的传奇篮球教练约翰・伍登的名字命名。中心为一栋独立建筑，内部设有多个展厅，采用实景展示、实物展示、多媒体展示等多种手段，展示了约翰・伍登的生平；展示了 UCLA 学生在历届奥运会上所取得的成绩；按项目分别展示了 UCLA 校队在田径、篮球、棒球、体操、网球等 26 个竞技项目中所取得的优异成绩；通过奖牌墙展示了 UCLA 在 NCAA（全美高校运动联盟）中所取得的成绩。博物馆展出了大量人物照片、奖牌、奖杯等实物，系统地诠释了 UCLA 在竞技体育领域所取得的成就。对于学生了解学校的体育史乃至学院发展史，激发学生的学校荣誉感和爱校热情，以及向社会宣传学校具有重要的意义。学校同时设有专门的体育商品店，所卖物品均系专门制作的印有“UCLA”标识的运动服装，包括帽子、各式运动服、运动包等式体育用品，既为学生提供了便利，同时也通过学生宣传和传承了 UCLA 的体育文化，极大地宣传了学校。

UCLA 体育设施齐备，拥有 13 个多功能体育场馆，每年接纳 130 万人进行体育健身、运动训练和竞赛。其中，学生体育运动中心建有体操房、艺体房、力量训练房、壁球房、篮球训练房等功能用房，配备了大量跑步机、健走机、健身球、杠铃、哑铃等健身器械和器材，为学生进行体育锻炼提供了良好的条件。另外，UCLA 还有一个专门的水上运动中心，中心设有小艇码头，能提供安全的划船、皮划艇、帆船等水上项目的训练、教学和体验服务工作。学校的这些体育场馆向学生全面开放，每年都承办和举行很多大型的、内容丰富、形式多样的学生活动。

（五）学生事务管理充分体现以“学生为本”的理念

“凡事以学生为中心”的理念体现在 UCLA 学生事务管理的各个方面。UCLA 学生事务的职责和任务是：为所有 UCLA 学生的学术成功提供支持，促进他们为生活作全面准备的知识、个人、社交及专业等方面的发展。同时，致力于校园生活质量、教育环境及与校友在内更大范围 UCLA 大家庭的关系提升。其具体愿景包括：

（1）为学术事业及制度目标提供支持；

（2）保障学生福利；

（3）建立一个反应及时的学生事务团队；

（4）尽量应用新技术；

（5）关注财政及预算规划。

UCLA 的学生事务是一个围绕学生成长的完整的网络体系。学生工作实际上在学生们入学之前就已经开始启动。在许多情况下，UCLA 与学生之间的联系早在学生的初高中阶段就已经建立。学校为超过 125 所初高中提供了不同的项目，为学生及其家庭提供有关入学须知、课程计划帮助及教育技巧建立等方面的信息。同时，他们还作为多个学生主导的项目的顾问，为初中乃至大学提供辅导。UCLA 的学生事务主要包括：招生、学生注册管理、新生入学教育、经济资助、住宿管理、学生社团活动管理、学生行为规范管理、职业与就业指导服务、学业指导、健康教育与服务、心理健康教育与咨询、特殊学生服务、国际生服务等。可以看出，美国的学生事务管理范围涵盖了与学生成长相关的各个方面的内容，既包括了国内高校学生处的全部工作内容，也包括了教务处、后勤、体育教研组和国际处的部分工作内容。由于美国学生事务管理的工作内容比国内高校的学生工作涵盖的内容更广，所以美国高校学生事务管理部门所拥有的资源也更多，主管学生事务工作的副校长的权力也更大，学生事务的影响力也更大。

UCLA 学生事务在 Janina Montero 副校长的领导下，学校建立了由超过 20 个独立院系的专家组成的、全方位服务于学生的课外生活的学生工作组织。学校设主管学生事务的副校长（Janina Montero）1 名，副校长下辖 1 名助理副校长、2 名副校长助理、2 名执行主任、2 名主任、1 名特殊助理。学生事务工作有直属五大部门：招生管理处、学生事务管理处、学生校园生活处、学生发展处、学生健康服务处，下面共有 25 个不同职能部门，共计 800 名正式员工（基本都有学生事务管理硕士以上学位或教育学硕士以上学位）、350 个学生雇员和其他工作人员。本次学习培训，UCLA 为我们授课的部门有：入学（招生）办公室、注册办公室、助学金办公室、宿舍管理中心、学生生活办公室、学生健康健身中心、信息研究中心、社区项目办公室、心理健康咨询中心、国际生服务中心、训导处、性取向不同学生服务中心、学生项目中心、医疗中心、职业就业指导中心、训导处、残疾人服务中心、本科生资源中心、研究生资源中心、学生发展中心、ACPA 中心（把少数族裔的学生引进大学，并帮助他们完成学业的部门）等。

三、UCLA 校园文化建设对我们的启示

（一）转变观念，树立“完整的人”的教育理念

“作为一个完整的人占有自己的全面的本质”是马克思关于人的一个重要命题，也是人类的永恒追求。完整性是系统性的表现之一，是指系统结构中的各个部分占在了各自应该占有的属性并建立有效的相互联系，从而保证了整体获得自身独特的功能。从内在维度看，人的发展最终表现为心灵品质即人格的形成。因此，在内在维度上“完整的人”，即人格品质高尚健全的人，是人格的各个部分占有了自身的本质属性进而促成了人格的完整性。现代教育的开创者、捷克教育学家夸美纽斯很早就关注了教育与人的完整性的关系。夸美纽斯认为：“学校里面所给的教育应该是周全的”“人都应该接受一种周全的教育”。德国教育学家、哲学家席勒也注意到了教育和文化对人的完整性的影响：“在近代，由于文明的发展和国家变成强制国家，人们只能发展他身上的某一种力，从而破坏了他的天性的和谐状态，成为与整体没有多大关系的、残缺不全的、孤零零的碎片。”这种“片面的状态”，对物质文明和精神文明的发展、对人类的进步是必要的。但是，个人却成为资本社会中工业分工和工业文明的牺牲品，失去了自身性格的完整性。因此，“要改革国家，获得政治自由，必须首先改善时代的性格，恢复人的天性的完整性。”席勒特别强调审美教育对于“完整的人”的价值：“近代人要做的，就是通过更好的艺术即审美教育来恢复他们天性中的这种完整性。”马

克思在《德意志意识形态》中也对“片面的人”进行了深刻的剖析，他说：“分工使他变成片面的人，使他畸形发展，使他受到限制。”在《1844年经济学哲学手稿》中马克思认为成为“人”的过程就是“人以一种全面的方式，也就是说，作为一个完整的人，占有自己的全面的本质”。总之，“让人成为他（她）自己，一个完整的自己，这才是教育的最高境界。”

党的十八大报告指出，要“坚持教育为社会主义现代化建设服务、为人民服务，把立德树人作为教育的根本任务，全面实施素质教育，培养德智体美全面发展的社会主义建设者和接班人，努力办好人民满意的教育。”但在实际贯彻的过程中，我国教育界对教育仍存在偏差。例如，关于教育的目的，学生认为“我上大学是学知识，学专业的”，老师认为“我是教知识，教专业的”，精神的提升、道德品质的养成、素质的提高，排除在教育之外。教育中很多问题由此而生。又如，“教育就是讲道理”，“我不讲学生就不懂”等，都是对教育的误解。相比之下，西方比较重视概念思维。首先将概念辨析清楚，再往下走。提高高等教育质量首先要科学理解教育。本次在UCLA的学习使我们深切感受到其“集高水平学识素养、高尚道德取向和强烈的社会责任感于一体的教育理念”；“在UCLA，我们能够直接感受到他们的爱国主义、民族精神、国家使命等弥漫在校园空气中，使学生在潜移默化中接受教育”。大学教育，学校、师生首先要确立“以学生为本”“完整的人”的教育理念，并将其贯穿于学校一切教育工作之中。课程是大学最重要的教育活动之一，但我们的一些课程目标“高大空”，课程结构缺乏灵魂，根本原因是没有准确把握教育目的，“完整的人”的教育理念还没有树立起来，“以学生为本”的教育理念仍停留在口头上。学校所有工作都要有利于学生的健康成长。

（二）落细落小落实，坚持不懈地抓好核心价值观宣传践行

坚定不移地践行美国价值观是美国的一项基本国策。自美国建国以来，无论是共和党还是民主党执政，美国政府的领导人都将美国价值观作为其核心利益，不遗余力地保护和践行美国价值观。美国哈佛大学著名政治家约瑟夫·奈指出，“自建国初期开始，美国人就一直为将我们的价值观与我们的其他利益相结合而绞尽脑汁。”2013年奥巴马在就职演讲中说道：“我们将通过强大的军力和法制保护我们的人民，捍卫我们的价值观。”“作为公民，有义务塑造我们时代的辩题，不仅仅通过我们的选票，而且要为捍卫悠久的价值观和持久的理想发声。”为宣传美国核心价值观，美国政府、政党、非政府组织、公司企业等多元主体共同推动，通过学校教育、社会教育和家庭教育等多个领域共同促进，通过政策、法律、财政等多个方面共同保障，通过文化渗透、外交活动、跨国公司等多种渠道共同向国际社会推广。1947 年，美国高等教育委员会发表的名为《美国民主社会中的高等教育》的报告中指出："普通教育应该给予学生能在一个自由社会里正确完满生活所需要的价值观念、态度、知识和技能。"并明确规定课程目标为"保持与扩大美国社会必需的伦理和社会价值"。《加利福尼亚教育法》第 44790 条规定："在加利福尼亚所有公立学校都需要设立相应的核心价值观教育计划。"据报道，美国政府每年在价值观的教育、宣传、输出等方面的支出已远远超过军费投入。

在 UCLA 学习期间，我们通过听课、参观校园、观看体育比赛、活动体验、研讨、与师生座谈等多种方式，深切感受到他们对自己价值观宣传践行的高度重视。例如，开设德育课、通识课和专业课等都渗透着美国历史、文化、精神、自由、民主等方方面面的内容，贯穿于美国价值观教育中；一些重要的公共场所都插着国旗，悬挂、张贴 Bruin 精神、UCLA 共同体的行为规范、立志名言等；在餐桌上摆放健康饮食、不浪费粮食的桌牌；体育比赛开始前，观众们都要起身站立，齐声高唱美国国歌；大型活动注重烘托气氛，在气氛最热烈的时候穿插宣传学校优秀校友——美国价值观的代表人物；教师的言行、学校的规章制度、学校环境的设计，无一不体现着美国价值观的导向。他们对学生的要求具体、简单，做到"尊重、责任、正直、服务、卓越"，即"True Bruin"，并把这些要求真正贯穿于学生全部学习生活当中；注重对学生行为的规范，通过规范学生的行为来达到影响学生思想的目的。例如，UCLA 学生管理部门在过去一年里共受理了 600 起左右的处分事件，其中有 300 起左右是学术不端行为，这些学术不端行为都是由任课教师发现并报告的。相信，受过处理的学生认识到了学术不端的严重性，在今后的学习生活中不会再出现此类情况。在中国高校，有多少教师会主动向学生处报告学生在做作业和写论文的过程中存在学术不端的行为？美国以各种各样的方式宣传践行自己的核心价值观，是值得我们学习和借鉴的，我们应该进一步提高认识，积极行动，按照中央、北京市和北京市委教育工委《关于培育和践行社会主义核心价值观培育和践行的意见》，结合各高校实际，制定工作方案和工作计划，落细落小落实，坚持不懈地抓好核心价值观宣传践行。

（三）彰显内涵，加强校园环境的整体规划、建设和管理

我国现代著名教育家陶行知在20世纪20年代提出：“天然环境和人格陶冶，很有密切关系。”美国哈佛大学文理学院前院长亨利·罗素夫斯基也强调：“工作场所的物质环境，其影响是巨大的。良好的校园物质环境，使师生能领略到这种物质文化的独特的影响力，在道德品质、情感意志、价值观和各种行为活动方式等方面受到潜移默化的熏陶，对素质的培养和教育质量的提高都起到了重要作用。”

美国大学非常重视营造个性鲜明的校园文化环境，不管是校园的整体环境、景点、建筑物的设计，还是图书馆、办公室、教室的装潢等都严格遵循美学原理进行设计布置，形成物质环境与人文环境的高度协调和统一。比如，UCLA校园内大树参天、绿荫如盖，小鸟在空中自由地飞舞歌唱，松鼠在草地上欢快跳跃，人与自然有机地融为一体，处处给人以诗情画意的感受，学校古朴典雅的建筑群上大都立有历史记载和纪念性的文字标牌，使人随时随刻都能感受到丰富的文化底蕴和厚重的历史积淀。整个校园内，连垃圾桶都非常干净，周围没有一片垃圾。

UCLA大学校园建设项目，先由管理部门进行充分论证，提出建设方案后，再由专门的教授委员会研究审定，最终报校董事会批准执行，教授委员会及校董事会对学校建筑高度重视。这对该校建筑艺术传统的保持起到了至关重要的作用。

我国高校总体来讲办学历史较短，特别是近年来，伴随着扩招，新校区增多，校园面积不断增大，校园楼房不断增多，对建筑风格的内涵、与办学理念有机结合等方面往往缺乏合理规划，使原有的大学文化在一定程度上有所淡化，或者说流失。因此，在校园环境的建设和管理方面应注意以下几方面：

一是传统与现代相呼应，建筑风格要一脉相承。校园规划和建设是百年大计，必须坚持高校，科学而广泛地论证，建设方案一旦确定，不能随意更改，必须严格规范地执行，不因时代的变化而大变，不因领导的更迭而改变。特别要重视新建筑与老建设的统一，校园建筑记载着学校成长的历程，一栋栋建筑犹如一部部学校发展的历史，记录着学校文化积累和事业发展的脉络。每一栋建筑形成的特色，能给每一位学子留下深刻的烙印和美好的回忆，校园建筑注重历史文化传承，保持传统建筑与现代建筑的整体融合，意义重大，影响深远。

二是校园景观绿化建设要简洁大气、特色鲜明。校园景观建设应力求简朴和简约，追求大气和高雅，不能追求名贵和奢华。要顺应当地的自然规律和生态环境，实事求是、因地制宜，引种当地的绿树绿草，栽种植物应避免追求“高、名、

贵”，而且校园内应避免“全硬化、全绿化”的生硬布局设计。设计要考虑全面、以人为本，施工要细致入微，质量为先。

三是管理服务要以人为本、细致入微。学校公共环境的管理和服务应坚持“以人为本，以学生为中心”的理念，并贯穿于一切工作之中，校园内应尽量为学生的学习、休闲和交流提供充分的空间和环境。同时，学校应向社会开放其一定的资源，包括校园环境和图书资料等，提高学校与当地社区的相融性和包容性，从而提高大学的地位和认可度。

（四）创新模式，提升学生事务管理的专业化水平

模式再造，从管理约束走向发展激励转变。美国高校学生事务管理的历史悠久，最初采取的是学校对其进行严格的行为管理和道德训诫的“父母制替代”。1994 年，美国大学人事协会提出：“学生事务管理的根本目的是提高学生的学习和个体的全面发展，并采取一系列的策略来鼓励这一目标的实现。”这一理念意味着美国学生事务管理进入了学生发展时期。在管理的组织架构方面，一般都由主管学生事务的副校长一人负责，由校级学生事务中心负责具体实施，并为全校学生提供服务。美国的教育行政权力较弱，高校自治是其特色，影响高校学生事务的校外因素往往来自行业规范，即专业协会推行的职业标准。

我国高校学生事务管理在意识上更倾向于把学生作为被教育和管理的对象。学生工作的组织架构一般为垂直职能型组织架构，即学生工作职能部门向上分别接受不同的校级领导分管，向下指导院（系），再通过辅导员面向学生。不管是政府还是高校自身，行政性管理约束较多，探索学生发展需求较少。落实“尊重教育规律和学生身心发展规律、为每个学生提供适合的教育”的要求，需要我们从关注学生需求入手，以学生诉求、社会需要为衡量尺度，构建以学生自身发展为目标的工作激励模式。

培育团队，正式组织与非正式组织的交叉。美国高校鼓励学生组织自治，UCLA 有超过 1000 个学生组织，为学生提供了众多融入校园的机会。“荣誉制度”是学生对学校的一项承诺制度，把每个跨入 UCLA 校门的学生纳入其中，制度具体的执行者则是全体学生，每个学院选出两名代表成为学生法官，一旦发现学生违反诚信的行为，学生法官将会立即报告学校，请求学校将该生开除。美国高校各种学生组织在提供有效学习环境、使学生适应多文化社会以及在全球化的集体中生活都起到了十分重要的作用。

中国高校学生组织可分为两种类型：一是以班级为代表的传统组织，也就是正式组织；二是以社团、兴趣小组为代表的新兴组织，也就是非正式组织。这些不同类型的学生组织，充分体现了学生的“自我教育、自我管理、自我服务”，发挥了对学生社会化的引领功能，以及衔接第一课堂、第二课堂的纽带功能。随着中国高等教育改革的推进及学分制的演变，原有的学生班级模式也在悄然发生变化，需要我们重新审视学生班级的管理，探索构建以学生公寓、学生课程等为区域的新型组织。此外，在学生社团指导、帮扶等方面，还需要加大资金投入，更大限度地实现学生自治。

发展队伍，从职业化迈向专业化。UCLA 学生事务管理人员实行严格的资格准入和专业训练制度。作为一种职业，要求这些从业人员必须具有高等教育学、心理学、学生事务管理、哲学、管理学等领域的硕士学位，高级管理人员还必须有相关领域的博士学位。美国在 20 世纪 60 年代就出台了专业辅导人员培训标准的全国性文件，部分高校开办了高等教育学生行政管理专业，并设有硕士、博士学位，专门培养学生事务管理人才。

中国的辅导员制度起源于 20 世纪 50 年代初，半个世纪以来，辅导员制度不断完善，辅导员工作不断得到加强，在不同的历史时期承载了自己的历史使命。特别是近十年来，中央 16 号文件、教育部 24 号令的颁布，《辅导员职业能力标准（暂行）》的制定，进一步推动了高校辅导员队伍建设。但是，我国高校普遍存在对辅导员工作重要性认识不够，对于辅导员工作领域界定模糊，从而造成了辅导员队伍建设发展的尴尬局面。笔者认为，辅导员队伍发展的职业化和专业化是两个不同的概念，二者之间有一个渐进的过程，职业化是专业化的前提和基础，而专业化是职业化发展的高级阶段，体现着职业化的成熟度。

大学校园文化对学生的影响潜移默化，“是大学在长期的办学实践中所创造和形成的一种独特的文化”。校园文化是一项系统工程，体现在每一个师生员工的每一项工作中，一方面高校要注重价值观念、基础设施、人文环境、师生活动等显性文化的规划和设计，“努力做到使学校的墙也会说话”。另一方面要从大学章程、规章制度的制定，从师生员工的日常行为规范等体现一所学校的校风、教风、学风。高校学生事务管理，既需要正本清源的显性文化作为管理手段，也需要润物细无声的隐性文化发挥其育人功能，二者之间有时也难以明确区分，唯有双管齐下，相互渗透，方能相得益彰。

整合资源　协同创新　开创学生党建工作新局面——京南高校联合开展学生党建“聚力工程”纪实

赵　欣

（北京印刷学院　党校　北京　102600）

为深入贯彻落实党的十八大精神，扎实推进高校基层学生党建工作，进一步加强“学习型、服务型、创新型”学生党支部建设，进一步增强学生党支部的凝聚力、战斗力，充分发挥学生党支部、学生党员在校风学风建设、校园文化建设等方面的示范引领作用。2013 年，北京印刷学院经济管理学院党委牵头发起，联合北京建筑大学经济与管理工程学院党委、北京石油化工学院经济管理学院党委，整合资源，协同创新，共同策划开展学生党建“聚力工程”。

其目的是通过加强校际之间的学生党建共建和交流，充分整合三校经管学院的资源，凝聚党员智慧，充分发挥各自在学生党建工作方面的优势，分享学生党建工作中的经验和成果，研讨学生党建工作中的重点和难题，从而助力学生党建工作创新。

一、探索与实践

（一）举办学生党建“聚力”论坛

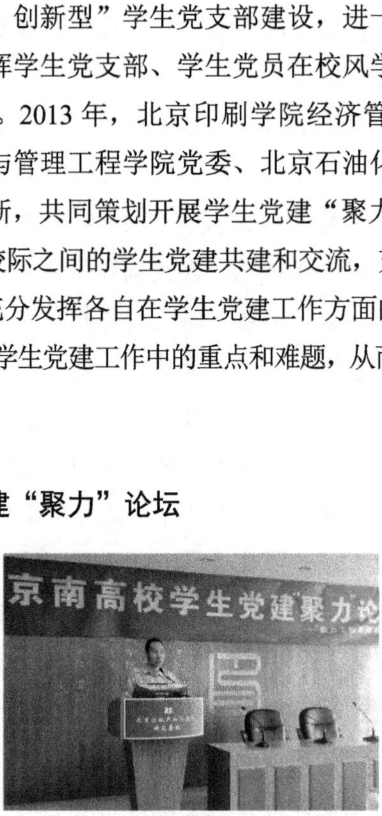

图 1　京南高校学生党建“聚力”论坛

为了加强高校之间学生党建工作的交流，共同分享各校在学生党建工作中的创新经验和建设成果，相互借鉴、相互促进，北印经管学院党委、北京石化学院经管学院党委、北建大经管学院党委根据“聚力工程”活动的安排，每年都会围绕“交流经验、探讨问题、明确思路、推动工作”的目标和任务，举办学生党建“聚力”论坛。

图 2　举办学生党建“聚力”论坛

例如，2014 年 5 月 14 日，由北印经管学院党委主办的首届京南高校学生党建“聚力”论坛成功举办。北京石油化工学院会计学生第二党支部黄婷婷在交流发言中回顾了“党员助力工程”的历年时间轴，生动形象地展示了学生党员互帮互助、共同成才的友爱画面，使大家感受到了这项活动不仅为发挥党支部及党员的先锋模范作用提供了广阔平台，更为同学的发展奠定了良好的基础。北印经管学院文管学生党支部书记刘京京通过视频展现了文管党支部的特色活动——“少数民族心手相连，共建一家”活动；北京建筑大学优秀学生党员魏庆和大家分享了个人的成长经历和工作经验，以及作为学生干部带领班级、学生会等组织取得的成绩。第二届、第三届京南高校学生党建“聚力”论坛分别在北京石油化工学院、北京印刷学院成功举办。目前，北京建筑大学经管学院党委正在积极筹备第四届“聚力”论坛。

图 3　第二届京南高校学生党建“聚力”论坛

图 4 京南高校第三届学生党建“聚力”论坛

（二）学生党建专题研讨

每年组织一次学生党建工作重点和难点问题的专题研讨，凝聚学生党员的智慧，充分发挥全体党员在学生党建工作中的“自我教育、自我管理、自我服务”作用，加强思想建设、组织建设和自身建设，使党支部活动更具活力和吸引力，进而不断增强学生党支部的凝聚力、战斗力，使学生党支部的战斗堡垒作用和学生党员的先锋模范作用能够在学风建设、校园文化建设等各项工作中得到充分发挥。

图 5 学生党建专题研讨

在专题研讨中，三所院校的相关教师、学生党员分成若干小组，就指定的议题分组讨论，做好梳理和记录，最后由小组代表总结、汇报研讨情况。例如，在 2015 年的研讨中，参与师生围绕“学生党员先锋模范作用的发挥”“党员发展中存在的问题及解决方法”“如何提高学生党员组织生活的实效性”等问题展开研讨，并提出了具体的解决建议和措施。在 2016 年的研讨中，参与的党员师生围绕“合格党员标准”“合格党支部规范”等展开大讨论。

图6

从问题、做法和经验出发，探索、创新学生党建工作，取得了较好的效果。

图7

（三）围绕主题，开展特色鲜明的党建活动

围绕“凝聚党员智慧，助力党建创新”的主题，各院校结合自己的实际，开展主题突出、内容丰富、形式多样、特色鲜明的党建活动。

1.深入开展党员“先锋工程”活动

北印经管学院党委狠抓落实学生党员“先锋工程”，通过深入开展学生党建深入公寓、学生党员公开承诺活动、全面实施学生党员联点责任制、坚持学生党员晨起签到制度和学生党员佩戴党徽制度等，给学生党员搭建“亮身份、尽职责、起作用、树形象”的平台，既增强了学生党员的党员意识，提高了党性修养，又充分发挥学生党员、干部在校风学风建设、校园文化建设等方面的模范带头、示范引领作用，体现了学生党员的先进性和纯洁性，成效明显。

图 8 "学生党建深入公寓"系列活动启动暨党员宿舍挂牌仪式

2. 创新开展主题党日活动

主题鲜明、形式多样、内容丰富的主题党日活动是对学生党员进行先进性和纯洁性教育的有效形式。因此，北京印刷学院经济管理学院党委坚持每月开展一次主题党日活动，做到“月月有主题，周周有活动，人人有参与”。

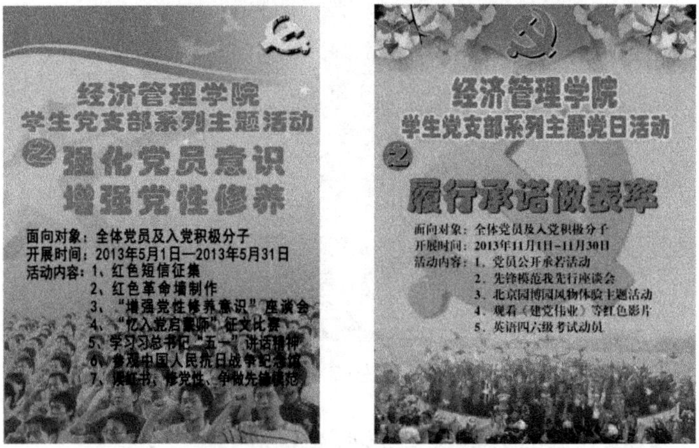

图 9 经济管理学院学生党支部系列主题党日活动

在主题党日活动开展过程中，学院党委高度重视活动的顶层设计，坚持做到结合实际，确定主题；注意引导，围绕主题；重视形式，突出主题；加强宣传，巩固主题，力求提高主题党日活动的活动质量和教育效果。例如，自 2013 年以来，以“传承雷锋精神，争做时代先锋”“示范引领，为党旗增辉”“寻青春梦想，助成长成才”“共庆华诞 · 铭史爱国”“放飞梦想 · 青春启航”“青春引领梦想 · 感恩共铸成长”“勿忘国耻 · 砥砺前行”等为主题，积极开展了 100 多项主题党日系列活动，为“学习型、服务型、创新型”基层党组织建设奠定了良好的基础。

3. 扎实开展“党员助力工程”

“党员助力工程”是北京石油化工学院经管学院党员“先锋工程”的重要品牌活动，同时也是新生引航工程思想引领计划的一部分，旨在引导学生党员深入低年级学生宿舍，通过结对子，1 名党员带 1 个宿舍的方式，帮助新生解决思想、学习、工作和生活等多方面的困惑和难题，从而深入点、扩及面，充分发挥学生党员的先锋模范带头作用，进一步助力经管学院院风建设、学风建设，共同促进学生成长成才。经过多年来的实践，这项工程在引领大一新生尽快融入新的集体，适应大学生活，转变学习方式，和谐与人交往等方面发挥了举足轻重的作用，取得了较好的效果。

图 10　第五届党员助力工程

北京石油化工学院经管学院党委副书记韩志勇表示：“党员助力工程”是依据低年级学生的实际需要，为他们量身定做的、能够解决他们实际问题的活动，既能够解决低年级同学的实际困难，也能使学生党员经受锻炼，增长才干，因而受到学生们的热烈欢迎。

二、效果与经验

自 2013 年三所高校协同创新实施“聚力工程”活动以来，三所高校经管学院党委都给予了高度重视和扎实落实，各自根据学院实际情况和学生特点，创新性地开展了丰富多彩的学生党建活动，取得了显著的成效。

（一）提升了学生党员的综合素质

通过开展学生党员“先锋工程”“党员助力工程”、主题党日活动等系列活动，学生党员的党性修养和综合素质有了明显的提高，理想信念、党员意识、责任意识普遍得到深化，理论水平、业务素质、行为能力普遍得到提升。

（二）发挥了学生党员的模范作用

坚持学生党建与学风建设、思政教育等工作紧密结合，扎实开展学生党员晨起签到制度，学生党支部组织学生党员在早晨集体公开签到，并引导党员督促所联系的同学做到上课不迟到；认真落实学生党员联点责任制，组织学生党员在考试前签订诚信考试承诺书，保证自己诚信考试的同时，也保证所联系的同学也诚信考试。通过开展丰富多彩的活动，为学生党员搭建了发挥作用的平台，充分展示了学生党员在校风学风建设、校园文化建设等方面的先锋模范作用，很好地体现了学生党员的先进性和纯洁性。

（三）加强了学生基层党组织建设

各校以“聚力工程”为抓手，通过开展形式多样的活动，采取扎实有效的措施，在加强了学生党员自身建设的同时，充分发挥了学生党员的示范引领作用，从而带动周围的同学共同进步，积极向组织靠拢，进一步加强学生党支部的凝聚力、战斗力和影响力。与此同时，通过围绕明确的主题举办“聚力”论坛，结合存在的实际问题开展主题研讨，充分发挥学生党员的聪明智慧，解决学生党建工作中的难点和重点问题，为学生党建工作的全面提升奠定了坚实的基础。

（《北京教育》高教版，2017 年第 9 期）

教师教学发展中心引领微课制作 推动教师深化教学研究

杨丽珍

（北京印刷学院　基础部　北京　102600）

摘要：在“互联网+教育”时代，教师教学发展中心根据微课资源不足及教师在制作微课中存在的各种问题，与相关技术公司沟通，采取微课录制、技术培训、课题研究等措施，为高校教师利用微课改进教学模式，提高教学研究及教学效果做好坚实后盾。

关键词：教师教学发展中心；微课；教学探讨

利用互联网助力学校教育质量的提升，已经引起了许多高校教师的关注，“互联网+教育”为高校传统的教学模式改革提出了思考和行动方向。自2013年全国首届高校微课教学大赛以来，微课教学在高校引起了重视，微课在中小学兴起并得到认可。但是，许多高校教师对微课的认知不足、对微课制作的技术困境、对微课有效地使用还需一段时间的深入探究，面对这些实际问题，我校教师教学发展中心为青年教师发展指路引航，与相关技术公司沟通，采取微课录制、技术培训、课题研究等措施，为高校教师利用微课改进教学模式，提高教学研究及教学效果做好坚实后盾。

一、微课在教学中的作用

1. 微课的含义

针对某个知识点或教学环节，以现代信息化技术为手段而设计的一种情景化、支持多种学习方式的视频课程是2008年由美国新墨西哥州圣胡安学院的戴维·彭罗斯（David Penrose）率先提出的微课概念。在国内，2011年胡铁生也提出了微课的概念：微课是按照新课程标准及教学实践要求，以教学视频为主要载体，反映教师在课堂教学中针对某个知识点或教学环节而开展教与学活动的各种教学资源的有机组合。尽管国内外对微课有各种不同的说法，然而，总体来说，都是利用现代技术手段将知识点以短暂的视频形式进行教学活动。

2. 微课的特征

微课只针对一个知识点或一个具体问题，播放时间大概在5～10分钟左右，主题明确、内容精辟，时间短符合视觉驻留规律和认知特点，学生不易疲劳和注意力分散。学生不受时空的限制，可以随时随地选择自己感兴趣的内容来学习，对于没有弄太明白的知识点还可以反复学习，这样弥补了传统课堂教学模式的不足。

3. 微课对师生的教学意义

从教师层面，教师可以对现有微课库资源进行选择，依据所教学生的实际水平，教师在选择资料过程中通过视频的观看审视也可以得到学习和提升；如若没有适合的微课，教师可以制作符合学生特征的微课，在制作过程中，教师会不断完善教学内容、教学方法，也加深了对知识的理解；教师在选择或制作微课中通过不断反思，教学能力会有极大地提高。

从学生层面，微课能满足学生自主学习及个性需求；利用网络和现代技术设备就能随时随地进行学习，突破了时空的限制；学生可以通过微课做好预习，带着问题到课堂会得到更多的收获，对于掌握不太好的知识点，学生可以反复学习以达到学习的预期效果，从而获得最大的收益。

二、微课在使用、制作中教师面临的困境

自2011年以来，国内将微课教学进行了大量的尝试和研究，但在应用微课教学中也发现了许多不尽如人意之处。

1. 教师可用的微课库大多不能满足不同教学需求

微课研究和开发随着网络的发达日趋丰富，但教师在下载使用中发现微课的内容、表现形式等对不同专业、不同水平学生的教学需求存在偏差，对于不尽如人意的微课，教师如果选用就会影响教学效果。

2. 学生使用微课积极性不高

学生并没有像点击微博、微信那样有兴趣地点击微课，学生课下很少主动学

习，大部分时候只是为了完成教师布置的任务。为激发学生点击微课，这就要求微课在内容和呈现方式上丰富、灵活、多样化。

3. 教师自制微课存在技术困难

有针对性的微课网络无法完美提供，许多教师根据学生水平、不同的专业开始尝试制作微课，但简单的微课需要教师掌握PPT、FLASH、PHOTOSHOP、屏幕录制等软件的操作，稍微复杂的微课需要教师掌握EDIUOS、AE、绘声绘影等视频编辑软件的操作使用。而没有技术技能基础的教师无法获得优质微课，即使有专门技术人员协作，但技术人员对专业知识内容的理解不透甚至不懂，也会影响优质微课的制作。

三、教师教学发展中心引领教师制作微课

根据京教函〔2011〕701号《北京市教育委员会关于开展北京高等学校教师教学发展中心建设的通知》精神，推动我校教师教学平台的建设，进一步深化教学改革，提高教育教学质量，促进教师教学能力的提高，经学校研究决定，2012年10月成立和建设北京印刷学院教师教学发展中心。教师教学发展中心以“服务教学工作、促进教师发展”为任务，组织开展教师教学培训，提升教师教学水平，推动教育教学改革，推广教学创新成果，促进教师教学能力提高，为学校教学工作开展提供服务。随着时代的发展，互联网与我们的生活和学习愈加密不可分，为适应新技术在教学中的应用，教师教学发展中心引导青年教师积极开展教学改革，探索互联网时代下的教学新模式，教师教学发展中心采取了如下举措。

1. 组织教师进行微课培训

很多教师对微课是陌生的，对微课的内涵、特征及制作不太了解，为加深教师对微课的理解，鼓励广大教师使用、制作微课，2015年教师教学发展中心为此专门聘请专家对感兴趣的教师进行了微课程教学设计培训，即“微课程的制作与应用”“微课制作流程”“微课程的教学设计”共三个专题讲授。

2. 学校拨专项经费资助制作微课程

近三年来，学校拨出专项经费资助青年教师制作微课程，就教师在微课制作中存在的技术问题，教师教学发展中心与专业公司合作完成20多门微课程制作。高等数学等4门课程内容参加了“首届（2015）北京高校数学微课程教学设计竞赛”；《应用化学》等4门课程推送参加了教育部教育信息中心微课程比赛，其

中 3 门课程荣获二等奖、1 门课程荣获三等奖。随着参与课程的增加和录制经验的积累，录制课程质量不断提高。教师们也在录制过程中不断发现问题，改进课程设计，从而促进了教学质量的提升。

四、优质微课制作的思考

教师教学发展中心组织录制微课的教师对微课培训、录制等进行研讨，反思、总结经验及不足，为以后获得优质课程提出借鉴。

1. 微课制作教师研究团队是制作优质微课的保障

好的微课需要一个好的制作团队、好的课程设计师，而最关键的就是设计师的巧妙构想。每个教师教学经验、经历、教学水平和个性不同，有经验的中年教师与青年教师进行合作，将中年教师丰富的教学经验和对知识的理解深度与青年教师的创新理念相结合，在此基础上不断与技术人员反复沟通，必能制作出优质微课。

2. 学生的融入能提高微课质量

现在大学生是随着互联网时代成长起来的，他们习惯通过网络平台获取知识，也有能力通过视频制作软件对一些知识体系进行提炼加工。大学的教育与初高中不同，更重视学生的自主学习能力的培养，以学生为主、教师引导的行动构建学习为指导思想，年轻学生以小组为单位组成团队，通过合作可以制作出比教师更具有想象力的视频微课。教师可为学生提供微课题目也可以让学生自主选题，学生小组在任务驱动下，通过反复探讨以保证微课制作的质量。

3. 以项目为导向推动微课的相关研究

学校是推动微课教学研究的直接部门，应设立专门的微课研究课题，将微课的研究纳入教学改革项目中，在经费上给予支持，开展学校的微课教学模式、应用策略、效果评价机制等方面的研究，使微课的研究与应用有机地结合起来，让微课在实际教学中发挥作用。

4. 学校网络中心或技术专业公司的合作有利于微课制作

高校依托专业教师与学校网路中心或结合第三方技术专业公司成立微课制作团队，通过师资队伍在微课制作方面的组织、技术、激励制度的建设，实现优质微课的共建。

在“互联网 + 教育”的时代背景下，微课教学与制作将改变高校过去的教学模式，并推动学生自主学习，为确保优质微课的制作及将其更好地应用到教学中，取得更加理想的教学效果，我校教师教学发展中心通过组织微课培训及录制、专项资助研究研讨，推动微课在我校的开展，从而提升教师教学水平，推动教育教学改革。

本成果受北京印刷学院校级科研、教学团队培养办法资助（项目号：22150116006/013）。

参考文献：

[1] 金全鑫, 李芳芳, 金桂花. 微课在高校教育中的应用及对策分析[J]. 教育教学论坛, 2016(52) : 260-261.

[2] 胡铁生. “微课”：区域教育信息资源发展的新趋势[J]. 电化教育研究, 2011(10) : 61-65.

高校教师队伍培训实践与思考——以北京印刷学院为例

陈剑利

（北京印刷学院　教务处　北京　102600）

摘要：本论文以北京印刷学院为例，通过分析学校目前师资队伍建设和培训的现状与存在的问题，针对新形势下如何做好师资培训工作提出了以师德培养和教学能力提升为核心的关于教师培训工作的思考。

关键词：教师培训；师德；发展中心

教师教学能力提升是高校工作的重要内容。随着我国高等教育的不断推进、综合教育改革的不断深入，高等教育进入了大发展、大变革全新时期。当前我国高校的首要问题应该是满足经济社会迅速发展的需要，特别是高水平师资的短缺日益成为高校在激烈竞争中亟待解决的突出问题。同时，互联网背景下新教育技术手段的使用对传统教学发出了挑战。高校必须加强对教师队伍的培训和培养，实现人才强校，全面提升教师队伍质量。

一、北京印刷学院教师培训途径与现状

学校坚持“按需培养、学用一致、注重实效、在职为主”的原则，以全面提高教职工素质为核心，以学科建设和教学科研发展需要为前提，鼓励、支持教职工通过多种途径提高学历层次和业务技能水平，多渠道、有计划、分层次、有步骤地对教职工进行系统的专业技能和业务提升培训，切实加强教师到企业实践锻炼、教师境外培训和双语培训力度，为学校师资队伍建设和发展培养优秀的教育教学人才。通过多年的师资队伍建设，学校已经建立了相对完善的教师培训机制和培训模式。主要分三类：一是依托教育部网络课程培训中心和北京市高师培训

中心的教学资源库，定期选派教师参加这两个机构开展的各类教师培训项目。二是学校内部建立的由各职能部门和二级教学单位牵头组织的教师培训项目。三是通过教师教学发展中心这个非行政部门组织的各类教师培训项目。

（一）建立完善的制度，鼓励教师参加学校组织的各类培训

创造条件积极选派教师参加各种形式的业务培训、学术交流和实践锻炼，鼓励教师积极参加国内外各种访学、研修，不断更新专业知识，优化知识结构，提升素质能力。

为保证各级各类教师培训工作的顺利开展，学校制定相关文件制度，并设专项经费支持。相关文件有《北京印刷学院青年教师参加社会及专业实践活动管理办法》《北京印刷学院新入职教工培训方案》《北京印刷学院教职工在职进修培训管理办法》《北京印刷学院教职工出国（境）进修培训管理办法》等，为师资培训工作提供了有力的保障。

（二）通过顶层设计和规划，稳步推进师资队伍教育培训

学校要求各单位按照师资培训工作计划，明确年度师资队伍培养的工作内容、程序和要求，建立考核、资助、工作量减免等配套政策，积极鼓励教师参与各类培训。

以 2016—2017 年度为例，在支持教师短期培训方面，通过教职工实践及培训经费的支持，有 800 余人次（包括各类在线学习）参加了各类培训。在支持教师学历学位进修方面，共有 10 名教师申请报考在职博士研究生，6 人考上在职博士研究生，教职工学历层次提升计划稳步推进。在支持教师国外进修培训方面，依据现有管理办法，鼓励教职工拓宽国际视野，加强国际交流与合作，1 人参加国外短期业务技能培训。为提升教师实践技能和教学能力，积极联络相关企事业单位接收教师实践锻炼。教师岗前培训合格是教师专业技术职务晋升的必要条件之一，共有 14 人成功申请教师资格证。

（三）依托教师教学发展中心，提升教师教学能力和教师素养

教师教学发展中心紧紧围绕“服务教学、促进发展”的工作理念，积极推进教师教学技能提升。突出教师主体地位，建立全方位、立体化的教师培训体系。关注青年教师思想动态，结合青年教师的职业困惑和教学中的热点问题，组织培训和工作坊。结合学校 2017 年暑期理想信念、党史党性教育精神，组织近 30 名普通教师赴延安培训学习，接受理想信念教育，提升教师在思政进课堂过程中的技能和水平。

以北京市青年教师教学基本功大赛为契机，对青年教师实行一对一的辅导，促进全体教师教学基本功的提升。辅导教师参加北京市第十届青年教师教学基本功比赛，连续两届荣获一等奖，取得学校参加此项比赛的最好成绩。

推进教师微课制作计划，探索互联网背景下的课堂教学模式，体现以学生为中心的课程设计理念，鼓励和资助教师参与教育教学改革，关注教师心理健康。联合校心理素质教育中心举办首期“大学教师的苦与乐”心理沙龙活动。招募教师志愿者进行定期团体心理沙龙，组织不同主题的活动。搭建各学科融合交流平台。为主动适应高等教育发展要求，转变育人观念，深化基础教学综合改革，满足新形势下全过程育人和全方位育人的要求，贯彻落实党中央和学校党委思想政治教育进课堂的精神和部署，同时加强特色教研活动，2017 年 6 月，教师教学发展中心联合基础部和外语部召开教学研讨会，针对基础课教学开展了不同主题的交流和研讨。

（四）现有培训形式和内容不能完全满足教师的需求

总体上说，学校目前无论是从制度保障到培训形式上，还是通过校外培训和校内培训的结合，涉及各个层面的培训活动形式和内容多样，为教师各方面素质和教学能力的提升提供了很多机会。但通过教师访谈和数据显示，还需要进一步加强教师培训方面的研究和调研工作。主要的问题有：

1. 教师参加培训的积极性不高。根据近几年的培训数据和组织各类培训活动的经验来看，教师参加培训的积极性不高，基本达不到培训的满负荷。更多时候需要通过各层面做工作完成培训任务。

2. 培训形式和内容不能满足部分教师的个性化需求。高校教师课程任务和科研任务较多，一般化的大众化的培训内容难以激发教师参加培训的积极性。

3. 培训内容不能满足各个年龄段教师的需求。现阶段的很多培训都是针对青年教师这个群体，不能兼顾教龄较长的 40 岁以上年龄教师，使这个年龄段的教师没有参加培训的机会。

4. 部分培训内容和形式老套，效果不佳。鉴于条件和资源的限制，以及对教师真正需求的不了解，培训主题不能紧跟时代需要，效果一般。

5. 学校整体学习氛围不浓，教师危机意识不强，提升各方面素质的积极性欠缺。无论校内还是校外培训，都是本着教师自愿参加的原则，因此比较松散。

二、以提高教师师德修养和教学能力为核心，建立分类培训体系的思考

我国高等教育发展，在不同的历史时期均把高水平师资的培养作为重要的工作任务，高校教师培训体系在不断地发展和完善。结合新时代中国特色社会主义对高等教育及高校教师的要求，以及学校师资培训现状，建立全方位、立体化、多渠道、个性化的教师培训体系是保证教师队伍质量，提高高等教育水平的关键。

根据教师自身发展的要求和职业发展规划为教师量身定制培训项目，让教师自己去主动选择培训内容，而不是行政部门临时性地派发培训任务和名额，会提高教师参与的积极性。实现教师教学发展项目的“自上而下”和“自下而上”相结合，校内和校外相结合。同时，需要通过更高层次校外培训项目来提高教师教学发展的前沿性和先进性。

（一）继续完善现有培训形式，加强对教师师德养成教育

为深入学习贯彻习近平总书记系列重要讲话精神和全国、北京高校思想政治工作会议精神，深入贯彻落实中共中央、国务院《关于加强和改进新形势下高校思想政治工作的意见》（中发〔2016〕31 号）、《教育部关于建立健全高校师德建设长效机制的意见》（教师〔2014〕10 号）、《高等学校教师职业道德规范》（教人〔2011〕11 号），北京市委教育工委、北京市教委、北京市人民政府教育督导室《关于建立健全市属高校师德建设长效机制的实施意见》（京教工〔2016〕3 号），中共北京市委《关于加强和改进新形势下北京高校思想政治工作的实施意见》（京发〔2017〕10 号）等文件精神，学校先后出台了《关于建立健全师德建设长效机制的实施办法》《中共北京印刷学院委员会关于全面加强和改进新形势下思想政治工作的实施意见》，加强和改进学校师德建设，积极引导广大教师做有理想信念、有道德情操、有扎实学识、有仁爱之心的党和人民满意的好教师，积极构建师德建设长效机制，形成学校良好的师德师风和教风学风。因此，在制订相关培训计划和内容时要把教师师德养成作为重要内容，切实提高教师的师德水平。

师德，包括了教师的职业道德。职业精神、思想观念、道德品质等属于意识形态领域的诸多内容。合格的高等学校教师不但应具有科学的人生观、世界观、价值观，为祖国高等教育事业无私奉献的敬业精神，良好的职业道德和健康的心

理素质，还要努力拥有新时代所推崇的新思想。新观念及具有时代特点的先进的道德意识。因此，在教师师德培训上，要制订培养计划、设计培养内容，并提出培训要求。同时要建立相应的奖惩机制。

（二）以青年教师为突破点，针对不同教龄教师分别设计个性化培训项目

青年教师是学校的未来，可塑性强，学习热情高，在各项培训工作中把青年教师作为主要和重点群体是我们师资培训工作要把握的重点。学校应依托教师教学发展中心，对每位青年教师进行专业发展规划，确定适合青年教师个人的发展目标，制定专门的培训方案，提高教师的业务素质及教学科研能力。同时对青年教师进行长期的跟踪培养。为了加强对青年教师的培养和培训，各级培训部门也针对青年教师的需求设计了不同类别的培训项目，如北京高校青年骨干教师理论培训班、北京市属高校教师发展基地研修、青年骨干教师教学能力提升培训班等项目。为青年教师的快速成长提供了很好的环境和支持。

同时也应该认识到，一个教师的成长是需要多年的教学实践历练的，一些教龄长、教学经验丰富的40岁以上教师承担着学校大量的教学任务，随着知识的不断更新和教学技术手段的使用，以及教学理念的创新，这些教师也应作为重要的培训群体，使他们的思想意识、教育教学理念和教学技能能够适应高等教育发展趋势和学生的需求。教师职业就是一个终身教育的职业，我们在设计培训项目的时候要考虑这部分教师群体的实际情况和需求。

（三）依托教师教学发展中心平台，为教师提供个性化培训

美国的密歇根大学1962年成立的“学习与教学研究中心”，是高校最早建立的高校教师发展中心。自2012年起，以提升高等学校中青年教师和基础课教师业务水平和教学能力为重点，完善教师教学发展机制，推进教师培训、教学咨询、教学改革、质量评价等工作的常态化、制度化，切实提高教师教学能力和水平，建设高素质教师队伍，“十二五”期间，教育部在中央部委所属高等学校中重点支持建设30个国家级教师教学发展示范中心。根据京教函〔2011〕701号《北京市教育委员会关于开展北京高等学校教师教学发展中心建设的通知》精神，推动学校教师教学平台的建设，进一步深化教学改革，提高教育教学质量，促进教师教学能力的提高，2012年11月，北京印刷学院成立教师教学发展中心。教师教学发展中心的成立和活动项目的设计，使学校的师资培训工作更加完善和个性化。

1. 名师教学促进计划。建立校内外专家团队，为青年教师提供切实的指导。积极发挥本校资源优势，利用校内名师现身说法，引导青年教师成长。体现以教师为本的理念，为教师搭建教学、科研、参与学校事务的平台。工作内容有：本年度开展名师课堂公开课与名师面对面座谈会、名师谈教学各2次等。

2. 教师教学技能提升计划。突出教师主体地位，建立全方位、立体化的教师培训体系。教师是学校教学质量提升的重要保障，提升青年教师的职业能力是发展中心的重点工作。围绕教学基本功和教学中的难点热点问题开展各项活动，为教师提供切实的帮助。（1）关注青年教师思想动态，结合青年教师的职业困惑和教学中的热点问题组织大学教师职业发展研讨工作坊。（2）以北京市青年教师教学基本功大赛为契机，对青年教师实行一对一的辅导，促进全体教师教学基本功的提升。（3）针对有多年教学经验的老教师的教学观念更新、教学改革、教育技术应用等方面培训，激发全体教师的教学激情，全面提升教学质量。（4）举办行业讲座、科研能力提升讲座、企业和行业参观等活动，丰富教师的精神文化生活，营造健康向上的校园文化氛围。（5）搭建学科交流平台，促进学科和专业的融合。

（四）加强教师教学技术手段的培训，探索互联网背景下的课堂教学新模式

结合教育部和北京市微课程比赛，以及学校智慧教室和慕课建设平台，加强对教师制作微课、微课程、慕课、翻转课堂及其他教学技术手段的培训和在课堂上的使用，促进教师教学理念的更新。体现以学生为中心的课程设计理念，促进教育教学改革，提高课堂教学质量。

（五）树立国际化的培训视野，让教师能够学习到国际上最新的教学理念和专业技能

建立世界一流大学，最基本的要求就是要主动融入国际先进高等教育体系，按照世界领先的模式和公认的标准开展建设工作。因此，教师国际化培养的最有效途径就是实地学习，本着“送出去”“请进来”的原则，实现教师培训的国际化。

（六）通过相关制度，建立教师参加培训和培养的激励机制

通过制度建设，保证教师有充足的研究经费、进修时间。参照学术休假制度、文件制定有关制度保证和激励教师参加进修和培训，并将这些制度落实到位。

项目来源：本论文受北京印刷学院2017年校级教学改革项目资助。

参考文献：

[1] 赵珂, 吴昊. 高校多元化培训体系探究[J]. 中国成人教育, 2016, (21).

[2] 北京印刷学院2016年师资培训工作计划. 2016, 05.

[3] 关嘉, 左树强. 高等学校教师培训工作新模式的探讨[J]. 沈阳农业大学学报(社会科学版), 2005, 8.

[4] 张荔,王昆. 提高高校青年教师职业素养促进青年教师全面发展[J]. 教育时空, 2017, 5.

[5] 曹晓南. 中国高等学校教师培训体系的历史沿革和发展[J]. DOI, 10.16298/j. cnki. 1004-3667. 1991, 03. 014.

北京市“一流专业”——印刷工程专业的战略地位与社会需求分析

杨永刚　杨　珂　魏先福　金　杨　刘尊忠

（北京印刷学院　印刷与包装工程学院　北京　102600）

摘要：2017年，我校印刷工程专业获批北京市属高校“一流专业”建设点，这为夯实专业建设内涵、提升专业知名度打下了良好的基础。本文详细阐述了印刷工程专业对国家发展和首都发展的贡献，分析了该专业对首都经济社会和印刷行业等的社会需求，印证了印刷工程专业对国民经济发展不可或缺的重要作用。

关键词：一流专业；印刷工程；战略地位；社会需求；首都发展

前言

印刷是我国古代四大发明之一，印刷品是中华文明向世界传播的重要载体。2016年我国印刷业GDP 1.21万亿元，占全国GDP的1.85%，从业人员340万，是全球印刷第二大国。北京印刷学院是亚洲唯一以“印刷”冠名的高等院校，享有“印刷黄埔军校”的美誉。印刷工程专业是学校奠基专业，起源于1958年中央文化学院印刷工艺专业，1961年并入中央工艺美术学院，1978年以印刷工艺专业为基础组建北京印刷学院，办学历史近60年，培养了4000多名本科毕业生，对我国印刷包装、新闻出版业的发展贡献巨大。印刷工程专业2005年被评为北京市品牌专业，2007年被评为教育部第二类特色专业建设点，2008年被评为北京市特色专业，2012年被列为教育部卓越工程师培养计划试点专业。专业排名近五年在国内连续第一，办学水平在国内领先，国际影响较大。

印刷工程专业是北京印刷学院“传媒科技”专业群核心专业，带动信息、机械、包装、材料、设计类专业建设，支撑学校“传媒艺术”“传媒文化”“传媒管理”专业群发展，高度契合学校办学定位；数字化、绿色化、智能化、媒体融合、跨行业交叉是印刷行业发展的趋势，印刷工程专业致力于培养适应现代印刷、文化创意、跨媒体融合等领域需求的一流人才，高度契合行业及首都发展战略；印刷工程具有技术层面交叉融合、应用层面辐射渗透的特点，专业改革充分体现了印刷所具备的文化与制造双重属性，人才培养模式、培养方案、软硬件环境等方面能够培养引领和适应行业未来发展所需人才的要求。

一、印刷工程专业对国家和首都发展战略的贡献

1. 印刷行业在国民经济中的地位举足轻重，行业正以国家发展战略为导向，坚持绿色发展，加快转型升级

我国是全球印刷第二大国，有10.5万家印刷企业，从业人员340万，印刷业产值占国家GDP的1.85%。印刷品不同于一般产品，与意识形态、经济发展、生态环境、百姓生活紧密相关。

印刷业“十三五”规划提出以“创新驱动”“互联网+”“大数据”“京津冀协同发展”“中国制造2025”等国家发展战略为导向，着力推动“绿色化、数字化、智能化、融合化”发展。传统领域持续增长，新兴领域发展迅速，在新常态经济环境下，印刷产业加快转型升级，正探索建设智慧印厂。数字印刷比重从2011年的0.4%上升至2015年的14%，绿色印刷比重达到30%。印刷产业与电子、纺织、3D打印、文化创意等关联产业逐步融合，创造高技术含量、高附加值的产品和服务。

2. 印刷工程专业以雄厚实力、深厚积淀和超前意识为印刷产业提供高素质、前瞻性人才与技术支撑

本专业办学近60年，培养了4000余名本科毕业生、近300名硕士研究生，毕业生在政府机关、行业机构中担任重要职务，在企业中担任高管、技术负责人，在高校、科研院所成为教学科研工作骨干力量，支撑了行业发展的人才需求。

本专业教师致力于科技创新，承担多项关键科研项目，有力推动了行业发展及转型升级。水性油墨、UV油墨、免冲洗CTP版材等研究成果加速了印刷绿色化进程；数字图文栅格化（RIP）、输出控制技术成果促进了印刷数字化发展；导电油墨及其印刷技术、UV油墨3D打印材料研究成果实现了印刷与电子、3D打印行业领域的交叉融合。蒲嘉陵教授主导编写印刷行业“十三五”发展路线图、何晓辉副教授担任ISO TC130印后组召集人，组织编写国际标准等，引领行业技

术发展方向，对行业转型升级做出了巨大贡献，提升了本专业的国际地位。

3. 印刷的文化与制造双重属性全面支撑首都“四个中心”功能定位

宣传、强化社会主义核心价值观对国家发展意义重大。北京是全国出版聚集地，汇集238家出版社，出版物印刷生产体现国家政治生态、意识形态内涵；中央和国家机关、军队系统保密文件的少份数快速印制，凸显数字印刷速度快、时效性强的特点。现代印刷技术支撑北京政治中心地位。

新型印刷形态助力北京文化发展和科技创新。北京拥有规范的艺术品交易全产业链和亚洲最大的艺术品拍卖市场，拍卖图册印制服务长盛不衰，艺术品高仿复制需求旺盛；北京会展经济活跃，高端国际会议层出不穷，会展宣传资料印制需求火爆；以北京印刷学院、中科院化学所、中国印刷科学技术研究院为代表的印刷科技创新机构齐聚北京，科技创新成果转化为印刷绿色化、数字化新形态。

4. 北京文化创意产业异军突起，印刷工程专业大有可为

印刷是我国九大文化产业之一，是文化产业的重要组成部分，是文化创意产业的工程技术支撑。北京市“十三五”时期文化创意产业发展规划指出，“文化+”新兴业态不断发展，文化与科技、相关产业等多元融合发展的格局将逐步形成；重点发展绿色印刷、按需印刷，推进“高精尖”文化创意产业体系建设。本专业培养的文化与技术相结合、关联产业多元融合应用型高级专门人才，将弥补北京文化产业人才空缺。

5. 牵头京津冀高校教学改革研究，引领京津冀印刷教育协同发展

随着京津冀区域协同发展和中央设立河北“雄安新区”，北京新兴印刷产业迎来了史无前例的发展机遇期。本专业牵头的“京津冀高校协同培养印刷与包装专业创新创业人才的研究”项目，聚合了京津冀地区的6所印刷、包装类高校的智力资源，为跨区域人才培养和双创教育设计与规划提供纲领，促进区域印刷教育协同发展，彰显本专业的引领地位。

二、印刷工程专业的社会需求分析

1. 立足北京，为首都经济社会发展输送卓越人才

北京“四个中心”的功能定位，需要有一批拥有保密资质服务于中央和国家机关、军队等单位的印刷企业，需要有一批满足市民文化及教育需求，提高首都文化品位的文化创意、出版类企业，也需要一批代表着印刷产业未来发展方向的

跨媒体与数字印刷企业，人才需求旺盛。北京印刷学院以“立足北京、服务首都”为宗旨，本专业开展了教育部卓越工程师教育培养计划试点，责无旁贷地肩负着为北京经济社会发展和文化创意、出版等行业培养有前瞻性、有创新意识的工程实践型卓越人才。

2. 服务先进文化之都建设，促进首都社会主义文化大发展、大繁荣

在社会主义文化大发展、大繁荣和媒体融合发展的时代背景下，本专业以传扬中国印刷文化为己任，以服务先进文化之都建设为抓手，出版了《北京印刷史图鉴》，开展了“寻技艺之根，扬工匠精神”“印迹·传承·京之韵”等多项社会实践活动。本专业积聚优势特色资源，参加了近五届北京国际文化创意产业博览会，独特的创意设计和精彩的现场展示，赢得了领导的肯定和观众的好评。同时，本专业促进印刷要素与文化资源的结合，加强与雅昌文化集团、北京东方宝笈文化传播公司、荣宝斋文化有限公司的强强合作，寓传承中华艺术精粹于人才培养过程，为推动北京建设中国特色世界城市做出应有贡献。

3. 支撑京南大学联盟，打造京津冀印刷教育“桥头堡”，推动首都印刷教育向京津冀辐射

2016 年 10 月，我校与地处大兴区的其他两所市属高校联合成立“京南大学联盟”，实现了首都南部区域高校科技创新、文化创意等人才与技术资源的优势互补，有力提升了三校服务大兴和首都经济社会发展的能力和水平。印刷工程专业作为学校特色优势专业，致力于“京南大学联盟”的建设与发展，引领京津冀印刷教育内涵式发展。

4. 满足印刷产业变革的人才资源需求

未来，印刷企业应该给客户提供具有新功能、高附加值的产品，按需印刷、绿色创新、智能制造是未来印刷必然的发展趋势。基于新的发展方向，行业与企业对懂战略规划与设计、懂印刷工艺、懂信息与新媒体技术、外语能力突出的全方位发展的人才有着更为迫切的需求，对多元化人才培养的质量也提出了更高的要求。面对新形势的机遇与挑战，本专业通过人才培养模式创新、核心课程设置、实践环节设计、科研成果转化等方面的全方位改革与实践，逐步在印刷创意设计大赛、政产学研基地建设、交换生计划、卓越工程师教育、国际化培养和行业前沿科技研究等方面卓有成效。同时，通过柔性引进海归人才和“千人计划”教授、引领行业技术发展、强化校企互动与融合，以及构建国家级、省部级教育资源与

共享平台，开阔学生的视野，使人才知识结构和实践技能培养面向全产业链，满足行业、企业对高精尖人才的需求。

5. 满足印刷行业的智力资源支持和全行业从业人员素质提升需求

行业发展需要技术的革新进步，更离不开宏观产业政策指引和智力资源支持。本专业专任教师主导、联合行业专家编写的《中国印刷业发展研究报告》《中国印刷产业技术发展路线图（2016—2025）》《泉州市印刷产业转型升级路线图》，为国家及地方行业发展提供智力支持和数据参考，也反映出本专业专家教授对行业技术发展的把控能力。

近五年来，主持国家级科研项目 10 项、省部级科研项目 20 项，企业横向合作项目 50 余项，解决了多个绿色印刷、数字印刷关键技术难题；主持多项国际、国家与行业标准的编写。结合“行业特色高校人才培养特区设立”“行业及京津冀实践创新人才协同培养”“行业全产业链高等工程技术人才产学研合作培养”以及“人才的国际化培养”等教研课题，本专业教师与企业开展深入合作，探讨人才培养方式，开展职工技术培训，开办“高级课程研修班”，为企业培训技术骨干与管理人才，全方位提供技术与智力支撑。

参考文献：

[1] 蔡宗模，吴朝平，杨慷慨. 全球化视野下的“双一流”战略与地方院校的抉择[C].“院校研究与高等教育质量提升”国际会议，2016(7)：17-18.

[2] 赵艳云.“双一流”建设中高校师资队伍发展研究[C]，辽宁省高等教育学会2016年学术年会，2016(12)：190-197.

[3] 李正跃. 地方院校建设“双一流”的路径[N]. 云南日报，2017(7).

[4] 解艳华. 建设有中国特色的“双一流”大学[N]. 人民政协报，2016(4).

[5] 吴付来，李珣. “双一流”建设评价要有中国标准[N]. 中国教育报，2017(3).

行业转型升级下印刷“卓越工程师”创新人才培养模式的构建与实践

杨　珂　杨永刚　施亚梅　梁　炯

（北京印刷学院　印刷与包装工程学院　北京　102600）

摘要：“十三五”以来，印刷产业正在转型升级，未来发展预期看好，故对高端工程技术人才仍保持旺盛的需求。本论文简要分析了“卓越工程师”创新人才的培养途径，也介绍了该人才培养模式近三年来在教学改革、教学资源建设、学生思想状况、学生工程实践能力等方面所取得的成效。最后指出，该印刷“卓越工程师”创新人才培养模式得到了同类院校和社会、行业的认可，具有很强的示范性和国际影响力。

关键词：行业转型升级；印刷；卓越工程师；创新人才；特色专业

一、引言

2009年，国务院颁布的《文化产业振兴规划》明确指出，印刷业是我国九大文化产业之一，是文化创意产业的重要工程技术支撑；2016年7月，北京市“十三五”时期文化创意产业发展规划（京宣发〔2016〕29号）指出，文化与科技、相关产业等多元融合发展的格局将逐步形成，要重点发展绿色印刷、按需印刷，推进“高精尖”文化创意产业体系建设。“十二五”中期尤其是进入“十三五”以来，围绕产业转型升级和优质发展预期目标，在国家创新战略、“互联网+”战略、文化创意产业利好政策和社会消费品零售市场增长等强力驱动下，我国印刷产业仍呈现出向好的势头发展，对高端工程技术创新人才仍保持旺盛的需求。

为贯彻落实《国家中长期教育改革和发展规划纲要（2010—2020年）》和《国家中长期人才发展规划纲要（2010—2020年）》，教育部于2010年6月启动了“卓越工程师教育培养计划”，旨在培养造就一大批创新能力强、适应经济社会发展需要的高质量工程技术人才。北京印刷学院是教育部第二批“卓越工程师教育培养计划”试点单位（印刷工程是试点专业之一），参与发起2012年1月成立的北京市“卓越工程师教育培养计划”高校联盟。2012年11月，学校发布了“卓越工程师教育培养计划实施方案”，12月，卓越计划试点班——“毕昇卓越班”举行开班仪式，标志着学校高层次创新人才培养工作进入了更高、更新的发展阶段。

项目坚持问题和目标导向，凝练出“素质教育融入印刷文化元素、专业教育融入创新创业元素、工程教育融入企业实践元素”的“三融入”人才培养新理念，以及“服务行业转型升级需求、服务京津冀协同发展需求”的“两服务”人才培养新目标，制定出前瞻性的“卓越工程师”印刷专业方向和培养体系，打造了以“文化引领—综合训练—科学研究—实践创新—企业实习”的“五位一体”的完备创新教育平台及资源，形成了课程内外、专业内外和区域内外等资源共享的教学管理与运行机制。

二、构建印刷“卓越工程师”创新人才培养模式的有效途径

项目通过以下举措，建立了融知识传授、能力培养、素质提高于一体的富有特色的印刷“卓越工程师”创新人才培养模式。

1. 以特色专业建设为基础，以“两个试点”为契机，制定专业面向，更新课程体系，增强专业自豪感，优化知识结构

印刷具有文化与加工制造的双重属性，是文化创意产业的九大组成部分之一和重要技术支撑。我校印刷工程专业是国家级特色专业，项目以特色专业建设为基础，通过政策讲解、行业分析、实地考察和个人职业规划，把印刷文化元素渗入其中，并结合成功案例，做好专业教育，强化对印刷的认同感。在“互联网+”、中国制造2025和绿色化浪潮的今天，印刷大有可为，智慧印厂、绿色印刷就在我们眼前。同时，紧抓教育部“卓越工程师教育培养计划”试点和北京市“专业综合改革试点”机遇，组建“毕昇卓越班”，深入推进“本科教学质量与教学改革工程”。自2013年起，项目团队着重开展了三个北京市教改项目和三个校级重点教改项目，对印刷包装类“卓越工程师”创新人才培养模式的框架、主要内容、实施方法和应用效果进行了深入探索和有效评估，逐步凝练出有利于应用型高级工程技术人才培养的新理念、新模式。

另外，开辟出数印跨媒体、印刷制造和集成化印刷三个专业面向，在课程体系中增加中国文化史、中华印刷、出版概论、艺术概论、3D 打印技术及应用、跨媒体信息传播原理及技术、功能印刷与造型材料、数字交互媒体技术和管理统筹学等多元化课程，专业课程更新面超过 30%，优化了学生的专业知识结构，有利于复合型高级专门人才的培养和“两个服务”的实现。

2. 以“三融入”人才培养理念为核点，打造一流的创新教育平台及资源，促进校企深度合作，提高学生的创新意识和工程实践能力

以“三融入”人才培养理念为出发点，把中国印刷博物馆、印刷工程综合训练中心、印刷电子工程技术中心、印刷包装综合创新实践基地、北京雅昌校外人才培养基地等市级或国家级实践教学与创新平台打造成“五位一体”的创新训练体系。项目团队力促企业深度参与学校的实训课程，发挥校企联动效应，提升人才培养模式的工程实践本色。例如，把实践性强的《数字交互媒体技术》《色彩管理》《印刷工艺》三门课设置成实训课程，校企双方联合制定实训方案，企业主导教学环节和过程考核。项目团队积极主办、承办或组织学生参与行业顶级职业技能大赛或国内外学科竞赛和创新创业活动，强调学研交叉，工学相长，通过赛练结合，在活动中锻炼学生的创新意识，提升学生的工程创新和学以致用能力。同时，项目团队注重引导有特长的学生参加职业技能考评，把其作为培养具备综合素质的创新人才的一个备选环节，做到因需施教、分类培养。经过系统化的实践训练和创新能力培养，学生能快速转变角色，达到岗位要求，并逐步发挥专业优势，就业状况得到改善。

3. 以“两服务”为目标，开展教育教学改革，实施多层次资源共享的教学管理与运行机制，开阔学生的视野，全面提高其综合素质

项目团队扎实开展了北京高校教改项目、校级重点教改项目各 3 项，重点围绕“卓越工程师”“创新创业人才培养”和“工程实践”等主题进行了深入研究。另外，还参与相关北京高校教改项目 3 项，校级重点教改项目 1 项，其中有一个北京高校教改项目“拔尖创新人才培养模式的探索与实践”也通过北京印刷学院“高水平人才交叉培养计划”的实施，鼓励先行先试，坚持问题导向，探索出“以外培计划为引领，打造双培计划教学共同体”的协同育人新思路，教育教学改革成效显著。

项目团队以跨区域交换生计划以及北京市“外培、双培和实培”等计划，积

极开展与国内同类高校（如天津科大、杭州电子科大等）的学生互派交流学习活动，丰富阅历和外延知识，并与境外高校（如中国台湾艺术大学、美国鲍尔州立大学等）、境内高校及科研机构（如北京交通大学、中科院等）实施双向培养和毕业设计、大学生创新计划等合作指导，拓展外部优势资源，丰富实践创新教学手段，极大拓宽学生视野，提高综合素养。多层次的资源共享体系，使学生有更多的选择性，既能满足行业的现实需要，又能着眼于未来产业升级和京津冀区域协同发展。

三、创新人才培养模式的应用与示范效应

本创新人才培养模式在北京印刷学院取得了显著的应用效果，在京津冀区域及行业同类高校也具有良好的推广示范效应。

1. 增强了学生对印刷文化和行业的认同感，其工程实践创新能力、国际化视野及综合素质大幅度提高

近年来，项目团队结合特色专业课程、企业专项训练和暑期社会实践等教学环节，开展师生合作的印刷文化探寻之旅，了解印刷的历史和发展，肩负传承印刷文明的使命与担当。项目团队重视在人才培养过程中对学生思想道德品质的锤炼和引领，学风和班风明显改善。近三年来，12 级、13 级、14 级“毕昇卓越班”及其团支部先后均获得“北京市先进班集体”“北京市先锋杯优秀团支部”，13 级“毕昇卓越班”获得 2015 年北京高校“优秀基层组织”，13 级包装 1 班团支部获得 2015 年全国高校践行社会主义核心价值观“示范团支部”。

学生在近年来举办的全国印刷职业技能大赛、印刷模拟系统全球竞赛、全国大学生包装结构设计、“太阳杯”亚洲标签设计大奖赛、中国“互联网+”大学生创新创业大赛和“挑战杯”首都大学生课外科技学术作品竞赛等重量级赛事中成绩斐然。学生获国家级比赛奖 32 项，省部级比赛奖 55 项，发表高水平论文 25 篇，发明专利授权 3 项。特别是，14 级“毕昇卓越班”许诚同学先后获得 2016 年第五届大学生科技作品与专利成果推介会“创新金奖”，2016 年第五届全国印刷行业职业技能大赛决赛“平版制版工金奖”和“全国最年轻制版技师”、第十七届北京市工业和信息化职业技能竞赛“高级技术能手”等光荣称号。

学生前往美国密歇根州立大学、美国鲍尔州立大学、美国萨福克大学、瑞典林雪平大学、中国台湾艺术大学等境外高校学习交流，也通过校内的全英文外教课程、双语课程和专业实训课程等举措，较大限度地提升了学生的实践创新能力、

国际化视野，综合素质明显改善。

2. 推进了教学资源、教材和师资建设，教学改革成效显著

近五年来，印刷工程综合训练中心、印刷包装综合创新实践基地等市级平台相继通过验收或成功获批。《包装印刷技术（第二版）》被评为国家级精品教材（2015），《数字化印前处理原理及技术》被评为北京市级精品教材（2013），《印后加工技术》被评为中国轻工业优秀教材（2014）。

师资队伍综合素质明显提高。目前，印刷专业有专任教师 34 人，博士学历、高级职称、45 岁以下教师均占 50% 左右。其中，2 人获北京市教学名师奖，1 人获北京市高创计划领军人才奖，2 人获“北京市优秀教师”称号，2 人任 ISO-TC130（国际印刷标准化组织）委员，3 人获“全国新闻出版行业领军人才”称号，1 人获毕昇印刷杰出成就奖，5 人获毕昇奖或森泽信夫奖，1 人获“全国印刷行业百名科技创新标兵”称号，2 人获北京市科技新星，6 人获国家自然科学青年基金，10 人获得印刷职业技能大赛国家级裁判员资质，2 人获国际 G7 认证资质。

3. 本创新人才培养模式在同类高校具有示范性，在行业和国际上具有影响力

我国台湾艺术大学、世新大学和英国利兹大学、德国斯图加特大学、莫斯科国立印刷艺术大学和日本千叶大学等国外高校知名学者前来学校参观指导、交流后，都对本项目和成果给予了很高评价与赞誉。天津科技大学、西安理工大学、上海理工大学、湖南工业大学、曲阜师范大学、齐鲁工业大学等一批国内同类院校的印刷专业的人才培养方案，均不同程度地借鉴了项目研究成果形成的人才培养模式。

自 2010 年起，依托印刷包装类专业的学术力量，学校与中国印刷技术研究院已联合主办了五次“中国印刷与包装学术会议”。项目团队在每次会议上均被邀请就印刷“卓越工程师”创新人才培养模式的构建与实施效果做主题报告，并参与讨论，共同改进。2014 年 11 月，学校组织了“提升专业人才培养质量暨‘毕昇卓越班’培养模式研讨会”，邀请了国家新闻出版广电总局、中国印刷技术协会和北京工业大学、中国石油大学、西安理工大学的有关领导以及企业的代表出席会议，通过学校与协会、其他高校和企业的交流沟通，为创新型实践人才培养模式的推广提供了良好的平台。自 2012 年启动“卓越工程师计划”以来，印刷专业已毕业了三届学生，毕业生就业率接近 100%。世界 500 强企业（如杜邦、艾利丹尼斯等）和中国印刷和包装行业百强企业（如深圳裕同、中荣集团、汕头东

风和鹤山雅图仕等）大多与我校有密切合作关系，纷纷前来我校参加校园招聘会，对本成果充分认可，毕业生就业前景广阔。

为服务国家“一带一路”倡议，我校于 2015 年成立了“印刷专业国际化课程教学团队”，针对印刷与包装等专业开展“一带一路”国家间的技术、材料与教育合作。把印刷“卓越工程师”创新人才培养模式应用于对外印刷教育领域，扩大了成果的国际影响力。

项目来源：本论文受北京印刷学院 2015 年校级教学改革重点项目资助（项目号：22150115041）

参考文献：

[1] 刘全香, 王玉龙. 以强化工程与创新能力为重点的印刷工程专业人才培养模式改革[J]. 中国印刷与包装研究, 2012(4) : 71-75.

[2] 张雷洪, 康祎, 易文娟. 基于校企合作的印刷工程卓越工程师培养的研究[J]. 新闻传播, 2016(12) : 49-50.

[3] 黄俊彦, 王晓敏, 邢浩等. 校企合作实施“卓越工程师教育培养计划”的探索与思考[J]. 中国印刷与包装研究, 2013(4) : 89-93.

[4] 曹从军, 王毅, 刘琳琳. 印刷工程“卓越工程师教育培养计划”的实践与思考[J]. 中国印刷与包装研究, 2012(4) : 76-80.

[5] 左晓燕, 邓普君, 秦练等. 印刷工程卓越人才企业培养方案的探讨[J]. 科技资讯, 2013(28) : 131-133.

[6] 王晓红, 严美芳, 徐敏等. 基于卓越工程师培养的印刷创新课程建设[J]. 出版与印刷, 2013(3) : 42-43.

[7] 李文育, 徐永建. 面向企业需求的卓越工程师计划印刷实践教学体系的构建与实践[J]. 印刷世界, 2013(3) : 53-56.

[8] 左晓燕, 张婉, 张改梅. 高校人才培养新模式下实习就业联动机制建立的研究[J]. 学术论坛, 2015(8) : 131-132.

新闻出版人才教育培训质量监控体系改进研究

叶　霞

（北京印刷学院　新媒体学院　北京　102600）

摘要：国家“一带一路”倡议的提出和新闻出版行业“十三五”发展规划的发布，为教育培训监控体系以新的视角推动改革与发展带来新的契机和动力。本文分析了新闻出版行业人才教育培训质量现状和质量监控体系存在的问题，通过内部、外部和内外互动的教育培训质量监控体系的构建，推进教育培训由注重数量向注重质量、精准化转变。

关键词：新闻出版；教育培训；质量监控；体系

当前，我国正处于全面建设小康社会和全面深化改革的战略机遇期，政治生态和新闻出版生态都发生了巨大的变化，给新闻出版行业从业人员的素质提出了一系列新的、更高的要求。行业人才教育培训已成为提升新闻出版人自身职业素养、促进传统媒体和新兴媒体的深度融合、推进行业可持续发展的重要途径和必然选择。构建教育培训质量监控体系，对于顺应时代发展要求，提高教育培训质量具有重要意义。为进一步改进新闻出版人才教育培训质量监控体系，对新闻出版广电总局人事司教育培训二处，北京化工大学和宁波大学继续教育的负责人进行了个别访谈，深入探讨了规范培训管理、提升培训质量和优化培训效果等方面的问题。

一、新闻出版行业人才教育培训质量现状

行业人才教育培训已成为我国新闻出版行业缩短与发达国家的差距、突破国际贸易“技能壁垒”、推进行业可持续发展的重要途径和必然选择。近几年，行

业人才教育培训紧密结合新闻出版改革发展新形势，以高层次高技能人才、急需紧缺人才、媒体融合发展人才为重点，积极服务行业从业人员更新知识、拓展技能、提高能力的需求。

1. 高度重视，制度保障

作为构建终身教育体系和建设学习型社会的重要支撑，多年来，国家新闻出版广电总局以人才需求为导向，强化认识、科学谋划、规范管理行业人才教育培训工作，构建了立体化、系统化、规范化的教育培训体系，已成为提高行业从业人员整体素质和技能水平、拓展人力资源开发的深度和广度的重要手段。2008 年，新闻出版总署颁布了《出版专业技术人员职业资格管理规定》，明确规定“出版专业技术人员应按照规定参加继续教育”。2010 年，新闻出版总署出台了《出版专业技术人员继续教育暂行规定》，进一步要求“出版专业技术人员每年参加继续教育的时间累计不少于 72 小时”，标志着行业教育培训步入制度化、规范化和常态化轨道。

2. 规范管理，有序开展

新闻出版行业政府指令性的培训实现归口管理，由国家新闻出版广电总局人事司负责，主要由总局有关司局、直属单位、行业协会、有关人才培养基地承担。总局每年都会下发报送培训计划的通知，根据行业人才保值增值和行业长远发展的需要以及各单位分类编报的情况，印发教育培训项目的通知，确定每期培训班主办单位，从行业需求出发，对加强培训内容把关、做好培训教师、学员管理考核，完成学员学时登记以及执行具体情况等提出了明确的要求，真正彻底实现“管办分离”，切实维护培训的权威性和科学性。

3. 存在“冰火两重天”现象

新闻出版人才教育培训分为政府指令性培训和非指令性两大类。非指令性培训形成了多办学主体的市场格局，如各类学校、培训公司、行业协会等，紧密结合新闻出版改革发展新形势，为行业发展培养各类人才，是指令性培训的有益补充。但大部分学员参加培训的最直接目的是取得广电总局要求的继续教育学，政府指令性的培训供不应求。非指令性培训不能计入继续教育学时，而且从产业发展的不平衡性和整个国民经济发展中的贡献率来分析，新闻出版行业整体处于大而不强的地位，特别是印刷单位利润非常低，由行业单位自行筹资用于员工教育培训比较困难，存在“有行无市”现象。

二、行业教育培训质量监控体系存在的问题

系统培训理论认为：教育培训一般由培训需求分析→培训方案设计→实施培训→培训评估，再重新确认培训需求的不断循环提升的一个“无缝隙”过程，质量监控需要对教育培训全程的每一个环节进行监控。新闻出版行业教育培训的开放性注定了其质量监控的重要性，但目前还面临着一些问题。

1. 教育培训质量监控体系还需改进完善

教育培训质量监控是一个闭环系统，即预先监控（培训需求分析和培训方案设计）→过程监控（实施培训）→结果监控（培训评估），而不是粗放举办完培训班就完事。但实际上两头轻，中间重，培训需求调研和培训效果评估比较薄弱，对培训方案设计和组织实施比较重视，培训教育培训质量监控体系改善的空间还比较大。行业内的教育培训大多采取一次性集中短期培训，按照理论教学、实践教学、交流研讨、团队熔炼、特色活动、结业考试等模块进行培训方案设计。培训期间，选派经验丰富的管理服务团队，严格按照培训方案，责任到人，专职班主任全程跟班，认真做好培训管理和服务工作。但培训前期的需求调研和培训结束后的效果评价做得不多，有的教育培训项目甚至缺失这两个环节。

2. 培训评估的方式比较单一

《出版专业技术人员继续教育暂行规定》指出，省级以上新闻出版行政部门应当按照管理权限，定期对继续教育机构的培训情况进行检查、评估，并将检查、评估结果向行业公布。这样一来，行业主管行政部门既是执行者，又是监管者。另外，没有将随机评估和连续评估结合起来，具有一定的片面性。现在的评估方式往往是举办培训的单位撰写培训工作总结和自查报告，缺少对随堂听课等形式的抽查，评估的资料来源没有连续性。

三、新闻出版人才教育培训质量监控体系的构建途径

新媒体技术的广泛运用和发展，给行业教育培训质量监控带来新的挑战的同时，也带来了新的机遇。新形势下，需要构建一个标准的内部监控、良好的外部监控和协同的内外监控体系模式，这将成为教育培训的工作重点、创新点和效益增长点，对于提高教育培训质量，助力行业健康发展具有积极的作用。

（一）构建规范化、制度化的教育培训质量内部监控体系

1. 建立完善培训质量监控方案流程

一是明确教育培训质量监控工作流程，按照系统培训理论规范相关流程，从培训需求分析、培训方案设计、培训项目实施、培训效果评估到培训总结提高，都要建立非常细致的工作流程，以强调流程化管理，每个教育培训项目必须严格按照工作流程规范运行。二是制定教育培训质量监控制度，学员需求调研常态制度化，及时、定期了解送培单位和学员的建议和意见，以求“量体裁衣”和个性化培训；完善授课质量监控等制度与办法，最大限度地调动他们的工作热情和干劲；健全和落实教育培训年度报告制度，建立行业教育培训品牌项目制度；完善教育培训项目组织管理制度，如专职班主任全程跟班制度等，增强培训管理服务意识，规范教育培训管理；建立科学、规范的培训质量评价制度、建立完善激励政策和保障机制，做好实质性的检查和评估。三是建立教育培训质量标准体系，强化全程监控，对前期准备、实施过程和培训结果三个环节的监控进行标准化梳理，包含教育培训工作各个环节的标准，如细化培训日程安排、课程设置、教师水平、培训方式、培训教材、组织管理和后勤服务等工作标准。

2. 健全师资选聘考核机制

授课教师的水平是影响教育培训质量的重要因素，如果授课教师不给力、不走心，那么任何再好的培训方案都难以真正落实。一方面，精心选聘授课教师。聘请善于把握新闻出版行业发展趋势，理论功底雄厚、实践经验丰富、具有行业影响力的行业主管部门负责人、行业高校、院所专家教授、行业一线工作者为授课教师。另一方面，合理运用培训质量评估结果。要把教育培训质量评价的结果作为师资动态考核、课酬发放和师资选聘的重要依据，切实发挥评估的导向作用，充分保证授课质量，提升培训质量。

3. 改进培训授课方式方法

在坚守专题讲座等好的传统授课方式的基础上，进一步创新授课方式方法，不断提高教育培训质量和效果，比如，开展情景模拟教学，根据学员的专业背景和工作性质，推行业务技能、管理素养、法律法规等板块进行行为训练，将知识学习与行动学习有机结合起来。再如，尝试导读方式，开设前沿理论、政策形势、产业发展等模块内容，授课前先发给学员授课内容的主题，让学员提前学习和思考并准备问题，面对面授课时，学员就事先自学的问题进行提问，老师帮助学员

消除困惑点，提高培训的吸引力和针对性。

（二）完善以培训责任主体为主的教育培训质量外部监控体系

1. 以需求为导向，实施精准培训

“大锅烩”式的教育培训的培训效果并不理想，满足不了行业各类人才队伍建设的需要，主要是缺乏受众意识和问题导向，为了培训而培训。为了增强培训内容针对性和实效性，在培训前，深入行业开展多维度培训需求调研，通过对参训者进行问卷调查、座谈会、个人访谈来“把脉会诊”，或主动拜访地方新闻出版广电局和行业协会以及行业企事业单位进行摸底调查，全面把握培训意向、岗位需求和送培单位、学员的需求和兴趣点。据此制定分众化、差异化、实用化培训方案，摒弃模块化、单一式、粗放式的培训，充分调动学员的主观能动性，实现精准定位，按需施教，精细服务。

2. 引入第三方，加强培训效果评价

聘请第三方评估机构对教育培训进行外评（国外教育培训的效果也是第三方评估），可以较好地解决同是运动员和裁判员的问题，能更好地保证评估的公平客观，及时找出教育培训的不足，确保培训效果和工作水平的不断提升。第三方在评估的过程中能帮助主办培训单位解决问题和困难，出谋划策，指出努力和改进的方向，其评估的工作会更有力度，从而提高整个新闻出版行业的培训质量。

3. 落实跟踪管理，提高培训品质

为下一个教育培训项目总结经验，与行业单位和学员建立长远的合作关系，开发新的教育培训项目，不断延伸学习内容，站稳行业教育培训市场，后培训时期的跟踪显得尤为重要。定期和行业内单位联系，推动人才教育培训质量跟踪及培训成果转化。提供培训增值服务，制作通讯录，通过网络建立常态化的反馈沟通渠道，建立培训班公共学习邮箱和微信群进行交流研讨，认真收集、整理和分析跟踪反馈意见，及时对下一个教育培训项目的开发设计、课程设置、教师聘任、组织管理等进行调整。

（三）架设新闻出版人才教育培训质量监控内外互动模式

1. 积极做好网络培训平台建设

当前，“互联网+”是个热词，这为行业教育培训带来了新的机遇和契机。行业教育培训的信息化没有引入竞争机制，目前仅有政府主导的行业的远程继续教育（48 学时），其他单位开发的网上培训课程，其培训学时一般不被认可。

行业教育培训要用互联网思维，充分利用现代信息技术，搭乘“互联网+”快车，将互联网技术与教育培训深度融合，建设数字化培训课程资源，探索线上线下相结合的培训模式，既保留传统集中面授的优势，又充分利用各主办单位的优质培训资源，追求培训效果的最优化。实行大数据管理，实现在线学习各类数据的采集、集成和分析，在课程体系、培训评价、跟踪调查等方面进行不断创新，进一步强调全过程监控。

2. 建立培训质量监控组织机构

结合新闻出版行业教育培训的特点，建立一个全覆盖、全过程监控的组织机构，既能对行业教育培训的过程实施和培训效果进行有效监督，还能整合内外资源，总结和推广成功的培训案例。组织机构设在行业行政主管部门下，邀请行业行政主管部门负责人、高校专家、企业人力资源负责人等组成检查组，每年对培训主办单位进行全面的实地检查和评比。在各培训主办单位自评的基础上，实地查看培训条件、培训档案，召开学员座谈会，充分听取学员意见和建议，随机进入培训课堂听课，形成定性、定量相结合的检查反馈，评选表彰优秀培训主办单位和优秀班主任。

3. 凝练提升培训特色

无论是政府指令性的培训还是非指令性的培训，都不同程度存在培训内容同质化的情况。各主办单位要结合自身的发展基础、特色优势和“十三五”的发展规划采取和实施特色品牌培训战略，如政府下属的培训单位和行业协会的优势是高度和广度，培训内容要侧重政策宣讲引导、行业发展趋势的研判。高校的优势是专业背景强，可以将最新科研成果转化成培训内容，安排相关教授进行科技成果对接活动，提高培训内容的独创性和前沿性。培训公司的优势是市场推广强，可以根据市场的需求来设定培训内容，尽量不要与政府指令性培训的内容重复交叉，培训内容要不断创新和突破。

参考文献：

[1] 新闻出版总署. 关于印发《出版专业技术人员继续教育暂行规定》的通知. 2010. 11. 25.

[2] 甘于黎. 编辑继续教育刍议[J]. 出版发行研究, 2014(3) : 88-89.

[3] 北京市教育委员会. 北京高等学校继续教育质量建设报告(2015) . 2016. 8.

[4] 徐勤再. 请用有效的方式评价我们. 中国教育报. 2016. 11. 22.

艺术与设计学科产学研的实现途径研究
——以北京印刷学院设计艺术学院为例

袁　园

（北京印刷学院　设计艺术学院　北京　102600）

摘要：本文以艺术类学科成果转化为切入点，深入探讨艺术类学科发展背景、学科发展与产学研之间的关系以及北京印刷学院设计艺术学院在现行发展中，将学科建设成果成功转化，实现产学研一体化，搭建成果转化平台的具体实现途径。对艺术类学科产学研的实现途径做了前瞻性的研究与实践。

关键词： 艺术与设计；产学研；实现途径研究

据国务院学位委员会〔2011〕8号文件发布的新修订后的《学位授予和人才培养学科目录（2011年》，新增艺术学为第13个学科门类，下设五个一级学科，即艺术学理论（1301）、音乐与舞蹈学（1302）、戏剧与影视学（1303）、美术学（1304）、设计学（1305），其中“设计学”由于跨学科边缘交叉缘故，可授艺术学、工学学位。2011年2月，设计学升级为一级学科，反映了国家对文化产业和创新发展的高度重视，是认识层面的一大进步，也是社会现实需求的集中反映。反映了艺术与设计学学科在当今整个国家经济社会发展的过程中和学科建设过程中所发生的一个重大地位变化。艺术与设计对国民经济的影响显著提高，艺术与设计学科的发展也取得了长足进步。

在知识经济背景下，艺术与设计学科的产学研的实现对推进社会发展、文化建设以及经济增长起到了巨大的推动作用。“产学研”即产业、学校、科研机构等相互配合，发挥各自优势，形成强大的研究、开发、生产一体化的先进系统并在运行过程中体现出综合优势。“产学研合作是指企业、科研院所和高等学校之间的合作，通常指以企业为技术需求方，与以科研院所或高等学校为技术供给方之间的合作，其实质是促进技术创新所需各种生产要素的有效组合。”如此，即对我们的艺术与设计学科的教育和人才培养模式提出了较为具体的要求——紧密贴合行业与市场需求，积极将高校培育的理论成果转化为实际成果，服务于社会、经济的发展，实现并促进文化与科技的创新。

我们以北京印刷学院设计艺术学院为例，探讨在知识经济背景下，艺术与设计学科产学研的实现途径。

北京印刷学院设计艺术学院是与改革开放后的中国设计艺术教育共同发展和成长的，是国内最早开展数字艺术教育的艺术院校之一。根据国家新闻出版、印刷业对艺术设计人才的需求，于1989年开办了设计艺术教育，1993年成立设计艺术系。随着招生规模的不断扩大和新专业的增加，2003年在原有系的基础上，成立了设计艺术学院。二十多年以来，学院坚持培养应用型人才的教育理念，以培养肩负社会责任感、具备良好科学技术素质、新媒体文化传播及艺术设计创作能力的高等艺术创新人才为己任，将培养为服务于首都文化艺术创意产业的优秀艺术创意人才为目标，逐渐建立、形成了以“艺术与出版传媒相结合”“艺术与印刷相结合”“艺术与文化产业相结合”为主的人才培养体系，形成鲜明的学科特色和优势。

一、人才培养模式

北京印刷学院设计艺术学院遵循国家新闻传播规律和新兴媒体发展规律，积极响应和推进国家及北京市文化创意产业发展政策，坚持传统媒体和新兴媒体优势互补、一体发展的建设思路，经过多年的逐步完善与资源整合，科学搭建人才培养体系。坚持以人才培养为根本、设计艺术为切入、先进技术为支撑，立足于创新创业，推动传统媒体与新型媒体深度融合，为推进首都文化繁荣、推动文化创意产业以及相关行业发展发挥了重要的作用。

学院坚持特色发展，以特色学科专业建设提升核心竞争力，科学搭建人才培养体系，积极探索多种人才培养方式。学院现有“设计学”“美术学”两个学术型一级学科，以及艺术硕士专业学位授权点。经过多年的学科建设，基本形成了以“设计学”夯实学科基础、凝练特色，以“美术学”拓展研究领域，以艺术硕士创新研究生培养模式的学科体系的合理发展格局。同时，以“印刷文化传承与传媒艺术”引领性学科建设项目为抓手，明确特色人才培养模式发展方向，形成了以本科生与研究生培养为基础，运用高新技术，融合国内院校双培计划、国际院校短期交换、国际合作设计工作坊、中美实验班等多渠道、宽口径的培养方式，拓宽了人才培养模式的视野与发展平台，得到了国内、国际兄弟院校的认可。

二、产学研实现途径

设计艺术学院作为行业型综合类大学里的特色学院，将社会实践、创新创业与教学科研进行有机结合，开辟多条产学研实现途径。目前，在与国家新媒体产业基地、北京市文化创意产业集聚区的创新基地融合基础上，设计艺术学院分别在“学”“研”“产”“用”等多个方面进行了创新尝试，建立并形成了艺术与设计学科产学研良性系统，获得了较为显著的成绩并收到较好成效。

1. “学”以致用——创新实践

在人才培养中强调创新实践，采用灵活多样的形式与训练使“学”与“用”联系得更为紧密。

设计艺术学院在艺术与设计教学中采用“五结合”创新实践方法，全面提升学生实践能力。注重将专业理论与实践教学相结合、课内训练与课外实践相结合、传统文化与现代科技相结合、艺术创新与文化创意产业相结合、实践教学与科学研究相结合。人才培养过程中的以“赛”代练、以“项”促练等灵活的培养形式增强了学生的创新实践能力，并收到较好的培养成效。同时，设置不同层面训练方式，积累学生实践能力。针对基础实践，变教师主导为学生自主；针对专业综合实践，变机械完成实践过程为研究、探索与合作；针对创新实践，变被动参与为创新研究。

同时，紧紧把握信息时代的数字艺术与创新设计的规律，通过将自主试验延伸到合作试验、虚拟实验延伸到真实试验、课内实验延伸到课外试验、校内试验延伸到校外实践、国内实践延伸到国际实践等教学方式，不断提高学生运用知识分析解决实际问题的能力，不断培养学生的实践与创新的综合能力。

2. 以“研”促教——创新保障

设计艺术学院在实验室研究平台建设与研究师资团队建设两方面对产学研系统进行合理科学保障。

依据学科研究方向设立基础学科组织和研究平台，为多种人才培养模式提供支撑和保障。学院现有数字媒体艺术中心（北京市重点实验室）作为目前的公共研究平台支撑现有所有研究方向项目研究；数字艺术与创新设计实验教学中心（国家级实验教学示范中心）作为目前的专属平台支撑各研究方向的实践研究；美学研究所作为专属研究平台对美术史论研究及设计史论研究给予支撑。

设计艺术学院现有专、兼职教师近70名，已建成了学历、年龄、职称结构不断优化的人才队伍，并将师资团队建设与培养作为人才培养较为重要的部分。通过讲座、培训、进修、外派等方式定期对教师进行专业再教育，鼓励教师教学、科研共同发展。学院尤其注重对青年骨干人才的培养，为青年骨干人才的发展提供良好、宽松的环境。同时，确立竞争机制，保证其进步动力。博士后流动站的建立与运行，为高学历年轻教师提供了高平台的学术研究途径。通过对师资团队的建设与培养，使其与学生培养形成联动，保证人才培养的优质与优势。同时，鼓励教师将交叉学科的研究成果、专业赛事和社会课题带入实践教学，转化为实践创新案例和实践创新项目，不断激发学生科研兴趣，启迪交叉学科研究思维，拓展学生视野，展现学生特长，促进全方位、多元化的实验教学体系形成。

上述研究型师资梯队的建设，有力保障了学院艺术与设计学科教学的严谨性与科学性，并持续为学科的“学”“产”提供强大智力支持。

3. 以“产”辅教——创新服务

设计学院开展跨区域、跨院校合作，强化中心为社会和行业的创新服务功能。

在实践创新模式上，注重艺术与科技、艺术与印刷出版、艺术与产业相结合，通过大学生研究计划、创新创业项目、学科竞赛等载体，实现理论、技术和应用的有机结合。让学生在创新中汲取知识的精华，在探究中领悟知识的真谛，在实践中感受知识的魅力。大力开展实践创新活动，主办参与专业赛事、引进社会课题，在实践活动中促进学生创新设计能力发展。

学院积极探索产学研结合、校企地联合培养的产学研一体化实践创新模式。在横向实现跨学科、跨领域综合互助，在纵向整合媒体技术支撑、网络渠道、产学研互动共享，全面提升中心的科学研究能力。

以北京新媒体联合实验室和中关村协同创新平台为依托，大力加强中心跨区域、跨院校合作，实现协同创新，并继续夯实与国家新媒体产业基地、中国影视节目制作基地、新媒体国际交流中心（北京）的合作，扩大新媒体联合实验室的规模、推进项目合作，在北京15所高校的基础上，扩大国内外的合作，共同建立起集高端研发、创意制作、体验展示、实习培训、创新创业、文化贸易为一体的平台，提升中心的示范性、影响力和竞争力。

4. “产学研”联动——创新特色人才培养模式

按照“突出创新、注重特色、开放共享”的原则，根据实践创新和学生创新创业的实际需求，设计艺术学院以灵活的资源使用与多样化的创新实践活动为基础，不断探索具备创新特质的实践创新新模式。

第一，建立大学生创意空间，提供资源由学生自主支配，大力支持学生自主创新。第二，建立面向本科生开放的科研平台。本科生利用专业科研平台的方式包括：制定相关措施鼓励各专业教师提出一定量的适合本科生的科研题目或者学生根据自己的兴趣、特长与能力提出自选项目，将一部分学生吸收到教师的科研课题中来，鼓励学生出高水平研究成果；开展大学生研究计划、创新创业项目（国家创新创业项目等）等。第三，组织开展学生创新实践活动，促进学生的实践创新能力，培养向自主式发展，形成以学生为主体的实践创新能力培养机制。基地定期组织开展国内外专业艺术赛事，以及市级、校级科技节等活动，鼓励学生参与科学研究工作，激发学生参与实践的热情，促进学生实践创新能力的培养。第四，设立校企联合实验室，进行合作设计开发。在已有北印•天闻数媒——互动设计联合实验室、人民教育电子音像出版社数字媒体创新研究室、电子工业出版社——数字出版实验室的基础上，进一步加大合作力度，与国家新媒体产业基地、国家动漫产业基地等共建联合实验室工作，有效将社会任务、项目、资源引进中心来，使教学实践与科研项目、市场相结合，真正形成产学研一体化的实验教学新模式。

5. “用”以促学——创新成果转化

设计艺术学院在人才培养过程中注重实效。目前，在校本科、研究生人数共计近 1800 名。2015 年以来，获批北京市 2016 年本科生科学研究计划项目 40 项。教师指导学生学科竞赛获得包括德国红点“至尊奖”“2016 猴年第二届全球吉庆生肖设计大赛”一等奖、第十五届平遥国际摄影大展“新锐摄影师”奖、全国大学生广告艺术大赛一等奖、2015 中国设计节“设计兴”吉祥物征集大赛三等奖、第 6 届 UXPA 中国用户体验设计大赛银奖、青海湖吉祥物设计大赛特等奖（中标）在内的等级以上奖项 197 项，其中国家级奖项 40 项，省部级奖项 125 项，其他行业奖项 32 项。实现产、学、研、用人才培养体系发展的良性循环。

在获得各种奖项的同时，设计艺术学院实施课题式创新实践，培养学生的探究能力。通过与人民教育电子出版社、电子工业出版社、天闻数媒（北京）科技、北京中视典科技、中国影视节目制作基地等众多企事业单位合作开展联合设计项目的形式，建立产学研一体化教学模式，形成了一批影响广泛的电子出版物和工业产品。

多年来，设计艺术学院培养了具有极强的社会实践能力与创新能力的行业型人才，这与学院持续探索的“产学研”特色培养人才模式具有密切联系。切实有效的产学研实现途径使得人才培养目的明确，做到有的放矢。同时，多条产学研实现途径的开辟，合理激发了学生的创新创意能力，调动了高校教师科学研究的兴趣，打通了高校与企业、与地方的联系，较好地发挥了高校的智库作用，为社会经济发展与文化建设蓄力添锦。

继往开来，在历经 20 多年发展的良好基础上，在中国创造的时代要求和文化创意产业蓬勃发展的推动下，未来的北京印刷学院设计艺术学院将科学谋划、有序推进，不断完善人才培养体系，创新多元人才培养模式，凝心聚力凸显人才培养特色，逐渐发展成为首都文化艺术创意产业的思想库、研发中心、优秀艺术创意人才的培养基地，为首都社会经济、文化的大发展、大繁荣做出贡献。

参考文献：

[1] http://baike. baidu. com/link?url=yr4oALIQ8CTwI9Zch_SoiyIgP3K1aUpix193gunsMyTvJWFmOQdt-Oywv79Q4Pr7J-474YPF2CISWCYM_nWYf_ 来自于百度百科。

[2] 蔡兵著. 创新与产学研合作[M]. 广东: 广东经济出版社, 2010.

[3] 郭丽君, 李尚群, 刘辉著. 地方高校产学研合作研究[M]. 北京: 中国社会科学出版社, 2016.

[4] 洪银兴等著. 产学研协同创新研究[M]. 北京: 人民出版社, 2014.

作者简介：袁园，女，1981 年 10 月出生于内蒙古赤峰市，博士，博士后出站。现就职于北京印刷学院设计艺术学院，讲师。研究方向：设计艺术历史与理论、艺术与科学传播、展览展示设计研究。

“双培计划”下市属高校人才培养模式的探讨——以北京印刷学院为例

李　烨

（北京印刷学院　新媒体学院　北京　102600）

摘要：北京印刷学院2014年试点“双培计划”，2015年正式启动“双培计划”，通过与五所央属高校共同培养学生，实现了优质教育资源的共享和有机融合。双方高校不断探索人才培养新模式，共同制定新模式下人才培养方案，共建虚拟教研室，共研制度创新，共商管理细则，加强学生管理服务工作，保障学生培养质量和教学水平。“双培计划”推动高校间深入合作，进一步深化教育教学改革，必将以点带面，辐射、带动我校各专业人才培养，全面提升我校教育教学质量。

关键词：双培计划；人才培养；资源共享；制度创新

引言

2015年3月，北京市教委正式启动“北京高等学校高水平人才交叉培养计划”，该计划是在综合考虑国家和北京市经济社会发展要求、遵循高等教育发展客观规律和北京高校建设实际的基础上推出的，是北京高等教育教学改革和人才培养机制创新领域的重大改革。该计划重点支持北京市属高校与央属高校、海外境外知名高校共同培养优秀人才，打造有利于学生实践创新能力的时间科研平台，这将在今后很长一段时期内对北京高等教育的发展起到重要的指导和推动作用。

“双培计划”作为“高水平人才培养计划”的子项目，是深化北京高等教育综合改革，推动人才培养机制创新的重大举措。在市教委的主持下，每年遴选一批北京市属高校优秀学生到央属高校访学，市属高校与央属高校双方共同培养。“双培计划”不仅有对接高校双方对学生的共同培养，还有对接高校专业课程建设和师资队伍的共建，这打破了北京地区高等教育的央属和市属二元结构割裂发展局面，将优质教育资源有机融合，辐射、带动市属高校高水平、专业型人才培养，服务首都经济社会发展。

1. 我校“双培计划”发展概况

我校与中国人民大学、中国传媒大学、北京林业大学、北京交通大学以及中央财经大学5所央属高校，在网络与新媒体（互联网电视和互联网新闻）、动画、物流管理、文化产业管理专业方向联合培养北京“四个中心”建设以及“京津冀”一体化进程发展急需的高端专业人才。根据《北京市教育委员会关于印发北京高等学校高水平人才交叉培养计划的通知》和《北京高等学校高水平人才交叉培养“双培计划”实施指导意见》，我校按照“3+1”式培养机制，输送部分学生在央属高校进行为期3年的中长期访学，第4学年回到学校继续学习。通过高考招生和校内选拔2015年选派79名学生分赴5所央属高校进行学习，通过高考招生2016年选派51名学生、2017年选派61名学生直接赴4所央属高校学习，其中动画专业“双培计划”学生2015年赴北京林业大学学习，2016年起赴中国传媒大学学习。

在北京市正式启动“双培计划”之前，我校作为试点单位，先行先试，在市属高校中率先与北京交通大学、中国传媒大学联合培养本科生，遴选部分优秀学生输送到央属高校，开展为期1年的短期访学，为“双培计划”此后顺利推行积累了一定的经验。2014年我校选派6个二级学院的23名学生分赴北京交通大学、中国传媒大学进行为期1年的学习，涉及的专业分别有电子信息工程、信息管理与信息系统、市场营销、财务管理、机械工程、印刷工程、包装工程、动画、编辑出版学、数字出版学、新闻学和广告学共12个专业。2015年我校选拔来自3个二级学院的10名学生赴北京交通大学进行为期1年的学习。

“双培计划”执行三年来，我校与5所央属高校分别签署合作协议，明确分工责任；各专业老师依据双方高校优势特色共同制定培养方案，研讨培养计划执行情况，促进专业课程建设，确保学生培养高质量；双方高校建立长效联络机制，保障教学与学生管理跟踪反馈。双方高校的共同努力，保证了“双培计划”的顺利实施，也为我校与央属高校的深入合作打下了坚实的基础。

2. “双培计划”下高校双方共同制定培养方案

培养方案是实现人才培养目标、开展人才培养工作的总体设计和规划安排，是保证教育教学质量和人才培养规格的重要指导性文件。按照“双培计划”体系的要求，各专业通过与央属高校反复交流研讨，分析各自的专业优势，充分发挥和融合双方高校的人才培养自身优势和特色，依据学科、专业的基础知识架构，瞄准总体发展趋势，为“双培计划”学生单独制定符合国家与北京市经济社会发展需要的培养方案。

网络与新媒体专业互联网电视方向培养方案课程设置重视培养学生国家意识和新闻敏感度，以实践为导向设置课程，坚持国际传播人才的培养。网络与新媒体专业互联网新闻方向培养方案课程设置模块化，包括基础技能课程、通识教育课程、专业教育课程、素质拓展课程、实践教育课程和发展指导课程，重视素质实践课程与专业理论课程的有机融合。文化产业管理专业定位于文化产业投融资，培养方案体现了北京印刷学院的传媒及文化旅游投融资以及中央财经大学的文化产业投融资各自的优势和特色。中国传媒大学动画专业培养方案重视学生素质培养，加强学生基础教育，学生低年级进入工作坊，参加高水平的专业作品设计竞赛和教师的科研项目。北京林业大学动画专业培养方案采用低年级大类培养、高年级分专业培养模式，夯实专业基础，拓宽专业应用方向。北京交通大学物流管理专业培养方案以“物流量化分析与优化”为培养重点、兼顾我校“出版印刷行业特色”和北京第二国际机场“区位优势”，增加专业前沿导论、双语专业课程及国际贸易等相关课程，提升学生数据分析技能和仿真建模能力。

3. “双培计划”下高校双方共同组建虚拟教研室

我校四个专业与央属高校共同组建虚拟教研室，形成共建高校双方专业负责人、专业教师、中青年教师、企业导师组成的专业教学团队，共同负责实施培养计划，包括课程教学、实践教学、学生指导、质量评价等工作，共享双方优质教学资源。四个虚拟教研室为了加强团队间的师资交流，提升教学水平，基本采用线上和线下相结合的方式开展虚拟教研室工作：一是定期开展教学研究活动，交流课程教学设计、课程模式改革、课题合作研究等相关教学活动和学术交流；二是开展我校青年教师进央属高校课堂活动，选派青年骨干教师旁听专业课程，积累先进授课理念和教学经验，提升教学水平；三是共享实践教学基地，共同组建实践教学团队，共同指导学生开展教学成果展览、数字媒体编辑大赛等；四是充分利用新媒体技术推进虚拟教研室建设，建立专业微信群，打造线上教研室平台，定期推出线上教研室活动，增加教研室成员的参与度。

4. 制度创新，保障学生培养质量

为保证“双培计划”顺利进行，我校建立校级层面协调领导小组，由一名校领导牵头，教务处、学生处以及相关院系领导组成。协调“双培计划”的专业建设、教师团队建设、教学运行、学生管理以及后勤保障等事宜。

经过协商研判，我校建立教学运行三级管理制度，教务处、二级学院和所在专业（系）分工明确，责任到人，保证“双培计划”良性运转。教务处负责学籍管理、学生成绩认定等宏观管理机制，并指定专人负责协调日常教学运行；“双培计划”学生所在二级院系指定专人负责日常教学运行，并落实学籍管理、学生成绩认定等管理制度，对外及时沟通央属高校的二级学院，对内及时沟通教务处；“双培计划”所在专业（系）指定专人负责协调专业培养计划、教学团队、课程教学工作实施。

“双培计划”班级建立微信群、QQ 群，我校学生辅导员、班主任、学工书记、专任教师通过这些平台便捷高效地关注和服务学生，增强师生间的交流和沟通，帮助学生解决学习生活中遇到的困难和问题，加强学生的管理，增加学生对我校的认同感和归属感。鼓励“双培计划”学生毕业论文（设计）实行双导师制，由我校和央属高校双方教师担任导师，共同指导学生完成毕业论文（设计），保证学生学习的连续性。

5. 制订工作细则，加强学生管理

我校制订实施“双培计划”工作细则，涵盖学籍管理以及学生管理两方面的内容，具体管理责任落实到专人专门负责，定期与央属高校沟通学生学习和生活情况。我校为“双培计划”学生学籍管理主体单位，央属高校为交流学生建立临时学籍，为教育、教学、教务、临时学籍管理实施单位。“双培计划”学籍管理实行动态管理，双方高校共同建立相关数据库跟踪学生成长和发展过程。我校与央属高校共同建立学业预警与退出机制，及时指导学生完成学业。央属高校组织课程考核和成绩记载，每学期或每学年将学生课程成绩单及对应的学分返还通报我校，教务处及时记载学期成绩，教务处和学生所在二级学院做好成绩分析，做到早发现、早补救。同时我校制订“双培计划”学生学习年限、课程重修的规定，以及中途退出“双培计划”的学业规定，指导学生顺利完成学业。

6. 结束语

“双培计划”是北京高等教育的一项重大改革，任何改革都要经过一个从初始、攻坚到完善的演进过程。作为国内高等教育领域一项全新的教育教学改革试点，受制于生源质量、体制机制的影响，双方高校也必然面临着全新的挑战。作为新生事物，我校“双培计划”学生的培养工作，需要不断地探索、总结和完善，不断提升学生的培养和管理水平。在“双培计划”实施过程中，要进一步规范学生管理规定，继续加强学生管理和服务工作，关注学生发展变化，引导学生合理规划大学学习生活；同时要依托于虚拟教研室的建设，双方学校不断加强关于培养方案、教学研究、学术交流等多方面的交流互动，为培养北京“四个中心”建设以及“京津冀”一体化进程发展急需的高端专业人才不断探索全新的人才培养模式。进一步鼓励我校相关专业教师向央属高校学习先进授课理念和教学经验，鼓励我校教师与央属高校合作共同开展科学研究，不断提升我校教师的学术水平和教学能力，通过“双培计划”的开展，辐射、带动我校各专业高水平、专业型的人才培养，全面提升我校人才培养质量。

参考文献：

[1] 刘霄. 启动“高水平人才交叉培养计划”实现高教人才培养机制创新[J]. 北京教育(高教), 2015(5)：19-20.

[2] 刘霄. 北京高等教育实施“双培计划”与“外培计划”的工作重点[J]. 北京教育(高教), 2015(6)：9-10.

[3] 孙若莹. “双培计划”下的电子商务专业人才培养模式探究——以北京信息科技大学为例[J]. 电子商务, 2017(9)：DOI: 10. 14011/j. cnki. dzsw. 2017. 09. 030.

[4] 王巍. 打造“双培计划”教学共同体, 探索区域协同育人新机制[J]. 北京教育(高教), 2017(6)：55-59.

智慧校园环境下智慧型人才培养模式探究

王秀玲

（北京印刷学院　网络信息中心　北京　102600）

摘要：互联网技术与高等教育的深度融合，势不可当。虽然全新网络教学手段不能完全取代课堂教学，但这些新的教学模式已经开始触动传统教育的根基。研究智慧型人才培养的混合式教学模式，对如何在智慧校园、智慧教室环境下充分利用互联网技术改变传统教学模式进行探索与实践，为“互联网+”环境下高等教育改革提供新思路。

关键词：智慧校园；“互联网+”；人才培养；教学模式

基于“互联网+”的时代背景，各行各业受到大量新兴电子信息技术的渗透，改变了传统的信息传播方式。在“大数据”时代，高等教育作为信息传播的主要阵地，受到极大影响，“智慧校园”等概念应运而生，带来的观念变革和科技进步将使教育领域发生深刻的变革。互联网的开放性使得知识传播突破了时空局限，引起教育者、受教育者和教育结构发生实质性和根本性的变化。

一、目前传统教学模式面临的问题

传统高等教学模式是以教师讲授为主、学生被动接受为辅的形式展开，已经很难适应“互联网+”信息爆炸式增长的环境，以及学习者个性化学习的需求。当下互联网络、智能手机和移动技术等新兴科技已经日趋成熟并得到了广泛应用，通过这些新兴科学技术为全社会提供开放、平等的教育资源正逐渐被业界所接纳。以慕课为代表的网络教学资源，向公众免费开放，学习时间和地点的自由、灵活，网络学习者自主掌握学习进度和学习节奏，对高校传统教学模式提出了挑战。

另外，传统教学模式中课堂教学效果的衡量指标一般包括“学生的状态、教授的知识学生是否掌握，理解到什么程度”，主要通过观察学生听课状态、课后作业完成情况、考试成绩排名以及问卷调查等途径，但面临着如下问题：

第一，反馈信息的准确性低。依靠观察得来的信息，主观性所占权重较高，缺乏说服力，可能存在误判。通过问卷调查得来的信息，虽然由学生主体填写完成，更客观一些，但填写的随意性也不可避免，可信度仅可作为评判参考。例如，教师认为学生领悟了或者学生自己认为听懂了，但是在对知识掌握的程度上往往存在很大误差。

第二，缺乏有效的师生互动。尽管多媒体教学环境已经应用于教学多年，教学手段较“黑板＋粉笔”时已有很大变革，但教学模式改变甚少。不论是“人灌”还是“电灌”的传统教学模式中，课堂往往是缺乏互动的，教师准备的思考性问题，做出回应的往往只是少数学生，大多数学生只是旁听或处于观望状态；讨论式教学模式依然存在上述问题，无法引起课堂上所有学生的兴趣，缺乏全范围或大范围的互动。

第三，教学效果反馈的效率不高。现有教育体制中，考试成绩基本能够比较客观地反映出学生学习的效果和教师讲授的效果，但是发现问题时教学过程已经结束，来不及补救。

第四，教学评价方法相对单一，仅由教师对学生掌握知识情况做出评价，往往伴有教师本人的主观判断、略有偏颇，不能公正客观地反映学生的学习情况。

二、智慧校园促进人才培养方式变革

随着信息技术与教育的不断融合，特别是在“互联网＋”教育的深入融合背景下，传统的教育教学模式发生深刻变革：移动互联和终端设备的使用，学生的学习模式发生了明显的变化，移动学习已成为在校学生获取资源和信息的流行方式。随之变革的教学模式也更加倾向于建立以学生为中心的个性化教育模式。教育教学模式的变革也意味着高校信息化建设的环境和目标发生了深刻变化，必须建设与“互联网＋”教育相匹配的信息化环境，即必须建设智慧校园。只有建设智慧校园才能实现互联网与教育的融合创新，只有构建激发师生学习兴趣的智慧环境，才能促进人才培养方式的变革，才能为学生成长成才创造机会，才能真正对高校教育教学、校园管理服务产生促进和融合作用。

1. 智慧校园的内涵

智慧校园是数字校园发展的必然趋势，是一种以面向师生个性化服务为理念，能全面感知物理环境，识别学习者个体特征和学习情景，提供无缝互通的网络通信，有效支持教学过程分析、评价和智能决策的开放教育教学环境和便利舒适的生活环境。简单来说，智慧校园就是一种将人、设备、环境、资源以及社会因素，在信息化背景下有机整合的一种独特的更智能的校园系统。

2. 智慧校园的特征

从智慧校园的概念不难看出，智慧校园的核心特征应主要反映在三个层面：一是为广大师生提供一个全面的智能感知环境和综合信息服务平台，提供基于角色的个性化定制服务；二是将基于计算机网络的信息服务融入学校的各个应用与服务领域，实现互联和协作；三是通过智能感知环境和综合信息服务平台，为学校与外部世界提供一个相互交流和相互感知的接口。

因此，构建“智慧校园”可以满足教学、管理、科研、生活及相关服务的要求，给学生营造了开放性和协同作业环境，给学校各类人员提供了个性化服务，促进了学校教学、科研及管理的智慧化发展，从而更有利于从传统教学模式向智慧型的人才培养模式转变。

3. 智慧校园与“互联网+”教育理念的融合

教育就其本质来讲，就是以人为本，发展人，完善人。传统教学模式由于知识传播受到时空限制以及教育模式相对单一，造成教育在以人为本价值观的实现、教育公平、学生的个性化发展等方面都欠佳。而“互联网+”教育的出现，重塑和推动了以人为本的教育价值观的实现。它突破知识传播的时空限制，模糊了师生界限，弱化了家庭背景，促进了教育公平，在网络平台上大家可以根据自身兴趣选择不同的教师、课程、授课考核方式，极大地实现了个性化学习。智慧校园的建设同样体现教育以人为本的核心价值观，充分利用移动互联、大数据、云计算等技术，通过数据互通平台、一站式服务系统、资源共享等平台和系统，为教师和学生提供以人为本的个性化定制和推送服务，为师生的成长成才提供一个以人为本的智慧化校园环境。

三、智慧型人才培养模式探索

人才培养是高校的根本任务，全面、客观、实时地反馈教学效果是一线教师们的迫切需求。建设智慧型校园，培养智慧型人才，把在线教育与实体课堂的优势相融合，去联结、影响和服务课堂教学的每一个环节是现代高等教育的主要参与者的共同愿望。正如北京印刷学院校长罗学科在2017年10月19日“无线网项目建设启动会”上讲到的，“无线网项目和智慧校园项目将为学校充分利用现代化技术手段提高教学、科研和管理水平打下坚实基础，将为基于信息技术的教学手段变革带来新的机遇”。

1. 学习手段的拓展是新型人才培养模式变革的内生动力

无论是“教育大数据”，还是“智慧校园”，其共同点是明确的，即认同一场新的极其深刻的教育革命的到来。网络信息技术、远程在线教育技术和虚拟现实教育技术的相继完善和推广，是现代教育走向大变革之路的标志性事件。远程在线初步解决了空间距离问题，虚拟现实则进一步改善了非实体教育的沉浸感、交互性、构想性等难题。从某种角度来说，现代教育的发展过程就是一个不断创新拓展人类学习手段的过程。新技术的应用使得教育成本更低，效率更高，效果更好，这使得教育的主受体均持续地发生深刻的变化。2012年大规模开放式在线课程（如慕课）等在全球高校的爆发式崛起就是一个发人深省的信号——教育史上的“一场数字海啸”。2013年，我国清华大学和香港大学等多所知名大学迅速跟进，加盟“在线教育平台”，复旦大学、上海交通大学等加盟“课程时代”，优质资源共享、学生不问校界、学分互相认同……很难想象如此发展下去，利用这似乎功能无限的新技术，学生的学习手段无限扩展，学习眼界无限拓宽，人才培养模式无限多元，因此，任何一所大学理论上都可以把自己的校园边界推进到地球的每个角落。

2. 日益强烈的创新渴求迫切需要推动智慧型校园内资源的再重组

现代主流教育理念提倡高度关注个体的创新精神与创新能力的培养。尽管教育在创新教育理论研究与实践探索过程中已经取得了大量的共识和宝贵的经验，但限于教育技术平台及教育资源和成本的局限，创新教育至今在操作层面依然是一种相对奢侈而难以理想企及的目标。以作者在《媒介素养》课教学中尝试探究式教学为例，将每节课延伸到网络，通过新媒体平台与课堂多媒体技术创设特定的教学情景相融合，引导学生与教师之间对某一核心概念的讨论，激发学生提出有价值的、科学的问题，并根据已有的知识、经验或收集的信息作出比较合理的猜想、假设和设计探究方案，直至得出结论，并对得出的结论作出科学解释。学生在学习中自主探究与协作探究相结合，教师做适时点拨，学生归纳，解决问题，也就是说，教师是这场戏的导演，学生是演员，在学生的创新渴望中，在学生的资料收集中，在学生对信息的分析鉴别以及重组建构中，网络技术、信息技术、物联网、云计算、虚拟现实都成为学生学习的对象或助手，在授人以渔的新型人才培养中，可以想见智慧型校园内资源的再重组已然成为在技术层面解决创新教育的关键。

3. 新型的人才培养模式

“平台是拿来用的，而不是拿来炫的”，建设智慧校园平台的第一发展目标自然是智慧型人才培养。随着移动互联与大数据等技术的快速发展，基于线上线下融合的智慧型人才培养模式必将逐步成为主流。在智慧校园中，依托知识管理、校园社交网络、在线教育等 IT 平台的支撑，教师备课摆脱了时间、空间和个人知识孤岛的局限性，能够基于历年教学资料、同行教学状态和学生学习反馈的大数据有针对性地准备教案；学生摆脱了传统的课本学习和统一课堂灌输的被动学习模式，可以在知识的海洋中自由翱翔并能够得到基于大数据分析的适时、贴切的个性化指导；师生交流可以随时随地随意，声音、视频、文字、图像等各种交流工具随需而动，交流过程还可自动记录并根据需要回放复习；教学评价不再是纯粹的主观打分，而是基于师生教学互动和学生学习过程的大数据开展的多维、动态、全面、智能的教学评价，并指导学校按照客观教育规律不断改善教学内容、方法、手段和模式；借助“智慧教室”实施“智慧教学”，教师本身的改革与创新意愿逐步加强；因材施教和个性化人才培养模式成为主流，学生的职业发展、就业引导与人生指导也将综合其个性特点与社会发展而更加科学、合理。

四、结束语

现代高等教育在互联网驱动下，新教学模式可以有效地促进专业教学改革和进步，符合智慧型人才培养的需求。但无论是智慧校园还是智慧教室抑或智慧教学并不能完全替代传统的教师课堂教学，仍需要教师不断加强引导学生的媒介素养能力提升，使其能充分利用网络学习资源，借助互联网技术对知识进行科学、有效管理，避免共享资源的损耗，提高资源利用率。教师也应调动学生参与教学的热情，发挥其主动学习的积极性，提高教学效果。教师还要在思想上勇于改变、行动上勤于实践，构建高效而有力的人才培养教学模式，促进学科专业建设发展，提高学生就业竞争力，是高校智慧型人才培养的努力方向。

参考文献：

[1] 贾国荣. 智慧校园与数字校园差别之探讨[J]. 黔南民族师范学院学报, 2012(6) : 66-67.

[2] 周杰. 高校教育信息化与数字化校园建设的探索[J]. 制造业自动化, 2011(5) : 218-220.

[3] 王秀玲. 学校召开无线网项目建设情况通报与启动会. http: //news. bigc. edu. cn/zhxw/72889. htm.

[4] 窦予静, 李为. 论高校教师现代教育能力及其培养[J]. 中国成人教育, 2011(5) : 84-85.

高校教师专业技术职务评聘制的发展研究与思考

蒋艳枫

（北京印刷学院　人事处　北京　102600）

摘要：专业技术职务评聘是高等学校人事管理工作的核心内容之一。在高等学校中，教师专业技术职务晋升备受关注。新中国成立以来，教师专业技术职务经历了任命制、评定制和聘任制阶段，并仍在不断探索改革，以适应社会经济和高等教育事业的发展。评聘制改革取得了很大成就，但目前仍存在一些问题。因此，要有针对性地采取有效的对策，以尊重知识、尊重人才、尊重劳动为原则，充分调动广大教师的积极性、创造性，调整教师人才队伍数量与结构，提升教师队伍素质，促进我国高等教育事业的革新与进步。

关键词：专业技术职务；评聘制；人事制度；改革

随着高等教育事业的发展，教师专业技术职务评聘制度经历了漫长的发展过程。教师专业技术职务评聘改革一直是高等学校和广大教师最为关注的问题之一，也是高校人事管理的核心工作之一。新中国成立至今，我国高校人事制度经历了几十年的改革与发展，教师专业技术职务评聘也经历了曲折的发展演变。

一、高等学校教师专业技术职务评聘制的历史沿革

（一）空白阶段（1949—1956 年）

新中国成立初期，我国基本上实行技术职务任命制和职务等级工资制，对在旧中国获得的技术职务予以保留，各高校也沿用了民国时期的教师等级称号，技术职务根据实际工作需要和机构编制确定，与工资分配制度和等级挂钩。因此，并没有严格的数量限制，基本由各单位领导和组织部门考核任命，与行政职务任

命制相类似。

（二）探索阶段（1956—1966 年）

1956 年国家制定《高等学校教师学衔条例》，虽然由于种种原因并未付诸实施，却对教师专业技术职务制度的形成产生一定的影响。1960 年后，国务院《关于高等学校教师职务名称及其确定与提升办法的暂行规定》和教育部《关于执行〈国务院关于高等学校教师职务名称及其确定与提升办法的暂行规定〉的实施办法》正式颁布，标志着我国第一部比较完整的高等学校教师专业技术职务方面的法规形成，其中明确规定了教授、副教授、讲师、助教四个职务名称，对思想政治、学识学历、业务水平、工作实绩、外语水平等也做出了相关要求，并在中央的统一管理下，开展了高校教师职务的确定与提升工作，但高校还不具备自主权。

（三）暂停阶段（1966—1977 年）

由于“文化大革命”的影响，学衔和技术称号的制定并没有付诸实施，此项工作完全中断。

（四）恢复阶段（1977—1983 年）

1977 年《中央关于召开全国科学大会的通知》中指出：“应该恢复技术职称，建立考核制度，实行技术岗位责任制。”1978 年，教育部制定了《全国重点高等学校暂行工作条例（草案）》，规定了高校实行党委领导下的校长分工负责制，同时要设立学术委员会，参与学校教学科研、人才培养活动的审议和评价。1979 年，教育部又制定了《关于高等学校教师职责及其考核的暂行规定》，较为详细地规定了各级教师的职责及考核标准。技术职务任命制也逐步过渡到“技术职务评定制”。但是，由于没有数额和任期限制，具有高级职务的人数急剧增长，评审更多流于形式，虽然没有与工资待遇挂钩，但却终身享有，导致评定工作失去竞争与活力，制度本身的缺陷也不可避免地暴露了一些问题。

（五）整顿阶段（1983—1986 年）

1983 年 9 月，《关于整顿职称评定工作的通知》中指出了评审中存在的“缺乏统一指导和总体规划、审批权限不一致、审批标准不具体、把技术职称给予了没有从事相关工作的人员”等问题，在全国范围内暂停了相关工作。

（六）聘任制阶段（1986 年至今）

1986 年 1 月，中共中央、国务院转发《关于改革职称评定、实行专业技术职务聘任总制度的报告》（中发〔1986〕3 号），标志着中国职称制度改革迈入新的阶段，实施专业技术职务聘任制的改革工作正式展开。1986 年 3 月，《高等学校教师职务试行条例》颁布施行，标志着我国教师职称聘任制度的开端。随后，国家颁布了《关于实行专业技术职务聘任制度的规定》，明确规定了高校教师职务的任职条件、责任义务、聘任任命等方面要求，实行专业技术人员岗位责任制和结构工资制，评聘结合，由专家对学术水平进行评审，由单位行政领导进行聘任，设定岗位数量限制，职务为任期制，且仅在本单位有效。随着改革的逐步推进，专业技术职务评聘逐步成为常规工作。

1991 年，国家教委、人事部联合印发了《关于高等学校继续做好教师职务评聘工作的意见》，从指导思想、政策导向、组织领导、考核、新老交替等方面提出了比较具体的要求，评聘工作走向经常化。之后，国家又逐步出台了《中华人民共和国教师法》《中华人民共和国教育法》《中华人民共和国高等教育法》，这些法律法规对于高校教师专业技术职务评聘工作的制度化、规范化、法律化起到了积极的促进作用。在此过程中，教授、副教授的评审权限也得到了一定程度的下放。

2000 年，《关于深化高等学校人事制度的实施意见》下发，明确指出“按需设岗、公开招聘、平等竞争、择优聘用、严格考核、合同管理”的原则，要求全面推行聘任制、进一步推进人事制度全面改革。自此，高等学校教师专业技术职务聘任制开始付诸实际行动。

二、高等学校教师专业技术职务评聘制依然存在的问题

推行高校教师专业技术职务聘任制是我国高等教育适应社会变化而采取的反应性行为，它的顺利实施直接关系高校人事制度配套改革乃至整个高校体制改革的进一步推进。但由于历史原因和政策形成的时代特点，现行制度依然存在一些问题，在一定程度上制约着教师队伍的建设与发展。

（1）高校教师专业技术职务评聘制度是一项系统工程，它的实施需要依靠岗位设置、公开招聘、择优聘任、绩效考核、薪酬激励等环节构成。而在目前的聘任制推行过程中，缺少完善的岗位设置、聘后考核及有效的激励薪酬体系支持。教师岗位设置环节薄弱，部分高校因人设岗而未考虑学科发展要求。另外，聘任出口的人员管理制度也存在缺失。

（2）建立科学有效的学术业绩评价机制是高校教师专业技术职务评聘的关键

环节。即对教师素质能力和业绩贡献进行全面考察和综合评价是高校聘任制实施的重要内容。将质量考量与数量积累相结合，建立绩效评估指标体系是可取的方法。但目前这种方法走向了极端，成了某些学科进行学术评价的关键性甚至唯一指标。部分高校仅能依靠规定的具体条文，诸如发表文章刊物级别、论文数量、项目类别、获奖等级等进行学术评议，这是对学术信心缺失的一种折射。

（3）高校教师专业技术职务聘任制实施的目的是高效开发教师资源，充分发挥其在科学研究和人才培养中的作用。随着时代的发展，需要依靠现代人力资源管理理念，建立完善的人力资源管理系统，从系统化角度充分发挥人力资源管理系统的整体功能。当前高校在探索聘任制的实施过程中，缺乏现代人力资源管理理念，缺失符合自身发展需要的管理系统，出现照搬别人改革模式等现象，实施效果不佳。

三、进一步深化高等学校教师专业技术职务评聘制改革的举措

专业技术职务评聘制改革贯彻和落实了党和国家尊重知识和人才的基本方针，体现了社会和专业技术人员对评价工作的现实需要。评聘制建立了对广大教师的考评机制，对教师的学术水平、业绩成果、社会贡献与影响力等方面进行综合评价与认可，引入竞争机制营造学术氛围，起到了改善教师队伍结构的作用，在一定程度上提高了教师的待遇和社会地位，调动了教师的积极性和创造性，促进了我国高等教育事业的发展。

1. 完善高校人力资源规划、优化高校人力资源配置

高校人力资源规划是进行高校人力资源开发与管理活动的依据，完善的人力资源计划包括计划期内人力资源开发和利用的战略目标、政策措施、筹划安排和实施步骤以及预算等。具体包括人力资源补充更新计划、使用计划、发展计划、培训计划、评估及激励计划、教师薪酬计划、解聘计划等。通过上述各项工作指导学校教学、科研、管理等工作开展。高等学校教师专业技术职务聘任制对高校人力资源管理工作提出了更高要求，合理优化高校教师专业技术岗位的设置与人力资源综合配置势在必行。

2. 建立科学的绩效评估体系

绩效评估是通过科学的方法，为高校与教师建立一个沟通渠道，促进教师的发展。因此，要求高等学校根据发展目标，建立科学的评估体系，对教职工履行

职责的情况进行评定和测量，并将结果反馈给教职工。在实际操作中，高校必须坚持实事求是、公平公开、保证质量的原则，依据不同岗位工作分析评价内容，科学设定评价指标体系并合理使用考评结果，使绩效评估成为促进教职工改进工作绩效、实现学校整体发展目标的重要手段和途径。

3. 设计薪酬激励体系

高等学校在制定分配方案时须做到效率优先、兼顾公平，根据教学科研、行政管理、其他专技、后勤保障等不同岗位特点和工作人员性质，采取与之相应的薪酬体系，使薪酬体现出对教职工在任职过程中应有贡献的奖励和报酬。同时，在薪酬设计过程中，对不同类别职位，薪酬设计依据的侧重点应不同，如对教师，薪酬设计着重考虑教学水平、科研能力等，对管理人员偏重考虑其管理技能、决策能力、服务水平等体现管理职位的工作特点，从而真正实现薪酬的激励作用，起到调动广大教职工积极性的作用。

高等学校教师专业技术职务的评聘工作关系着高等学校的建设和发展，经过几十年的发展，尽管专业技术职务评聘制还存在许多问题，但是依然具有顽强的生命力并发挥着非常重要的作用。既关系到广大教师的发展和切身利益、关系到对教师自身价值和学术业绩水平的认可，也关系到高等学校教育事业的发展水平，从而对国家社会经济建设和科学技术发展水平产生重要的影响。因此，继续深化和完善高等学校专业技术职务评聘制任重而道远。

参考文献：

[1] 吴江，蔡学军等著. 中国职称制度改革[M]. 北京：中国人事出版社，2011.

[2] 戴怡新. 对事业单位实行专业技术职务评聘制的思考[J]. 北京林业管理干部学院学报. 2006(3)：56-60.

[3] 王怀刚，林玉英. 高校教师职称评聘制度的历史与深化[J]. 山东电力高等专科学校学报. 2007(1).

[4] 鄂桂红. 我国职称制度改革研究[J]. 经济研究参考. 1996(36).

[5] 宋广文，李建惠，何文广. 高校教师职称制度改革的几点思考[J]. 国家教育行政学院学报，2010(5)：20-25.

论教学基本功对课堂教学质量的重要性

刘 玲

（北京印刷学院 设计艺术学院 北京 102600）

摘要：青年教师教学基本功的提高是一个需要长期地、坚持不懈地学习并实践的循环过程。通过优化的教学设计、恰当的教学媒体运用、合理的板书设计、生动的课堂感染力等多方面提升课堂教学效果。从把握教学内容到驾驭教学课堂，从锤炼教学语言到巧用教学方法，从营造教学情境到培养创新能力，使教学基本功和教学理念形成统一整体，达到切实提高课堂教学质量的目标。

关键词：教学基本功；教学质量；青年教师

教学是一项技术，也是一门艺术，这两方面都根源于教学基本功，教学基本功的深厚程度直接关系到高校教师教学水平的高低。青年教师是高校教育教学发展的灵魂和未来，优化教育方法，修身正己，提升青年教师的教学基本功的水平是非常重要的；青年教师基本功比赛是北京市为高校青年教师的成长、提高及成才搭建的良好平台。

我有幸代表学校参加了北京市高校第十届青年教师基本功比赛。经过精心准备，反复训练，听取多位老教授和专家的指导意见并进行现场比赛实践，自身教学水平和实践能力都得到了显著提高，对教学基本功也有了新的认识，现抛砖引玉，仅供大家参考。

一、教学技能提升

1. 教学基本功的含义

教学基本功是指教师依托自身专业知识和学术造诣，把知识和能力传授给学生的技能和方法，是教师从事教学必备的教学技能和修养，也是教师履行岗位职责、完成教书育人任务必需的专业知识和职业技能。它要求各专业教师不但要掌握扎实的专业领域基础知识，还要提高自身专业知识水平和学术造诣，努力培养敏锐的学术思维，并能将独到的见解和科学实践融会贯通到教学中，通过课堂教学，时时激发学生学习的兴趣，提高学生的求知欲。实践表明，一位高校教师，没有学问不行，光有学问，不掌握好的教学思想、教学理论和教学方法也不行。教学基本功要靠教师在教学实践中不断探索和积累，才能不断提升教学效果。

2. 提高教学基本功的方法

（1）优化的教学设计

优化的教学设计的实现主要是准备好详细的教案和讲稿，这就需要教师做大量的功课。它主要体现在六个方面，分别是：教学目的明确；内容充实、先进；教学重点突出，难点明确，讲述有对策；教学方法得当，突出学生创新思想和创新能力的培养；教学进程合理，思路清晰，逻辑性强；课后作业要求明确。

教师需要从学生的知识结构出发，组织课程内容，构思教学方法。一堂精彩的课程离不开教师精心设计的教案，一节课中的所有教学组织和教学表达过程都应该在教案中提前设计好。而讲稿是教案中教学进程部分教学内容的细化，必须体现出教案中表明的对本次课的基本认识和指导思想。讲稿对于教师的重要性相当于剧本对导演和演员的重要性。一堂课如何开始、如何导入、什么时候提问、什么时候互动、板书如何设计、什么时候抖个“小包袱”、如何穿插一些与教学有关的趣味性的例子、在学生注意力下降的时候如何调动情绪等，这些就像一个个分镜头，都应在教师讲课的脚本中。撰写出好的讲稿，讲课就成功了一半。

（2）恰当的教学媒体运用

根据课程内容和特点，通过有效运用多种图像、动画、视频等手段，将会促进学生对教学内容的理解。课件制作要富有创意，图文设计简明、美观。在 PPT 制作的每一个细节都要认真准备，如字体、大小、颜色、字数等选择，每张 PPT 页面的信息量，图片、动画、音频、视频的插入等。

随着移动互联网的逐步推进，通话智能手机、平板电脑等智能移动终端已进入课堂，把它作为一种教学媒体，与其他媒体和课前课后的网络教学相结合，将进一步促进互动学习和多元立体化全方位教学模式的实现。

（3）合理的板书设计

好的板书设计能够帮助学生理顺知识体系，吸引学生兴趣，起到提纲挈领的作用。虽然教学板书目前应用越来越少，但板书的作用不可忽视，它是教师上好课的不可缺少的重要辅助手段。好的板书尚能对教学内容高度浓缩、删繁就简，把教学重点、难点和知识点，串成线、结成网，使学生一目了然，易于巩固记忆。同时板书可以通过图形、图表、线条和符号等形式使内容变得更加形象和直观，促使学生更好地集中注意力，有助于学生理解。

一节课上完后，黑板上呈现的清晰、简要、直观的板书作为教师讲授完一堂课之后的“艺术品”，充分体现了教师的教学功底和理念。

（4）生动的课堂感染力

课堂讲授也是一门“语言的艺术”，教师通过生动而富有启发性与亲和力的语言，能调动学生学习的积极性；恰当、凝练的语言表达还能提高课堂教学效率。讲课时不要有口头语，内容要有逻辑性，还要注意多和学生进行互动。同时，教师应该保持饱满的精神状态，着装典雅。良好的教容和教态应该是大方、亲切、富有激励性和感染力。体态语言也是课堂教学语言的重要组成部分，在口头语言和书面语言辞难达意或意犹未尽时，适当的体态语言常能恰到好处地展示教学信息，有时甚至比有声语言更加准确、丰满。恰当的姿体语言配合语气、语速、语调的变化，同时配合重音的落点，形成抑扬顿挫的授课语言，极大地增强了课堂感染力和教学效果。

二、比赛技巧提升

教学基本功比赛是以平时的教学经验为基础，要想在比赛中取得好的成绩，除具备扎实的教学基本功以外，以下几点也是需要注重的。

1. 了解教学基本功比赛与平时课堂教学的差别

教学基本功比赛与平时课堂教学有四个方面差别：（1）平时课堂教学的对象是本专业内的学生，而比赛的对象是不同领域的11位专家评委和9位学生评委，因此要充分考虑评委们的关注点。（2）平时课堂教学一堂课是50分钟，比赛时间限制在20分钟内，因此要充分考虑在20分钟内把“故事”讲得完整。（3）平时课堂教学是连续性的教学过程，学生对所学课程有比较长的学习和吸收过程。而比赛由于比赛时间有限，教学内容只是一个“点”，专家评委和学生评委理解时间有限。（4）平时课堂教学在普通教室，教师的课堂语言动作相对平和，而教学基本功比赛在大礼堂等空间进行，这就要求参赛教师的语言动作要略为夸张一些，视觉效果强烈一些，更接近于演讲。

2. 重视选拔赛，及时总结和提升

各校教学基本功比赛参赛选手都是通过从院系到学校再到北京市的层层选拔后确定的，选拔比赛过程也是青年教师们互相交流与学习、总结与提升的过程。通过选拔比赛过程，青年教师一方面可以充分展示自己的教风教态，提高对所教课程内容的理解和熟悉程度、教案设计与编写能力、课堂教学组织能力、教学方法和技巧、语言表达、多媒体课件运用能力等；另一方面可广泛学习与借鉴其他参赛选手的经验，形成自己的风格，并凝练和提升自己的教学理念。

3. 针对基本功比赛特殊性进行准备

（1）重视比赛主题选择

比赛主题的选择非常重要。一个能够激发人们兴趣、受人关注的主题是成功参赛的重要因素。选题应源于课堂而高于课堂。参赛选题应集中完整，有进行教学设计和展示讲解技巧的余地，概念深浅适当，概念数以 2 ~ 4 个为宜，最好能与人们的生活息息相关，要以非专业评委能够听得懂为准。

（2）重视团队协作

青年教师从决定参加比赛开始，要从教学内容、教学方法等方面做全面的准备。在准备的过程中，如果能够得到老教师、老专家的精心点拨，比赛效果会有非常明显的提升。为了参赛选手充分备赛，我校校工会、教师发展中心、教务处、二级学院联合成立了指导小组，为参赛选手配有专门的指导教师，每次比赛前都组织专家教授对参赛选手授课情况悉心指导，从内容到形式甚至参赛的服装等都要进行全方位的培训与包装。每次参赛选手试讲时，都组织专家教师进行观摩，试讲后很多富有经验的老师对参赛选手的表现进行现场点评。经过多个层次的反复试讲，综合专家的意见与集体的智慧，参赛选手对课件与教案进行反复修改。从课程逻辑的梳理到琢磨细节，实际上整个备赛过程就是一堂最生动的教学讨论课。

（3）重视比赛时间掌控

基本功比赛的时间是 20 分钟，而教案提交内容是 50 分钟内容，所以需要从教案中选择出适合教学演示的 20 分钟内容，充分展示教学重点，体现一定深度和广度。这也是青年教师教学基本功中对课堂教学掌控能力的体现。这 20 分钟的内容需要一个完整的“三段式”结构，即问题提出、问题分析与结论应用。如果用一条鱼作比，“鱼头”“中段”“鱼尾”都需要挖掘和提炼“教学创新点”，尤其要在“中段”出新，就必须要突出研究的思想方法。这是评判青年教师对课程总结凝练能力高低的一个重要因素。

（4）重视赛前准备工作

比赛前的准备工作要做到严谨细致。首先，因为比赛的前一天，要到比赛现场拷贝与调试课件，所以，所有选手都有机会到实际比赛的教室感受真实比赛环境。这期间要关注的问题有：讲台的位置和高度。自己身高与黑板高度的相对位置，投影屏幕的位置和高度，板书设计在何处位置展示，评委专家的位置，自己授课的最佳站位等。其次，课件的拷贝调试要认真仔细，从第一页一直演示到最后一页，仔细查看和先前的正常运行状态是否有差异（很多时候因为软件版本不同或者控件差异会造成展示有所变化），若有差异，及时作出修改和调试，直到满意为止。为了防止意外，应该在U盘做一个备份，且第二天比赛时带到现场备用。

（5）重视比赛心态调整

学会保持良好的心理状态，在比赛中才不会紧张，临场才发挥得好。这就需要不断地去磨炼，赛前一定要做好充分的准备。比赛当天的状态应该是从容淡定，成竹在胸。这种比赛的氛围给人的感觉是视听效果的冲击比平时授课更强烈一些，但评委肯定不希望看到一个过于夸张状态的老师授课，这就要求选手讲授时既要富有激情又要娓娓道来，注意语言的轻重缓急、准确凝练、清晰流畅并配合适度的肢体语言和面部表情，方能彰显演讲者的必胜信心。

三、师德素养提升

1. 将立德树人的思想贯穿教学中

习总书记指出“所有课堂都有育人功能，各门课都要守好一段渠、种好责任田”。把课上好，是对一个老师的最低要求，但同时也是最高要求。“爱是教育的基础”，去爱自己的学生，以情动人，移情于听课者，引起共鸣，激发学生的求知欲从而达到教学的目的。青年教师是高校教育教学发展的灵魂和未来，通过努力学习，修身正己，逐步成为塑造学生品格、品行、品位的“大先生”。

2. 将前辈教师无私奉献的精神传承下去

在备赛过程中，多位专家老师都给予了我全力的指导和无私的帮助。特别是作为我的指导教师的孙玉秋和刘秀伟两位老师，她们不仅在教学内容和教学方法上给予我很多的建议和帮助，更通过言传身教使我明白了参赛的意义：不仅仅是提升教学能力的机会，更是一次自我价值实现、充满意义的挑战，应该以谦虚的态度博采众长，将先进的教学方法和优秀的品格融入对学生的培养中。居里夫人曾经说过，“把责任倾注在教育上，用奉献去追逐教育的梦想”，深深感染我的正是两位指导老师身上所体现的这种奉献精神。

四、结束语

北京市高校青年教师教学基本功比赛为广大青年教师提供一个展示自我、实现价值的平台。青年教师教学基本功的提高是一个需要长期的、坚持不懈地学习并实践的循环过程。从把握教学内容到驾驭教学课堂，从锤炼教学语言到巧用教学方法，从营造教学情境到培养创新能力，各个方面都需要青年教师不断拓宽教学视野，专注于教学的各个环节。教学比赛比的是教学效果，比的是教师的综合实力，虽然有先天因素，但更重要的是后天努力，青年教师要把新的教学理念、教学思想、方法融入每一节课堂教学中，使教学基本功和教学理念形成统一整体，达到切实提高课堂教学质量的目标。

参考文献：

[1] 刘淑春. 论高校青年教师教学基本功比赛[J]. 中国林业教育, 2015.

[2] 易金务. 略论课堂教学基本功[J]. 高等教育研究学报, 2011.

论新时期高校教师职业修养

王　艳

（北京印刷学院　外语部　北京　102600）

摘要：论文从传道、授业、解惑三个教师的传统角色入手，分析阐述了高校教师在新时期新形势下的工作职责和职业操守。结合长征精神，论文认为新时期的高校教师更应该注重提高自身的创新能力，保持积极的进取精神；平等对待学生，因材施教；因势利导，努力提高个人科研水平和职业修养。

关键词：长征精神；高校教师；职业修养

“山，快马加鞭未下鞍。惊回首，离天三尺三。山，倒海翻江卷巨澜。奔腾急，万马战犹酣。山，刺破青天锷未残。天欲堕，赖以拄其间。”这是毛主席于长征途中写下的十六字令三首，似乎这一瞬间，分明能够听到耳旁呼啸的风声、看到渐行渐远的山色。其实，作者当初的境况是不容乐观的，随着第五次反围剿失利，是大纵深的战略转移，前有崇山峻岭，后有几路追兵，部队快速行进，所以当作者跃马跨过山巅，转头回望时，惊觉已处高处，好像离天已经很近了。但我们没有感受到作品中表现出任何绝望和恐惧，给我们最大的感受，却是极度雄奇和大胆的想象力、博大的胸怀、宏伟的抱负、超凡的品格和必胜的信心。革命胜利几十年后，女儿邓楠曾问过邓小平：“长征的时候，你都干了些什么工作？”邓小平用他那一贯的简明方式回答女儿说：“跟着走！”

同一个长征，不同的两个伟人，分别回答了在革命遭受重大挫折、前途不明时对革命前途和命运的看法，用当今流行语来说，就是不抛弃、不放弃，坚信革命必然成功，坚守心中不灭理想，持之以恒，终获胜利。作为和平年代的高校教师，我的理想就是坚守教育之道，提高个人职业修养，在三尺讲台，做“四有”教师，传道、授业、解惑。

一、传道

传道是古人的提法，在现代教育中仍具有借鉴意义。在十五年的教育生涯中，我也在悟求什么是教育之道和如何传道。道是贯穿在终身教育过程中对良知的追求、对创新的激励、对进取的保持。每个人从小都在接受教育，日积月累中，遗忘和记忆相互交织，但是能够形成终身记忆的知识，只占教师传授总数的一少部分，从功利主义上看，似乎这种教育的无效成分很大，实则教育本身的意义，在于良性习惯的培养、重复和固化，形成正确的价值观，得以终身受用。在分工日益精细化的现代社会，每个人都是庞大社会机器的不可或缺的零件，扮演着各自不同的角色。社会运行是需要成本的，而和谐、融洽的社会关系，就像润滑油一样给社会运行减轻阻力。良好的待人、处事习惯的形成和良知的追求，教育无疑提供了最主要的动因。

创新是一个民族进步的灵魂，是一个国家兴旺发达的不竭动力，在现阶段经济转型升级的关键时期，国际竞争力是人才、技术、资金、制度的综合体现，起主导作用的就是人才的竞争。传统教育强调守纪律、不逾矩，随着新技术产业革命的发展，旧有的教育体系不能够完全跟得上形势的发展，唯有创新性人才能够把握机会勇往直前。于是，鼓励学生在接受大学教育期间，敢于创新、勇于创新，是一名高校教师应该具备的素质。大学教育阶段不可能给每个学生提供很好的硬件条件开展技术研发，重要的是教师应该启发学生学会独立思考，而不是人云亦云。

进取的状态表现在良好的精神状态、百折不挠的恒心和持之以恒的学习。很多毕业生在离开校园时，相互之间学业成绩没有区别，但进入社会若干年后，表现的差异却很大。其中，能够始终保持学习能力的学生，在社会上的适应性更强，体现出韧劲十足。保持学习能力，是教育本身追求的目标之一。

传道，是传播一种精神，塑造良好品质，培养出一个有钱的学生的意义要远小于培养出一个有道德的学生，真正的社会发展进步是集体力量的推动，每个人都有自己的价值，整合起来的力量就是社会进步的动力。

二、授业

授业是教授学生应当掌握的知识体系，达到内化于心。这个过程，教师熟悉业务是前提，学生认真学习是基础，因材施教是关键。

大学英语是一门必修课，很多刚踏入大学校门的学生往往还套用高中阶段的学习方法，造成各种被动局面。中学阶段那种大量时间专门复习、教师检查家长督促的局面已经没有了，平衡专业课和基础课之间的矛盾需要学生自主把握，全面平衡。在这种形势下，教师的专业素质应该起到调节作用，细心备课精心准备，对教材、课程、课堂、课文、作业做到全面把握，精心布置。用赞扬发现优点，用赞许肯定优点，教师不经意的一句话，可能会激励学生一辈子。做到教学形式多样化，学生喜闻乐见不容易，使学生能够体会到教师授课的功力高下，始终保持对教学的热爱和对学生的关心，是我十五年来的做法，做有心之师，走进学生心灵，坚持下去，学生是会体会到教师的良苦用心的。

学生在课堂上的学习气氛是可以相互感染的，教师不可能让所有学生都激情满满，但是绝对可以总体上把握学生情绪、掌控课堂气氛，这也是教学艺术的体现。大学阶段的学习，是自发的，也是自觉的，在这种环境下保持良好的学习习惯，会终生受用。真正受尊敬的教师，是敬业奉献的教师，是热爱学生的教师，是帮助、促进学生全面发展的教师。教学相长、有教无类，良好的互动氛围一旦建立起来，就会自发地生长、发展、壮大，在这种氛围中的学生和教师，是快乐的也是幸运的。

教师的眼中应该没有差生，只有差异，实施有差异的教育，实现有差异的发展。有的只是尚未被发现优点的学生。作为教育工作者，应该公平、公正地对待每一名学生，为他们的成长进步感到骄傲和自豪，对他们的不足和过失及时加以补足和矫正。尊重每一名学生的特性的前提是发现他们的特性，以及不同学生之间的差异性。尊重特性和差异，是因材施教的前提。教师应该根据学生个体的能力、水平给予他们最合适的教育。教师应该多从学生角度出发，换位思考，对于英语教学来说，东部地区的学生和西部地区的学生在词汇量上有区别，南方的学生和北方的学生在发音上也有不同，教师要细心体会和揣摩这些差别，在授课中加以纠正，使学生不断提高和进步。

三、解惑

在校大学生无论在学业上还是在生活中，都会遇到很多困惑，有些人能够排解，有些人选择逃避，还有些人积聚在心里。教师应当及时觉察学生的状态，在力所能及的范围内有针对性地答疑解惑。但对于高等教育而言，解惑不是简单地解答问题和教给学生具体答案，而应该是培养学生发现问题、分析问题和解决问题的能力。现实生活中，很多教师将解惑看成是我问你答或者你问我答式的有问必答，甚至以为提问就是启发式教学，实在谬误。子曰：“不愤不启，不悱不发，举一隅不以三隅反，则不复也。”愤就是形容经过苦苦的思考，但还是想不通的情形。悱就是有了自己的见解，但是找不到一个恰当的表达。从一定意义上讲，愤与悱就是惑。甚至可以说，一个是知识上的惑，一个是能力上的惑。孔子认为，此时解惑才是启发式教学，而且学生对类似的问题能够做到举一反三。提问或解答，提问未必就是解惑，讲授也未必不是解惑。解惑是适时适度的点拨，而不是包办学生提出的问题，不是简单地告诉学生现成的答案，更不是代替学生思考问题。解惑的过程是由教师和学生共同完成的，而且学生是主体，教师只起辅助作用。

所谓的惑究竟是学生主动提出的问题，还是教师事先设计的问题？相对而言，学生自己发现的问题，比教师硬塞给的所谓“疑惑”更有含金量。解惑最能体现教师水平，在恰当的时机启发学生主动发现问题、提出问题并列举解决问题的方法，需要教师在授课中能够敏锐地察觉到学生的情绪和状态，并能够激发和保持这种状态。合理的课程设计和积极的课堂调节，能够使教师锤炼授课艺术，提升业务水平。

2014 年教师节期间，习近平总书记访问北京师范大学，与教职员工座谈时提出做好老师的四项具体要求：“要有理想信念，要有道德情操，要有扎实学识，要有仁爱之心。”总书记的提法既全面又科学，为我们教育工作者指明了奋斗目标。今年纪念长征胜利八十周年，给我们的启示，是不忘初心坚持到底去夺取胜利。对我来说，甘守三尺讲台，就是对理想信念的坚守，对教育事业的热爱，对人生价值的追求，我会继续在这条漫漫长路上，陪伴学生一同成长、成才，唯其如此，我们才能不愧于做一名党和人民满意的教师。

参考文献：

[1] 张忠华, 桑瑜. 对大学青年教师职业道德研究的反思[J]. 高校教育管理, 2012(5).

[2] 吴祝平. 试论解惑以及职业教育中的解惑[J]. 黄冈职业技术学院学报, 2010(4).

[3] 周利华. 高校教师职业道德修养[J]. 新教育时代电子杂志: 教师版, 2015(1).

浅谈高校辅导员师德建设

王馨悦

（北京印刷学院　设计艺术学院　北京　102600）

摘要：随着高等教育的日渐普及，高校辅导员作为学生思想政治教育和管理工作的组织者、实施者和指导者，高校辅导员师德建设占据重要位置。但是师德建设中也显现出系列问题，如政治理论素养有待提高、岗位责任意识有待增强、综合业务能力有待提升、模范引导作用有待强化等。针对显现的师德问题结合自身实践提出了以德育人、以学育人、以爱育人等几点有效建议。

关键词：高校辅导员；师德建设；高等教育；思想政治教育

古人云：师者，人之楷模；德者，师之灵魂。自古以来，教师被奉为“人类灵魂的工程师”，也被誉为“天底下最阳光的职业”。习近平总书记指出，时至今日，科技进步日新月异，国际竞争日趋激烈，人才越来越成为推动经济社会发展的战略性资源，两个百年目标和中华民族伟大复兴中国梦的实现，归根到底靠人才、靠教育。高等教育是教育事业的高端和龙头，高等教育学校是培养人才的摇篮，高等教育学校教师是培养人才的主力军，加强高校教师师德建设对于培养德智体全面发展的社会主义合格建设者和可靠接班人具有重要的战略意义和现实意义。

中共“中央16号文件”指出：高校辅导员是普通高等学校教师队伍和管理队伍的重要组成部分，是高校学生思想政治教育和管理工作的组织者、实施者和指导者。辅导员师德建设在高校师德建设中占据重要的位置，关系到学生的健康成长和学校的稳定发展。高校辅导员的师德与高校普通教师相比，既有共性，又有其特殊性。共性表现在：一是无私奉献，甘为人梯；二是忠于事业，热爱学生；三是为人师表，教书育人；四是求真务实，不断创新。其特殊性表现在：一是政治性。辅导员从事思想政治教育工作，要求辅导员政治坚定，具有较高的思想政治素养。二是引导性。要求辅导员在实际工作当中要正确引导学生成长、成才。

三是模范性。要求辅导员注意言行举止，成为广大学生学习的表率。

当前，辅导员师德状况从总体上呈现积极、健康、向上的态势，大多数辅导员队伍政治坚定，理想远大，作风严谨，具有较强的责任意识和奉献精神，对学生关爱有加，对工作勤勤恳恳，尽到了教师的职责。但值得注意的是，师德建设中的一些问题也日渐显现，具体表现在以下四个方面：

一是政治理论素养有待进一步提高。客观原因上，由于辅导员忙于大量的事务性工作，难以保证有充分的时间投入政治理论学习。主观原因上，一些辅导员来源于其他非思想政治教育专业，在政治理论的基础方面较为薄弱；有的辅导员自身忽视了对政治理论的学习，片面认为政治理论务虚，对实际工作的指导性有限；也有一些辅导员认为自身的工作经验能够解决学生存在的实际问题，而无须坚持理论学习。实际上，随着我国进入转型期，在社会思潮多样、价值观多元的情况下，尤其是在涉及重大原则问题和立场问题时，政治理论素养的不足难以全面客观地向高校大学生说明和解释，辅导员也就难以获得学生的认可和信任。

二是岗位责任意识有待进一步增强。随着高等院校的不断扩招，在一定程度上造成高校教师与学生的比例严重失调，“中央 16 号文件”明确指出辅导员与学生的比例为 1∶200，但是在现实中大多数高校辅导员至少要管理 300 多名学生，辅导员的日常工作纷繁复杂，对做好学生的思想政治工作造成一定难度。另外，对于辅导员来说，主观上没有真正意识到辅导员工作职责所在，认为自己是学生的“保姆”，帮助学生解决一些事务性问题就是自己的职责所系，而对于如何促进学生成长成才方面没有过多关注。高校的根本任务是立德树人，辅导员作为高校教师，树人是其中一个很重要的岗位责任，而树人又涵盖思想、能力、素质等多个层面。由此可见，辅导员的岗位责任重大且神圣，对岗位责任的认识要从“保姆意识”中脱离出来，转变为为学生成长成才服务的“育人意识”。

三是综合业务能力有待进一步提升。辅导员岗位要求具有教育学和心理学知识，熟悉教育政策和法规，同时具备较强的管理能力，较好的语言文字表达能力，并且善于做思想政治工作。当前，从事辅导员工作的大学毕业生来自不同的专业背景，管理的学生与自身所学专业也不尽相同，在日常的心理健康、职业规划和专业教育中，普遍意识到专业能力不足，尤其对于刚入职的辅导员，在面临多种多样，纷繁复杂的学生问题时，往往感到无从下手，缺乏专业教育知识的支撑，担心自身的做法不利于问题的解决，反而会加剧问题的复杂程度，可能会失去学生的支持和信任，辅导员自身也会感到泄气。因此，辅导员要不断加强综合业务能力的学习，不断积累和总结良好经验，为解决不同难度的现实问题打下坚实基础。

四是模范引领作用有待进一步强化。辅导员是高校中与学生接触最为密切的教师之一，辅导员的言行举止时刻影响着身边的学生，有些辅导员在与学生接触中没有注意到自己的言行举止，将工作中的坏情绪和负能量传递给学生，比如，抱怨对工作环境和待遇的不满；又如，要求学生做到的事情，自己却失信于人，引发学生的反感，辅导员的模范引领作用没有充分发挥。

在高校德育工作当中，辅导员发挥重要的引领示范作用。育人必先自育，辅导员自身如何加强师德建设，促进学生成长成才，结合本人辅导员工作，提出以下几点建议。

1. 在加强师德修养上下功夫实现以德育人

岳飞有言：正己而后可以正物，自治而后可以治人。大学教师的重要职能不囿于传授知识技能，更重要的在于对学生思想、行为、价值观的引导。辅导员作为高等学校思想政治教育的重要力量，这就要求辅导员必须加强师德修养，提升人格品质，恪守道德规范，在日常工作当中率先垂范、以身作则，自觉坚守精神家园、坚守人格底线，带头弘扬社会主义道德和中华传统美德，积极培育和践行社会主义核心价值观，以自己的模范行为影响和带动学生，引导和帮助学生把握好人生方向。在涉及学生切身利益的评奖、评优和入党问题上，更是要坚持公平公正的原则，实事求是和全面客观地评判学生，绝不能因为跟某个学生或学生家长关系好，在这些问题上出现倾斜，会引起其他同学的反感。在解决人际关系和宿舍关系等敏感问题时，要坚持实事求是，公正无私的基本原则，全面客观地了解问题、分析问题和解决问题，弘扬清风正气，摒弃歪风邪气，不断总结和反思自身的不足，成为学生的表率和榜样，实现以德育人。

2. 在提升业务水平上勤学习实现以学育人

习近平指出，打铁还需自身硬。辅导员要成为学生的人生导师，提高自身素质势在必行。思想政治工作集政治性、理论性、实践性于一体，同时高校大学生处于一个价值观多元的社会环境中，各种思潮充斥其中，有些大学生集体意识淡薄，功利思想浓厚，学习态度散漫，大学生思想出现困惑或混乱，对辅导员开展思想政治教育构成了挑战。机遇与挑战并存，这就要求辅导员以强烈的历史使命感，从学习理论知识入手，在提升政治素养和理论水平上下功夫，通过学习党的路线、方针和政策，学习良好的工作经验并加以运用，切实把握学生思想脉搏，切实解决学生实际问题。另外，除了在思想政治工作中坚持学习之外，在奖助贷、心理、组织管理等常规工作当中，辅导员也要认真学习业务知识，掌握工作技能。此外，随着新媒体的兴起，大学生群体倾向在新媒体平台表达意见和交流思想，这就要求辅导员学习新媒体的特点，以新媒体的话语方式同大学生进行互动交流，将线上和线下两种交流方式结合起来，促进师生之间的相互理解和信任。时代在发展，思想在进步，辅导员唯有紧跟学习步伐，不断充实自身的知识库，才能实现以学育人。

3. *在关爱学生成长上用心力实现以爱育人*

辅导员在学生工作当中必须要坚持以人为本，以人为本就是要关心、关爱和关注每一个学生，这就需要辅导员在实际工作当中要有“四心”。首先是爱心。大学生离开父母，告别家园，只身一人来到大学这个陌生的环境，更加需要爱的关怀、滋润和温暖。爱心是辅导员开展学生工作的前提和基础，对学生施之以爱，动之以情，尤其对于家庭贫困和单亲的学生，应多给予关爱，在学习、生活和实践方面给予鼓励、支持和引导，帮助他们树立求学和生活的信心，直面现实中的困难和不幸，提升他们的抗压能力。其次是责任心。辅导员的日常工作千头万绪，纷繁复杂，但学生工作无小事，有些工作与学生利益密切相关，稍微不慎就可能造成学生利益损失，这就要求辅导员要有责任心。再次是细心。学生中的一些问题可能不会向辅导员汇报，但是问题一旦长时间得不到解决，就容易引发大问题，如宿舍关系和贫困生心理问题。针对这些问题，辅导员就要通过眼睛和耳朵细心地了解、发现学生中的实际困难并加以解决，为学生健康成长保驾护航，比如，了解到某同学经常不去上课而在宿舍，这种情况就要及时前往宿舍了解情况，同时向其他同学询问，防止意外事件的发生。最后是耐心。辅导员工作烦琐而又突然，需要我们在面向学生处理问题时做到平心静气，耐心细致地了解情况，把控自己的情绪，顺利地解决问题。

三寸粉笔，三尺讲台系国运；一颗丹心，一生秉烛铸民魂。作为高校辅导员，承载着加强大学生思想政治教育的光荣使命，承担着圆就育才梦的艰巨任务，机遇与挑战并存，光明与希望同在。铸高尚师德，圆育才梦想是高校辅导员矢志不渝的奋斗目标，无论是师德认识的提升，师德情感的陶冶，还是师德行为的养成，都需要“玉汝于成”的过程，这要求我们在艰辛而漫长的育人生涯中砥砺前行，增长才干，努力成为一名师德高尚、作风优良、业务精湛的高校教师。

培养大学生科学素养的探讨

刘博文

（北京印刷学院　基础部　北京　102600）

摘要：在环境与化学选修课课程教学中，通过模块化、多种形式的教学活动，利用观看相关内容视频、师生研讨及学生各种实践活动，采取传统教师讲授、翻转课堂等多种教学模式，提高学生的科学素养，加深大学生对科学的理解、增强社会责任感。

关键词：大学生；科学素养；翻转课堂

公众的科学素养在世界范围内成为公众科学教育和文化教育中的主要组成部分，也决定了这个国家能否能够持续发展。到了21世纪，无论社会还是个人想要成功地发展，全民及个人的科学素养至关重要。在美国2061计划《面向全体美国人的科学》报告中指出，一个具有科学素养的公民，应该“了解科学、技术和数学是具有推动力量和局限性的独立的事业，理解科学重要的概念和原理，熟悉自然界并承认其多样性和统一性，并能够运用科学知识和科学思维方式处理个人和社会的问题”。

每一次重大的科学发现会对人类的世界观及社会发展产生巨大影响，也会引起人与自然、人与社会关系的思考。大学生是一群特殊的社会群体，提高大学生科学素养对全面落实科教兴国战略和人才强国战略，提高综合国力的竞争产生重要影响。我校开设的环境与化学全院选修课程是科学通识教育课程，通过对本门课程的教学内容、教学活动等的探究，加强大学生的科学素养。

一、大学生应该具备的科学素养

科学教育的总目标是培养具有科学素养的人。由于对科学素养的理解不同，科学教育课程结构的不同，在制定科学教育的具体的可操作的目标方面存在着差异。中央教科所比较教育中心的王素在“科学素养与科学教育目标比较”一文中将科学素养归纳为4个核心：（1）科学技术的理解（包括理解科学技术的性质、概念、原理、过程）；（2）对科学、技术、社会三者关系的理解；（3）科学的精神和态度；（4）运用科学技术解决日常生活及社会的能力（包括运用科学方法的能力，判断和决策的能力，与他人交流的能力，自我补充和继续学习的能力）。

二、课程教学内容的模块化

从系统性加强学生对科学技术的认知，从现代生活环境中凸显的问题出发，我院为各专业学生开设的选修通识基础课程“环境与化学”，这门课程采用了六个模块的教学内容：“环境基础知识”“大气污染与防治化学”“水环境与化学”“土壤污染与防治”“环境保护与可持续发展”“可持续发展战略和政策”。下面对六个模块内容作简要介绍。

模块一：环境基础知识

本模块主要介绍环境与生态平衡；环境污染特征及危害的基本知识。

模块二：大气污染与防治化学

当清新的空气、洁净的水源、蓝色的天空都成为民众的奢望之时，环境污染问题成为人们心中不可抹去的伤痛。本模块介绍自然的和人为的两大类大气污染源，以污染起因为导线，通过对烟雾、酸雨、室温效应、臭氧层、沙尘暴等大气污染及防治的介绍，唤起大学生的社会责任感。

模块三：水环境与化学

介绍水是地球生命体赖以生存的重要资源，随着人类肆意地破坏淡水资源、海洋资源，水环境面临着多方面压力，控制水域污染，利用科学手段改善水环境已经刻不容缓。

模块四：土壤污染与防治

人类赖以生存的地壤质量好坏对人类生命健康与安全和整个社会的稳定与发展具有战略性意义。简单介绍重金属污染、农药化肥过度施用的污染、固体废弃物污染及土壤沙漠化。国发〔2016〕31号下发了国务院关于印发土壤污染防治行动计划的通知，以改善土壤环境质量为核心，以保障农产品质量和人居环境安全为出发点，坚持预防为主、保护优先、风险管控，突出重点区域、行业和污染物，实施分类别、分用途、分阶段治理，严控新增污染、逐步减少存量，形成政府主导、企业担责、公众参与、社会监督的土壤污染防治体系，促进土壤资源永续利用，为建设“蓝天常在、青山常在、绿水常在”的美丽中国而奋斗。

模块五：环境保护与可持续发展

通过对大气污染、水污染、土壤污染的介绍，让人类意识到：一味追求经济产值的发展使我们赖以生存的地球以及建立在资源废墟上的文明正面临着危难。环境问题是伴随着人类社会产生并不断发展起来的，随着生产力的提高，环境问题正由小范围、低程度演变为不容忽视的全球性危害。作为当代大学生应该把环境保护作为社会人的责任，增强人与自然和谐相处的意识。

模块六：可持续发展战略和政策

任何一个国家要增强本国的综合国力，都无法回避科技、经济、资源、生态环境同社会的协调与整合。经济发展、保护资源和保护生态环境协调一致，让子孙后代能够享受充分的资源和良好的资源环境是可持续发展的核心思想 。本模块介绍各国根据本国的情况，制定各自的可持续发展战略、计划和对策。

三、大学生科学素养培养的几点教学策略

1. 采用翻转课堂教学模式教学

翻转课堂模式教学国内自 2011 年以来进行了大量的尝试和研究，通过各类相关文献研究发现此教学模式是对传统课堂教学进行了很好的补充，是一种新型的教学模式，对高校教学效果起到积极的促进作用，效果显著。在翻转课堂这种教学模式下，教师不再占用课堂的时间来讲授信息，这些信息需要学生在课后完成自主学习，教师在课堂上也能有更多的时间与学生交流，故此，在课程开始之时，为了更好地开拓学生的视野、知识，加深环境对人类可持续发展的影响的认知，教师向学生介绍一些与科技相关的网站，例如：

（1）中华环保联合会网站：http://www. acef. com. cn

（2）网易公开课

学生可以在课外通过在线免费观看来自国内外高校知名学府的教授讲授的727门相关课程，内容涵盖环境、生态等各领域，其中有多集配有中文字幕。例如，普林斯顿大学公开课“能源和环境”，清华大学公开课“环境保护与可持续发展”，吉林大学公开课“环境、饮水与健康”，TED 的“风险投资放眼绿色

科技拯救环境”，河海大学公开课“当今环境热点问题”。这些视频大大开拓了学生的视野。

学生在课下看完相关内容后，教师在课上就相关问题和同学讨论，学生经过系列活动加深对科学、技术、社会三者关系的理解。

2. 小组协作进行专题讨论

在开课的前两周，教师要求学生自愿结合成 2~3 人的小组若干，每个小组就环境污染感兴趣的相关问题进行研讨。利用 4~6 周时间通过各种渠道如网络、图书、电视等，收集资料，小组成员经过讨论协商确定研究的具体内容，将所查阅的资料进行整合制作 PPT，在第 12~13 周派一位代表到课堂发言。通过这种方式实现了资源共享，锻炼了学生制作 PPT 的能力；语言表述能力及小组合作能力，收到了很好的教学效果。在查阅资料的过程中学生能更加深刻感受人类赖以生存的环境如今面临着巨大的危机，自然在心中产生了警觉和对社会的良知，在整个任务完成的过程中增强了学生的社会责任感，同学之间多了相互关心，在获取知识和多种技能上加强了交流学习。

3. 开展环境保护知识竞赛活动

作为 21 世纪的大学生，未来国家建设的栋梁，更应该提高环保意识，增强环保理念，为保护环境贡献自己的力量。竞赛活动旨在进一步提高广大大学生对环境资源的重要性和面临的污染问题的认识，号召广大大学生保护环境。通过竞赛提高学习兴趣，增长知识，培养科技创新的精神，并在比赛中培养学生的团队协作能力。

在举行竞赛活动之前，教师根据课程的安排及学生的具体情况，提前做好竞赛方案，如比赛时间、试题收集及筛选（分必答题及抢答题两类）、评委团队、竞赛规则（比赛结果的成绩作为学生小组共同的平时成绩）；参赛组由学生自由组合，5~6 人一组，提前给出竞赛内容的大致范围供学生通过各种渠道查询，做好赛前准备。

四、结束语

环境与化学课程是我校为各类专业开设的一门通识选修课程，通过在教学过程中的不断探索，将课程分为六个模块教学内容，通过对部分内容采取翻转课堂教学模式，学生小组专题研讨及开展环境保护知识竞赛活动，加强了学生自主学习的积极性，通过小组协作专题讨论，加强了学生小组的合作共享精神；通过科技知识竞答活动加强了学生对课程的参与度。对科学、技术、社会三者关系有了更深刻的理解，认识到作为大学生应该利用自己学过的知识，一方面深化有关环保的知识和意识；另一方面应该加入环保知识的宣传普及，从我做起，从小事做起，以环境保护为己任，积极参与其中，增强社会责任心，为国家的可持续发展尽微薄之力。

参考文献：

[1] 美国科学促进协会著. 面向全体美国人的科学(2061计划丛书)[M]. 中国科学技术协会译, 北京: 科普出版社, 2001.

[2] 张一川, 钱扬义. 国内外“微课”资源建设与应用进展[J]. 远程教育杂志, 2013(6): 26-33.

本成果受北京印刷学院校级科研、教学团队培养办法（项目号 22150116006/013）和 2017 年校级教改项目（翻转课堂在“应用化学”课程中的实践探索：项目号 22150117056）的资助。

教育教学改革与实践篇

基于项目驱动的案例教学方法的应用研究

杨树林[a]　胡洁萍[b]

(a 北京印刷学院　信息工程学院　北京　102600)

(b 北京印刷学院　基础部　北京　102600)

摘要： 基于项目驱动的案例教学可以有效地解决计算机专业应用技术类课程所面临的知识教学与能力培养脱节的问题。本文结合 Java 程序设计课程，对基于项目驱动的案例并针对这类课程案例教学的有关问题进行研究与探索，给出了教学内容、案例及教学方法的设计方案。

关键词： 案例教学；项目驱动；内容设计；案例设计；教学方法

案例教学是在学生掌握了有关基本知识和分析技术的基础上，在教师的精心策划和指导下，根据教学目的和教学内容的要求，运用典型案例，培养学生分析和解决某一具体问题的能力的教学方式。基于项目驱动的案例教学是案例教学模式的拓展和延伸，是将教学过程和具体的工程项目充分地融为一体，围绕具体的工程项目构建教学内容体系，从项目出发设计教学案例，强调对学生应用能力和专业素质的培养。本文结合 Java 语言程序设计课程，对基于项目驱动的案例教学方法进行应用研究。

一、教学内容设计

偏重于科学知识的内容组织，强调内容的系统性和完整性，但由于内容讲解较烦琐，细节知识讲解过多，重点无法突出，对知识的应用介绍和示范不足，无法很好地培养学生应用能力。偏重于技术性的内容组织，过分强调设计能力，过分强调技术应用，知识讲解不够系统，难度偏大，不适合教学。采用基于项目驱动的案例教学方法设计知识内容，力求找到一种知识和能力培养的结合点，可以较好地解决上述问题。

1. 精选教学内容

案例教学需基于教学目标的要求和实际应用的需要选取教学内容，教学内容既要涵盖课程目标所要求的必备知识，又不能过多和过细，要精选、精讲，突出重点，才能留有余地渗透案例。以Java GUI程序设计为例，可讲的知识内容很多，不可能都纳入教学内容。把重点集中在使学生掌握图形界面程序的基本原理，掌握事件处理机制，掌握菜单、工具栏、对话框及常用组件的使用，留出余地之后就可以融入两个教学案例：图形软件和学生管理系统，从而可使学生更好地应用这些知识。学生掌握了主要的知识之后，再通过课外引导进行扩展学习。

2. 基于两条线索组织教学内容

两条线索是指知识的逻辑线索和知识的应用线索。逻辑线索是指知识内容的组织要遵循知识内在的逻辑关系。以Java程序设计为例，线程知识放在网络编程之后讲解就是不正确的，因为，网络编程要用到线程的知识。应用线索是指知识内容的组织兼顾软件的设计过程，这样便于将具有关联性和递进性的案例引入教学内容中，培养学生综合应用能力和设计。例如，图形软件案例可以分解成三个主要的设计过程：类的设计、界面设计和编码实现。可在第三章面向对象程序设计中先完成图形类的设计，再在第五章GUI程序设计中完成界面设计及编码实现。第五章开始完成设计界面，既可以与前面的案例衔接，继续完成整个项目，又可以应用GUI程序设计的基本原理知识。之后，在事件处理一节中再进一步完成编码实现，案例不断递进，最终实现软件的设计。知识学习和项目设计同步推进，相辅相成，案例相互关联，与知识结合紧密，既利于知识的学习，也利于学生理解知识的应用场景，培养设计能力。

3. 注意引进新技术和新方法

Java属于应用技术类课程，跟踪Java新发展，注意适应市场需求，及时引进新内容，才能使得学生的能力培养更符合人才市场的要求。例如，在教学内容中引入可变参数、枚举等知识；强调集合的应用；渗透了一些新思想，如MVC设计模式、面向接口编程；使用新的开发；配备企业面试常用的、具有训练价值的课后题。

二、案例设计

基于项目驱动的案例教学，强调在知识教学的过程中引导项目设计，培养学生综合应用知识的能力。教学中的案例项目是从具有实际意义的应用项目中整理出来的、便于教学和学习使用的实例。案例项目与实际应用项目有所不同，它是由实际应用项目简化而来，和实际应用项目具有相近的设计目标、设计规范和设计过程，包含了实际应用项目所用到的主要技术。实际应用项目的规模一般较大，考虑得更为周全，不仅包含主要的功能，还包含辅助性的功能，直接作为教学案例往往过于烦琐，难度也过大。要选择合适的应用项目作为教学中的案例项目，并且经过一定简化和凝练。在选择和设计项目案例时注意以下几点：

（1）案例要有目的性，案例是为教学目的服务的，案例必须围绕教学目的展开。应注意以知识线索设计案例，有明确的目的和要求，使案例具有很强的针对性。

（2）案例要有综合性，有一定综合性的项目才可能体现一定的设计过程，覆盖更多的知识点，训练价值才更大。但案例又不能过大过难，过大过难学生无法掌握，也会影响知识的学习。

（3）案例要有典型性，要选取有实用价值和示范作用的典型案例，能体现主要知识的应用，能够包含市场中常用的技术，同时易于学生理解。

（4）案例要有关联性，案例之间不仅在知识上存在联系，而且在应用上也存在联系，即相对独立的案例可以组成一个有机整体。将大的案例分解后穿插到知识中，分解后的案例既体现所在知识点的应用，也具有关联性，多个案例相互关联、逐步递进。

（5）案例具有引导性，案例中要强调一些技术要点，要有必要的注释和分析，能够对学生的学习和知识的应用起到指导作用，此外，每个案例应留有思考的余地，能够引导学生进一步地学习，从而获得扩展性的知识。

表 1 是 Java 程序设计案例教程（第 3 版）（清华大学出版社 2016）部分案例及其覆盖的知识点。

表 1　部分案例及其覆盖的知识点

项目	分解的案例	覆盖的知识点
银行账户管理	案例 3-1 银行账户类（Account）	类的定义、建立对象，构造方法，属性方法
	案例 3-2 为银行账户类增加功能	类变量、类方法、随机函数
	案例 3-3 完善银行账户类	继承、方法覆盖，多态性
	案例 8-3 取款和存款	线程同步

续表

项目	分解的案例	覆盖的知识点
绘图软件	案例 3-4 为绘图软件设计一组图形类	接口、抽象类、继承、多态性、绘图知识
	案例 5-1 设计绘图软件界面	窗口、布局、常用组件
	案例 5-2 实现绘图软件	事件处理
	案例 7-3 为绘图软件增加保存和打开功能	文件操作、对象流
学生管理系统	案例 6-1 学生管理系统数据库设计	创建 MySQL 数据库
	案例 6-2 按 MVC 模式设计学生管理系统	数据库连接，MVC 模式，类，接口
	案例 6-3 实现对学生数据的查询	使用 JDBC 进行数据库查询
	案例 6-4 实现对学生数据的管理	使用 JDBC 进行数据更新
	案例 6-5 使用存储过程查询学生成绩	使用存储过程
	案例 8-1 为学生管理系统增加启动界面和状态时钟	线程

三、教学方法设计

案例教学模式强调寓能力培养于知识教学，通过启发引导、要点精讲、案例示范、知识总结、实践强化、引导扩展、指导创新使学生经历产生兴趣、了解思路、理解体验、参与讨论、实践尝试、研究提高、探索创新等过程，进行主动学习。这种教学方法，以案例教材、案例学习软件为工具，以学习资源、交互平台、实践辅助的网络教学系统为支撑，以课外活动、竞赛活动、科技项目为强化措施，来提高教学效果。

（1）启发引导，这一个过程，主要通过设问、实例分析、联想引导学生，创设真实的问题情景或学习环境，使学生“身临其境”，以诱发他们主动进行探索与解决问题的兴趣。

（2）要点精讲，精练地介绍技术要点，使学生清楚本部分的要点内容，初步了解知识的概貌和问题解决的思路，以节省出时间讲解案例。

（3）案例示范，案例设计和讲解十分重要，每个案例要有功能介绍，界面，技术要点，程序实现，相关知识及扩展应用。要通过多媒体真实演示案例的设计过程，使学生体验知识的应用过程。

（4）知识总结，组织学生进行讨论，对知识总结，使学生掌握系统的知识，理解知识之间的联系，加深对知识的理解。

（5）实践强化，通过与课堂案例有相似性的实验题目，但不是简单地重复，使学生尝试应用知识，强化学生对知识的理解。

（6）引导扩展，对于一些细节性的或者扩展性的知识，引导学生进一步深入学习，要提供学习资料，为学生提供帮助，解决学习中遇到的问题。

（7）指导创新，通过课外讲座、辅导、科技活动，组织竞赛等开阔学生的视野，引导学生进行创新，进一步提高设计能力。

四、结束语

基于项目驱动的案例，可以有效地解决在知识教学中培养学生应用能力的问题。通过在软件技术类课程教学中的实施，能够充分调动学生学习的积极性，也提高了学生实际动手能力和探索、合作、创新能力，使用案例教学将会很好地解决传统教学中遇到的问题，提高教学质量。

参考文献：

[1] 张峻. 浅析案例教学法在高校计算机教学中的应用[J]. 成功(教育版)，2012, 7(12) : 112-113.

[2] 毛俊婵. 关于高校计算机教学中应用案例教学法的探讨[J]. 教师, 2010, 6(17) : 145-146.

[3] 张舒, 林郎碟. 案例教学法在软件工程教学中的应用[J]. 计算机教育, 2012(5) : 20-23.

[4] 杨树林, 胡洁萍. Java程序设计案例教程[M]. 清华大学出版社, 2016.

以工作室为主体、“三课堂融合”的学生创新能力培养模式的探索

刘　玲　王　旭

（北京印刷学院　设计艺术学院　北京　102600）

摘要：以培养大学生创新意识、提高创新与实践能力为教学目的，组建了一个师生结合的工业设计工作室，通过课堂教学、课外实践、学科竞赛等多种教学环节相结合，以3D打印技术为实现手段，开展了课堂教学内容改革、指导学生参加相关学科竞赛、进行企业实际课题的开发等一系列教学活动，就工业设计专业的学生创新创业能力培养进行了探索与研究，取得了很好的专业教学效果。

关键词：三课堂融合；工作室；创新能力培养

培养大学生创新意识、提高创新与实践能力，是教育部提出的针对大学生创新创业政策的重点。北京作为文化创意之都，文化创意产业的未来规划与现实发展对工业设计产业人才提出了更高的需求。作为文化创意产业的重要组成部分，工业设计发展迅速，其中3D打印技术作为一种非常先进且灵活的制造技术，其低成本、快速性、设计简易、产品无形态和结构复杂性的限制等优势，使得该技术在工业设计、机械制造领域逐渐得到广泛应用。科技与艺术相结合、设计与新技术相结合是工业设计发展的历史必然，充分了解和掌握3D打印技术，提高学生实践动手能力，这对于工业设计学生的培养具有导向作用。根据专业建设规划，工业设计专业正在开展“3D打印与创新创业教学改革研究”，面向未来，从大批量生产转向个性化订制的行业发展趋势，在工业设计专业的产品设计系列课程增加3D打印的相关课题，通过互联网推荐学生作品，探讨3D打印教学与学生创新的内在关系，提高学生的创新创业能力。

自2015年开始，在两年的教学实践过程中，以学院实行的本科生导师制为

契机，组建了一个师生结合的工业设计工作室，以3D打印技术为实现手段，通过课堂教学、课外实践、学科竞赛等多种方式相结合，就工业设计专业的学生创新创业能力培养进行探索与研究。

一、基于3D打印技术的工业设计工作室平台建设

工作室制的教学模式起源于现代设计教育的发源地包豪斯（Bauhaus），在包豪斯成立之初就成立了各种工作室，通过为学生搭建实践提升专业技能的平台，以开放式的教学方式突出学生动手实践能力的培养。目前，由于在产学研合作方面相对薄弱和滞后，我校工业设计专业还在采用传统的教学模式，课堂教学停留在书本知识，设计课题基本都是教师给定的虚拟题目，学生设计实战训练不足，使得设计课程训练与企业需求脱节，学生得不到实践能力的有效训练。

为突出学生实践动手能力和创新精神的培养，以工业设计专业为主体建立工作室，尝试将工作室制这一教学模式引入教学实践过程中去。工作室是以课程知识为基础，以专业技术的应用为核心，以学生职业技能培养为主导，以3D打印技术作为主要的创作工具，将课堂与生产实践融为一体，将传统的封闭式教学转为面向生产实际的开放式教学，并引导行业专家参与“工作室制”教学，将生产与教学紧密结合。通过教师带领学生在承接和完成课堂训练、科研竞赛、企业真实项目的过程中，实现学生专业技能和综合素质的提升。

“IM工作室制”依托工业设计专业实验室、研究院3D打印实验室、校外3D打印实习基地，以3D打印技术为课内、课外教学实践与项目实现的主要技术。教学研究领域包括文化创意设计、文化创意产品设计、民族饰品设计与现代工艺研究。“IM工作室制”的团队建设按照机电工程学院本科生导师制实施要求，以两位专业教师为主体，根据双向选择的方式将工业设计专业四个年级近20名学生组织起来，重点关注学生综合素质的提高，突出实践动手和创新创业能力的培养，以培养具有扎实基本技能和素质的学生为目标。在教学过程，采取“三课堂融合”方式，指将教学项目、学科竞赛项目、企业真实项目分阶段循序渐进融入专业教学中，使学生在不断的学习中有效提升其专业核心能力，逐步积累各类项目实战经验，提高职业素养。

二、“交流导向、任务驱动、协作实现”设计工作室运行模式

工作室运行模式是以教师为主导，以学生为主体，逐步建立并实现了“交流导向、任务驱动、协作实现”的运行模式，指导学生课程学习、大学生科研、学科竞赛等活动。“工作室”不仅仅是教学场所（精简的讲授、学生间切磋合作与亲自动手、师生间的高度互动等集成化的理论讲授和设计操作），更是一个直接面向社会提供有使用价值的产品的生产场所，全力培养学生的市场意识、竞争意识、创业意识，在实际技能教育训练中不断提升其专业理论的应用程度；培养学生具有更加灵活的技能和准确的判断力（设计立场、价值标准、思维模式、操作路径、团队合作等），夯实其设计水准与创业能力，将学生的“作品意识、竞赛意识、创作意识”融合一体。

工作室教学和项目实施过程中提倡实验性和创造性，突出“交流导向”。由于工作室的研究方向比较专一，教师和学生相对固定，有足够的时间进行交流，彼此了解的程度较深，选择有价值的设计项目作为基础展开教学，注重引导学生而非简单灌输，培养其个性和创造力。在案例教学和项目实施过程中，教师充分尊重学生自己的想法，一般会在其原创概念的基础上给出调整或深入的建议；并通过师生之间、多个年级学生之间的深入交流与讨论，引导产品设计概念的推导与深化，强调重视设计成果的完整性，更有利于培养其个性和创造力，以及综合专业素质的培养。

“任务驱动”即以设计课题或项目要求为目标，注重对设计素材、资料及最终成果的研究；提前对设计的进度及最终成品提出总体要求，以任务带动同学们的设计积极性，也会促使最终设计作品更加完善、更有深度。工作室采取分工协作的创作方式，在文化创意产品设计过程中突出对设计过程、作品制作，培养学生团队协作、实践动手能力。

三、通过“三课堂融合”，突出学生创新能力的培养

“三课堂融合”是指将教学项目、学科竞赛项目、企业真实项目分阶段循序渐进融入专业教学中。使学生在不断的学习中有效提升其专业核心能力，逐步积累各类项目实战经验，提高职业素养。在两年多的教学过程中，以3D打印技术为主要手段，将学生实践动手能力与创新能力的培养贯穿三个课堂，如图1所示。

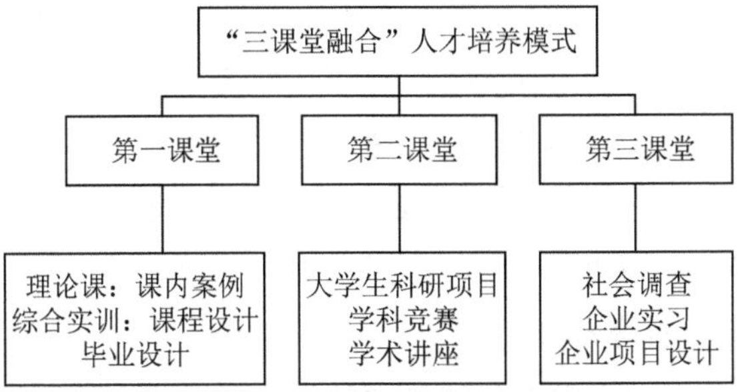

图 1“三课堂融合”培养模式

（一）第一课堂

第一课堂是指传统的课堂教学。工业设计专业课程是学生获得专业知识和相关技能的主要途径，教学形式更应灵活多样。如根据不同的课程需要，将课程的理论教学和工作室实践教学共同完成，根据课程教学目的，将合适的企业合作项目或者产学研合作课题引入课堂教学，特别是一些专题设计课程和毕业设计环节，通过实际的设计项目的开展，完成相应的教学任务。在实施过程中，对部分重点内容，有针对性地采用“项目导向，任务驱动”教学方法，将一个完整设计项目分解为若干子任务，并注重导入、设计、实现、自述、点评、完善等多个环节的引导，来培养学生的设计专业技能。同时，利用课程设计、毕业设计等培养学生综合运用专业技能的能力。

依托“生态设计”“设计心理学”“产品设计程序”“产品设计 1”等专业课程，根据课程内容要求，在课堂教学过程中，将真实设计项目的成功案例引入课堂教学，带领学生一起分析案例，总结成功设计案例的原因。以“项目导向，任务驱动”教学方法，分解课程任务，让学生分组参照成功设计案例进行模拟设计，课程结束时和每组学生一起分析总结模拟设计存在的问题和经验，提高学生的创意设计能力。在课程设计中将优秀的学生设计作品遴选出来，借助 3D 打印平台，让学生实际动手将作品打印实现，使学生了解并掌握3D打印相关技术特点，更好地利用 3D 打印技术为创意设计服务。例如，2012 级林博聪等 4 位同学利用 3D 打印平台完成毕业设计，毕业作品制作和展示效果很好，并分别获“今印联”杯毕业设计二、三等奖；2016“金蜜蜂”杯文创产品设计大赛特等奖，一、二、三等奖；2016“龙鼎奖”全国三维数字化创新设计大赛三等奖。

（二）第二课堂

第二课堂以IM设计工作室为主体，以大学生科研、学科竞赛为抓手，培养学生综合运用设计专业能力，提高学生的综合设计素质。跨年级组合的IM设计工作室，在设计创作过程中强调以老生带新生，发挥能力突出学生的骨干力量，针对各层次的大学生科研项目及相关竞赛内容，分组进行，突出团队协作、创新创意、实践动手能力的培养。

目前，IM设计工作室学生参与的大学生科研项目和学科竞赛主要包括：北京市教委2016年北京市高等学校高水平人才交叉培养“实培计划”，2015年国家大学生创新计划1项（基于规模定制的可拆装板式家具模块化设计），2015、2016年北京市大学生科研计划2项，2015、2016校级大学生科研计划3项。积极组织学生参加2016年第二届中国“互联网+”大学生创新创业大赛项目，目前已入围北京印刷学院培养项目；组织学生参加2016年全国大学生工业设计大赛、2016年工信部3D打印大赛等各类设计竞赛。多名学生参与2015年上海“纸上的创意”展，获四项入围奖，工作室内同学成果申请了国家专利，获批1项发明专利，4项实用新型专利，发表相关国际论文1篇。

在学院的大力支持下，积极联合北京市计算中心，筹备并圆满完成的以工业设计专业为主题的2016“精彩创意·3D智造”3D打印大赛的举办工作，工作室有9名学生的作品获奖。通过竞赛组织活动为专业师生提供了深入了解3D打印技术的机会，也为师生们扩展了创意设计与3D打印技术相结合的无限可能。光明网、搜狐网、中新网、现代教育报等多家媒体对本次活动进行了报道。

（三）第三课堂

第三课堂主要是以3D打印公司与校外实训基地为依托，组织学生参观、实习实训，熟悉企业设计工作流程和企业文化，联合企业设计师，共同完成企业真实项目，提升学生的职业素养和综合设计能力。

根据课程教学需要，以工作室为主体，组织专业学生到李宁设计中心、钮莱克家具公司、荣麟家具公司等设计企业参观学习；邀请北京计算中心、震旦公司、大璞三维科技公司、大业三维科技公司多名专家到我校组织3D打印技术、文化创意设计讲座，提高了学生对3D打印前沿技术及应用的深入了解。

课余时间积极带领工作室同学与企业合作专家进行企业设计项目的开发，先后为机车俱乐部和家具公司等企业提供优秀的设计方案，并在2016年北京国际电影节动漫展作为嘉宾出席活动。并与钮莱克家具公司合作，完成横向课题“钮莱克 22 款家具改良设计项目”，带领学生与艾克思班公司合作，完成横向课题“书院文化主题酒店室内饰品定制设计开发”等。

四、总结

通过上述一系列的教学活动，以 IM 设计工作室为主体，充分学习并利用 3D 打印等新技术，以“三课堂融合”培养学生的创新能力，建立并实现了“交流导向、任务驱动、协作实现”设计工作室运行模式，构建了一个融合课内与课外、校内与校外的教学活动，既符合工业设计人才的培养规律，又便于与各设计公司对接的创意设计人才育人平台接口，突出学生创新能力的培养，提高了学生实践动手能力，学生的创新能力得到显著提升，取得了很好的专业教学效果。

参考文献：

[1] 邰杰. “工作室制”教学模式介入艺术设计本科人才创新培养的体系研究[J]. 教育与教学研究, 2015. 1.

[2] 李伟. “三位一体”搭建艺术设计专业实践教学新平台[J]. 装饰, 2008. 1.

深化“概率论与数理统计”教学改革，培养学生的实践能力和创新能力

张二艳　姜玉英

（北京印刷学院　基础部　北京　102600）

摘要：就目前“概率论与数理统计”教学现状和存在的问题，结合我校近十年来“概率论与数理统计”课程定位、课程目标、教学内容和教学方法的改革以及取得的一些成果，总结我校以数学建模竞赛为抓手，借助“概率论与数理统计”教学平台融入数学建模的思想与方法，培养学生的实践能力和创新能力的理念和实践方法。

关键词：概率论与数理统计；教学改革；实践能力；创新能力

基金项目：北京印刷学院 2017 年教学改革项目（22150117057）资助；北京印刷学院校级科研项目（Eb201606）资助。

Cultivate students' practical ability and innovation ability by Deepening the Teaching Reform of Probability Theory and Mathematical Statistics

Zhang Eryan,Jiang Yuying

（Beijing Institute of Graphic Communication,Beijing 102600）

Abstract: At present the theory of probability and mathematical statistics teaching situation and existing problems,combining with our school for nearly a decade“probability theory and mathematical statistics”course orientation,course target,teaching content and teaching method reform and achieved some results,summarizes communities in our school in mathematical contest in modeling,with the help of probability theory and mathematical statistics teaching platform into the thought and method of mathematical modeling,cultivate students' practice ability and innovation ability training theory and practice.

Key words: probability theory and mathematical statistics; teaching reform; practice ability;innovation ability

“概率论与数理统计”是我校本科生的公共基础课程，如何借助教学平台培养学生的实践能力和创新能力，是这门课的教师必须深思和实践的课题。概率统计是研究随机现象及其统计规律的一门核心数学学科。它不同于数学领域其他学科的思维方式，是用随机性思维认识物质世界和人类社会中处处显见的不确定性，是用统计思想方法探索不确定性的客观规律。它独具特色的科学探索思想贯穿于普通人的现代生活的各个方面，几乎在科学和工程的每一个分支中起着重要的作用。数学建模不仅能培养和训练学生的创造性思维和创新能力，而且也是培养学生实践能力和创新能力的有效途径，数学建模的思想和方法为大学数学教学改革提供了一种全新的思路。在创新教育的背景下，我们在“概率论与数理统计”课程教学中融入数学建模的思想和方法对培养学生的实践能力和创新能力不仅意义深远，并且切实可行。下面笔者谈谈我校近几年来“概率论与数理统计”教学改革的一些实践和经验，以便和国内外同行交流，希望能够对工科的概率论与数理统计课程的教学改革和课程建设提供一些帮助和启示。

一、我校深化“概率论与数理统计”教学改革的背景和意义

“概率论与数理统计”是我院工、管本科各专业必修的基础课程。课程组成员在2011年获得校级教学成果二等奖的情况下，在已完成校级项目“案例教学法在概率论与数理统计中的应用”“在概率论与数理统计教学中开展研究性学习的探讨”“概率论与数理统计教学体系研究与实践”的基础上，继续深化教学改革。由于教学时数少、教学任务重等原因，致使当前概率统计课程主流的教学方法仍是“讲解式”或“填鸭式”。学生学习兴趣低下，缺乏学习主动性，思维呆板，思路狭窄，依赖性强，动手能力差。为此，在施教过程中，需要针对不同的教学内容，更新教学方法，借助现代化媒体技术，建立起先进、科学的创新教学模式。数学建模不仅能培养和训练学生的创造性思维和创新能力，而且也是培养学生学习兴趣的有效途径，数学建模的思想和方法为大学数学教学改革提供了一种全新的思路。

概率统计正迅速地渗透到许多尖端科技的研究前沿，被广泛应用于地球科学、

神经学、人工智能、通信网络、资讯工程、医学、生物学、经济学、金融学、风险管理、心理学及社会学等众多领域，成为各个学科领域不可替代的基础分析工具和量化科学的中心，在许多交叉学科研究中起着桥梁作用。通过对该课程的学习，学生不仅可以获得概率统计学科较为系统的基础理论知识和方法，更重要的是可以学到一种观察客观世界的随机性的思维方式。学会一种描述偶然现象及其规律性的基本数学语言，掌握一种处理不确定性问题的常规数学工具或随机分析技术、统计分析技术和数据处理技术，培养一种运用随机思维方法和技术分析问题、解决问题的基本实践能力，奠定学习其他学科的坚实基础，进而得到创新精神和创新意识的培育、创新思维和创新能力的训练。由于教学时数少、教学任务重等原因，致使当前概率统计课程主流的教学方法仍是“讲解式”或“填鸭式”。学生学习兴趣低下，缺乏学习主动性，思维呆板，思路狭窄，依赖性强，动手能力差。为此，在施教过程中，需要针对不同的教学内容，更新教学方法，借助现代化媒体技术，建立起先进、科学的创新教学模式。如何激发学生的创新意识、培养学生的实践能力，是概率统计教学一项新的课题。

二、我校主要进行的教学方法改革

近几年，教学组成员以数学建模竞赛为抓手，借助概率统计教学平台融入数学建模的思想与方法，培养学生的实践能力和创新能力。根据培养目标和课程特点，坚持教学、教研与科研相结合，着力对课程体系、教学内容、教学方法进行全面改革和优化整合，做了大量深入细致的教学改革和课程建设工作。通过深化教学改革，我们形成了“提高学习兴趣，拓宽知识面，开阔大学生视野，提高教师和学生的创新能力”的概率统计教学特色和创新的“一对一”辅导的竞赛培训模式，教学以“融入”为主线，主要进行了以下教学方法的改革。

（1）在概率论与数理统计教学中融入数学建模的思想和方法，培养学生的实践能力和创新能力。数学建模对提高学生应用数学能力的影响是巨大的，课程组老师们要根据概率论与数理统计课程的特点，在保证知识的完整性和系统性的前提下，突出其实用性和广泛的应用性，结合多媒体课件和专业数学软件，鼓励和要求学生利用所学知识，解决日常生活中的问题，做到学以致用。第一，教学内容改革我们主要做的工作包括：①利用现有教材中的例题将数学建模的思想和方法融入其中；②利用现有教材中的习题将数学建模的思想和方法融入其中；③把学生感兴趣的问题编成大作业将数学建模的思想和方法融入其中。第二，我们在教学中积极地开展教学方法的改革，尝试利用 Mathematica 软件、Excel 软件、Matlab软件来解决概率中的一些计算，极大地提高了学生的学习兴趣和学习效率，拓宽了教师和学生的知识面。

（2）运用案例教学法，培养学生分析问题和解决问题的能力。案例教学法不仅可以将理论与实际紧密联系起来，使学生在课堂上就能接触到大量的实际问题，而且对提高学生综合分析和解决实际问题的能力大有帮助。通过案例教学可以促进学生全面看问题，从数量的角度分析事物的变化规律，使数学建模的思想和方法在现实工程或经济活动中得到更好的应用，发挥其应有的作用。结合“概率论与数理统计”应用性较强的特点，收集了 15 个工程技术以及经济生活中的实例，并根据各章节的内容选择适当的案例服务于教学，使得课堂讲解生动、清晰，以达到良好的教学效果。

三、深化教学改革取得的成果

（1）提高大学生学习概率统计和应用数学的兴趣。在概率统计教学中通过开展研究性学习，结合教学内容进行案例教学，将数学建模的思想和方法融入概率统计教学中，将枯燥的数学课堂变得生动起来，将学生吸引到课堂中来。

（2）拓宽大学生的数学知识面。通过创新学科竞赛一对一的培训模式，将数学建模的培训分成基础知识培训阶段和案例分析阶段。编写了包括 15 个贴近生活与实际的案例库，将数学建模的思想与方法融入概率统计教学中。创新了教师与学生的一对一考研辅导模式，编写了 15 个每周一题课件、分章节题型归类和解题方法，显著提高了考研成绩。

（3）开阔大学生的学科和行业视野，了解数学在其中的应用。案例分析是开阔视野提高能力的重要手段。案例分析遍布所有学科和科学与工程领域，以此开阔大学生视野。通过数学建模将行业、企业亟待解决的问题搬进课堂，大大开阔了大学生的视野。

（4）增强教师和大学生的创新意识，提高他们的创新能力。通过数学建模竞赛引领，训练学生的案例分析能力，训练学生的写作能力，不仅能提高学生的创新能力，也同样考验着指导教师的能力。

通过深化教学改革，成果组教师完成了 3 个教学改革和竞赛项目；发表了

10 篇教研论文；编写了包括 15 个贴近生活与实际的案例库；15 个每周一题课件、分章节题型归类和解题方法；构建了概率统计和数学建模课程建设的网络课程平台；指导了有关数学建模方面的 6 个北京市大学生研究课题和 2 个校级大学生研究课题，带领学生发表研究论文 5 篇；学生第二课堂硕果累累，在 2015 年的北京市大学生数学建模竞赛中取得了 2 个北京市甲组一等奖和 1 个二等奖的好成绩。实现了北京印刷学院十几年来的一个突破。成果组教师教学能力显著提高，获得 12 项教学奖项。

近几年，课程组老师们以数学建模竞赛为抓手，借助概率统计教学平台融入数学建模的思想与方法，培养学生的实践能力和创新能力。根据培养目标和课程特点，坚持教学、教研与科研相结合，着力对课程体系、教学内容、教学方法进行全面改革和优化整合，做了大量深入细致的教学改革和课程建设工作。通过教学改革，我们逐渐形成了“提高学习兴趣，拓宽知识面，开阔大学生学科视野，提高教师和学生的创新能力”的概率统计和数学建模创新的教学模式。

总之，“概率论与数理统计”课程建设和教学改革是一项系统工程。在施教过程中，需要针对不同的教学内容，更新教学方法，借助现代化媒体技术，建立起先进的、科学的创新教学模式。如何激发学生的创新意识、培养学生的实践能力，是概率统计教学一项新的课题。

参考文献：

[1] 姜启源，谢金星. 数学模型(第三版) [M]. 北京：高等教育出版社，2003.

[2] 张珠宝. 数学建模与数学实验[M]. 北京：高等教育出版社，2005.

[3] 萧树铁. 数学实验[M]. 北京：高等教育出版社，2000.

[4] 李卫国. 高等数学实验课[M]. 北京：高等教育出版社，施普林格出版社，2000.

[5] 熊启才，曹吉利. 加强数学建模课程建设 培养和提高学生创新能力[J]. 安康师专学报，2006(10)：105-106.

[6] 魏志渊，毛一平. 加强数学建模课程建设 促进高校教学改革[J]. 数学的实践与认识，2003(5)：120-121.

浅谈数学建模对大学生的创新能力与综合素质的培养

王成伟

（北京服装学院　基础教学部　北京　100029）

摘要：本文结合实例分析了数学建模对培养大学生创新能力与综合素质的作用，根据我校的实际情况，提出了大学生参加数学建模活动的几点建议。

关键词：数学建模；创新能力；综合素质

资助项目：北京服装学院教育教学改革立项项目“线性代数案例教学的研究与实践”（项目编号：JG-1624）；北京服装学院2016年校级精品课程提升工程立项项目““线性代数”精品课程提升工程”（项目编号：JPTS-1609）。

全国大学生数学建模竞赛自1992年开办以来，目前已成为我国规模最大的大学生课外科技活动之一。在数学建模的过程中，学生要根据自己对实际问题的理解，完成模型的假设、建立和求解，因此，数学建模已成为培养大学生创新能力和综合素质的一条重要途径。

近年来，关于数学建模对大学生创新能力和综合素质的培养，国内许多高校的教育工作者都进行过分析和探讨。例如，文献[1]阐述了数学建模活动对提高大学生素质和创新能力的作用与意义，并提出了开展数学建模活动的具体方法与途径；文献[2]探讨了如何通过数学建模活动来强化大学生的创新能力与综合素质；文献[3]从4个方面阐述了数学建模活动对培养大学生综合素质的作用，并提出了存在的问题及解决的对策；文献[4]首先分析了我国大学生综合素质的现状，然后从数学建模竞赛的角度分析了其对大学生综合素质的影响；文献[5]论述了数学建模能力是大学生综合素质的一个重要标志，并阐述了数学建模对大学生综合素质的培养；文献[6]阐述了数学建模活动的开展为大学生素质教育提供了一条重要途径；等等。

高校作为我国最主要的人才培养集中场所，大学生的创新能力与综合素质显得尤为重要。因此，本文主要分析了数学建模对大学生创新能力与综合素质培养的作用，并根据我校的实际情况，提出了大学生参加数学建模活动的几点建议。

一、数学建模是培养大学生创新能力与综合素质的重要途径

数学建模活动能够提高大学生的综合素质，是培养应用型、复合型和创新型人才的重要举措，是高校进行数学教育改革，建设学风，培养学生学习兴趣，提高大学生创新思维、团结协作和拼搏进取精神的有效途径。

1. 数学建模可以强化大学生的数学意识

数学建模是利用数学方法解决生活中的一些实际问题，它注重的是一些非数学领域的问题，但是需要利用数学的思路和研究工具来解决。数学建模突出地体现了大学生对原始问题进行分析、验证和求解的过程，也完整地体现了数学理论学习与实际应用相结合的过程。

2. 数学建模活动可以提高大学生学习数学的兴趣

长期以来，数学课程已经形成了自己的体系，教学也总是围绕着一些基本的数学概念、方法和数学理论展开，致使数学处于一种相对封闭和独立的状态。即使学生学到了许多不同的定理、公式和方法，但是仍免不了成为一堆僵死的教条，以至于许多老师认为是很重要的东西，但学生却认为除了应付考试之外毫无作用，以至于许多学生对学习数学毫无兴趣。但是，数学建模将数学与工程技术和自然科学中的一些实际问题联系在一起，让学生可以利用一些图形、数学符号、数学式子、程序等来解释一个客观现象或者预测未来的发展情况，或者给出一个最优的策略来解决问题。由于需要解决的问题不是模式化，且没有固定的答案，而且要求学生对实际问题的数据信息进行整理，根据它们的特性归纳，按照一定的要求简化，并利用抽象的数学语言表达出来，还要求学生对所得出来的结论加以验证、修改、完善和推广。通过这一过程，可以让学生主动利用数学知识，也能让学生体会到数学知识在解决实际问题中的价值和作用，了解数学与日常生活中的其他学科的联系，体验综合运用数学知识和方法解决实际问题的过程。例如，在 2015 年“中国认证杯数学建模网络挑战赛”中的 B 题“替换式密码”，这个题目将数学问题与学生基本不会接触的军事问题联系在一起了。密码破译是军事问题中一

个重要的问题，也是在实际生活中使用较多的一个问题，对于密码的破译大部分人或多或少地都希望了解一些，所以出现“替换式密码”这个题目，学生并不仅仅是为了完成任务而去做这个数学建模的题目，而是对于这个题目真的有了兴趣，能够主动去了解一些这方面的知识，去了解数学在这里面的应用，更希望自己能利用数学知识，利用计算机编程解决这个看似离他们很遥远的军事问题。因此，数学建模转变了学生被动获取知识的学习观念，提高了学生学习数学的兴趣。

3. 数学建模可以培养大学生的创造力

数学建模的题目是选自工程技术和管理科学中的实际问题，覆盖经济、工业技术、工业、农业、社会等领域的各个方面。数学建模要求对这些现实问题分别进行求解，从问题的分析到模型的建立再到模型的求解都没有固定的模型可套用，这就需要学生对一些已有的模型进行分析、改进，然后建立自己的模型。在2015年“CAA世界大学生数学建模竞赛”中的“朋友关系网络”这个题目中，考虑朋友关系的个体相似度可以利用已有的灰色系统的关联度的模型进行改进，求出任意两个人之间的相似权重，如果两个人之间的相似性大于相似性临界值，则以一定的概率选择连接成为朋友。在这个问题的求解过程中，虽然朋友关系网络的形成没有现成的模型，但学生可以利用传染病模型进行改进，建立一个类似于传染病模型的新模型来分析朋友关系网络的建立。因此，数学建模可以让学生根据已有的模型创造出一些新的模型，以此来培养学生的创新思路与创新思维。

4. 数学建模有助于培养大学生坚强的意志和探索精神

数学建模有助于培养大学生坚强的意志，这主要是因为数学建模具有以下几个特点：

（1）持续时间长

数学建模一般是要进行三天三夜的比赛，有些比赛更是要四天四夜，并且比赛的时候由于工作量大，并且有时候题目比较烦琐，对于这些烦琐的问题就要学生在这三天三夜能够坚持下去。

（2）需要反复地推敲模型

数学建模一般要求解决生活中的一些实际问题，这些问题涉及面比较广泛，要一次性就能够建立一个比较合理的模型基本上是不可能的，所以，学生要对问题进行反复的分析，不断地简化问题，并对其中的变量进行反复的更改，才可能建立一个数学模型。建立模型之后依旧要求学生对模型再次进行反复的推敲、改进，这样才能确定一个比较满意的模型。通过模型求出结果后，学生还要验证结果的准确性，分析结果的合理性。如果结果不满足要求，还需要学生再次重新建立一个模型。这些过程都是一些烦琐并且工作量很大的事情，这就要求学生能够有坚强的意志才能反反复复地对模型进行推敲。

（3）需要进行大量的计算

数学模型的求解一般需要利用计算机进行大量的计算，在利用计算机进行计算时，往往要求学生编写出一个个程序。而在编写程序时，学生需要高度集中注意力，并且不能有一丁点儿的错误，一旦程序出现错误，学生就需要耐心地一步步检查程序代码，逐步分析程序中是否有语法错误，是否数据代入有错误，这些过程最能磨炼学生的耐性，也能锻炼学生的坚强意志。

数学建模不仅仅能锻炼学生的坚强意志，还能锻炼学生的探索精神，这是因为数学建模往往是在学生不熟悉的领域，解决这些问题就要求学生有探索精神，要求学生能够在比赛中学习一些他们不擅长或者完全不擅长领域的知识，去探索一些他们并不熟悉的软件。因此，数学建模活动可以培养学生刻苦勤勉的态度、坚韧不拔的毅力、百折不挠的精神，还能够锻炼他们经得起挫折和失败的能力，以及孜孜不倦、精益求精和锲而不舍的探索精神。

5. 数学建模有助于提高团队合作精神

数学建模一般都是以团队的形式参加，一般要求团队的三个人都有不同的擅长领域，最好是三个人中有一个擅长写作，一个有极好的数学思维，一个有着计算机的运算能力。由于三个人思考的角度不同，所以在数学建模时大家可以相互配合，相互学习，取长补短。当大家的意见不统一时，就要求团队成员有极高的团队合作精神。在出现分歧时，能够认真听取他人的观点，并与自己的观点进行对比，从而找到一个最佳的方案。只有具有团队合作精神的团队，才能得到一个让大家都满意的结果，并取得大家都满意的成绩。

6. 数学建模有助于提高计算机软件的应用能力

数学建模的求解往往要借助计算机，而且对于不同的问题可能还需要利用不同的软件进行求解。除了掌握常用的数学软件 MATLAB 外，学生还要会利用 Lingo 软件求解一些优化问题，利用 R 语言或者 SPSS 软件来解决一些统计问题。学生在利用这些软件时，不仅要对数值处理问题进行求解，有时还需要利用其他软件做一些图像处理或者视频处理，作者就要求学生具有较高的计算机应用能力。

通过数学建模活动的开展，学生能够进行各种计算机软件的操作与训练，从而不断提高他们的计算机应用能力。

7. 数学建模有助于提高学术论文写作能力

数学建模竞赛最后都是要求以一篇论文的形式表现出来的，所以，数学建模竞赛不仅要求学生能够建立模型解决问题，还要求他们能够用一篇优秀的学术论文表现出来。即使学生能够建立一个很好的模型，但是写作能力太差，不能让大家从论文中获取他们想要的结果，那么再好的模型都不能让大家所接受。因此，数学建模活动也为学生提供了锻炼学生论文写作的机会，通过这一过程的锻炼，学生的论文写作能力得到较大的提高。

二、参加数学建模活动的几点建议

毋庸置疑，参加数学建模活动可以有效地提高大学生的综合素质，但由于师资力量、生源质量等方面因素的制约，使得数学建模活动对学生综合素质的培养存在一些局限性。因此，给出以下几点参加数学建模活动的建议。

1. 进行系统的计算机软件的学习

在数学建模的学习中，不仅仅要求学生掌握常用的数学软件 MATLAB，还要求学生最好能初步掌握 Lingo 软件、R 语言、SPSS 软件的使用。因此，为了提高学生的数学建模能力，需要他们进行较为系统的计算机软件的学习与操作。

2. 掌握一些常用的数学模型

数学建模最重要的是要能建立一个数学模型来解决实际问题，但数学模型的建立并不是凭空产生的，而是要求学生能够对一些已有的模型加以推广或改进，以此来建立一些新的模型。因此，学生只有掌握了一些常用的数学模型，才不会在进行数学建模时头脑里出现一片空白而完全没有思路。

3. 培养实际问题的分析能力

在数学建模的时候，并不是只考虑学生对理论知识的掌握，而是考察他们对实际问题的分析能力，这就要求学生在面对问题时能迅速明白该利用什么模型来加以解决，而不至于在问题出现之后把所有的模型都一窝蜂地套用进去。

4. 提前组建一个固定的团队

数学建模竞赛是一个团队协作的比赛。既然是团队参赛，最忌讳的就是在比赛之前临时组建一个团队。临时组建的团队在比赛的时候可能会因为各种原因屡屡闹矛盾甚至罢工，也可能会因为大家并不清楚对方擅长哪一方面而出现互不信任的情况。所以，为了避免诸多问题的发生，要在参加比赛之前就组建好一个固定的团队，并确定一个队长。

5. 进行大量的实战练习

要想在数学建模竞赛中取得较好的成绩，往往需要进行大量的练习。所谓的练习，并不是简单地完成一个数学建模题目，而是按照真正的数学建模竞赛要求，控制时间，并达到一定的要求。进行实战练习，一方面，可以让学生对数学建模有一个基础的认识，体验到什么叫作数学建模；另一方面，还可以锻炼学生的论文写作能力和计算机应用水平，也可以让团队得到磨合。

三、结束语

文本首先结合实例从七个方面分析了数学建模对培养大学生创新能力与综合素质的作用，然后针对我校大学生的具体情况，给出了五条参加数学建模活动的建议，为开展数学建模活动提供了一定的参考。不可否认，数学建模活动的开展对提高大学生的创新能力与综合素质具有重要的意义，因此，只有将数学建模与教学活动进行深度融合，不断夸大数学建模活动的受益面，才能培养出更多高素质的计算机应用型人才。

参考文献：

[1] 彭临平. 基于数学建模活动提高学生的素质与创新能力[J]. 高教学科, 2015, 18: 69-70.

[2] 张引娣, 薛宏智, 王阿霞. 利用数学建模提高大学生的创新能力和综合素质[J]. 高等建筑教育, 2010, 19(3) : 50-52.

[3] 李乔祥. 论数学建模竞赛对提高学生综合素质的作用[J]. 高等理科教育, 2004, 1: 60-63.

[4] 魏连秋, 张义红, 李倩. 数学建模竞赛对大学生综合素质的影响 [J]. 河北师范大学学报(教育科学版), 2009, 11(8) : 77-80.

[5] 朱建青, 谷建胜. 数学建模能力与大学生综合素质的培养[J]. 大学数学, 2013, 29(6) : 83-86.

[6] 余杨. 在数学建模活动中培养学生的综合素质 [J]. 湖北大学学报(自然科学版), 2004, 26(1) : 23-26.

北京印刷学院包装工程专业本科生培养模式探索及实践

刘全校　曹国荣　王纪刚　付亚波　石佳子

（北京印刷学院　印刷与包装工程学院　北京　102600）

摘要：北京印刷学院包装工程专业对本科生培养模式进行有益的探索。包装工程专业制定了贴合实际的培养方案和教学模式，实践了“双培计划”培养模式和创新创业培养模式，取得了较好的成绩。学生牢固地掌握了理论知识，具有了分析问题、解决问题的专业能力和实践技能，具备了从事印刷包装行业工作的综合素质。

关键词：北京印刷学院；包装工程专业；本科；人才培养

一、培养方案

1. 培养目标及特色

我校包装工程专业以培养具有包装工程专业综合素质能力和创新精神的应用型高级专门人才为目标，紧贴“互联网＋”的时代背景，围绕北京首都功能定位，形成了“包装技术与智能技术结合”“包装系统设计与艺术设计结合”的专业特色。

2. 课程设置

（1）第一课堂理论课

专业课程分为必修课程和选修课程（模块课程）两部分。选修课程（模块课程）设置为包装技术与设计和智能包装两个模块，以适应不同培养方向，满足学生的不同要求。

必修课程：包装“材料学”“包装结构设计”“图文信息处理及复制”“包装印刷技术”“运输包装”“包装工艺”“包装装潢设计”“包装信息检测”与“处理技术”。

包装技术与设计模块课程（选修课程）：“包装测试技术”“包装 CAD”“包

装机械概论”“包装标准与法规”“包装管理”“图形设计”。

智能包装模块（选修课程）：“包装物联网概论”“包装防伪技术”“物流技术与管理”“功能结构智能包装技术”“功能材料智能包装技术”“包装射频识别技术”。

（2）第一课堂实践课

课程设计：包装材料学课程设计，包装结构课程设计，图文信息处理与复制课程设计，包装印刷技术课程设计，包装装潢课程设计，包装信息检测与处理技术课程设计。

专业技能训练：素描和色彩基础训练，包装设计基础训练，包装创新训练，包装设计综合训练。

实习：包装印刷技能实习。

综合实践（三选一）：包装印刷生产实践，包装设计大赛，科学研究及实验。

二、教学模式

1. 教学环节

在课堂教学上，邀请专家、学者、企业领导、管理人员及技术能手讲授部分课程内容，授课内容不仅能够体现理论知识和基础知识，还能够反映知识的前沿、市场的需求和生产的实际。例如，邀请 PTS 主编 David 讲授运输包装课程，国外专家现身授课，学生在感受国外教学风格的同时，学生还获得了国外货物堆码包装、运输包装的情况，极大地提高了学生学习的积极性和主动性，受到学生的好评。

在专题讲座上，定期或不定期邀请校外人员进行专题讲座。通过专题讲座，学生对某一方面的知识有了进一步的理解，对校外的世界有了一定的了解，有效地补充了课堂教学，扩大了学生的视野，丰富了学生的信息。例如，邀请留学回国人员对密歇根州立大学的包装专业进行介绍，学生对美国包装专业的培养目标、课程设置、培养方式、就业等进行介绍，扩大了学生视野的同时，为学生国外读研深造提供了咨询。

2. 实践环节

实践环节包括课程实验、综合实践和生产实习等环节。课程实验是专业核心课程必须安排的实践活动。通过课程实验，学生不仅熟悉了有关的仪器设备的使用，促进对课堂所讲理论知识的理解，而且培养了学生的动手操作能力。综合实践以课程设计的方式进行，使学生比较系统地运用已学到的知识和课程实验的技能，对某一问题进行分析，提出解决方案，初步培养了学生的综合能力。生产实习是安排学生深入生产实际，锻炼学生的实际生产技能，理论联系实际，在实践中提升理论知识，以理论知识指导生产实际，培养印刷包装行业的职业技能和素质。

3. 毕业论文环节

一般而言，毕业论文的组织包括选题、开题、中期检查、答辩等环节。我校包装工程在毕业论文环节的创新培养模式体现在以下几个方面：

首先，根据学生的目标毕业去向，将学生分为考研深造、企事业单位就业和创业三类，有针对性地对学生毕业论文进行安排。对于以考研深造为目标的学生，学生需要参与教师的科研活动；对于以企事业单位就业为目标的学生，学生需要在企事业单位进行为期 2 个月的实习，熟悉企业的生产；对于以创业为目标的学生，学生需要在企业进行为期 2 个月的实习，并参与相关的培训。在对学生目标去向进行分类之后，有针对性设置毕设题目。

其次，在毕业论文答辩阶段，不仅有教师积极参与，还邀请相关企业参加学生的毕设答辩。教师会从理论知识、专业知识等方面提出问题和点评，企业领导则从市场和企业的角度提出问题和进行点评。例如，2016 年毕设答辩，邀请北京黎马敦孙总、杨总参加设计组的毕设答辩，他们对学生的设计作品提出了很好的意见和建议，学生受益匪浅。

最后，包装毕业设计展引入校企合作模式，包装专业负责毕设展，企业设立包装设计大赛。引导学生做包装设计时，注重实际，设计的作品具有可实现性和生产性，培养学生尽快转变角色，勇于担当，为参加工作后适应企业的需要，做好思想上和技能上的准备。例如，2016 年，银川富邦公司设立大赛，学生对清真食品和液体奶制品的包装有了更加深入的了解。

三、“双培计划”培养模式

包装工程对本科生培养采用双培培养的模式，也就是实培计划和外培计划相结合的培养模式。

（1）每年选拔优秀本科生，送到拥有印刷包装专业、设计艺术专业的国外高校进行为期 1 年的学习，在提高学生专业知识和技能的同时，培养学生的国际化视野。目前，我们的优秀本科生已经在台湾艺术大学、杭州电子科技大学、天津科技大学等媒体专业和印刷包装专业学习，并顺利完成课程学习，取得了较好的成绩。例如，2016 年 7 月，从台湾艺术大学学习归来的我校 13 级包装专业张思宇同学，主编了《印艺》一书，反映了她学习的收获，受到各方好评。

（2）每年选拔优秀本科生，参与中国科学院的科研课题的研究。中国科学院下发科研课题，包装工程专业组织选拔优秀学生，联合培养学生的科学研究能力，提升学生的科学精神和创新精神。通过实培计划的实施，激发了学生追求科学探索的激情，从事科学研究的兴趣，学生进一步深造的积极性和主动性，从而使每年报考研究生的学生人数和考取研究生的人数、出国读研的学生人数显著增加。据统计，每年包装工程专业考取国内研究生人数为 5 名以上，出国读研人数为 3 名以上。

四、创新创业培养模式

1. 为企业产品包装提供系统设计方案

将所学知识运用到企业产品的创新设计中，达到学以致用的目的，使学生在学习理论知识的过程中，尽早与市场和企业实际生产相结合。

例如，我校学生对北京老字号“内联升布鞋”“京八件食品”等产品进行包装设计，在包装材料的选择、体现产品特色及传承文化的设计元素的创作、包装盒的创新结构以及包装装潢图形及色彩等方面进行系统设计，获得企业的认可并采用。

2. 参加创业大赛，培养创业意识和精神

培养学生的创业意识，鼓励和引导学生参加各种创业大赛。在参赛过程中，学生将自己所学的知识和商业模式、市场需求、国家产业政策等有机融合在一起，提高了综合素质、坚忍不拔的品质和市场运作能力。

例如，我校 14 级包装专业学生杨钰依参加 2016 年首届全国大学生创业沙漠挑战大赛“西域掘金”，不仅结识了不同高校、不同专业的研究生、本科生，还结识了一些具有公司和成熟项目的大学生。

通过这次大赛，学生深刻体会到：创业不是仅凭一个商业计划书，更需要坚忍不拔的意志、团队协作精神与能力、面对未知恐惧敢于挑战的胆魄和绝不放弃的生命力等品质。

五、总结

包装工程专业制定了贴合实际的培养方案和教学模式，实践了“双培计划”培养模式和创新创业培养模式，取得了较好的成绩。学生牢固地掌握了理论知识，具有了分析问题、解决问题的专业能力和实践技能，具备了从事印刷包装行业工作的综合素质。

参考文献：

[1] 谈晓辉，张建智，关小舟，陈卓，曹小林，刘志强．大学生创新创业教育体系研究与探索[J]. 创新与创业教育，2015, 6(5) : 25-27.

[2] 刘奇，赵宝新，史建伟．地方高校创新创业教育体系的构建研究——以河北建筑工程学院为例[J]. 产业与科技论坛，2017, 16(4) : 244-245.

[3] 赵世杰．高校创新创业教育体系的构建研究[J]. 教育教法探讨与实践，2017, (1) : 257-258.

致谢：包装工程专业教学团队（建设）(22150116006/017)，京津冀高校协同培养印刷与包装专业创新创业人才的研究（22150116007/055），包装工程优势建设专业（22150117101），包装工程专业创新创业教育体系的建设与研究（22150117032），包装工程专业学生实践创新能力培养——包装设计基础技能大赛的策划及实施（22150117033）。

借助 proteus 软件仿真半导体器件拓展课堂教学效果的实验研究

张明长

（北京印刷学院　基础部　北京　102600）

摘要：电类课程中，半导体器件是常用的电子元器件。教学中让学生准确地理解半导体器件的特性和使用是比较困难的。借助于 proteus 软件的仿真功能，设计课堂教学内容，仿真半导体器件的工作原理和电路功能，促进学生对半导体器件的理解与应用，是行之有效的教学方法。通过仿真波形图或实时效果图的展示，有利于加深学生对电路的理解，能够激发学生的学习兴趣，收到良好的教学效果。

关键词：二极管；三极管；半导体器件；proteus 仿真

在电气、电子类课程教学过程中，经常用到二极管、三极管等半导体器件。二极管是最常用的电子元器件，在生活和工作中每个人经常会接触到，只是没有注意罢了。二极管的主要特性是单向导电性，即在正向电压的作用下，导通电阻很小，而在反向电压作用下导通电阻极大或无穷大，常常用于整流、稳压、发光等。三极管也是最常见的电子元器件，三极管的主要作用是放大，能够把小电流信号放大，或者是用小电流信号控制大电流信号，常常用在放大电路和开关电路等的设计中。

利用 proteus 软件，设计半导体器件特性及应用的虚拟实验，通过仿真使学生理解用二极管、三极管等搭建电路的工作机理，帮助学生深入理解半导体器件的特性，引导学生应用电子器件设计电路，有助于教师开展课堂授课，激发学生学习的主动性，收到更好的教学效果。

一、二极管特性仿真

电子电路及其他应用中大量使用各类二极管，二极管按其用途不同、结构各异。在实际应用中，不仅要清楚地了解二极管的工作原理、特性、参数，还要能够识别二极管的外型、型号，并能够利用二极管搭建电路。

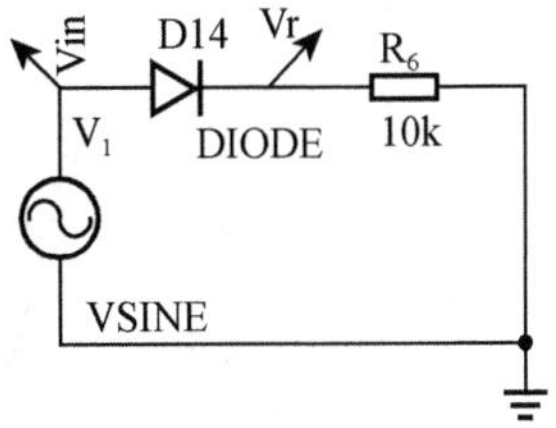

图 1　一只二极管组成的半波整流电路

（一）一只二极管组成的半波整流

二极管最主要的特性是单向导电性。整流二极管将交流电整流成直流电，允许通过的电流较大，工作频率较低。整流二极管几乎都是硅型半导体管，正向压降为 0. 7V。图 1 所示是一只二极管组成的半波整流电路。理论上 Vr=0. 45Vin，可是因硅二极管的正向导通压降约是 0. 7V，在输入电压 Vin 比较小时，输出电压 Vr 要小于理论计算值。图 2 所示是相同频率不同输入电压时的输出波形，正半轴两曲线之间的部分是误差部分。可见，输入交流电压幅值越小，产生的误差就越大，交流电压在 10V 以上时，两曲线正半轴部分基本重合，实际值与理论计算就吻合得很好。

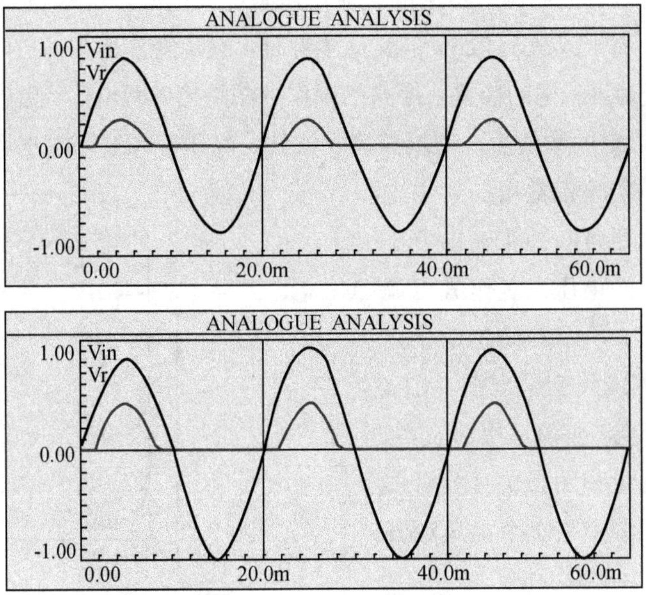

图 2　相同频率不同输入电压时的输出波形

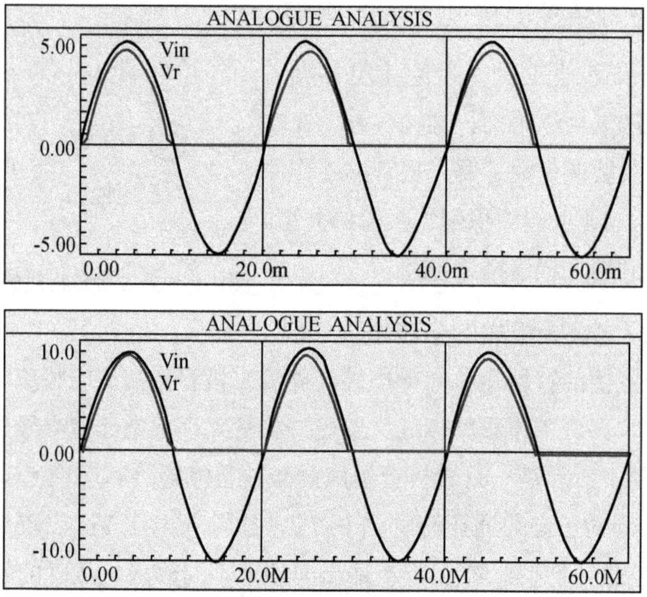

图 2 相同频率不同输入电压时的输出波形（续）

（二）四个二极管组成的全波桥式整流

各类课程实验中，不管是电学实验还是其他实验，几乎都要用到电源，电源分为交流电源和直流电源。常用的交流电源是电网电源，电压为 220V，频率是 50Hz，在需要高于或低于 220V 的交流电源时，采用变压器来调节。直流电源是将交流电转变为直流电的装置，经典的制作方法是把电网电压经过变压器，降压（或升压）到一定的数值后，通过整流、滤波、稳压等环节，输出用电设备需要的直流电压。实验室常用的学生电源选用的变压器是多抽头输出变压器，产生不同的电压，制作成可调输出电源。图 3 所示为简单直流稳压电源全波桥式整流原理图。图 4 给出了二极管全波整流后用示波器、交流电压表测量和图表仿真分析曲线图。在原理图中将 2 个电压源设成振幅是 10V，频率 50Hz。

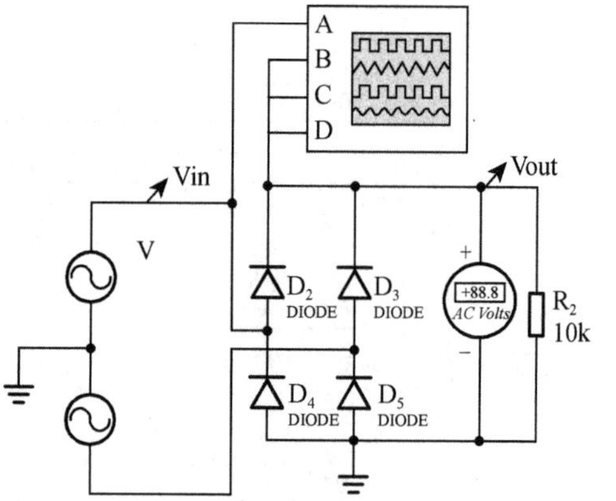

图 3 简单直流稳压电源全波桥式整流原理图

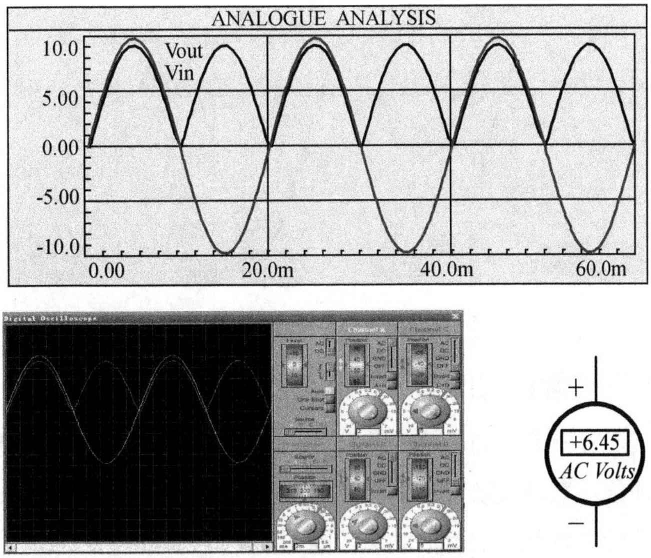

图 4　简单直流稳压电源仿真测量图表

（三）稳压二极管特性仿真

稳压二极管是由硅材料制成的面结合晶体二极管，它是利用 PN 结反向击穿时电压基本上不随电流的变化而变化的特点，能够在电路中稳定电压，故称为稳压二极管（简称稳压管）。当把稳压管接入电路以后，稳压二极管反向击穿，若由于电源电压发生波动，或由于其他原因造成电路中各点电压变动时，负载两端的电压将基本保持不变。图 5 是稳压二极管特性实验仿真原理图，接入稳压二极管时，电阻 R_1 是必需的，当电源电压波动时，流过稳压管 D_1 的电流将大大增加，引起流过电阻 R_1 的电流增加，同时 R_1 上的压降增加，于是钳制了输出电压 Vout2 的变化。图 6 是原理图上各点电压波形仿真图。

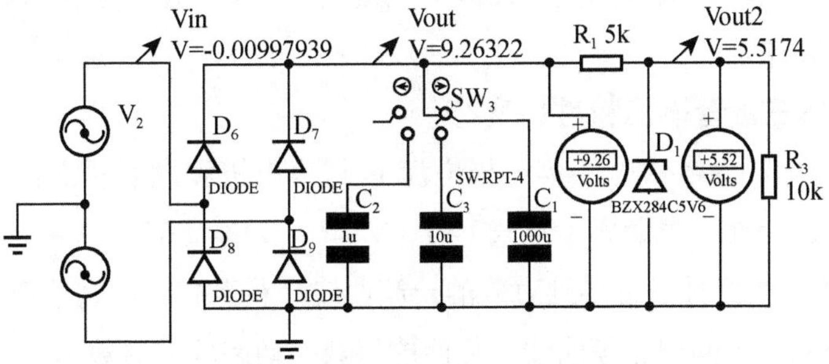

图 5　稳压二极管特性实验仿真原理图

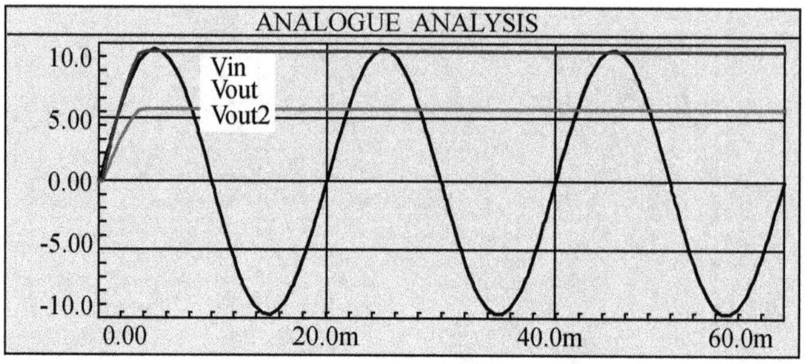

图 6 稳压二极管实验仿真波形图

二、晶体三极管特性仿真

晶体三极管特性有直流特性和交流特性。直流特性主要是测量三极管的输入特性、输出特性曲线，直接反映了晶体管的静态性能参数，是分析和设计放大电路的重要依据。交流特性就是三极管的动态性能，真正体现三极管的放大性能。通常，在没有专门的晶体管特性图示仪时只能采用逐点测量法来描绘静态曲线。但这种方法比较烦琐，需要测量多组数据后才能画出其特性曲线。如果采用 Proteus 仿真软件，则可以快捷方便地测量出晶体管的输入输出特性曲线和实时显示动态的放大功能。

（一）晶体三极管输入特性仿真

晶体管的输入特性指的是当集电极和发射极电压 V_{CE} 固定时，输入回路中基极电流 I_B 与基极和发射极之间电压 V_{BE} 的函数关系。

即：$I_B=f(V_{BE})$ V_{CE} 为恒定值。

对于每一个确定的 V_{CE}，都有一条曲线，所以，晶体管的输入特性曲线理论上应是一组组曲线。图 7 所示是三极管输入特性仿真原理图模型，图 8 所示是对型号为 BC108 三极管输入特性曲线的仿真分析图表。双击仿真图表标题栏，将仿真分析图表放大，在放大的图表曲线上点击鼠标，曲线上该点的数据就在下方的状态栏显示出来。

（二）晶体三极管输出特性仿真

当基极电流 I_B 为常数时，集电极电流 I_C 与集电极和发射极之间的电压 V_{CE} 的关系称为输出特性。表示成函数式 $I_C=f(V_{CE})$ I_B 为恒定值。

当 I_B 为某一数值时，可得到对应的一簇曲线，获得静态放大倍数 β；I_B 取不同数值，可得到对应的一簇簇曲线，从而能够获得动态放大倍数 $\overline{\beta}$。

图 9 所示是三极管输出特性仿真原理图模型，图 10 所示是对 BC108 三极管输出特性曲线的仿真分析图表，图 11 所示是 I_B、V_{CE} 和仿真分析图参数设置。双击仿真图表标题栏，将仿真分析图表放大，在放大的图表曲线上点击鼠标，曲线上该点的数据就在下方的状态栏显示，第一条线 I_B=20uA，每条曲线的 I_B 值间隔为 20uA。在分析图表中选取 V_{CE}=4. 00V，对应的 I_B、I_C 分别为（20，4. 87）、（40，9. 05）、（60，12. 8）、（80，16. 2），然后根据以下公式确定三极管 BC108 的参数 β、$\overline{\beta}$。

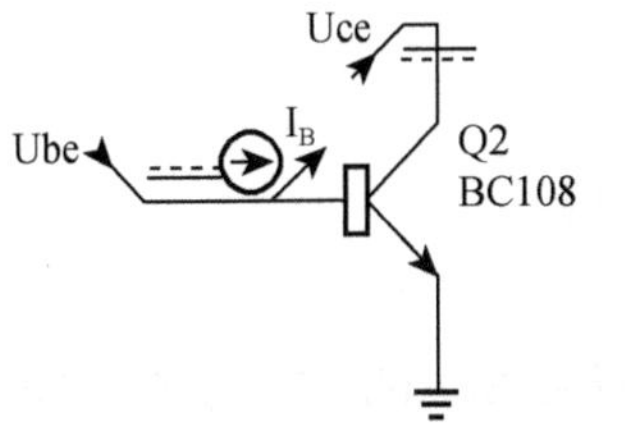

图 7　三极管输入特性仿真原理图

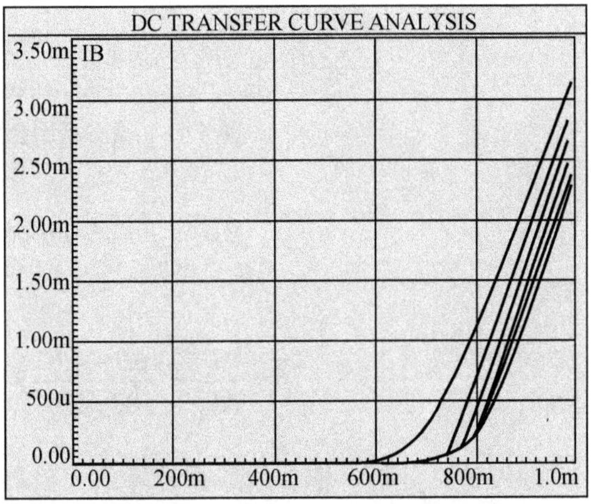

图 8　BC108 三极管输入特性曲线的仿真图

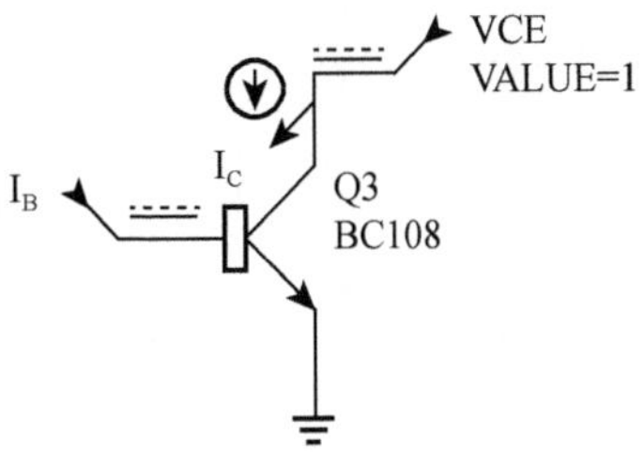

图 9　三极管输出特性仿真原理图

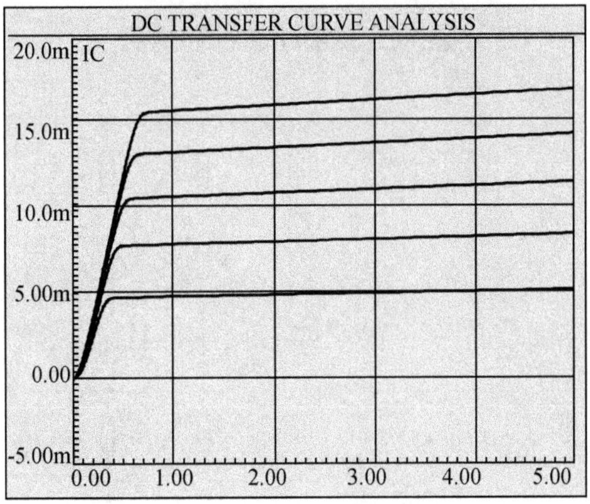

图 10　BC108 三极管输出特性曲线的仿真图

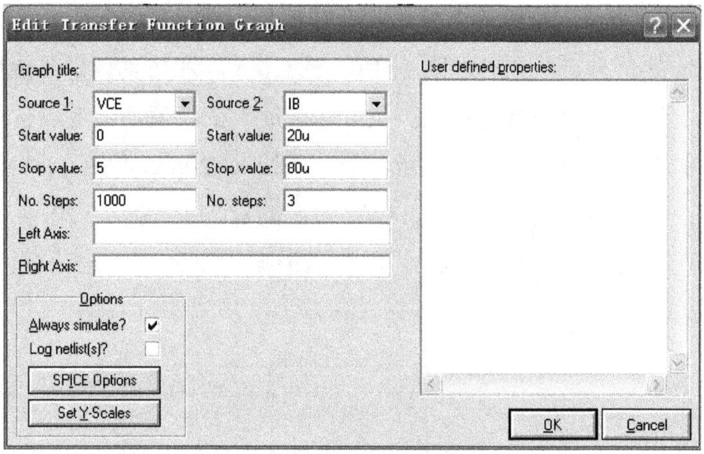

图 11 仿真分析图参数设置

$$\beta = \frac{I_C}{I_B} = \frac{16.2}{80} \times 1000 = 202$$

$$\overline{\beta} = \frac{\Delta I_C}{\Delta I_B} = \frac{16.2 - 4.87}{80 - 20} \times 1000 = 189$$

通过仿真分析，取曲线数据计算放大倍数，再查阅 BC108 数据手册获得厂商提供的放大倍数，两者比较，仿真计算获得的放大倍数在手册提供的放大倍数区间内，说明 Proteus 仿真能够很好地反映实物实验。

（三）晶体三极管动态特性仿真

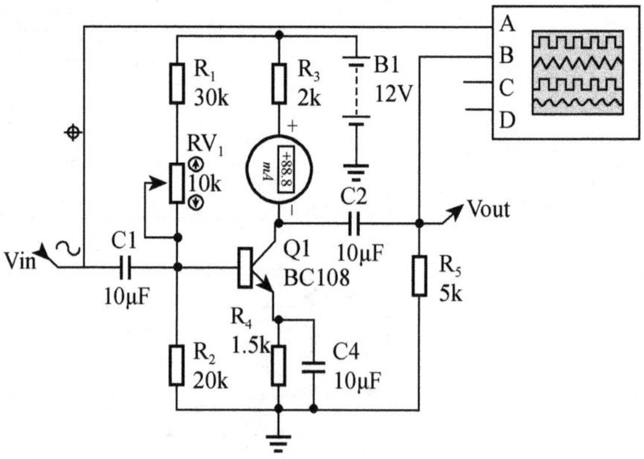

图 12 三极管动态性能仿真原理图

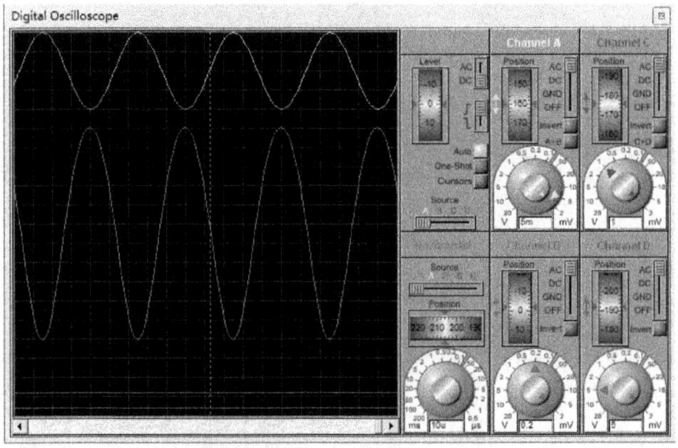

图 13　三极管动态输出虚拟示波器仿真图

在图 12 所示电路中接入频率 f=20kHz，峰值为 20mV 的正弦波信号作为输入信号，点击桌面左下侧的仿真执行按钮，执行仿真，桌面出现示波器屏幕。如图 13 所示，在屏幕上读取输入、输出波形的振幅和波形周期，进而计算出该放大电路的放大倍数。在仿真过程中调节可调电阻 RV_1，可以清晰地看到虚拟示波器屏幕输出波形幅值的变化，将可调电阻 RV_1 调节到某一数值时，能够看到明显的失真现象。显然，通过 Proteus 仿真实验，学生能方便地调整电路参数，形象地观察到输出信号的变化，深入理解放大器的工作原理。

三、结束语

经过仿真演示，学生能够加深理解半导体器件的特性原理，利用这种逼真的仿真实验，能够大大激发学生学习的兴趣和热情，收到很好的教学效果。尤其是对晶体三极管特性原理等抽象内容的讲解课，借助仿真演示，可以降低老师的讲解难度，加深同学们的理解，能够收到很好的教学效果。

参考文献：

[1] 陈俊安. 电子元器件及手工焊接[M]. 北京：中国水利水电出版社, 2005.

[2] 铃木雅臣. 晶体管电路设计[M]. 周南生, 译. 北京：科学出版社, 2004.

[3] 李密丹, 马涛 . 大学物理实验[M]. 北京：印刷工业出版社, 2004.

[4] 郭维芹. 模拟电子技术[M]. 北京：科学出版社, 1998.

[5] 周润景, 张丽娜. 基于PROTEUS的电路及单片机系统设计与仿真[M]. 北京：北京航空航天大学出版社, 2006. 5.

加强改错教学提高大学数学课堂教学质量

张永明

（北京印刷学院　基础部　北京　102600）

摘要：大学数学传统的教学方式大多以教师讲授为主。教师通过大量的例题和练习题强化学生对所学知识的理解和掌握，但实际效果并不理想，其根本原因是学生在听讲和练习的过程中学到的是一个个较为孤立的具体问题的解决方法，缺乏对学科基础知识的真正理解和掌握，当遇到新问题时仍存在较大困难。指出改错教学的理论依据和现实依据，提出改错教学的教学流程和教学设计。改错教学不仅能够调动学生的学习积极性和参与热情，而且能够帮助学生对基础知识的深刻理解，有助于提高大学数学的课堂教学质量。

关键词：课堂教学；改错教学；教学设计；教学质量

中图法分类号：G420

资助项目：北京印刷学院校级教改项目（课题号：22150117055）。

一、前言

1999年，我国高等院校开始扩大招生，随着时间的推移，教师越来越感觉到传统的大学数学教学方式遇到了强烈挑战，教师在课堂上讲过的例题、学生自己做过的习题、教师讲评过的作业题，只要问题稍有改动，就会有大量的学生不能够很好地解决，学生成绩每况愈下，严重影响了教学质量，这不得不引起我们对传统的教学方式进行深刻反思。

课堂教学质量是整体教学质量的重要组成部分，对于大学数学这样的理论课程更是关键部分，而提高课堂教学质量必须改变教师的教学观和教学方式。

文献 [4] 指出：教学方式决定了学生的学习成效。David A. sousa 曾做过一个“学习 24 小时后的知识保持率”的统计，数据如表 1 所示。

表 1 学习 24 小时后的知识保持率

学习方式	保持率
讲授	5%
阅读	10%
视听结合	20%
示范	30%
讨论组	50%
实践练习	75%
向他人讲授 / 即时应用	90%

传统的大学数学教学方式是通过大量的例题和练习题强化学生对所学知识的理解和掌握，其本质特征都是正向思维的，即主要是教师教学生解题的正向思路，而所谓的反证法和反例在实际教学过程中也是按照正向思维进行的，这样一来，学生得到的是一个个相互较为孤立的具体问题的解题方法，而缺乏对所学知识的全面理解与掌握，学生获取知识的方式是被动的，传统的大学数学教学方式不但扼杀了学生的学习热情，而且达不到“提高学生的逻辑思维能力、抽象思维能力、分析问题和解决问题的能力”等基本教学要求。

适量的改错教学可以提高学生的参与度和学习积极性，促进学生更好、更全面地理解和掌握。

二、改错教学的理论依据和现实依据

建构主义学习理论是改错教学的理论依据。1980 年以来，以认知主义学习理论为基础的建构主义学习理论在理科教学领域开始兴起，成为国际范围内科学教育改革的主流理论。根据建构主义学习理论的观点，知识是个人或个人与社会建构的产物，学习者在认知、解释、理解世界的过程中建构自己的知识，在人际互动中通过社会性的协商进行知识的社会建构。也就是说，建构主义观点认为学习者的知识不是通过教师传授得到的，而是学习者在一定的社会文化背景下，借助其他人（包括教师和学习伙伴）的帮助，利用必要的学习资料，通过意义建构的方式而自主获得的。学生是意义的主动建构者，其任务是使用探索法、发现法去建构知识的意义，主动搜集、分析资料和问题，通过联系与思考获得知识。教师则应成为学生意义建构的帮助者、促进者和协作者。

传统的大学数学教学注重的是逻辑严密，即所谓的“一环扣一环”，其教学过程是线性的，学生处于“被动”接受状态居多，而改错教学是反复的、非线性的，学生处于自主的状态，学生在反复地思考过程中完成对知识意义的建构，即理解和掌握所学的知识。

上表中的统计数据可作为改错教学的现实依据。

通过改错教学，教师可以很好地引导学生建构知识的意义，理解和掌握所学的知识。与传统的教学相比，一个改错教学流程往往能够取得事半功倍的效果。

三、改错教学的教学流程

改错教学的教学流程如图1所示。

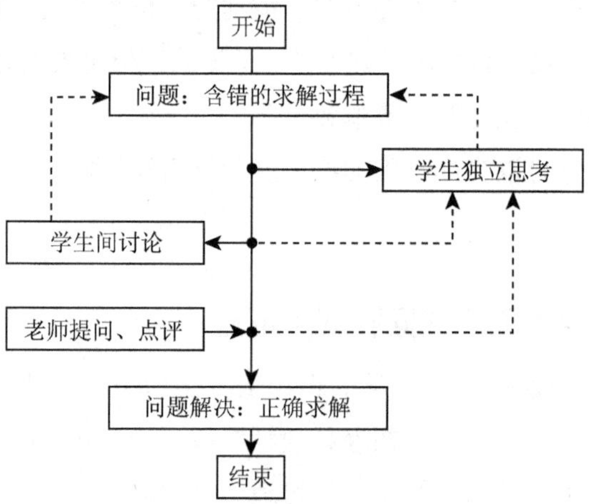

图1 改错教学的教学流程

从图 1 所示的改错教学流程不难看到，与传统的讲授为主的教学方式相比，改错教学的过程是非线性的，学生是学习的主体也体现得十分充分，整个改错教学流程包含了独立思考、实践、交流、向他人讲解等诸多有利于学生自主建构知识意义的环节，其中学生独立思考的过程体现得尤为突出，学生间讨论处于第二重要位置，它对学生独立建构知识起到了“润滑剂”的作用，而教师的提问和点评只是起到了总结归纳和最终定性的作用。

改错教学能真正体现学生是学习主体的教育思想，符合建构主义学习理论的要求，同时也符合实际统计数据的要求。

四、改错教学的教学设计

1. 改错教学的教学设计原则

改错教学的教学设计原则是通过改错教学帮助学生建构起所学知识的意义。学生在反复思考和讨论的前提下发现错误、改正错误，最终实现对所学知识的理解、掌握和运用。

改错教学的教学设计原则必须体现过程的重要性，教师不能把改错教学使用的问题当作一般例题直接讲解，没有学生主动参与的改错教学不能称为真正的改错教学，学生主动参与全过程是改错教学的目标得以实现的关键所在。

2. 改错教学的错误来源

学生在学习过程中所犯的错误是改错教学的重要资源，教师应该珍惜并记录既往学生和当前学生在作业、练习、测验和考试中常犯的错误，并作为改错教学的素材。

教师应认真批改学生的作业，记录、归纳学生作业中出现的错误，分析错误产生的原因，为编制改错练习做好资源上的准备。

3. 改错教学的容量

改错教学不需要太多，学生容易出错的一个知识点配一个典型的改错教学流程就能收到较好的效果，同时考虑到改错教学的一个流程需要占用较长时间，所以客观上也不允许做过多的改错教学，而且一种教学形式运用得过多，也会引起学生的反感，不但不能达到预期的效果，反而会影响教学效果的提高。

以大学数学中的“一元微积分学”部分为例，针对学生经常出错的 15 个知识点，我们相应地编制了 15 个改错教学流程，并在教学过程中予以使用，过后测验表明学生对相关知识点的出错率有显著的降低。

4. 改错教学的课堂实施

将含有错误的求解过程呈现给学生，首先要求学生独立思考，寻找错误所在及正确求解方法，然后引导学生互相讨论、交流认识，接着教师提问、点评，最后教师再给出完整的正确解答。这一过程能够充分体现建构主义学习理论的思想，符合上表中提出的有利于提高学生学习成效的后四项学习方式，整个改错教学流程可以引导学生理解、掌握和运用所学的知识，降低以后再犯相同错误的可能性。

改错教学在实施过程中应充分鼓励学生参与，提高学生的积极性，比如，不妨在教师提问、点评环节请学生充当教师在讲台上讲解，请其他学生当裁判，教师充当调解员，这样做效果往往会更好。

5. 改错教学实施过程中发生的新错误

由于学生对知识的理解和掌握尚未达到准确的程度，所以在实施改错教学的过程中，学生可能会犯超出教师预期的新的错误，有些是明显的简单的错误，教师可以即时加以纠正，而有些错误解决起来可能比较麻烦，教师不必即时加以纠正，而应把它当作一个很好的问题留给学生作为课后思考题，同时也可作为教师以后改错教学的错误资源。

改错教学不仅能够调动学生的学习积极性和提高学生的学习效果，同时也颇具教学相长的功能。

五、改错教学的其他教育功能

改错教学除了可以帮助学生更好地理解和掌握所学的学科知识，还可以培养学生的自学能力、独立思考能力、团队合作精神和创新意识。

参考文献：

[1] 伍建华，等. 大学数学的现状调查和分析[J]. 数学教育学报, 2007, 16(3)：36-39.

[2] 李锋. 师生“互动改错法”在习题教学中的应用[J]. 物理通报, 2009(11)：30-32.

[3] 张从容. 提高高校课堂教学质量的对策研究[J]. 黑龙江高教研究, 2007(12) : 164-166.

[4] 陆昉. 推进课程共享与教学改革 全面提升大学教学质量[J]. 中国大学教学, 2014(1) : 8-11.

[5] 全国高等学校教育技术协作委员会. 教育技术理论导读[M]. 北京: 高等教育出版社, 2001.

[6] 邱红霞. 学生的错误 宝贵的资源[J]. 数学教学通讯, 2011(2) : 37-39.

高校试行“翻转课堂”教学形式的初步探讨

侯志萍

（北京服装学院　基础教学部　北京　100029）

摘要：“翻转课堂”教学模式在美国出现并发展，目前国内也有推行的趋势。本文认为目前国内教育现状，适宜先从高校推行入手，在高校有准备、科学开展有利于给学生带来很多好处，不仅可以拓宽知识获取点，而且能培养自身主动学习的习惯，提高学习能力，也能充分发挥自己的个性，从不同的角度解决问题、发现问题。

关键词：翻转课堂；互动；自主学习；主动学习

一、“翻转课堂”教学模式的由来及发展

“翻转课堂”教学模式是学生在家通过教师制作的课程讲解视频等教学资料完成知识的学习，而课堂变成了老师与学生之间、学生与学生之间互动的场所，包括答疑解惑、知识的运用等。

这种教学模式首先于2000年在美国高校出现雏形，2007年美国正式在课堂中采用“翻转课堂”教学模式，并推动这个模式在美国中小学教育中的使用。随着互联网的发展和普及，“翻转课堂”的方法逐渐在美国流行起来，同时也引起争论。目前，国内也有在大、中、小学各阶段试推行“翻转课堂”教学模式的趋势。

二、“翻转课堂”教学模式，对教师和学生都提出了更高的要求

有很多学者认为，“翻转课堂”教学模式没有达到真正意义上的改变，只是形式变了，与传统课堂没有本质的区别。作者认为这种说法是正确的，这种模式改变了教学方法和环境，对学生和教师都提出了更高的要求。

对教师来讲，引导学生学习比单纯教学难度更大，首先要对自己所教授学科

有较深的理解，能在课堂上游刃有余地解答学生提出的问题，又要在课前做出简要便于学生理解的教学课件。因此，即便在这种教学模式下，教师的知识储备深度、广度和教学能力、感染力对教学结果依然起决定性作用。

三、“翻转课堂”教学模式适宜在高校教学中推行

高等教育阶段，学生普遍具有较扎实的基础知识，较高的自制力，较多的可自由掌控的时间。同时，高校既是主要向社会输送各领域精英阶层的机构，也是新技术新方式交流、创新的研究机构，最适合试行新事物。

高校集中了国内各领域的专家、教授、讲师等阶梯授课团队，具有试验室、网络中心、对外交流中心等研发交流设施，是各阶段教育机构中与社会联系最紧密的，是以向社会各领域输送较高端人才的主要的机构。因此，高校在所有阶段教育机构中具有权威、专业和灵活等突出特点，适宜推行“翻转课堂”教学模式。

四、高校开展“翻转课堂”教学模式对学生的好处

高校试行“翻转课堂”教学模式，会给学生带来很多好处，不仅可以拓宽学生知识获取点，又能培养学生主动学习的习惯、提高学习能力，还能充分发挥自己的个性，从不同的角度解决问题、发现问题。

1. 充分利用网络资源获取知识，课后拉近教师和学生的距离

从“翻转课堂”的发展可以看出，“翻转课堂”的学习以网络为基础，是网络与信息技术不断发展的必然产物。无论是翻转学习改革，还是“翻转课堂”实践都离不开信息技术。实际上，在翻转学习中，有个必要环节就是利用信息技术将传统的“课上”教学活动经过刻意安排、设计后进行录制。再将录制后的视频内容经过加工处理后通过网络进行传输和演示，让学习者将“课上”的内容带到“课下”有选择地学习，从而掀开翻转学习的新篇章，为课堂教学时间的重新规划与合理使用打下良好的基础。

利用目前发达的网络，学有余力的学生可以获取教师提供课件以外的知识，迅速扩充自己的知识广度，同时总结出来的问题可以在课堂的交互时间进行研讨，增加自己知识的深度，无形中拉近了学生和教师的距离。

2. 教学模式的改变，增加了学生求知的压力和动力

跟传统的每个知识点详细讲解的方式不同，“翻转课堂”教学模式教师提供

的课件简明扼要，讲解必要的知识点，细节内容掌握主要靠学生自己理解和总结。这样的模式既增大了学生的求知压力，也调动了学生求知的动力和主动性。学生无形中形成了自己分析问题和解决问题能力的习惯，同时掌握了自主学习的方法。培养学生学习的主动性有助于学生对知识的强化，实现知识的正迁移。

3. 课堂探讨互动的时间增多，提升语言表达和组织能力

“翻转课堂”与传统的课堂教学相比较，是不断加强、不断深化师生之间互动机制的过程。团队学习、协作学习、探究性学习、案例教学都可以体现学生的主体地位。教师角色也发生了转变，既是指导者又是参与者，与学生的互动可以帮助学生解决学习中遇到的各种问题。与此同时，教师与学生、学生与学生之间的多元化互动对师生、生生之间的关系起着促进作用，还对深化学生的合作意识起着积极作用。

课堂互动过程中学生表达的机会和时间增加，不仅增强了知识的交流，而且不断地互动交流还促进学生提升自己的语言表达能力和组织能力，对于增强自信心和提升自身综合能力也有极大好处。

4. 个性发散地思考问题，有利于创新突破

“翻转课堂”可以依据学习者自身的学习习惯调整自己的学习方法与学习内容，改变了对于新学知识点，永远都是从教师的视角产生的第一认识，增加了从学生自己的初始认知角度去看待同一个问题。从多个角度思考同一个知识点，往往会从旧的知识中出现新的突破。例如，意大利物理学家韦内齐亚诺在 1968 年为探寻描述原子核内的强作用力的方法，发现用有 200 年之久的欧拉公式能够成功地描述他所要求解的强作用力。并且经过进一步的研究，发展出著名的“弦理论”。而爱德华·威滕于 1998 年由建立 M 理论、统一不同形式的弦论成为最终完整的框架。这个过程中的每一位科学家都是站在前人理论基础上，从不同的视角解决自己的问题，进而不断突破形成新的理论。

五、对教师要求有较大提高

“翻转课堂”中，教学重心的转移无疑对教师的教育理念和专业能力提出了更高的要求。教师要以足够的学识和经验把握课堂、引导学生学习，要敏感地意识到大多数学生存在困惑，并及时形成解决方案。而在充足的课堂时间内，学生可能会提出连教师都没遇到过的各种问题或假设，这是一个不小的挑战。

1. 要有较高的教育信息化素养

当今的学生，本身就生活在信息时代，对信息时代的电子产品和各类软件有着天生的亲近感。如果教师不具备与教学视频编制相关的系列技能的话，要推动“翻转课堂”改革是很困难的。

2. 要抓住“翻转课堂”的关键点

将主要的精力都放在视频的制作上，也是一个误区。视频自然重要，但比视频更加重要的是如何支配课堂上多出来的这些时间。课堂的对话和讨论，需要教师做出精心的准备和细致的观察，真正做到因材施教。“翻转课堂”之所以成功，是因为课堂讨论所带来的学生“吸收内化”学习过程效益的提升。

3. 做好角色转换

首先，教师的角色从传统的圣人角色转变成导师；其次，引导学生的角色更加突出学习的主体性和必要的主动性，因为如果没有一定的主动性，翻转课堂中的学习无法进行，所以必须需要学生的主动操作和主动思考。

六、结束语

“翻转课堂”模式是一种新型的教学模式，但没有达到真正意义上的改变。高校根据自身特点和所属学生所在阶段及特点，适合开展“翻转课堂”教学模式试行工作，如果有准备地科学开展会给学生带来很多好处，同时也能培养更多的有经验的后备力量。

参考文献：

[1] 张金磊, 王颖, 张宝辉. “翻转课堂”教学模式研究[J]. 远程教育杂志, 2012, 13(4)：46-51.

[2] 曾贞. 反转教学的特征、实践及问题[J]. 中国电化教育, 2012, 26(7)：114-117.

[3] 陈怡, 赵呈领. 基于“翻转课堂”模式的教学设计及应用研究[J]. 现代教育技术, 2014, 23(2)：49-54.

北京印刷学院包装工程专业创新创业教育体系构建研究

刘全校　王纪刚　曹国荣　付亚波

（北京印刷学院　印刷与包装工程学院　北京　102600）

摘要：包装工程专业创新创业教育体系的构建是一个系统工程。本文在分析我校包装工程专业创新创业教育存在的问题及现状之后，提出了气氛营造、教师培养、学科及专业特色结合、区位优势结合、专业特色结合、专业教育及素质教育结合、课程建设和课程体系结合、平台搭建等方面构建包装工程专业创新创业教育体系，培养创新创业包装人才。

关键词：包装工程专业；创新创业教育体系；创新创业包装人才

一、引言

我校包装工程专业是北京市特色专业，该专业特色是“包装技术与智能技术相结合”和“包装系统设计和艺术设计相结合”，突出包装工程实践应用能力培养，使学生系统掌握包装工程专业的基本理论知识和技能，以培养学生较强的实践能力和创新精神。

目前，随着我国步入基于知识和信息的时代，我们国家也进入创新型国家建设阶段，为了促进经济发展和解决社会矛盾，加强创新和创业的能力培养成为我国高等教育的发展方向。

由此可见，为适应我国高等教育的发展方向，适应新时代的要求和社会需求，以及更好地发挥我校包装工程专业的特色，对包装工程专业创新创业教育体系进行建设和研究，培养具有创新能力和创业能力的包装工程人才，以及对促进包装工程专业建设、人才培养模式的转变和提升，都具有极其重要的意义。

二、创新创业教育存在的问题及现实情况

1. 存在的问题

自1996年《中共中央、国务院关于深化教育改革全面推进素质教育的决定》颁布以后，“创新创业教育”的概念被提出，但在很长一段时间，创新创业教育仍然停留于口号。时至今日，创新创业人才培养尽管取得了长足进步，但仍然存在很多问题。我们包装工程专业在创新创业教育也存在这样的问题。存在的问题主要表现如下：

（1）创新创业教育的水平比较低

我校包装工程专业，通过学生参加各类学科竞赛，我们包装工程专业也举办诸如包装创意设计大赛，加强了创新创业教育，促进学生的创新创业能力的提高，这是取得的成绩。但是，这些仅仅停留在学生作品或产品的展示阶段，或者说是一个展示的平台，与国家提倡的创业精神不符合，没有达到真正意义的创新创业的要求。

（2）创新创业师资队伍比较欠缺

我们的专业课教师，虽然有着扎实的专业课理论基础与教学能力，但创新创业经验相对匮乏，使创新创业教育教学偏重理论，不利于创新创业教育的有效开展。特别是近年来，补充到包装工程专业的教师，尚不具备从事创新创业教育的能力，而且包装工程专业缺乏“双师型”教师。这些都制约了包装工程专业创新创业教育的有效开展。

（3）创新创业教育体系存在问题

包装工程专业，虽然通过实培计划、外培计划等在专业知识和专业技能上，为学生提供了更好的培养计划，有助于学生掌握更为扎实的知识和专业技能；在课程体系上，也设置了培养学生实践技能的课程设计、毕设前的实习、毕业设计环节等，也有助于提高学生的专业等方面的能力。但是，这些都满足不了创新创业教育的要求。

（4）创新创业教育的氛围不足

包装工程专业没有形成良好的创新创业的氛围，一是对大学生创新性学习和创业训练不够重视；二是对学生的创新创业教育在科技创新和专业特色上不甚显著；三是教师没有将创新创业教育给予足够的重视，即使有也是停留在理论教学上。

2. 现实情况

包装工程专业具有较为完善的专业培养方案，使学生能够掌握较为扎实的专业知识和技能；我校包装工程专业参与的各类学科竞赛，诸如包装创意设计大赛、全国大学生包装结构设计大赛、农产品包装设计大赛等。

我校包装工程专业是北京市特色专业，具有“包装技术与智能技术相结合”和“包装系统设计和艺术设计相结合”的显著专业特色，与北京市设计之都和文化创意产业，以及包装设计属于北京市高精尖的设计等是比较一致的。我校有印刷工程专业、设计艺术专业，与包装工程专业易于形成专业群。

我们有不少包装毕业生相继走上创业之路，有的毕业生是相关企业的高中层管理人员，为在校生树立了创新创业的榜样。这些都为包装工程专业的创新创业教育提供了有力的支持，是包装工程专业现在进行创新创业教育的有力基础。

三、创新创业教育体系的构建对策

1. 全面营造创新创业教育氛围

从新生进校到毕业设计全过程，培养学生的创新精神和创业能力。入学专业教育，在介绍专业通识教育、专业教育的同时，还要进行创新创业教育。专业教师在授课过程中，要有创新创业的教育理念，激励和鼓励学生的创新精神和创业能力。

优秀校友介绍其艾利丹尼森比赛获奖作品、全国大学生包装结构设计大赛、“特耐王”杯包装设计大赛等创作灵感、外培计划的经历及收获、实习感悟以及参与企业创新等。

优秀校友、自主创业成功的学生，对其大学学习的学业规划、创新创业能力的培养、公司创建介绍了大学学业规划，跨专业考研，创建公司的历程、困难和机遇及感悟，并为同学们就业创业提出了建议。

2. 着力培养“双师型”教师队伍

针对教师多数没有企业工作经验，理论教育的能力强于实践教育的能力，鼓励教师到企业进行实践活动，到行业部门进行挂职实践，提高教师的实践技能，具备将理论知识应用于生产实践的能力，将教师培养成为“双师型”的教师。请企业技术人员、企业领导、行业专业人员，到学校进行讲座和介绍经验，以传帮带的方式，使教师队伍既具有扎实的理论知识，又具有企业、行业的实践经验。

3. 创新创业教育与学科、专业优势相结合

我校建有材料科学与技术一级学科、材料加工工程二级学科，对印刷包装材料与技术的研究在全国拥有包装工程专业的高校中具有显著的优势，同时率先在包装工程专业明确智能包装的专业方向，形成“包装技术与智能技术相结合”的专业特色。这些为我校包装工程专业的创新创业教学提供了有力的支撑，也必将形成我校包装工程专业创新创业教育的特色和优势。

4. 创新创业教育与区位优势相结合

我校是北京市属高校，北京地区已经是设计最具活力和创新力的区域。北京市明确将包装设计列为高精尖方向，要进行大力发展。智能化、信息化也是北京市大力发展的方向之一。因此，我校所处的独特的区位优势，决定了我校包装工程专业的创新创业教育的方向和内容。

5. 创新创业教育与专业特色相结合

培养学生的创新精神和创业能力，与我校包装工程专业的特色紧密结合。在日常的教学环节，增加教学的实例，提高实验教学针对性和创新性。在专业技能训练上，突出创新实践环节，提高学生的动手能力，鼓励和激励学生创新精神。开设创新教育课程，培养学生查阅文献、专利等获取信息的能力，介绍创新方法和创新发明、创业成功案例。在毕设环节，与企业合作，进行真题真做。通过参与各种学科竞赛，提高学生的创新精神，培育其创业能力。进一步策划及实施创新创业大赛，不仅有针对性地对产品进行包装设计，而且有进行推广、商业化的过程。

6. 创新创业教育与专业教育、素质教育相结合

包装工程专业是多学科交叉的应用型学科、专业，涉及材料、工艺、设备、管理、设计、营销等学科及专业。包装工程专业旨在培养具有扎实的理论基础知识和创新精神的高级包装应用型人才。因此，学生在获得多方面专业基础知识的同时，还应该具有人文素养和综合素质。这就使包装工程的创新创业教育更加复杂。只有将创新创业教育与专业教育、素质教育结合起来，才能使创新创业教育落到实处。

7. 加强创业教育的课程建设及完善课程体系

包装工程专业开设了包装材料学、包装工艺学、包装印刷技术、包装结构设计、包装装潢设计、运输包装、包装信息检测与处理技术等主干课程，以及围绕主干课程的一些选修课程。这些课程的内容及课程体系尚不能满足创新创业教育

的要求。因此，要加强课程建设，使课程的内容及课程体系能够为创新创业教育提供有力的支撑，满足创新创业教育的要求。课程内容要反映最新的知识，课程体系要增加综合性创新性的实训课程、创意创新创业大赛、校企合作解决企业实际问题等。

8. 搭建创新创业教育平台

围绕材料创新、工艺创新、结构设计创新、装潢设计创新及综合设计创新，引导和组建包装多个方面的创新团体，形成材料、工艺、结构设计、装潢设计及综合设计的创新平台。在创新平台的基础上，形成创客群体，进一步形成创客空间。

四、总结

包装工程专业创新创业教育体系的构建是一个系统工程。在分析我校包装工程专业创新创业教育存在的问题及现状之后，提出了气氛营造、教师培养、学科及专业特色结合、区位优势结合、专业特色结合、专业教育及素质教育结合、课程建设和课程体系结合、平台搭建等方面构建包装工程专业创新创业教育体系，培养创新创业包装人才。

参考文献：

[1] 谈晓辉，张建智，关小舟，陈卓，曹小林，刘志强. 大学生创新创业教育体系研究与探索. 创新与创业教育，2015, 6(5) : 25-27.

[2] 刘奇，赵宝新，史建伟. 地方高校创新创业教育体系的构建研究——以河北建筑工程学院为例. 产业与科技论坛，2017, 16(4) : 244-245.

[3] 赵世杰. 高校创新创业教育体系的构建研究. 教育教法探讨与实践，2017(1) : 257-258.

致谢：包装工程专业教学团队（建设）(22150116006/017），京津冀高校协同培养印刷与包装专业创新创业人才的研究（22150116007/055），包装工程优势建设专业（22150117101），包装工程专业创新创业教育体系的建设与研究（22150117032），包装工程专业学生实践创新能力培养——包装设计基础技能大赛的策划及实施（22150117033）。

案例教学在线性代数教学中的应用

王成伟

（北京服装学院　基础教学部　北京　100029）

摘要：案例教学法能很好地把理论学习与实践应用相结合，线性代数应用案例教学有助于培养学生的学习兴趣，活跃课堂气氛，有助于实现教学相长。论述了线性代数案例教学的特点和可行性。实施案例教学中需合理选择案例，遵循可行性原则、针对性原则和趣味性原则。教师的主导作用在于做好课前准备、课中引导、课后总结工作。案例教学方法应与多种教学方式相结合。

关键词：线性代数；案例教学；矩阵

资助项目：北京服装学院教育教学改革立项项目“线性代数案例教学的研究与实践”（项目编号：JG-1624）；北京服装学院2016年校级精品课程提升工程立项项目““线性代数”精品课程提升工程”（项目编号：JPTS-1609）。

长期以来，我国高校本科专业线性代数教学主要采取教师课堂讲授、学生听讲的教学模式。这种重理论、轻实践的教育模式，无法适应现实社会的要求。为了提高教学质量，各高校逐渐在教学中采取案例教学法，通过案例分析，培养学生发现问题、分析问题和解决问题的能力，不失为一种好的教学方法。

本文结合线性代数理论和方法具有较强应用性的特点，结合教学实践，研究案例教学在线性代数课程教学中的应用问题，以期通过科学设计教学环节、合理运用案例教学，把线性代数抽象的理论知识与实际问题联系起来，培养学生的学习兴趣，使学生不仅乐于学，而且感觉学有所用，从而提高教学效果。

一、案例教学的背景

案例教学法是由美国哈佛法学院前院长克里斯托弗·各伦斯布斯·兰德尔在

1870 年提出的一种全新的教学方法，由于该教学模式能很好地把理论学习与实践应用相结合，故自其出现之后，案例教学方法便迅速在世界各地得到了广泛的发展和应用。与此同时，对案例教学的定义也由于各种不同的认知观点和理论基础而存在不同的表述。一般认为，案例教学是围绕教学目标，在教师的指导下，让学生对呈现的典型案例进行讨论分析、归纳总结，从而培养其思维能力的一种新型教学方法。由于案例教学以案例为基本教学材料，将学生引入理论与实践相结合的情境中，使学生在对话、交流和讨论中加深对课程基本理论、概念和方法的理解和掌握，因此，案例教学对于培养学生自主学习能力、创新精神、团队协作精神及提高发现问题、分析问题和解决问题能力等多方面具有重要的意义。

二、大学数学课程应用案例教学的可行性

案例教学是一种将教学与生活实际相结合的教学方式，有利于促进学生对于知识点的理解与运用。案例教学与传统的教学相比，可以将抽象的数学知识通俗化，提高学生通过运用数学的思维分析和解决实际问题的能力，减少数学教学不确定性的情况的出现。本科教育以培养技术复合型人才为主要目的，数学是一门启迪学生思想、促进其思维能力提高的学科，对于本科院校的学生来说，学好数学对于其理解掌握日后的工作技术具有重要意义。在我国传统的本科教育中，大部分教师教学观念落后，没有深刻地去认识应用案例教学的重要性，每天的教学都以一种单一的方式进行，没有探讨应用案例教学的重要性。而本科院校的大多数学生往往不具有学习的主动性，教师在教学过程中，只注重讲授数学理论知识，忽视了将其具体运用到实际生活中的重要性，不利于本科学生的吸收理解。即使是具有丰富教学经验的数学教师，没有将数学知识的学习与案例相结合，对案例教学的定位与实施不准，也不利于学生的理解。

案例是案例教学中的一个重要因素，而来源于现实生活中的情况与具体问题的真实案例更能引起学生的关注和参与，也有助于案例教学活动实现最佳的教学效果，线性代数这门公共基础课的理论和方法在实际中都具有广泛应用。随着电子计算机技术的快速发展和普及，线性代数作为一种解决离散变量的线性关系问题的重要的计算和分析工具也已在控制与决策、经济管理等领域得到广泛的应用。因而，线性代数在实际中的广泛应用实例为开展案例教学提供了必要的可行性。

三、高职线性代数教学案例教学的特点

线性代数具有抽象性和逻辑性强的特点，涉及的符号和运算较多，内容上层层递进，是一个强调连贯性的学科。线性代数是一种数学语言和数学速记符号，是本科院校数学教学的一个重要组成部分，也是解决实际工作的重要工具。它是学生学好工程测量和计算机运用的基础学科。本科教育旨在培养技术型应用人才，线性代数在科学技术发展的现代化社会，对于专业人才来说是一个需要认真对待的课题。线性代数教学主要由行列式、矩阵和线性方程组的解、二次型所组成。同时，线性代数作为离散变量的基础，是代数学的一个重要分支，本科专业的学生，在实际工作中会不可避免地遇到与线性代数有关的问题，如数据采集和误差分析；对于摄影测量专业的学生来说，由于知识点较为抽象，教师如果依旧采用传统的教学模式，不利于学生对课堂知识的认识。所以，应用案例教学在高职线性代数教学中具有明显的必要性。教师要注重本科院校学生实际的学习情况，采用案例教学的方式，利用生动的、通俗的语言对知识进行讲解，促进学生的理解。在线性代数的教学中，教师要按照“以应用为目的，以必须够用为度”的教学原则，适当地引入案例进行教学，以激发学生的学习潜力，提高课堂的教学质量。

四、实施案例教学中需注意的几个问题

本科线性代数的教育是以培养应用能力为主，不同于一般的学科知识研究性教育，教材的编排往往注重基础性和实用性，有利于他们能力的提高。线性代数具有很多的概念原理，包括矩阵的秩和齐次方程的概念等。俗话说得好，“实践出真知”。在本科学生线性代数的教学中引入案例进行教学，可以直观地将一些定理通过推论和演算的方式呈现在学生面前，既体现了数学学科教学的严密性和逻辑性，又能够让学生掌握学习方法，提高解题的能力。

著名数学家波利亚曾说过：“掌握数学就意味着解题。”数学教材的编排上就体现了这一点，教师在教学时要立足于教材中的例题，通过教材中的案例引入教学内容，立足于典型例题的讲解，发散学生的思维能力，使得他们能够掌握良好的学习方法，真正地做到举一反三、触类旁通，减少学习的压力，增加其自主学习的动力。对数学知识的掌握往往需要进行大量的练习，教师要合理地利用教材后附的习题，适当地给学生增加一些检测题，增强学生学习的自信心，激发他

们的创新思维和想象力。例如，在线性代数复习时，将实际生活问题运用线性代数的情况设置成相应的例题，包括证明题和计算题等，让学生通过教材案例联系实际，从实际生活中学到数学解题的思维，这对于培养他们观察周围事物的习惯具有促进作用。以数学的眼光去观察、分析周围生活现象，选取具有代表性的案例，避免抽象习题的出现，显示出数学学习的实用性。

1. 合理选择案例

案例是案例教学的主要内容，在整个课程教学中发挥着至关重要的作用，案例选取的好坏直接影响到案例教学的效果。下面结合作者本人的教学实践，给出大学数学课程案例选择的几个参考原则。

（1）可行性原则

可行性是指所选案例要有真实感，同时能让学生用当前所学知识理解和分析案例。案例最好来源于实际的工作或生活问题且难度适当，不切合实际或难度太大的案例都会让学生失去讨论和分析的兴趣。例如，在讲概率论与数理统计时，可选取如下在日常生活中常见的抽签问题作为案例。

（2）针对性原则

案例应尽可能根据本专业特点来选择。通过案例教学，让学生认识到数学理论和方法在本专业中的具体应用，明确为何学数学的问题，进而增强学习数学的主动性和积极性。

（3）趣味性原则

兴趣是最好的老师，一个生动、有趣的案例会引起学生极大的兴趣，从而积极主动地参与到案例的讨论和分析中。

2. 发挥好教师的主导作用

案例教学强调以学生为参与的主体，教师为主导，主导服务于主体。虽然教师不再是讲授的主要角色，但发挥好教师的主导作用是案例教学成功的重要保证。这需要其做好以下几方面的工作：

（1）课前准备

首先，任课教师需根据授课内容在课前确定所用案例，教师可以从已有的案例库中选取，也可以安排学生课前分组通过网络、报刊、杂志等渠道搜集他们感兴趣的案例。其次，确定案例后，教师需充分熟悉案例及蕴含在案例中的理论方法，并对案例教学过程中可能出现的各种情境预先做出估计和分析，并制定相应的措施。

（2）课中引导

教师作为案例教学的主持人，在积极引导学生发言和讨论的同时，需根据所教授内容的难易以及学生的现场反应，把握好节奏和尺度，调动和营造良好的课堂气氛，使学生的主体性得以充分的发挥，实现最佳的教学效果。

（3）课后总结

案例教学结束后，教师要及时进行总结。一方面，对学生在案例讨论分析中的表现进行点评，如对学生在分析解决问题中呈现出的创造性思维给予表扬，而对于某些不足之处则加以指正和鼓励。同时，教师应引导学生归纳、整理案例教学中所用到的知识和方法，使知识系统化。另一方面，教师也要根据案例教学的实践情况，对案例选择、教学方法、组织方式等方面进行总结，不断地改进和完善案例教学方法。

3. 案例教学与多种教学方式相结合

如前所述，案例教学在激发学生学习兴趣，实现教学相长等方面具有传统教学方法所不能比拟的优势。但我们也应注意到，案例教学的有效开展无论是对教师还是学生都有较高的要求，学生只有将相关数学理论和方法理解得透彻，才能充分参与案例讨论。而作为主导者的教师，能在案例教学的过程中熟练融合运用启发式、问题式、讨论式等教学方法也是案例教学取得成功的重要因素。另外，案例教学也存在传授知识缺乏系统性及教学复杂、耗时等不足。因而，案例教学应与多种教学方式、方法相结合，才能发挥其最大的作用。

4. 教师要合理安排课堂教学

线性代数的概念性强，概念的推理、公式的运用都是教学的难点。教师在对线性代数进行应用案例教学时，要在深刻分析线性代数特点的基础上，合理地安排教学内容，掌握好课堂教学情况的进展，便于学生全身心地投入到教学当中。案例的教学往往是循序渐进、层层深入的，本科学校的大多数学习自主性和效果较差，教师在教学时不能急于求成，要考虑各方面的因素，注重知识结构的系统性，选取合适的案例，逐步对现有的教学进行改革，提高教学质量。

5. 案例教学要注重学生思维方式的培养

数学教学主要是培养学生的思维方式，在线性代数的课堂教学中，通过引入案例教学，可以将枯燥的教学简单通俗化，提高学生学习的兴趣。在教学中，教师应该注重对学生思维方式的培养，俗话说得好：“授人以鱼，不如授人以渔。”学习是一个无止境的过程，只有掌握好的学习方法，养成良好的学习习惯，才有利于数学学科的学习。教师在课堂上可以借助线性代数的具体特点，发掘出其中蕴含的数学思想，可以借助数学模型进行教学，提高学生在实际处理问题时的思维能力。

五、结束语

线性代数是一门理论与实践并重的科学，随着社会的发展进步，线性代数与其他学科的交叉融合不断得到加强和发展。时代的发展要求学生不但要学会数学的基本理论和方法，更重要的是学会将其灵活运用。案例教学法作为理论联系实际的桥梁，虽然其也存在一定的不足，但通过教学实践表明，在大学数学课程中引入案例教学，对培养学生学习数学的兴趣、提升教学效果、完善数学课程建设及实现学生的素质教育等多方面都起着积极的作用。

参考文献：

[1] 关秋, 陈梅. 案例教学的理论研究综述[J]. 教育与职业, 2011(20) : 145-146.

[2] 郭德红, 纪向荣. 案例教学的要素和方法[J]. 衡水学院学报, 2007, 9(2) : 107-110.

[3] 黎虹. 线性代数教学中结合应用问题举例[J]. 菏泽学院学报, 2009, 31(2) : 127-130.

转变大学数学知识观，培养创新人才

章江华

（北京服装学院　基础教学部　北京　100029）

摘要：社会对于人才的要求已不仅仅是掌握科学知识，而是具备创新意识和创新能力，能够分析、思考并解决实际问题。大学数学是大学各专业的公共基础课程群，对大学生的成才起着至关重要的作用。随着中学新课程改革的推进，现代大一新生对知识的观点已经有较多的变化。大学数学老师也需要改变知识观念。知识观的转化将在大学数学教学的过程中产生重要的影响，在大学数学的教育改革当中我们也应当积极从数学知识观转化中得到相应的启示，促进大学数学教育的进步。

关键词：数学教育；知识观；以学生为本；以学科为本

资助项目：北京服装学院2016年教育教学改革立项项目“以学生为本理念下高校公共基础课程教学改革的整体设计与规范化研究”（项目编号：ZDJG-1610）。

现代大学数学教育是通过引导学生学习近代经典数学知识来实现的。数学知识的学习成了数学教育的主题。显然，教师的数学知识观是其课程设计的认识基础。学生对数学知识的认识，比如，觉得有用或无用，对其数学课程的学习有重要的影响。大学数学知识的认识观是大学数学课程教与学的教育理论基础。

承担大学数学课程教学任务的老师在任职前一般都接受了长期的数学专业训练，对所讲授的数学知识有深刻的理解，工作中的科研领域一般是现代数学前沿理论。受专业背景和科研领域的影响，大学数学教师无意识地会从自己熟悉的纯数学领域来组织课程教学，即其知识观是“数学学科”的。学习大学数学课程的非数学系的学生对数学知识的认识是从个人未来发展角度来思考和理解的，具有个人价值取向。显然，教师和学生对数学知识的观念是有差别的。

本文在明确教师数学知识观与学生数学知识观不同的基础上，从创新人才培养的角度，通过分析现在大学数学教育的危机，建立教师以“学生为本”的数学知识观念。

一、大学数学教育的危机

师生间知识观念的不一致常常导致教师和学生对相同知识态度上的不同。对课程内容的态度不一致，必然引起大学数学教育的一些危机。

1. 大学数学教育的人文精神危机

数学教育以学生熟练掌握数学课程知识作为主要目标。这个教育目标一直影响着教师的教学工作，产生了一些异化现象。比如，“填鸭式”灌输影响知识的启发与理解、反复地刷题增加学习任务、闭卷考试造成紧张的学习压力等。对客观知识的过度重视，使教师失去对学生的人文关怀和数学文化传播的机会。这导致了学生在生活中难以体会到数学的意义与精神价值。

2. 大学数学课堂教学危机

现在的大学数学教育过程是一种在知识权威支配下的控制过程。这无疑会消解学生对于知识的批判能力，而教学却成了维护课程知识的霸权活动。为了提高考试成绩，教师采用各种变式“灌输”给学生各种权威知识，很少关注学生的兴趣和爱好。以重视知识数量与掌握程度为主的现代教育评价制度，恰恰迎合了现代课堂教学中的“接受性”教学。事实上，现在大学生厌学情况极其严重，好像整个学习过程是在一种无形“外在势力”卜进行的，那种人生来爱学、乐学的原始本能在大学教学中已成了稀有之物。

这些危机不仅仅表现在数学教育上面，在其他学科教育上或多或少也有。令人遗憾的是越是偏科学的知识，类似的异化现象越突出。

究其原因，传统的科学知识观中的“价值中立性”“普遍性”“客观性”等特征逐渐受到新时代大学生无情的批判，他们注重对人的认识。这要求大学数学教师从促进人真正全面发展的角度来组织大学数学课程，即刷新大学数学知识观。

为了建立新的数学知识观，下面介绍“后现代课程观”中有关“知识”的观念。

二、后现代知识观

20 世纪以来，现代科学知识的观念由于受到社会发展的影响，开始了含义上的巨大变化，古典知识观逐渐受到人们的批判，后现代知识观由此开始逐渐形成。这种知识观注重对人的认识，认为知识不是对客观事物本质所进行的揭露，而是针对人的本质所进行的揭露，是对人的认识的一种深层次的假设或者是暂时制定的一种认知策略，知识与利益、性别、实践、权力等因素之间存在着非常复杂的关系，价值性、境域性和文化性是后现代知识三个最主要的特征。知识观性质的变化，随之带来了社会环境中个人意识的变化及社会观念的变化，对于整个时代中人的学习产生了非常重要的影响，使人们在学习过程中逐渐开始审视所学知识的“霸权主义”和“权威主义”。社会上普通的学习者也逐渐改变了自己在学习中的角色，不再仅仅是知识的接受者，而逐渐成为知识的生产者、解释者和传播者，所有的学习者都可以对知识进行大胆的反驳、修正和质疑。

在这种新型的知识观的引导下，大学数学教学也开始进行新一轮的深化改革，比如，数学文化与数学建模被引入课程之中。在现在的大学数学教学模式中，教师已经不再是仅仅关注帮助学生掌握数学知识，而是开始注重培养学生的探究意识和怀疑意识，使学生认识到数学学习的重要性，提高学生学习数学的积极性和主动性。优秀的教师在引导学生掌握基本知识的同时传授数学思维方法，揭示数学化表达问题的本质，提高学生学习数学的效率。

三、建立“以学生为本”的知识观

“知识大爆炸”的时代，学生可选择学习的知识丰富多彩。抽象而深刻的数学知识本来就让人望而生畏，如果教师仍然“以学科为中心”，以这种权威的身份来组织课程知识必然会加深学生的恐惧与厌恶。大学数学的根本目的在于帮助学生为进入数学、科学和工程的领域做准备。如果教师从学生的角度来重新认识课程知识会怎样呢？这就需要教师进行换位思考。

1. 学生是获取知识的主体

传统的大学数学教学模式将教师作为教育教学的主体，教师是课堂教学的主导者，具有绝对的权威。这样的教学方式忽视了学生的个性发展，不利于学生个性才能的发挥，对学生数学能力的培养产生了非常不利的影响。科学知识观的普遍性和客观性要求教师必须尊重学生个性能力的发挥，认识到知识的公共性和共有性。教师在教学中不能依赖于教材，“一本书不能构成一门课，教师和学生在一起才能构成一门课”。

教学实施过程中让学生发挥创造性，以个体的经验来构建自身的知识结构，改变原有的教学模式，如现在流行的“翻转课堂”。从学生的实际情况出发为学生制定正确的、适合学生发展的教学策略，教师在课堂上所讲的知识应该充分联系实际情况，使教材成为学生学习数学的载体，成为学生在学习中的公共知识，使学生的理论知识与社会实践相结合，增强学生学习数学的积极性，作为生活中不可或缺的一种工具。数学中那些抽象的概念是对实际的生活常识的概括，教学中要善于挖掘学生的个性才能，充分发挥学生的创造性思维，提高学生的数学逻辑能力和思考能力。因此，在社会集体活动中能够灵活运用这种逻辑思维能力和思维方式来处理事情，以加强数学知识在实际生活中的应用价值。

2. 数学建模案例再现数学知识

随着教育改革的不断深入，大学数学教学也进行了积极的改革，教师在数学教学的过程中积极引入数学建模案例，有效地拓展了学生思维的空间。让直观形象、解析和数值的例子作为理解数学和现实世界中关系的工具。让学生置身于一个自由、民主的分组活动空间之内，在这样的空间里构思和研究如何数学化地处理问题。这种方式有效地提高了学生的自主学习能力和创新能力，开拓了学生的创造性思维，促使学生的个体知识结构得到进一步延伸，为数学教学的开放性提供了一个良好的渠道。

在教学执行中，教师扮演好指导者和服务者的角色，为学生的有效学习提供良好的学习环境，加强与学生之间的沟通交流。教师在平日的生活中也应当积极与学生进行思想上的交流，及时了解学生的思想变化，根据学生的具体情况来实施自己的教学策略，不断提高学生的学习效率。只有将学生置于一个良好的学习空间，学生才能真正发挥自己数学学习的个性才能，才能在这样的空间中积极地进行学习和数学研究。数学建模活动实践证明，良好的学习环境有助于学生数学素质的培养，对于学生自主学习能力的培养和发展也能产生非常积极的作用。

3. 知识是通过交流获取的

在数学教学中，教师要想充分发挥学生的创造性思维能力和逻辑思维能力，就必须脱离教材的束缚，加强课堂上与学生的互动交流，鼓励学生在课堂上积极回答教师的问题，培养学生对问题的质疑精神，使学生在对问题的质疑中加强自身对数学知识的理解和认识，增强自己主动探索的动力，充分发挥学生的学习自主性。同时，教师也应当鼓励学生在课堂上积极展开同学与同学之间的互动交流，在思考问题的时候加深自己对问题的认识。教师在此要发挥指导作用，积极指出学生学习中的不足，尊重学生的观点和意见，把握好讨论的方向。对学生的学习及时做出相应的评价，使学生在自主学习的过程中增强学习的自信心，感受到学习数学的乐趣，改进学生的学习方式，使学生的数学学习变得更加丰富多彩。学生在这样的学习氛围中不但能够加强对数学知识的认识，而且还能增强与同学之间的合作交流，增强学生的合作能力和社会适应能力，使学生能够将数学知识与现实生活联系起来，增强数学学习的实际应用价值。

近年来，热门的“翻转课堂”教学模式改革，颠覆了传统的知识获取方式。这种教学模式下，教师不再占用课堂的时间来讲授知识，这些知识需要学生在课前完成自主学习，他们可以看视频讲座、听播客、阅读功能增强的电子书，还可以在网络上与别的同学讨论，任何时候都可以查阅需要的材料。教师花费更多的时间与每位同学交流，学生通过多种交流方式来获取知识。

四、“以学生为本”知识观的弊端

“以学生为本”知识观的另一面弱化了数学家知识观中的“严密性”“准确性”“客观性”和“简洁性”等特征。笔者在实践中发现，在这种观念下开展数学教育工作会有以下弊端需要教师灵活处理。

1. 准确概括知识的主体内容变得很难

基于印刷术的数学知识一般是用综述方式来写作的。这是“以人为本”的分析方式的一种颠倒，但完整简洁。这种写法适合专家看，但初学者往往需要多次重复阅读才能厘清逻辑层次，明白写作意图。例如，数学教材目录中的章节标题，基本是通过课程知识中的专业术语来表达的，而这些术语对初学者来说第一次基本没法理解。

用“以学生为本”的观念来写作势必会采用一些在专家看来是模糊的语言，这对教师的语言能力要求很高，有时甚至是痛苦的。因为这要求放弃自己擅长的术语，而采用白话来概括。比如，数学模型类书籍，按数学学科分类模型是件容易的事情，但是按实际问题类型来分却不容易分开，因为有些问题可以属于好几类。

2. 学生个人价值取向不同，导致教师众口难调

大学数学课程教学一般是大班教学，几个专业的学生在同一个课堂上课，学生们的未来发展方向不同，知识价值取向会很丰富。教师如果用“以学生为本”的观念来取舍知识和安排教学无疑比“以数学学科为本”来组织教学要费力得多。同时，对教师的知识面和对学生需求的了解提出了很高的要求。

教学是一门艺术，需要教师根据授课对象和教学目标采取灵活的方式来处理。比如，微积分教学的一种做法是分两级（初级和高级）来开展，初级采用更接人气的方式来呈现，而高级就采用学术化的方式来讲授。

五、结论

知识观的转化对于学生的数学学习效率的有效提高具有非常重要的作用，也给数学教学模式的转变带来了启示。教师需根据学生情况，选取恰当的知识观来组织课程。即使教师再擅长专业领域，也不能忘记教学中自己是教师身份而非数学家。

参考文献：

[1] [美]小威廉姆·E. 多尔著，王红宇译. 后现代课程观[M]. 北京：教育科学出版社，2002: 212.

[2] [美]芬尼著，叶其孝译. 托马斯微积分[M]. 北京：高等教育出版社，2003: 3.

[3] 尹铁燕，彭羽. 翻转课堂评述[J]. 当代教育论坛，2015, 17(1) : 94-102.

“一带一路”形势下服饰文化的翻译

康洁平

（北京服装学院　语言文化学院　北京　100029）

摘要： 随着社会文明的进步，衣服不仅具有御寒保暖的功能，还成为一种文化的载体，蕴含着丰富的文化内涵。在“一带一路”形势下，对服饰文化进行翻译，可以使不同民族的人们加深对彼此服饰文化的了解和认识，还能借此更加深入地了解彼此的民族文化。中西服饰蕴含着丰富而深刻的文化内涵，同时也能从中看出中西服饰文化之间的差异，因此，在翻译时就需要采用灵活、有效的翻译方法，以促进“一带一路”形势下中西文化的交流与融合。

关键词： 一带一路；服饰文化；内涵意义；翻译策略

在人们的日常生活中，衣食住行缺一不可。其中，“衣”被排在了首位，足以说明其重要性。随着社会文明的进步，衣服不仅具有御寒保暖的功能，还成为一种文化的载体，蕴含着丰富的文化内涵。在“一带一路”形势下，对服饰文化进行翻译，可以使不同民族的人们加深对彼此服饰文化的了解和认识，还能借此更加深入地了解彼此的民族文化。

一、“一带一路”形势下服饰的文化内涵

一个民族的服饰体现着该民族的物质文明、文化素养等，蕴含着深刻的文化内涵。以下就对中西服饰所蕴含的文化进行探究，以便为其翻译奠定基础。

1. 服饰材料

（1）中国服饰材料

构成中国服饰的材料非常丰富，包括麻、棉、丝等。其中，最具中国特点的就是丝。早在5000年前，中国就开始养蚕、缫丝、织丝，是世界上当之无愧的

丝绸之国。中国的制丝工艺十分娴熟，已经达到了相当高的水平，其凝聚着中国人民的智慧。因丝绸质地柔软，印尼很多服饰都采用这种材料，如披风、水袖、头巾等。此外，丝绸非常细腻，给人一种飘逸之感。

（2）西方服饰材料

亚麻布是西方服饰的主要制作材料，这与地理环境有着很大的关系。西方国家的地理环境适合亚麻的生长，很多国家都盛产亚麻。而且亚麻布易于提取，所制服饰结实耐用，便于人们日常劳作。

2. 服饰造型

（1）中国服饰造型

①外形。在外形方面，中国传统服饰讲究纵向的感觉，一般从衣领处就开始自然下垂，衣袖一般长到过手，袍裙呈筒形，衣服多采用下垂的线条。受中国服饰造型的影响，亚洲的很多其他国家的服饰也都有此特点。这种纵向下垂的外形能够弥补东方人矮小的身材，能给人一种修长的感觉，使身体比例显得和谐完美。此外，这种平顺的服饰外形与中国人脸部较柔和的轮廓线条也相适应。

②结构。在结构上，汉民族传统服饰多采用平面直线裁剪方法，没有起肩和袖窿部分，只有袖底缝和侧摆相连的一条结构线，结构简单舒展，呈现出一种线条柔和的意境美。此外，中式服饰的对开“V”领、直立领、斜交领、衣服下摆两侧开衩，以及衣服的对襟、大襟、琵琶襟等，都具有浓郁的东方特色。

（2）西方服饰造型

①外形。与汉民族服饰的纵向感觉相对，西方古典服饰强调横向感觉，在设计服饰时常采用横向扩张的方式，注重肩部的轮廓，以及各种硬领、轮状领，袖型很膨胀，裙撑较为庞大，加之重叠的花边及浆过的纱料和各部位的衬垫，使服饰在线条上给人一种夸张和向外放射的感觉。西方服饰的外形特点实际上与西方人的性格有着密切的关系。西方人性格奔放，脸部轮廓鲜明，这样的服饰造型符合西方人的性格与外形。

②结构。在结构方面，袒领和轮状褶领设计在西方服饰中运用得比较广泛。西方服饰在造型上偏好填充物的使用，用它来衬垫或支撑，如垫肩、垫袖、垫胸、垫臀、裙撑等。

3. 服饰颜色

（1）中国服饰颜色

颜色可以在一定程度上反映一个民族潜在的特征。在上古时代，黑色被中国先人认为是天帝色彩，夏、商、周时期天子的冕服均为黑色。此后，随着封建制度的发展，人们对颜色的崇拜由黑色转为了黄色，形成了“黄为贵”的传统观念。此外，受阴阳五行说的影响，中国的传统服饰颜色有青、红、黑、白、黄五色之说，这五种颜色被定为正色，其他颜色则是间色。通常，正色多为统治阶段专用。可以说，中国服饰色彩体现着明显的阶级性和强烈的等级观念。

（2）西方服饰颜色

在罗马时期，白色和紫色是人们在服饰上所偏爱的两种颜色。在西方人看来，白色象征神圣、纯洁，具有独特的魅力。紫色象征高贵和财富，而且紫色有着浓厚的宗教气息，是主教色，还代表着至高无上的力量。

文艺复兴之后，服饰的奢华程度有所提高，明亮色彩的服饰成为了人们新的追求。通常来说，英国人的服饰倾向于黑色，认为黑色是高贵、神秘的象征；法国人喜欢丁香色、蔷薇色、圣洁的白色以及含蓄的天蓝色；西班牙人则喜欢高雅的玫瑰红和灰色调的衣服。在现代社会，人们不再受地位、等级的制约，可以根据自己的喜好选择服饰的颜色，而且颜色已经成为人们展示自我个性的重要工具。

4. 服饰图案

（1）中国服饰图案

中国服饰图案也有着鲜明的特点，集中体现在以下两个方面：

①代表一种精神理想。传统的中式服饰图案多以梅花、兰花、菊花、松树、竹等为主，这实际上与古代人文的精神理想有很大关系，古代文人经常通过这些事物来抒发自己的情感，表达自己的精神理想，所以这些事物就成了传统服饰的主要图案。

②表达吉祥、美好等意愿。明代之后中式服饰出现了寓意图案、谐音图案和吉祥文字图案等，这些图案被广泛认可和接受，至今仍在使用。例如，凤穿牡丹、喜鹊登梅、鹤鹿同春等图案，则寄托了广大劳动人民对美好生活的希望；龙凤呈祥、九龙戏珠、龙飞凤舞等图案，则表达着中国人作为“龙的传人”的自豪。

（2）西方服饰图案

西方服饰的图案是随着历史的变化而不断变化的。西方服饰中最早使用的是花草图案，而且在文艺复兴时期，这些图案颇受欢迎。法国路易十五统治时期，受洛可可装饰风格的影响，开始流行表现“S”型或旋涡型的藤草和轻淡柔和的庭院花草图案。在近代，西方服饰流行使用的图案有野兽派的杜飞花样、利用几何透视原理设计的欧普图案、以星系或宇宙为主题的迪斯科花样和用计算机设计的电子图案等。

5. 代表性服饰

（1）中国代表性服饰

中山服可以说是近代中国最具代表性的服饰。中山装由孙中山先生设计，孙中山先生将他的救国救民思想以及中国传统文化巧妙地融合到服饰之中，体现出中国人在着装方面对精神和意义的追求。具体来说，中山装表达了以下一些思想：

①门襟五粒纽扣表示行政、立法、司法、考试、监察五权分立。

②袖口三粒纽扣代表三民主义，即民族、民权、民生。

③前身四个口袋表示国之四维，即礼、义、廉、耻。

④后背不破缝，象征国家的和平与统一。

⑤衣领定为翻领封闭式，显示严谨治国的决心。

而且，中山装一改传统的中国服饰造型，融合了西式服饰的特点，既表现对称之感，符合中国人的审美习惯，又显得精练、大方、简便。此外，中山装还充分反映了中国传统哲学思想，体现了人的修养，讲究礼仪。

（2）西方代表性服饰

在西方国家，最具代表性的服饰就是牛仔裤。牛仔裤是以靛蓝色粗斜纹布为原料的直裆裤，主要特点是裤腿窄，缩水后紧包臀部。现代社会，人们经常见到不同类型的牛仔裤，这些牛仔裤风格迥异、款式夸张，充分体现出西方人敢于张扬个性、标新立异的性格特征。牛仔裤有着简单实用的特征，任何人都可以穿，这也体现了美国的实用主义和平等观念。

二、“一带一路”形势下服饰文化的翻译策略

通过上述内容可以看出，中西服饰蕴含着丰富而深刻的文化内涵，同时也能从中看出中西服饰文化之间的差异。无论是中西服饰的文化含义还是两者之间的差异，都对中西服饰文化的翻译产生了一定的制约作用，因此，在翻译时就需要

采用灵活有效的翻译方法，以促进“一带一路”形势下中西文化的交流与融合。

1. “一带一路”形势下中国服饰文化的翻译策略

中国服饰种类繁多，对其的翻译需要采用不同的方式进行，从而突出中国服饰的文化特点。具体而言，主要有直译法、意译法、改译法三种。

（1）直译法

对于英汉语言中都有的表达或者直接不会引起误解的服饰表达，就可以采用直译法进行翻译。通过直译法译出的译文，不仅可以与原文形式对等，而且能有效传达汉民族文化，使英语读者深刻地感受汉民族文化的魅力。例如：

宝玉已见过这香囊：虽尚未完，却十分精巧，费了许多功夫。今见无故剪了，却也可气。因忙把衣领解了，从里面红袄襟上将黛玉所给的那荷包解了下来。（曹雪芹《红楼梦》第十八回）

Although the sachet had not been finished，the embroidery on it was very fine and she had put a lot of work into it，so he was annoyed to see it spoilt for no mason. Quickly undoing his collar，he pulled out the pouch he was wearing over his red tunic.（杨宪益、戴乃迭 译）

“荷包”是汉民族传统服饰中，人们随身佩戴的一种小包，有着显著的汉民族特色。译者采用直译法，将其译为英语中与之相对应的 the pouch，准确传达了原文的含义。

（2）意译法

通过上述对中西服饰文化内涵的描述可以了解到，中西服饰文化虽然存在某些相同之处，但更多的是不同之处。因此，单纯地采用直译法有时并不能有效传达原文的文化内涵与精髓，此时就可以采用意译法对原文进行调整。意译法虽然不能完好保留原文的形象，但可以有效传达原文的含义，便于读者更好地理解。例如：

这女人尖颧削脸，不知用什么东西烫出来的一头鬈发，像中国写意画里的满树梅花，颈里一条白丝围巾，身上绿绸旗袍，光华夺目，可是面子亮得像小家女人衬旗袍里子用的作料。（钱钟书《围城》）

The woman had prominent cheekbones and a thin face. Her hair，waved by some unidentified instrument，resembled a plum tree in full bloom in a Chinese impressionist painting. Around her neck she wore a white silk scarf and was dressed in green silk Chinese dress which was dazzling resplendent，but shiny like the material high-class girls used for lining.（珍妮·凯利、茅国权 译）

“旗袍”是中国女性的一种传统服饰，体现着中国的服饰文化。因英语中没有与之对应的表达，因此译者采用了意译法，将其译为“Chinese dress”，虽然没有保留其形象，但有效传达了其文化内涵，利于读者理解。

（3）改译法

改译法也是翻译服饰文化的一种有效方法，即在翻译过程中对原文的形象进行一定的改变，使译文符合读者的语言习惯。采用这种翻译方法主要是站在读者角度考虑的，目的是便于读者更好地理解原文含义。例如：

琥珀拉着他（刘姥姥）说道：“姥姥，你上来走，仔细苍苔滑了。”刘姥姥道：“不相干的，我们走熟了的，姑娘们只管走罢。可惜你们的绣花鞋，别沾脏了。”（曹雪芹《红楼梦》第四十回）

“Come up here, granny,” urged Hupo taking her arm. “That moss is slippery.”

“That's all right, I'm used to it,” said the old woman. “Just go ahead, young ladies. Take care not to get your embroidered slippers dirty.”（杨宪益、戴乃迭 译）

“绣花鞋”是中国的一种传统服饰，西方国家并没有这种服饰，因此，译者为了便于英语读者理解，译者进行了改译，将“绣花鞋”改译为英语读者能够理解的 embroidered slippers。

2. “一带一路”形势下西方服饰文化的翻译策略

与中国服饰文化的翻译策略相比，西方服饰文化较为直接，对其的翻译主要使用直译法。例如：

beret 贝雷帽

top hat 高顶丝质礼帽

three-piece suit 三件套

everyday clothes 便服

full dress uniform 礼服制服

cashmere 羊毛

worsted 呢料

tartan plaid 格子花

football shoes 足球鞋

sports shoes 运动鞋

padded pants 棉裤

down pants 羽绒裤

上述西方服饰的翻译采用的是直译法，将衣服的具体含义进行对译。需要注意的是，这种翻译方式较为直接，适用于西方服饰中带有对应表达的形式。

由于“一带一路”涉及不同的国家与地域，因此，其推进中必然会出现文化之间的碰撞与融合。翻译是文化传播与发展的有效桥梁，对于促进“一带一路”的顺利进行有着积极的促进意义。在翻译中译者就需要在了解服饰文化内涵的基础上，采取灵活有效的翻译策略，从而提升服饰文化的传播范围，将“一带一路”翻译与“一带一路”的具体精神相结合，体现出“一带一路”互尊、互信的精神，使“一带一路”真正成为不同国家与民族“共商”“共建”之路。

参考文献：

[1] 汪德华. 中国与英美国家习俗文化比较[M]. 杭州: 浙江大学出版社, 2011: 240.

[2] 冯庆华. 实用翻译教程[M]. 上海: 上海外语教育出版社, 2008.

[3] 孙英春. 跨文化传播学[M]. 北京: 北京大学出版社, 2015.

高等学校二级学院教学业务流程标准化探讨

施亚梅　杨永刚　杨丽萍　贾新苗

（北京印刷学院　印刷与包装工程学院　北京　102600）

摘要：基层教务工作是高等院校开展教学活动的重要保障，随着高校招生规模的不断扩大，办学层次及办学规模日趋多元，教学业务管理需要在高效、优质的目标上深下功夫。教学业务流程标准化，是对教学管理业务的提炼和总结，是提高教务管理效率和水平的重要途径。

关键词：高等学校；教学业务；流程标准化

高等学校的教务管理，是在遵循教学规律的前提下，为实现人才培养目标而对教学活动全过程进行的计划、组织、协调、控制，以确保教学活动顺利开展的工作，是高等学校教学管理的核心内容。随着近年来我国高等教育事业的发展，招生规模不断扩大，高校在校生数量持续增多，教务管理工作种类逐步增多，教务管理工作人员的工作量及工作难度也相应增加。“教学工作无小事”，教学活动是师生在校期间的核心内容，教学方面的任何事务都与在校教师和学生的利益密切相关。因此，优化教务流程，提高教学管理水平，是教学活动顺利开展的保障，是高校办学能力和管理水平的重要体现。如何做好二级学院的教务管理工作，通过优化业务流程，实现教学业务流程标准化，高效配置学校教育教学资源，保障学校正常教学秩序，稳步提升教育教学质量已经成为各高校密切关注并且急需解决的重要课题。本文所涉二级学院指的是普通高等学院的二级教学单位。

一、高等学校二级学院教学业务标准化的含义和作用

传统管理认为，管理的核心在于分工，因此，重在保证内部的工作有岗位承

接即可，但是分工仅仅是解决了“做什么”的问题，并没有解决“怎么做”的问题。要解决这些问题，流程是关键，教务管理业务工作同样如此。教学业务标准化就是将教学业务中重复出现的、常规性的管理业务流程，进行科学规范梳理，严格规定工作程序、方法、考核要求，制定成业务流程标准并固定下来。如果缺乏标准流程控制，每个教务管理人员可能会按照自己的理解和经验去开展工作，岗位之间、部门之间会因为工作方法的不同，对工作目标认识存在差异而导致协同困难，耽误工作进度，影响工作质量。

实行教学业务管理的标准化，对于提升二级学院的教学管理水平有着重要的作用，一方面，有利于建立正常的管理秩序，按照统一的标准程序和方法处理教学业务，相互协作配合，从而避免口口相传，达到换人不换标准的目标；另一方面，有利于促进管理人员综合素质的提高。“管理就是走流程，管理就是定标准”，教学管理业务流程标准化，是对业务工作经验进行的提炼，是对管理工作的科学总结。推行教学业务流程标准化，有利于将教学管理人员的水平提升到科学管理和信息化管理的层面，为学校推行信息化管理和科学考核奠定重要基础。

二、高等学校二级学院教学业务管理存在的不足

（一）缺乏完善的教务管理制度

现有管理制度权责不清晰，不利于工作的规范化，对工作的监督比较困难。以笔者所在的北京印刷学院印刷与包装工程学院为例，通常要求任课教师在考试结束后一周内提交学生成绩，但是按时提交率很低。考试成绩的提交，涉及学生的补考、重修、学业警示、综合测评、毕业资格审核等工作，由于缺乏成绩数据作为依据，很多工作只能推后，导致多项任务交叠，给教务管理人员造成很大的工作压力。

（二）缺乏精准的业务流程化管理

目前的规定对具体执行工作的指导性不强，由于教学管理岗位人员调整频繁，在缺乏标准指导和规定约束的情况下，出现差错的风险较大。以学生考试为例，简单来讲，要涉及人（学生、教师）、物（试卷）、时空（时间、地点）等多方面因素的统筹，至少需要收集试题—印制试卷—安排考场—安排监考—发布通知—领取试卷—监考—交回试卷—判卷提交成绩九个主要步骤，时间跨度长，涉及范围宽。每个步骤中尚未有相应的规范流程进行控制，加之期末考试比较集

中，一旦出现闪失，很容易引起混乱或教学事故。

（三）业务表单不完善，各环节沟通的有效性不强

在教学业务管理中，由于部分业务的表单设计不缜密，导致管理沟通成本增加以及管理难度增大。例如，在学生的学籍管理中，学生申请学籍变动均需要征询家长（法定监护人）的意见，但目前并没有规范的知情同意书，基于学生家长知识层次和文化背景的差异，部分家长出具的知情书不符合要求，大部分知情同意书在严格意义上并不具备法律效力。

（四）教务管理人员流动性大

学校教务管理人员的工作量大、任务繁重，能长期坚持在教学秘书岗位上工作的人员不多。由于学校人事编制的限制，教学秘书经常由新入职的教工或者研究生兼职，由于教学秘书岗位人员的变化比较频繁，很多工作的执行和衔接都存在问题，工作过程的规范性和工作结果的准确性难以保证。

三、高等学校二级学院教学业务流程标准化的实施步骤

（一）利用教学规律，对教学管理事务进行归类细分

按照目前学校的教务管理体系和工作内容，教务工作主要分为两大类，第一类工作有明显的周期性，也是教务管理的常规工作。例如，开学报到、注册、安排教学任务书、征订教材、四六级报考、计算机等级考试，毕业资格审核、学业警示、毕业设计，期中检查、期末考试、补考等。周期性工作是在教学管理中占据主要位置的工作，是教学管理工作的重点。这些工作每个学期都需要重复进行，因此可以制定工作日历，制定出标准化的流程进行处理，提前布置和安排，有效分配工作时间，避免多任务重叠，从而提高工作效率和质量。第二类工作突发性强，周期性不明显，例如，各种教学活动和教学会议，各类临时性报表的填表等，这类工作要求及时准确填报，是教学工作的难点。在日常的教学管理中，往往是周期性工作与非周期性工作交叉重叠，因此，教学工作千头万绪，任务繁重。所以，面对头绪繁多的教学事务，既要考虑到院系工作与学校总体安排的关系，又要考虑到日常管理与学校建设发展的关系，只有充分认识，才能做到有计划有步骤，分清轻重缓急地完成各项教学管理任务。

（二）分解管理过程，对业务流程节点进行精准控制

高校教务管理中的差错会直接导致教学事故发生，影响教学质量以及正常教

学秩序的稳定。长期以来，高校采取各种预防措施确保教学事故的发生，但是教务管理的差错时有发生。根据高校教务管理中差错的特点，教务管理差错分为系统性差错、人为差错和随机性差错三大类。有研究指出，在三类差错中，往往是随机性差错发生的次数最多，频率最高，而随机性差错往往出现在对流程和细节的把控不到位上。例如，订错教材，没及时提交材料等。因此，要细化流程中的各岗位分工，通过梳理、收集目前所有工作的详细操作步骤、文件管理和流转表单，用标准流程图的方法对现有工作进行流程梳理和展现，为每个岗位的每项工作制定一套详细具体的岗位工作手册。华为集团的任正非先生在《华为的冬天》一文中曾提到，规范化的要领就是工作模板化、规范化。所谓规范化，就是要把所有的工作做成标准的模板。重复运行的流程，工作一定要模板化，如果一项工作既省力省时，又能达到同样绩效，那就说明管理进步了。因此，在教学业务管理中，要注意建立流程，重复事情标准化，固定工作制度化，并且确保执行。制度化保证所有的事情有法可依，程序化保证所有事情有章可循，标准化可以保证所有事情有标可对。

（三）注重调研分析，对管理监督体系进行科学优化

在教学过程中为完善二级学院教学管理体系，更好地服务于教学，应不断地进行流程优化和改进。在日常教学活动中，可通过教学督导、听课、师生教学座谈，以及教学基本状态数据进行综合分析，充分研究学院在教育、教学等方面存在的问题和不足。注重调研分析，争取以最优化的管理达到提高效率的目的。同时，通过对现有的文件制度进行收集和整理，在创新思维、强化标准优化流程、建设高效和操作便捷的业务支持平台方面下苦功夫。二级学院内部，要建立适用于学院内部教务管理工作的规章制度，明确分工个人职责范围，使管理工作更加规范化、制度化、科学化。

四、结语

总而言之，高校教务管理工作是一项常做常新的工作，渗透着大量的管理学原理，教务管理要通过各种手段的协调保障教学工作稳定运行，保证教学质量，服务于教学，服务于师生。科学高效的教务管理有利于维护教学秩序，有利于提升师生满意度，有利于高效益办学。教务管理水平的优劣直接关系到办学的经济和社会效益。因此，高校只有树立科学发展的态度，提高教务管理人员的自身素

质，更新观念，创新管理手段，选择符合时代要求的科学管理模式，建立适当的激励机制，不断提高高校教务管理工作的水平，才能为培养人才，促进高等教育发展做出应有的贡献。

参考文献：

[1] 闵杰. 高校教务管理中的差错因素及监控策略[J]. 湖北社会科学, 2011(6) : 154-156.

[2] 戴云龙. 高校教务管理存在的问题及其对策[J]. 教育探索, 2011(10) : 117.

[3] 拓藏飞, 王憨鹰, 寇延年. 二级学院教学管理的问题与对策[J]. 价值工程, 2014(2) : 230-231.

[4] 腾迪, 王慧荣, 李鹏辉. 现代高校二级学院事务管理研究[M]. 西安: 西安交通大学出版社, 2016, 92-146.

[5] 水藏玺, 吴平新, 刘志坚. 流程优化与再造[M]. 北京: 中国经济出版社, 2013, 12-24.

探索公共基础课程在“质量工程”背景下的教学

许亚芬

（北京印刷学院　基础部　北京　102600）

摘要：大学公共基础课程是学生在德、智、体诸方面全面发展上所必需的基本素质的保障课程，决定了本科教学质量优劣进而影响高等教育质量。基础部对公共基础课程进行了教学改革实践，采取了建立保障质量的长效机制，完善课程体系、教学内容、考试方式、教学实践环节等，培养创新型人才、提高教学质量。

关键词：公共基础课程；“质量工程”；教学

“质量工程”是我国高等教育领域实施的一项重要工程，是新时期深化本科教学改革，提高本科教学质量的重大举措。本科教学质量是提高高等教育质量的关键，综观世界高等教育，哪怕是世界一流的研究型大学都会把本科教育放在最重要的地位。培养创新型人才、提高教学质量本科教育是关键，而公共基础课程在学生专业技能、素质培养以及未来可持续发展中起着基础性的作用。基础部以“质量工程”为契机，对我校公共基础课程教学及管理采取了一系列举措，发挥公共基础课程的基础作用。

一、在大学教育中公共基础课程起着重要作用

高校根据各类专门人才的培养总目标和普遍要求开设的大学公共基础课程，是体现国家对高级专业人才的普遍性要求，是保障所培养的人才在德、智、体诸方面全面发展所必需的基本素质的课程。公共基础课有以下几个方面的作用：

（1）学生的科学素养、人文素养可以通过公共基础课的学习得到提高。具备一定的科学素养和人文素养是作为现代人进行终身学习以适应科技日新月异的发

展所必备的条件。

（2）良好的思想品德、健康的体魄和高尚的审美可以通过公共基础课的学习获得，这对正确世界观、人生观的形成起关键作用。

（3）一切自然科学和社会科学的基础是公共基础课程的学习，这对掌握专业知识、形成专业技能是必备条件。

我校公共基础课程共13门，其中必修课程9门，包括："高等数学""概率论与数理统计""线性代数""复变函数与积分变换""大学物理""大学物理实验""自然科学概论""普通化学"及"应用化学"。面向全校的公共选修课4门，包括："数学建模""科学思想探索""物理学与人类文明"和"现代生活与化学"。

二、公共基础课在教学过程中存在的问题

多年来，大学公共基础课程的教学状况一直令人堪忧，主要存在以下几个问题。

1. 学生大多数不喜欢公共基础课程

通过与学生的接触和调研发现，大部分学生不喜欢公共基础课程有以下原因。

（1）中学知识没掌握好，到了大学会出现学习障碍；

（2）受功利性影响，觉得公共基础课程与未来职业关系不大，再加上一些专业教师也认为基础课无用，会把这些思想灌输给学生，导致学生对学习公共基础课程没兴趣；

（3）公共基础课教学太注重理论体系，在基础与创新，基础与就业的关系上缺乏必要的引导；

（4）传统的教学模式对伴随互联网时代成长起来的大学生而言缺少了吸引力。

2. 公共基础课程学时的缩减

基础课学时的减少导致教师讲授基础知识时不透彻，学生学习基础不扎实。

3. 公共基础课多采用大班授课不利于师生互动

学生在同一个教室上课，少则60～70人，多则100～200人，导致教师在课堂授课时无法与学生交流讨论，教师很难照顾到每位学生，学生在教学中参与的积极性难以调动。

4. 评价与考核方式单一

公共基础课对学生学习的评价和考核，平时主要参考学生提交的书面作业及

课堂考勤，期末主要以考试试卷成绩为主，缺乏对学生自主学习、创新能力、发现问题、解决问题能力的评价。导致学生不注重平时的学习积累，只关注期末最后一两周的突击学习。这些也不利于公共基础课教学。

三、加强公共基础课程教学改革的措施

为使公共基础课程的教学真正有利于学生科学素养、人文素养的提高，基础部教师通过调研走访、与学生座谈及各教研室教师对各自公共基础课程的研讨，在以下几方面做了探索实践。

1. 建立质量保障的长效机制

（1）从严治教，规范教学管理

为严格教学管理，弘扬良好的教风，规范教师与管理人员的教书育人活动和岗位职责，强化对课堂、实验、教学文件等教学各环节的管理，保证教学的正常秩序。经基础部核心组讨论决定，制定了与教师年终考核挂钩的对教师进行教学综合评价办法。

（2）建立完善青年教师导师制

根据北京印刷学院教职工在职进修培训管理办法（修订稿），基础部曾选派40岁以下4名青年教师分别到北京师范大学、北京交通大学等“北京市属高校教师发展基地”开展为期1年的研修。通过集中学习、教学观摩、教学研讨，在导师指导下进行教学科研和教学实践等，提高研修教师的教学、科研水平。

（3）以学科竞赛项目形式提高教学质量

公共基础课程学科竞赛是为了激发学生的学习热情，提高大学公共基础课程的教学质量，促进教育的改革，适应科技的发展，培养学生的创新精神而进行的竞赛活动。为使指导教师将更多时间和精力投身到提高教学质量的工作中，学校以学科竞赛建设项目形式鼓励教师指导学生做好参赛准备，培养学生实践创新能力，加强了学生对基础知识的学习和掌握。

2. 深化教学内容改革

坚持知识、能力和素质协调发展，深化教学内容、教学模式等的改革。

（1）根据不同专业需求，调整教学内容

对不同的二级学院进行调研走访，针对数学类课程，对不同的专业分别制定不同的培养方案。例如，为工科学生制定“高等数学Ⅰ”，为文科学生制定“高

等数学Ⅱ”；针对不同的专业分别以必修课和选修课的形式开设“概率论与数理统计”和“线性代数”课程，使得教学更有针对性。

考虑学生的学习兴趣，为文科学生开设“自然科学概论”课程，内容包括近代科学技术、现代自然科学、当代新技术以及科学技术和社会的相互影响四个方面，介绍近代科学技术的基础知识及包含在科技发展过程中的科学思想，科学精神和科学技术的社会功能。因此，使学生能了解科学技术的基础知识，开阔学生的视野，培养学生对科学的兴趣，提高文科学生的综合素质。

（2）小班授课，促进教学质量

公共基础课的班级常常偏大，教师很难照顾到每位学生。针对这种情况，我们动员一切师资力量，将学生普遍反映比较难学的“大学物理”课程拆分成小班授课，使每个班学生不超过 70 人，这样，老师讲课能够照顾到大多数学生，老师在课堂上能够和学生互动交流起来。

（3）改进考核方式，合理进行评学

各公共基础课程都在不同程度地进行考核方式的变革，以期对学生的学习评价更加合理。例如，“复变函数与积分变换”课程，采用一页纸开卷，考试前每位学生发一页 A4 纸，学生可以根据自己的复习情况，在纸上写上自己复习过程中应该掌握而没有背下的知识，考试时可以带进考场使用。“自然科学概论”采用开卷考试，以论述题的形式让学生通过各种渠道查阅资料的同时，获取更多的知识、技术讯息，使学生各方面能力得到提高。

3. 改变教学模式，鼓励教学中微课实践

将微课引入教学中来，微课是美国新墨西哥州圣胡安学院的戴维·彭罗斯（David Pen.rose）率先提出的概念：针对某个知识点或教学环节，以现代信息化技术为手段而设计的一种情景化、支持多种学习方式的视频课程。微课播放时间在 5 ～ 10 分钟，学习者不受时空的限制，可以随时随地选择自己感兴趣的内容来学习，对于没有弄太明白的知识点还可以反复学习，这样弥补了传统课堂教学模式的不足。基础部配合我校教师教学发展中心对教师使用、制作微课的培训等措施，2015—2017 年先后共有 7 位教师参与了微课的培训和录制工作，并将微课应用到课堂教学中，教学效果得到提高。

4. 完善教学实践环节，建立创新实践基地

实践教学是人才培养的重要环节。加强实践教学，组织学生开展科学研究，

进行创新性实验和实践，提高学生创新精神和创新能力。

（1）物理、化学实验室在承担实验教学任务的同时，还开设不同层次的开放性实验项目。实践教学不仅使抽象的知识具体化，通过验证性实验还可以帮助学生理解理论知识，提高学生分析问题和解决问题的能力。还开设“数学建模”实践选修课，学生通过参加选修课学习，参加全国大学生数学建模竞赛，多人获奖。

（2）为实现科学知识与实践相结合，建立创新实践基地。比如，2011 年在基础部党支部的支持下组建了“理化实验创新基地”，通过组织开展“北京市、北京印刷学院大学生科研项目”“大学生毕业设计”“校内外学科竞赛”等活动，吸引学生加入创新团队。几年来，在教师团队的协作下，通过对学生在实验室安全、卫生、实验仪器的正确使用方面严格管理，学生从查阅文献、设计实验方案、实验的实施与改进、数据的处理、撰写论文等方面进行了基本的训练，具备了初步的科学研究素养。参加基地活动的学生队伍取得了骄人的成绩：学生发表论文 23 篇，其中核心刊物 11 篇；SCI 收录 1 篇；ISTP 收录 1 篇；EI 收录 9 篇；与创新实践活动相关的奖项共 13 项，其中团队的马林同学在 2012 年“第十一届中国国际纳米科技（昆明）研讨会”上宣读的“A New Hydrothermal Synthesis Method for Preparing γ-MnOOH Crystal”获“大会优秀学生论文”，并被 SCI 收录。团队学生 16 人次获得校级奖学金，2 人次获得国家励志奖学金；有 6 人考取了研究生。此项教学实践活动在 2015 年获得校级教学成果一等奖。

四、结束语

公共基础课教师和部门管理层以学校抓教学质量、促进学生创新能力培养为契机，对北京印刷学院基础部公共基础课程进行了教学改革实践，采取了多项措施，如建立保障质量的长效机制；对教学内容、教学模式及考试方式进行改革；完善教学实践环节，建立创新实践基地提高学生的创新精神和创新能力。通过几年来的努力取得了一定的教学成果，学生在知识掌握、实践创新能力形成等方面得到了提高。

参考文献：

[1] 周济. 实施“质量工程”贯彻“2号文件”全面提高高等教育质量[J]. 中国大学教学, 2007(3) : 4-8.

[2] 唐家银, 陈尚云, 等. 大学数学课程教育体系化调整与结构优化策略——基于西安交通大学视角[J]. 大学教育, 2014(2) : 46-48.

[3] 邹晓燕. 高校公共基础课程促进创新人才培养的路径研究[J]. 湖北社会科学, 2012(5) : 170-173.

[4] 金全鑫, 李芳芳, 金桂花. 微课在高校教育中的应用及对策分析[J]. 教育教学论坛, 2016(52) : 260-261.

北京印刷学院包装工程专业“十三五”规划的思考及实施

刘全校　曹国荣　王纪刚　付亚波　石佳子

（北京印刷学院　印刷与包装工程学院　北京　102600）

摘要：本文在对北京印刷学院包装工程专业的发展基础和面临的形势分析的基础上，确定了包装工程专业“十三五”规划指导思想和任务，提出了实施方案与计划，规划了师资队伍建设、修订完善培养方案、课程建设及教学改革、教材建设、实践教学和教学平台建设、创新创业教育体系建设、国际化培养、卓越人才培养、软环境建设等方面，最后明确了专业特色发展之路。

关键词：包装工程专业；“十三五”规划；思考；实施

一、发展基础和面临的形势

（一）专业基本情况

1. 专业定位及特色

本专业面向现代包装及相关产业，主动适应国家经济建设和社会发展需要，培养具有包装工程专业综合素质能力和创新精神的应用型高级专门人才。

本专业以“包装技术与智能技术结合”“包装系统设计与艺术设计结合”为专业特色，突出包装工程实践应用能力培养。

2. 人才培养目标

本专业培养适应社会主义现代化建设需要，德、智、体、美全面发展，系统掌握包装工程专业的基本理论知识和技能，具有包装结构和装潢设计、包装印刷与印后加工等方面的能力，有较强实践能力和创新精神，能在商品生产与流通部门、包装与印刷企业、科研机构、外贸、商检等部门从事包装设计、包装印刷与印后加工、质量检测、技术管理的应用型高级专门人才。

3. 师资队伍

包装工程专业现有专业教师21名：年龄50岁以上有6人，40岁以下有15人。高级职称教师15名（其中正高3名）：具有博士学位教师8人，在读博士1名。博士后2人，留学回国人员2名。5人获得雅昌教育奖。

4. 生源情况

招生逐步从以北京市生源为主，转变为京外生源为主。生源质量显著提高，目前一本生源接近50%。

5. 教学条件

支撑包装工程专业的实践教学的有北京市校外人才培养基地、包装工程实验中心和校内外实习基地。

包装工程专业实验室有：塑料包装测试室、纸包装测试室、表面整饰实验室成型加工、容器与包装件实验室、包装工艺测试室及包装设计实验室。

包装工程专业实验室有专职实验室管理人员3人，都具有中级职称及研究生学历。

（二）专业建设成就

1. 课程与教材

精品课程和优秀课程："包装印刷技术"已建成市级精品课程，"包装结构设计"和"包装材料学"两门课程已建成校级精品课程，"包装装潢设计"正在进行校级精品课程建设。"运输包装""包装装潢设计""包装设计基础""包装机械概论"四门课程已建成校级优秀课程。

双语课程的开设："包装概论"已经进行双语授课，"包装印刷技术"和"包装工艺学"等准备双语授课。

教材建设：许文才教授主编国家级"十二五"规划教材《包装印刷技术》，蔡惠平副教授编著"十一五"国家级规划教材《包装概论》，曹国荣教师编著的《包装标准与法规》，鲁建东老师主编"十一五"规划教材《包装工程实验教材》。自编教材的使用占到16. 7%。

2. 实践教学与创新创业教育

（1）实践教学

包装技术及设计教学实验平台：由包装测试实验室、包装工艺实验室、运输包装实验室、包装结构设计室、包装装潢实验室5个专业实验室组成。

初步建设的智能包装教学实验平台：能够实现对标签的打印，并采用 RFID 技术，对信息实现检测。该实验平台有待进一步建设和完善。

印刷包装综合实践教学基地：可为包装印刷技术及包装印刷课程设计，提供实践教学条件。

（2）创新创业教育

每年毕业生都要举办包装毕设展，学生参加世界包装设计之星大赛、“济丰”杯设计大赛、包装创意设计大赛等设计类赛事，为学生的创新创业教育提供了支撑。

3. 学生的学习效果

学生通过参加北京市、学校的大学生科研计划和实培计划项目，以及参加数学、物理、化学以及设计等赛事，获得了科研创新能力。

近三年来，报考研究生人数为 77 人，考取研究生人数为 30 余人，有不少学生被国内“985”“211”高校录取。每年都有不少于 3 名毕业学生成功赴国外留学。

4. 科学研究及科研成果

近三年，获批科研项目 34 项，到位经费 774.5 万元。发表 SCI 检索论文 15 篇，EI 检索论文 13 篇，ISTP 检索 1 篇，授权发明专利 12 项。获得中国包装总公司科技进步一等奖 1 项、中国包装总公司科技进步二等奖 2 项、国际发明展览会金奖 1 项、国际发明展览会银奖 1 项、北京市科技进步奖三等奖 1 项、中国包装总公司科学技术奖三等奖 1 项。

（三）存在的问题及不足

1. 专业特色有待进一步凝练

“包装技术与智能技术结合”为新增专业特色，但是此方向的实践教学平台很薄弱，有待进一步建设，同时此特色不仅需要进一步凝练，而且需要对课程群进行建设。“包装系统设计与艺术设计结合”为另一个新增专业特色，在学校调整之下，也需要进一步凝练。

2. 创新创业教育体系需要进一步完善

目前，本专业的创新创业教育主要集中在设计类方面，尚无工科类，因此，有待进一步完善创新创业教育体系。

3. 教学管理有待进一步加强

青年教师尚存在对专业和课程不熟悉等问题，需要充实到课程和课程群中，发挥应有的作用。青年教师有待进一步成为课程团队的骨干，负责课程建设及发展。

4. 实践教学平台有待完善及建设

传统专业实践教学平台，无法适应创新创业教育的要求，需要完善和更新；智能包装方向实践教学平台，尚不具备要求，有待建设。

二、指导思想与目标

（一）指导思想

以专业建设为中心，以创新创业教育为抓手，以培养具有创新精神和创业能力的高级应用型人才为目标，构建创新创业人才教育体系，培养国内一流包装人才。

紧贴“互联网+”的时代特征，贴合“包装+”的专业特点，进一步凝练专业特色，形成专业优势，争创国内一流包装专业。

（二）目标与任务

1. 总体目标

提高包装工程专业创新创业人才培养质量，创建特色鲜明和优势突出的包装工程专业，支撑我校材料科学与工程一级学科和材料加工工程二级学科，使包装工程专业在北京市特色专业的基础上再上一个台阶。

争取实现将我校包装工程专业建设成为专业特色鲜明和优势突出的国内领先的专业目标，努力培养理论基础扎实，具有一定创新能力的应用型高级包装专门人才。

2. 具体目标

（1）培育北京市级教学名师 1 人。

（2）争取获批市级及以上教改项目 1 ～ 2 项，争取获得校级及以上教学成果奖 1 ～ 2 项。

（3）编写校级特色教材 1 ～ 2 部，编写国家级“十三五”规划教材 1 ～ 2 部，获得市级及以上精品教材 1 ～ 2 部。

（4）争取建设 1 ～ 2 门课程校级及以上精品课程。

（5）争取建成 1 个校外人才培养基地。

（6）建成 1 个校级及以上教学团队。

三、实施方案与计划

1. 师资队伍建设

以提升教师的专业素质和职业素养为主要内容，加强师资队伍的建设。鼓励教师赴海外高校相关专业进修、交流，支持教师到政府部门、行业协会、企业等挂职锻炼，安排教师企业实践及指导学生实习，鼓励和支持青年教师参加双语教学培训。

积极推进青年教师教学能力建设工程，发挥青年教师在教学中的作用，逐步建立老教师指导下的青年教师课程负责人的体制和机制，实现年龄结构比较合理、课程传承有序的课程团队和课程群团队。

探索校外专家、教授与专业教师交流和研讨活动，以及进课堂参与教学活动，充分发挥柔性人才在专业建设中的作用。

2. 修订完善培养方案

以人才培养目标和专业建设目标为指导，以系统设计和艺术设计为统领，以智能包装和绿色包装为重点，提供包装工程系统解决方案，修订完善培养方案。

进一步优化课程设置，形成特色课程群，强化实践教学的创新性，突出“互联网+”时代特征和“包装+”的专业特点，凝练专业特色，凸显新材料、新技术、新设备在智能包装和包装技术与设计两个方向中的应用，着力提高教学质量和水平。

3. 课程建设及教学改革

积极开展课程建设，创新课程内容，丰富课程资源，提高课件质量，提升授课水平。以专业核心课程和重要的必修课程为重点，进行课程建设。拟订开展“包装结构设计”“包装印刷技术”“包装信息检测及处理技术”“包装材料学”等课程建设。

适应国际化人才培养的需求，加快课程双语教学建设和课程改革的步伐，稳妥推进双语教学或全英语教学的开展，形成比较系统的双语教学或全英语教学的特色课程群。

以培养包装工程专业创新创业人才为目标，探索创意创新创业人才培养模式为主要内容，开展包装工程专业教学改革，创建工科类竞赛和设计类竞赛相结合的创新模式，形成技能提升和设计创新相结合、系统设计和艺术设计相结合的特色。

4. 教材建设

结合我校包装工程专业的特色和优势，以学校组织特色教材编写为契机，加强教材建设，发挥教材在人才培养中的作用。拟编写《包装材料学》《包装装潢设计》两门特色教材，还在编写的其他教材有：《包装印后加工》《包装材料成型加工技术》等包装工程专业“十三五”规划教材。

5. 实践教学和教学平台建设

针对课程实验/实践跟不上专业建设及发展的需求，改造传统专业课程实验，调整实验内容，开设创新性综合性实验，适应创新创业教育的要求；针对智能包装方向，加快实验教学平台的建设，满足教学的要求。

6. 创新创业教育体系建设

建立工科类竞赛和设计类竞赛的创新创业教育体系，构建包装工程师/设计师职业技能竞赛（工科类）和包装设计基础技能大赛，以及创意创新创业设计大赛（设计类）的学科竞赛模式。

积极参与包装联合会、轻工教指委、包装教指委、企业、相关行业开展的各种设计大赛。

将创新意识、创新精神、创业能力与专业教学、素质教育贯穿于教学的全过程，使学生在包装材料、包装技术和包装设计等方面脱颖而出。

7. 国际化培养

包装工程专业是多学科交叉的学科，与轻工、食品、林业等学科具有广泛的联系和交叉，积极探索和开拓国际化人才培养途径。加强与密歇根州立大学包装学院、罗彻斯特大学食品学院、斯图加特媒体学院等国外高等院校的交流和沟通，建立包装工程专业“1+2+1”的培养模式；包装工程专业学生，也可通过外培计划参加台湾艺术大学等国外大学媒体类专业的培养。

8. 卓越人才培养

借鉴印刷工程专业卓越工程师班的模式和经验，研讨和探索校内或专业内的卓越人才培养模式；或者根据高考分数和一年学习成绩综合评价，探索分类教学、因材施教的人才培养模式。着力培养能力较强、特色突出的具有人文素养和综合能力的高级包装工程应用人才。

9. 软环境建设

加强包装工程专业软环境建设，促进教风学风的改进，发挥软环境在教学质量和人才培养中的作用。

加强与建有包装工程专业的同类高校之间的联系，加大包装工程专业特色和优势的传播力度，研讨及开展包装工程系（专业）和学生组织、包装工程班级班委以及优秀学生参与的教研活动，组建全体教师参与的包装学生考研指导组织，建立专业教育、考研留学、就业创业的人才培养联动机制，探索与科研院所、行业、企业联合的创新人才培养模式。

围绕专业建设和人才培养质量，加强政治思想建设和包装文化建设，发挥包装工程党支部的作用，形成守规矩、讲正气、团结和谐、敢于担当、勇于创新、开拓进取的包装工程的良好工作氛围和精神风貌。

四、专业特色发展与展望

在已有的“包装技术与智能技术结合”“包装系统设计与艺术设计结合”的专业特色基础上，结合“互联网 +”的时代背景和“包装 +”的学科专业特点以及北京市设计之都和京津冀一体化的区位优势，紧扣包装材料与技术、智能包装、绿色包装的科学研究，进一步凝练专业特色，走特色发展之路。

致谢：包装工程专业教学团队（建设）(22150116006/017)，京津冀高校协同培养印刷与包装专业创新创业人才的研究（22150116007/055），包装工程优势建设专业（22150117101），包装工程专业创新创业教育体系的建设与研究（22150117032），包装工程专业学生实践创新能力培养——包装设计基础技能大赛的策划及实施（22150117033）。

“包装结构设计”课程教学改革与实践

梁丽娟　周晓茜　付亚波　宋晓利　鲁健东

（北京印刷学院　印刷与包装工程学院　北京　102600）

摘要：“包装结构设计”是包装工程专业的核心课，具有很强的专业性、实践性和交叉性，涉及面非常广。本文从师资阵容、教学方法、教学内容以及实践操作等环节，结合现今包装结构设计的发展现状，阐述了对于该课程教学改革方面的思考与探索，意在提高课程理论和实践教学各环节的效果，培养有竞争力的包装工程专业人才。

关键词：包装教育；包装结构设计；课程改革；教学方法

“包装结构设计”是包装工程专业中一门理论与实践相结合的专业核心课程，主要讲述纸、塑料、玻璃包装材料以及箱、盒、瓶等多种包装形态的结构类型、成型特点、结构计算等内容。通过学习可以使学生掌握包装结构设计的基本思路，熟练运用根据内装物的性质进行结构设计基本方法来指导具体产品的结构设计实践。课程在内容结构上既包含理论性较强的结构原理，又包含与结构设计实践紧密结合的材料性能和包装工艺与技术。因此，很有必要结合包装行业技术的发展动态，对课程和教学方法进行改革。

北京印刷学院2017版包装工程专业培养方案，将包装工程专业分为包装技术和包装系统设计两个专业方向。其中，包装系统设计主要包括“包装结构设计”与“包装装潢设计”两门核心课程，而“包装结构设计”课程在包装系统设计方向上占有很大的比重。本文将结合我院包装工程专业特点，阐述对于“包装结构设计”这门课程在教学方法与改革方面的想法与研究。

一、师资阵容与教材

（一）教材

我院包装结构设计课程以孙诚教授主编的《包装结构设计》教材为主，以国外著名设计师编著的 *The Package designer's book of patterns* 为辅，结合主讲教师多年来的教学材料积累，形成了较为完善的包装结构设计的课件和讲义，包括课程主要学习内容、各种结构类型、课堂范例和大作业等教学材料，涵盖了本课程主要知识点，基本上满足了学生对本课程的学习需求。

（二）教师队伍建设

经过十多年的课程教学队伍建设，我院包装系统设计课程已形成一支以学术带头人为指导，以副教授 5 人、讲师 2 人的 7 人教学队伍，其中主讲教师 3 人、实践教师 4 人，可以满足全院包装专业的本科、研究生和高职多层次的理论和实践课程教学任务。

二、教学方法及内容改革

（一）实物与多媒体教学技术手段的综合应用

包装结构设计这门课，主要要求教师实现课前、课堂和课后的全过程管理。首先，学生要在课前对学习的内容要点进行预习掌握，对有关知识点有初步认识及思考；其次，要求教师在教学过程中“以学生为中心”，对教学内容及过程进行精心设计，除了对课堂主要知识点的讲解外，还要根据各种包装的结构进行实物展开图的展示；最后，利用网络将学习课件、课后思考题、作业题和复习提纲等教学材料上传到网络平台，让学生自行下载复习巩固。

（二）实践与动手能力相结合教学方法的运用

随着包装产业的发展及多元化，要将每个产品的包装项目与实际相结合，以学生为主体，在老师的引导下，对包装盒的包装结构设计流程与特点进行分析；对于较难理解的包装，如折叠纸盒、粘贴纸盒等，布置学生课后作业。学生在动手操作过程中，充分理解其设计原理，强化知识结构和思维训练能力。

实践教学可以充分发挥学生的学习能力，在此过程中可将课堂的理论知识与实践相结合，加强学生的专业应用能力、实践能力，保证复合型人才培养目标的实现。

（三）实验教学法

包装结构设计对于结构的实用性、保护性也有要求，因此，也要求学生收集生活中的实物包装盒，进行实验测试。观察在不同情况下，包装盒对于内装物的保护性能以及牢固性。学生可在实验过程中，积累经验，观察内装物情况，找到更理想的包装结构形式。真正实现包装结构设计的全面理解，在设计、制作、检验等过程中，学以致用。

三、实践课程改革

（一）实践内容

包装是一门实践性较强的学科，具有交叉性高、知识覆盖面广等特点。而包装结构设计课程教学中先要实现在结构设计过程中保护产品的功能。因此，总结多年课程的教学经验，准备在以下方面做出改进，如表 1 所示。

表 1 实践教学内容

编号	实践方向	实践内容
1	折叠纸盒的结构设计	食品类型的包装结构
		电子产品类的包装结构
2	粘贴纸盒的结构设计	首饰、奢侈品包装盒设计
		食品、保健品礼盒类包装
3	瓦楞纸箱的结构设计	京东物流家电的纸箱设计

此实践内容可作为日常的考核方式，根据教学进度进行，训练学生包装展开图的绘制能力以及包装 CAD 的运用。此外，还可增强学生的动手能力，学生对纸盒的开启方式、黏结方式、折叠方式、内装物的展览方式，以及后期的堆码方式等都有自己的思考设计方式。学生可做到将包装结构设计课程上所学的知识熟练运用。

（二）课程综合性设计环节

本课程在学期末设有课内的综合性课程设计环节，重点考核学生对包装产品进行内包装、中包装及外包装结构设计后，形成的产品的堆码方式、跌落强度等相关计算。同时，考察学生对“包装材料学”“包装机械”和“运输包装设计”等前期多门基础课程多方结合应用的能力，从而强化学生“包装整体解决方案”的设计思想。

四、课程考核方式改革

（一）课程考核方式

“包装结构设计”课程理论和计算较多，涉及多种包装盒的角度，距离计算，因此，本课程采取阶段性考试的考核方式，避免学生对主要知识点的生搬硬套，加强对知识和公式的灵活运用能力，本部分三次考试成绩占比为60%。平时成绩包括实验部分、课程设计、课堂出勤、作业、课堂提问表现分，占比为40%。

（二）考核方式改革

在以后的考核过程中，本课程打算从激励学生自主学习创新的目的出发。在任何校内外包装结构设计比赛中获得优秀名次的同学们，都将给予优的成绩。此外，在课堂上积极表现，提出自己想法的同学也将给予加分奖励。

五、结束语

“包装结构设计”课程的教学改革有助于提升课程效果，始终贯穿学以致用的主旨，将教科书上的理论知识与实践教学、课程综合性设计等相融合。所谓实践出真知，只有对教学过程与方法不断地总结经验、改进方法、充实内容、完善流程，才能更好地帮助学生构建完善的知识体系并提高动手操作以及实践应用能力，成为适应时代发展的包装工程师。

参考文献：

[1] 刘映平. 包装结构设计课程教学改革[J]. 中国包装工业, 2009.

[2] 胡红艳, 周建伟. 包装结构设计[J]. 包装世界, 2013.

[3] 高艳飞, 雷英. “基于教学做一体化”教学模式的包装结构设计课程改革[J]. 包装学报, 2012.

[4] 吴艳, 周淑宝, 李孟晓. 基于创新能力培养的“包装结构设计”课程教学改革简述[J]. 教育与培训, 2013.

[5] 张新昌, 杨晓玲, 孙昊, 王利强, 钱怡, 华岩, 卜杨. 卓越课程“包装结构设计”的改革实践[J]. 包装学报, 2009.

本文系北京印刷学院“包装结构设计”课程建设项目研究成果。

计算机科学与技术专业学生实践能力培养的探讨

陈如琪　解　凯

（北京印刷学院　计算机科学与技术系　北京　102600）

摘要：计算机科学与技术专业具有发展快、更新快的特点，决定了计算机科学与技术课程设置的相对动态性，专业课程计划要适应社会发展和知识更新的需求。针对计算机专业毕业生就业遇到的困难，结合本专业教学的特点，提出注重实践能力培养的教学方法，采用理论与实践相结合的教学模式，加强实践环节的教学，提高了学生的实践能力。计算机专业学生就业情况有了很大改善。

关键词：计算机专业；实验环境；实践能力

随着计算机技术的快速发展，新技术与新方法已在工程实践中得到广泛应用。但目前许多高校计算机专业的教学内容与实际脱节，教学体系设置和教学方法无法满足培养创新型人才的要求，存在重视知识传授，忽视学生动手能力的培养的情况，教学内容和方法无法适应时代的需要，有些内容与实际社会需求脱离，学生学习积极性不高，学习效果不好。实践教学严重不足，学生缺乏动手能力。计算机类专业毕业生满足社会需要的针对性不强，结构不合理，导致学生就业前景不乐观。

社会各行业建设需要一大批具有技术创新意识和能力，基础理论较为扎实、实践动手能力强，能够直接参与一线生产、技术创新，解决企业实际问题的高素质应用型人才。所以，我们要培养学生，既具有雄厚的基础理论知识，又具有很强的实践能力，使学生适应计算机领域的需求。

1. 明确培养目标，优化培养方案

人才培养方案是实施人才培养的纲领，要培养出适合计算机领域的专业人才，首先要明确培养目标，优化培养方案。为此，计算机专业有针对性地调整了专业方向和课程体系，对本专业学生应获得的知识、应具备的能力和技能从基础知识、

专业素质和专业技能等方面进行了分解，制定了计算机应用专业培养方案，要求学生系统地掌握计算机科学与技术的基本理论、基本知识和基本技能与方法，深入地掌握计算机专业基础理论和现代专业技术，具有较强的实践能力，使人才培养体系尽可能反映社会实际需求。把知识传授转换为能力培养，把专业业务能力培养与素质培养相结合，把课内与课外相结合，把理论教学与实践相结合，增强学生毕业进入社会的适应能力。

2. 采用理论与实践相结合的教学模式，加强实践环节的教学

对计算机软、硬件技术课程内容进行适当的调整。将计算机新技术及时补充到教学内容中，同时将一些课程设计，如大型软件设计等，具有一定综合性的软件项目作为课程实践内容。在教学方式上，多门课程采用理论讲解、案例分析与讨论、项目实践相结合的模式。首先，通过实验演示、动画演示等现代教学技术手段对实验和实践项目进行讲解，然后再让学生完成相应的实践内容。最后，对学生完成的设计，做出相应的点评，对其中的创新点予以表扬，对其中的不足提出改进建议，使学生在完成软件项目的制作中提高实践能力。

3. 为学生提供更好的实验环境

建设计算机网络、计算机语言和计算机硬件等实验室，计算机机房拥有足够数量的机器，提供不同实验环境，满足上机实验的不同需求。加强课程设计和实验环节，有效提高实验开出率。保证实验设备的完备，为各类课程提供实验实践环节的保证，确保学生的教学实验正常进行。对实验室采用开放式的管理，不仅要满足教学管理，同时要满足学生第二课堂学习和各种实践活动的需求，为学生的自主学习提供帮助。各个实验室都要连接到计算机网络中，在学校的控制策略下可以使用学校的数字资源和互联网访问，满足学生学习和交流的需求。

4. 开发丰富的网络教学资源，提供多种学习方式

鼓励教师开发丰富的网络教学资源，使学生能够在课堂之外的时间进行学习。使用网络教学平台构建计算机专业学习资源库，通过学习资源库，学生还可以获取专业发展方向的相关内容。通过网络教学平台，学生与教师可以及时进行交流，解决学习中的问题；教师还可以把实验的方针部分发布给学生，学生可以下载仿真实验软件和工具，进行实验的模拟。学生通过这些软件，在模拟平台中搭建各类实验环境，加强了学生在实验环境中的实际操作能力。

5. 通过多种方式，提高学生的创新能力

以就业为导向，积极探索第二课堂多种形式的活动途径，培养学生的创新能

力，增强学生的就业能力。通过引导，学生成立了机器人兴趣小组；本科生参与教师的科研项目，鼓励学生参与大学生项目的申报与研发，开展科技开发课题和社会实用性课题，这些活动提高了学生的实际操作能力和创新能力。

同时，我们还采用项目培训的方式，提高学生的实践与创新能力。IT 行业有许多优秀的培训机构，具有最新的技术和成熟的培训经验，我们请他们到课堂，给学生安排实际的工程项目，逐步地去完成这样的项目，使学生掌握项目开发的实际经验，锻炼学生的团队合作精神。同时，让学生自己查阅资料，不断改进自己的设计方法，优化自己的算法，勇于创新，增强学生的创新能力。

6. 通过毕业设计，提高学生的综合实践能力

通过毕业设计，进一步提高学生综合运用所学知识的能力，提高学生的综合实践能力，培养学生勇于探索和创新的精神。在毕业设计中，首先，加强毕业设计工作的规范化管理，由分管毕业设计的教师承担毕业设计的指导和督查工作；其次，加强毕业设计选题管理，要求毕业设计题目难度适中，同时题目应具有实用性、创新性；再次，严格抓好毕业设计中期检查工作，通过中期检查，及时发现毕业设计中存在的问题，及时纠正，充分保证了毕业设计顺利进行，确保高质量地完成毕业设计任务；最后，毕业设计答辩严格检查，毕业设计答辩要求学生要能够运行自己设计的项目，演示自己设计的系统，通过系统运行情况、课题难度、创新性评定毕业设计成绩。

参考文献：

[1] 李郁峰，陈念年. 建设计算机实验教学中心培养应用型人才[J]. 实验科学与技术, 2008(8).

[2] 黄磊，黄同成，朱群峰. 地方高校应用型计算机专业人才培养方案探讨[J]. 中国电力教育, 2013(1).

[3] 邓雪. 浅论计算机科学与技术专业应用型人才的培养模式[J]. 科学教育, 2010(2).

[4] 陈琳. 计算机科学与技术专业应用型人才培养模式探讨[J]. 长江大学学报(自然科学版), 2009(6).

[5] 孙卫真，吴敏华. 深入探讨以培养规格分类的计算机专业规范和课程体系建设[J]. 计算机教育, 2008(20).

教改项目：该项目受北京印刷学院校级教学改革项目（22150117039）资助。

对人物造型设计课程中教学难点的若干思考

叶　蕤

（北京印刷学院　设计艺术学院　北京　102600）

摘要： 任何一种民族文化都须扎根土壤，才能继承和发扬下去，也才能走向世界。中国传统元素的应用是人物造型设计课程中不容忽视的一个重要环节，它是我们进行人物造型设计的重要灵感源泉和素材宝库。在应用教学中，要向学生明确这一环节学习的重点与难点：首先，不能简单地生搬硬套，要准确传达出传统元素的外在与内在特征，即"外相"与"内韵"。其次，不能毫无改动地把中国传统元素组成规则整体运用到人物造型设计中，而应该在世界性、时代性的前提下，选取某一点对中国传统元素进行创造性应用。在现代设计课程中传承我们的传统文化，并在传承中创新。如此，才能真正地将当下的艺术教学与现代艺术设计扎根于民族文化的土壤，永葆民族文化鲜活、盎然的生命力。

关键词： 人物造型设计；课程教学；中国传统元素；传承；创新

一个国家、一个民族的强盛，总是以文化兴盛为支撑的。没有文明的继承和发展，没有文化的弘扬和繁荣，就没有中国梦的实现。中华优秀传统文化是习近平总书记十八大以来治国理念的重要来源，他多次强调中华传统文化的历史影响和重要意义，赋予其新的时代内涵。作为我们当下大学本科艺术设计专业课程教育，同样肩负着在传承中创新、弘扬华夏人文精神的重任。

人物造型设计课程是艺术设计大专业中诸多方向专业课程体系中的重要环节，如插图、动画、服装设计等方向。由于脚本与情节的需要，往往在设计人物造型时，须借用中国传统元素，在造型上将现代与传统相结合，既展现人物形象的民族风格，引领受众通过设计作品品读我们灿烂传统文化的魅力，又要在传统表现中传达出时代性，以符合当下受众群体的审美需要。

那么，中国传统元素在人物造型设计中的表现与运用的规律是什么呢？在教学中如何“攻关”这些教学难点与重点？笔者由此展开浅议与分析，阐述在人物造型设计课程教学中的一些体会与思考。

一、中国传统元素的定义

凡是在中华民族融合、演化与发展过程中逐渐形成的，由中国人创造、传承、反映中国人文精神和民俗心理、具有中国特质的文化成果，都是中国元素，包括有形的物质符号和无形的精神内容，即物质文化元素和精神文化元素，如思想意识、道德观念、价值体系、民俗事象、生活习惯、宗教信仰、建筑、艺术、科技、法律、伦理等，上至三皇五帝，下到宋元明清，大到故宫长城，小至窗根门钉。

在浩如烟海且庞杂的中国传统元素面前，我们又该如何将之恰到好处地运用在人物造型的设计中呢？

广义地划分中国传统元素，可分为：有形的物质符号和无形的精神内容两大类；由此，如何将中国传统元素运用于人物造型设计中，应从“外相”与“内韵”两方面去考虑。这里，“外相”指的是中国传统元素以外形与色彩为主所展现出来的造型；“内韵”则指中国传统元素透过人物造型传达出来的富有中国传统文化特点的意韵。

二、中国传统元素在人物造型设计中的“外相”表现

1. 线的形态——有形的物质符号的“外相”共性及表现

在中国不同的历史时期，其典型物质符号的外形都会随时代的发展与文明的演进而各具特色。例如，青铜文化时期窃曲纹与铭文中的厚重和庄严；再如，明清时期那些充满着吉祥寓意且装饰繁丽、造型纤柔的服饰和家具……但无论中国哪个时期的传统元素在造型上都有一个共同特点——以线为主的形态。因此，在讲授如何运用传统元素的物质符号时，应着重于华夏民族传统造型艺术中线性美感的分析，启发学生展开对如何充分体现传统造型元素中线形特征的问题的思考。

2. 传统元素“外相”的个性特征及表现

在不同历史时期，中国传统物质符号的“外相”皆在线形这一共性特点的基础上呈现出各自不同的性格特征。例如，青铜装饰纹中“方中有圆、圆中有方”

的线的形态，虽以“S”线的曲线为主，但当线条“曲转”时，即呈现出“曲”与“方”结合的趋向方形的圆角，而由于“方”在视觉上更具力度感，这就使得“S”线原本柔和的曲线具有了刚劲有力、浑厚之感；再如，汉漆器云纹中舒展的曲线则又尽显了线条的灵动且轻盈的韵味。那么，在人物造型课程教学中，应向学生强化对于传统元素“外相”内在个性的把握与表现，引导学生学习如何充分地将传统元素中的美感特征表现出来，不仅须把握其“线”形的共性特点，还需了解不同历史时期传统元素中不同的典型个性。课堂上，就这些“隐藏”在造型细节处的风格特征，要为学生深入地一一剖解，才能让他们领悟到不同时期传统造型中那些看似“形相近却性相远”的“外相”个性特征。

3. 传统元素的“外相”特征与现代感相结合的创意表现

我们需要传承与发扬传统文化，需要保持富含华夏文明深厚底蕴的传统元素的文化特色，但传承不代表不创新乃至与时代脱轨。那么，人物造型设计中传统元素的设计须在强化其“外相”特征的基础上，还要推陈出新，与现代感相结合，以符合现代审美的要求，这也是人物设计课程教学中的重点与难点。可以通过一些实例帮助学生充分地理解。教学难点分析要紧紧抓住关键处，深入浅出地进行阐述。笔者曾在授课中举例：2012 年在摩洛哥古城马拉喀什举办的第十六届长裙高级时装秀活动（Caftan 2012）中，中国设计师郭培展出的“青花瓷”系列服装，既突出了“青花瓷”与“扇面”两个传统元素的特点，又将这些传统特点与现代设计语言相结合，令人在重温传统元素魅丽的同时，又有耳目一新之感。整件作品以扇面的形态为主、青花瓷纹为辅，扇面形态典型的外形重复运用于整件作品，它与上身处颇具现代感的紧身曲线设计和裙摆上细致、精美的瓷纹线条形成了多重的线与线之间的“美的对话”，且一再强化的扇面形态不仅以中国传统造型里的平面形式出现（头饰的巨大、夸张的扇面形），还将原本平面化的传统扇面形态通过从腰部至裙摆的多层立体式叠加，形成了极富雕塑感的全新“扇面”，相对于那些仅简单、生硬地将青花瓷的纹样装饰于现代服装款式面料上的同样以“青花瓷”为主题的作品而言，这件作品于传统的线形中得见简约且颇具立体感的现代气息，更富特色与新意。

三、中国传统元素在人物造型设计中的“内韵”表现

1. 从线形到线性——中国传统元素中的“内韵”精髓

如果说，中华文化是一片浩瀚无边的海洋，那么中国传统元素就是以这片海为背景与依托的最具特色又最为美丽的浪花，它浓缩体现的是中国几千年文化的精髓。常言道：画虎先画骨。将中国传统元素应用于人物造型设计中，同样地，不仅需要展现出其外在形象的特征，更要将传统元素里的文化特点与独特魅力传达给受众。然而，什么才是我们传统元素的精髓所在呢？

《易经》“一阴一阳之谓道”的观念中，阴阳依存，统一为道，即太极。春秋战国时期的老子继承了这一阴阳相合之说。《老子》四十二章说：“道生一，一生二，二生三，三生万物。万物负阴而抱阳，冲气以为和。”汉代的董仲舒在《春秋繁露·五行相生》中进一步发展了这一理论：“天地之气，合而为一，分为阴阳，判为四时，列为五行。”可见，中国古人早就有二元的辩证思想，但他们所强调的不是二元的分离对立，而是二元相辅相成的统一。在对于事物发展乃至时间的认知上，也可从《周易》的六十四卦象中剖见一二，从首卦的“乾”到最后的“未济”，为人们阐释了事物在一个整体中周而复始螺旋上升、阴阳互转的发展规律，这规律的轨迹就如一条不断运动的线条一般，从起点至终点，又螺旋上升地再由终点至起点。由此，我们可从中国传统思维方式的整体观、一体观中“看”到一条将宇宙间万事万物串联起来的不断向内运动的“线”，它圈出了中国人解读宇宙的“圆”，也勾勒出中国人心目中的“圆满”，更构成了中国人传统观念中的线性思维。

在传统的线性思维之下，阴与阳、上与下、内与外、有与无等均是一体的，这种思维方式表现于有形的传统物质文化中，则为“线”的形态，如书法就是线的艺术，而由于线性思维，中国无形的传统精神文化元素则具有了“意韵”“意境”的独特美感：人们在这个线性思维的文化大环境下，传统元素中展现出来的和未表达出来的都是一体的，一体观让人们习惯性地去未表现出来的部分中寻找，且能从未表现出来的部分里体会到更大的这个整体的空间，即所谓意之“境”，并意会到更大空间中的“意”，品味出其中内在的“韵”。

可见，在线性思维作用下，传统文化元素的精髓是内在的“意韵”。将中国传统元素应用到人物造型设计中，表现其外在的“线形”仅仅是设计中需要考虑

的一方面，更为重要的还要表现出线性思维下，传统元素里的内在“意韵”。

然而，在人物造型设计中如何传达出传统元素中的内在意韵呢？此问题，无论对于教师的授课，还是对于学生的学习而言，都是人物造型设计课程几个教学难点里难度最大的。以下逐一剖解分析。

2. 中国传统元素中的“内韵”的个性及表现

《中国哲学简史》的引言部分中提到：“……中国哲学具有现世和超越的两重性……使中国在西方人眼中成了既有高居峰巅、在松树下沉思默想的圣人，又有十分实际、只问眼前的俗人……”由此，我们可以看到由于文化层次、阶层等不同，在中国深厚的传统文化中，有两类既对立又统一的文化：文人文化与民间文化，它们表现出来的内在意韵在共性的基础上又各具特色。相对地，文人文化元素更为含蓄、内敛，如传统人文画中的“留白”为观者提供了体会深幽意境之美的遐想空间；而民间文化则相对直接，它的含蓄多表现在对于现世生活诸多美好期盼的吉祥寓意的暗示或指代上，譬如，数不胜数的明清吉祥纹样便是典型。因此，还须教会学生在将传统元素用于人物造型设计之前，先明了不同的传统元素所具有的不同的内韵特征，且虚实相映的留白手法以及寓意、指代等皆是行之有效的常用手法。例如，86 版《红楼梦》中将竹子的形象作为黛玉的衣饰纹样，非常恰当地暗指了人物的内在气质特点。再如，《大明宫词》里面李易之的袖摆与衣摆处以书法体的文字纹加以装饰，且其余部分皆大面积“留白”，为观众呈现了一位风度翩翩的才子形象。近年来，在纽约、伦敦、巴黎、米兰四大国际时装周上也频现以织锦刺绣、写意泼墨、云龙图腾、青花瓷……为设计主题的作品，不少佳作值得我们在教学中“拿来”借鉴。例如，有些采用富含吉祥寓意的中国传统纹样，通过满铺的构图方式和浓烈的色彩表现喜庆、圆满祥和的民间文化的特有气质。

3. 传统元素的“内韵”特征与现代感相结合的创意表现

除了展现传统元素的内在特点，教师在教学中还值得注意的是，需要让学生明确地认识到：将中国元素运用到人物造型设计中，不能毫无改动地把中国元素组成规则整体运用到人物造型设计中，而应该在世界性、时代性的前提下，选取某一点对中国元素进行创造性应用。近些年，国际设计大师们越来越钟爱中国的传统元素，且把中国元素把玩得恰到好处，他们的设计灵感融合了中国古典韵味和西方现代感，创造了“China Chic”中国风尚的新理念。如传统立领与围巾相结合可以使服装既有传统意味又符合现代时装简洁和创新趣味性的特点。再如，将中国书法体文字和国画以分解重构的手法运用于时装设计中，给人既熟悉又与众不同的新鲜感。在人物造型设计课上，这些创意手法都向学生展示、分析，引导他们关注传统元素、领悟传统文化中的精髓，从更深刻的层面理解传统文化，寻找恰当且新颖的创意切入点，在将传统与现代相结合的学习与训练过程中逐步地提升设计创造力。

参考文献：

[1] 王守之. 世界平面设计史(第一版)[M]. 北京: 中国青年出版社, 2002: 232.
[2] 李泽厚. 美的历程(第一版)[M]. 合肥: 安徽文艺出版社, 1999: 89.

市级“一流专业”——印刷工程专业双创教育与协同育人机制的探索

杨永刚　杨　珂　施亚梅　贾新苗

（北京印刷学院　印刷与包装工程学院　北京　102600）

摘要：印刷工程专业是北京印刷学院龙头专业，历史悠久，积淀深厚。本专业将以北京市“一流专业”建设试点为契机，探索双创教育与协同育人机制。本论文首先介绍了“四位一体”双创人才培养体系及创新教育成果，其次阐述了本专业与境内外机构的协同培养机制和资源共建、共享机制，为加强“一流专业”建设质量做好了铺垫。

关键词：一流专业；印刷工程；双创教育；协同育人；工程实践

一、创新创业教育融入人才培养体系和课程体系

我校印刷工程专业重视创新创业教育，一直以“双创教育要体现专业特色、双创主体要关注社会前沿、双创活动要结合行业所需”为指导思想，把创新创业教育融入人才培养体系，探索出“理论为创新、实践为创业”的模式。

1. 强化顶层设计，构建印刷工程专业“四位一体”双创人才培养体系

北京印刷学院建设大学生创新创业园、举办大学生创业沙龙、开展创新创业竞赛，加强双创教育顶层设计，完善双创制度管理。本专业以学校双创活动政策为指引，在培养方案修订、师资队伍建设和课程设置中都增添了双创的元素。为进一步推进和落实双创教育，先后建有一批以学生实践能力培养为主的实践教学平台，如校外实习实践教育基地22个（含市级校外人才培养基地1个）、印刷工程综合训练中心（市级）、印刷包装综合创新实践教育基地（市级）和印刷电子工程技术研究中心（市级）等，构建了完备的“产、学、研、用”“四位一体”双创人才培养体系，为学生实践创新意识和能力提升奠定了坚实基础。

2. 实施“123”工程，加强过程指导，培育优秀双创教育成果

本专业力推一个教师要以至少两个创新创业项目为基点，指导不少于三个学生进行双创能力训练的“123”工程，从选题策划、素材准备、方案设计和成果论证等全过程进行跟踪和指导。在专业培养方案中，设置了“3D 打印技术与应用”“印刷与文化传播”等课程，使双创成果来源于课程，服务于课程。本专业依托融合有双创元素的课程体系，在学校大学生创新创业园的孵化下，学生的创新创业水平显著提升，创意主题日益鲜明，双创成果丰硕。其中，学生在第六届、第八届“挑战杯”首都大学生课外学术科技作品竞赛中表现出色，获得二等奖和三等奖若干个。由 14 级卓越班学生在学校第二届“创意印”方案设计大赛中完成的作品“‘寻梦青春 • 新醉红楼’夜光镂空书”“3D 立体地标卡通地图”参加 2016 年第五届大学生科技创新作品与专利成果展示推介会，分获金奖和铜奖。

二、印刷工程专业与境内机构的协同培养机制及资源共建、共享机制

印刷工程专业不断探求与境内的高校、企业及地方合作，联合办学，协同开展人才培养的新机制。同时，本专业与政府技术部门、协会、科技园区和企业深度合作，充分利用行政和社会资源，开创了多种方式的共建模式。

1. 注重专业交流与研究，开创高校之间、专业与地方、研究院所之间的人才协同培养新机制

2013 年，本专业与杭州电子科技大学、天津科技大学印刷工程专业开展跨区域人才联合培养模式，实施学生互派（交换生）培养计划。学生交流学习，学分互认，开创了国内印刷包装类高校优质教育资源对接共享的先河。2016 年，学校与地处大兴的其他两所高校成立了“京南大学联盟”，并与大兴区共同发布了《京南大学联盟服务大兴行动计划》，推进多方在人才培养和社会服务等方面的深度合作。

本专业积极参与 2015 年 9 月起北京地区普通高校首次实行的“实培计划”，主要包括毕业设计或毕业论文项目，项目或论文采取“双导师”制，优秀学生可进入中国科学院接受科研创新训练，为学生科研创新能力培养提供了新模式。近两年来，本专业与中科院力学所、遥感所和纳米中心等开展毕设合作项目 11 项，形成了良好的协同培养机制。

2. 创建特色班和人才培养优势平台，加强工程实践教育

“雅昌班”是北京印刷学院和雅昌文化集团战略合作中的校企联合培养人才

项目，从2012年开始，面向印刷工程、包装工程、数字媒体技术等专业选拔学生进行实岗锻炼，定向培养。同时，“实培计划”中的科研训练计划深化项目也是通过学校与雅昌文化集团合作，强化学生实践能力训练，解决生产实际问题。

“毕昇卓越班”是印刷工程专业作为教育部卓越工程师教育培养计划试点专业后组建而成的，从2012年创办以来，已组建了5届，每届一个班。该类特色班注重加强学生印刷创新科技与工程实践相结合的能力培养，通过课程体系的改革、校外实践型师资队伍的配置和实习实践项目的开展来强化工程实践教育。

此外，学校与鹤山雅图仕、力嘉包装、北京今印联等行业知名企业建立了基于资源共享和学生创意设计能力培养的特色合作平台，为延伸印刷工程专业与境内机构的人才协同培养机制打下了坚实基础。

3. 专业与行业管理部门共建资源合作平台

国家广电总局出版产品质量监督检测中心绿色印刷检测实验室由北京绿色印刷包装产业技术研究院与总局出版产品质检中心共建，开展质检规范及标准制定、技术咨询与服务、质检专业人才培养等合作，推动首都印刷产业朝数字化、环保化的方向发展。目前，本专业学生以双创活动、课程实验和毕业设计等多种方式参与到共建实验室的各项研究及测试项目中，如印刷油墨、润版液和洗车水的VOC排放检测项目等。

首都科技条件平台北京印刷学院基地是北京印刷学院与北京市科委合作共建的研发实验服务基地。依托首都科技创新，校外企业“走进”基地和学校内部达成合作意向，而高校通过开展的“百进千”活动，完成重点实验室与企业的需求对接，达到双赢。

4. 专业与协会、企业共建科研开发平台

中关村开放实验室由北京印刷学院与中关村科技园区共建，学校提供测试力量及资源，园区提供政策和市场扶持，开创了北京市属高校与园区合作的范例。该实验室拥有先进设备，可检测和分析印刷与包装材料，信息技术材料的性能。目前，实验室为清华大学、北京理工大学、哈尔滨工业大学和方正集团等提供了优质的测试服务。

中国油墨研究中心由北京绿色印刷包装产业技术研究院与中国轻工业协会油墨分会共建，联创佳艺和北印联合实验室由本专业与北京联创佳艺影像新材料有限公司合作共建，两者均利用本专业在油墨科技创新领域的领先地位和先进的检测设备，为行业企业提供检测、研究服务、制定绿色油墨标准等。目前，本专业学生通过市校两级大学生研究计划项目，以及毕业设计等参与各种 UV 油墨、水性凹印墨、UV 喷墨油墨、UV 无水胶印墨和荧光喷墨油墨等研制和成果转化，提升了学生的创新创业水平，有力保障了人才培养质量的稳步提高。

三、印刷工程专业的国际联合培养与资源共建机制

顺应教育国际化趋势，学校积极拓展从师生短期互访到联合培养等多方面、多层次对外交流与合作机制。在国际化人才培养模式的实践探索中，坚持“具有学科专业特色的高素质国际化人才”培养理念，坚持内涵建设与外延扩张相结合，坚持“走出去”与“请进来”相结合，教师国际化素质提升与人才培养模式创新并重，聚集国内外印刷教育要素与资源，营造有利于协同育才的国际人才成长环境。

1. 拓展视野，探索国际化人才培养的新模式

不断完善双语及英语授课的课程，积极开拓与境外国家、地区的校际交流项目，探索国际化人才培养的新模式，为做好“走出去”战略夯实基础。在“一带一路”倡议下，学校利用多年为亚洲国家培养印刷师生所建立的良好声誉，积极谋划设立针对“一带一路”国际生的培养规划和师资人才储备，打造国际品牌，获得“一带一路”国家的高度赞扬。国际联合培养模式使学生拓宽了知识面，留学生数量逐年增加，加强了“一带一路”学术与文化交流。通过联合培养，向海外传播中华文化，进一步提升了办学水平，扩大了本专业的国际声誉。

2. 建立外培交流制度，选派优秀学子前往境外学习

2013 年，学校制定了《出境奖学金评选办法》《短期出国交流学生管理规定》《北京印刷学院学生赴国（境）外交流学习、联合培养管理办法（试行）》及留学生招生、培养等方面的规章制度。

2012 年，学校与国立台湾艺术大学签订了协议书，每年选拔 4 名本专业学生前往该大学交换学习 1 年，学分互认。同年，学校与中教国际教育交流中心签订了《1+2+1 中美人才培养计划》，每年选派一定数量的学生赴美国合作院校完成一定时间的学习，可获两校学位证书。当年，本专业 1 名学生赴美国加州州立大学学习。此外，学校还与美国鲍尔州立大学、罗彻斯特理工学院、英国伦敦艺术大学、德国斯图加特媒体大学、日本千叶大学、瑞典林雪平大学、莫斯科国立印刷艺术大学、印度 Guru Jambheshwar 科技大学等签订了合作协议，稳步推动国际化人才培养。

3. 用足国际合作资源，提高专业示范性和影响力

2015 年 11 月，学校与国际合作单位瑞典林雪平大学、日本千叶大学和瑞典

造纸、印刷与包装技术研究院等联合申报的“绿色印刷与出版技术国际科技合作基地”获科技部认定，为国际人才培养、科技合作、资源共享和人员素质提升提供了良好的平台。

印刷工程系与美国爱色丽公司在印刷工程专业实验室建立了爱色丽颜色实验室与培训中心，利用印刷工程专业先进的测色设备和色彩管理及评价手段进行印前输出设备颜色的校正及印刷图像产品的颜色复制效果评价，为亚洲国家的印刷技术人员提供了有关颜色测量与色彩管理技术培训基地及交流平台。利用该实验室的资源，本专业完成了国产油墨配色系统数据库的建立。一方面提升了学生的科研能力，同时也很好地服务行业，扩大了专业的辐射示范效应。

4. 打牢合作根基，拓展合作资源与模式

本专业与荷兰 IGT 公司建立了合作关系，建立了 IGT 印刷适性实验室，成为IGT在亚洲乃至世界设备最齐全、历史最悠久的印刷适性仪器及技术培训中心。该实验室一方面为 IGT 做亚洲用户培训平台，另一方面成为印刷专业核心课“印刷原理及工艺”“印刷材料”等课程重要的教学和科研平台。依托 IGT 印刷适性实验室，完成了对纸张、油墨等印刷适性的测试，为制定纸张、油墨以及印刷过程控制相关的国际、国家以及行业标准和新技术研发提供了良好的基础。

此外，本专业正启动印刷微课建设项目，从汉语微课向英语以及德语、日语课程扩展，有计划地构建优质资源全球共享体系，以多途径和丰富的手段共享印刷教育的优质资源。

参考文献：

[1] 王晓骞. 大学生“双创”教育及“双创型”人才培养模式研究[J]. 现代交际, 2017(10) : 1.

[2] 李帛倪，刘恬甜，刘泽. 高校“双创”教育的思考探讨[J]. 中国培训, 2017(6) : 122.

[3] 傅许坚. 应用型本科院校人才培养与双创教育的耦合与路径[J]. 吉首大学学报, 2016(6) : 168-171.

[4] 蔡志奇. 应用型本科协同育人模式多样化刍议[J]. 教学研究, 2014(7) : 58.

[5] 吴御生. 高校校企协同育人路径探究[J]. 黑龙江教育, 2014(6) : 74-76.

[6] 金祥雷，赵继. 推进高校与科研院所合作 构建科教协同育人平台[J]. 中国大学教学, 2013(5) : 21-22.

性灵的护持，清洁的精神——试论《红楼梦》中林黛玉一角的审美源头和象征意义

卢 越

（北京印刷学院 外语教学部 北京 102600）

摘要： 作为一部历久不衰的文学名著，《红楼梦》创作手法是高度写实和象征主义的结合，它的写作结构是神话和现实交织，由哲学做铺垫的立体架构，因而文本具有一定的开放性。本文由林黛玉这一重要的人物形象入手，结合作者的身世背景，分析角色塑造的文学、美学和现实依据，力图深入挖掘角色的审美价值和多重象征意义。

关键词：《红楼梦》；曹雪芹；林黛玉；屈原；《楚辞》

序言

《红楼梦》是一部写于乾隆年间的集大成之作，它如同一幅精心绘就的优美画卷，重现了中国历史上经济、文化鼎盛时期的繁华。它以高超的艺术手法，优美含蓄的笔调，展示了一组美不胜收的女性群像。正如张爱玲所说，“欣赏《红楼梦》，最基本最普及的方式是偏爱书中某一个少女”。[1] 由于角色深入人心，自《红楼梦》成书以来，对于书中女性谁最出色的争论就没有停止过，构成了一个特殊而有趣的文化现象。可是《红楼梦》毕竟不是一部普通的现实主义小说，它充满了象征、暗示、意象，其核心是一个“情”字，而挑起“情”的主线的重要角色之一是第一女主角林黛玉。她的形象写意重于写实，并富于悠久而隽永的文化内涵，从文学欣赏的角度来说具有独一无二的价值。甲戌本《脂砚斋重评石头记》开篇有诗云：“字字看来皆是血，十年辛苦不寻常。”正是在这个“杜鹃啼血”的女主角身上，寄托着作者内心许多无法明说的感慨、悲愤以及对人生的执着信念。

一、林黛玉的前世今生

《红楼梦》的写作主线之一是贾府的兴衰，由第一回甄士隐家庭的遭遇引出；之二是“情”线，由第二回贾雨村和冷子兴谈荣国府，阐发的“正邪二气”论而引出。[2] 这个“情”，按照白先勇先生在其音频专栏“白先勇细说红楼梦”中的说法，并不只是狭隘的儿女之情，而是人的真性情，是催发了一切生命的“宇宙原动力”。“情”线的发展指向大观园内外众儿女“千红一窟（哭）”“万艳同杯（悲）”的命运，其代表人物是贾宝玉和林黛玉。很多人根据第一回中的《好了歌》判断此书的宗旨是劝诫世人抛开名利情欲，断绝尘缘，其实本书的主旨在第五回“游幻境指迷十二钗，饮仙醪曲演红楼梦”才完全浮出水面。而前身是被弃用的补天之石的贾宝玉，在尘世担负着更为重要的使命——“补情天”，尽管“情”是宗法社会的价值体系中最无关紧要的因素，可在作者眼里，它才是个体生命存在的根本意义。

《红楼梦》中，有神话背景的，只有引领“情”线的宝黛二人。甲戌本《石头记》第一回讲述了宝黛的前世仙缘：黛玉本是“西方灵河岸上三生石畔的绛珠草”，为报赤瑕宫神瑛侍者的甘露灌溉之恩，决心随他下凡历劫，用一生的眼泪来偿还他。[3] 因此，才有了宝黛在世间再次相见时的动人场面：黛玉吃惊，这个少年“何等眼熟到如此”，宝玉则笑道，“这个妹妹我曾见过的”。

黛玉自述有“不足之症”，从会吃饭起就会吃药，一个癞头和尚告知：“若要好时，除非从此以后总不许见哭声；除父母之外，凡有外亲，一概不见，方可平安了此一生。”[4] 和尚的话，不是警告，而是预言。“不足之症”不是寻常疾病，而是为情而生、为情而死的宿命。绛珠仙子来到人间是为了“还泪”，当泪尽之时，便是她香消玉殒，回到天上之日。

正因为有这样的神仙背景，黛玉既是“金陵十二钗”之冠，又是整部书里最与众不同的一位女性。对于她的外貌服饰，作者没有具体刻画，只是用“两湾似蹙非蹙罥烟眉，一双似泣非泣含露目”[5] 这种抽象的句子形容她的神态。在张爱玲眼中，黛玉纯粹是“一缕诗魂”，因此，她对续本的后四十回中出现了黛玉头戴金簪子这种破坏原著神韵的描写颇为不满。黛玉的性情和行为举止同样有别于其他角色。她一方面聪明绝顶，“心较比干多一窍”，另一方面却孤高自诩，率性而为，在礼教森严的贾府中显得格格不入。贾府这样的豪门贵族之家，各人为自己的利益都有一套生存法则，黛玉对上却从不迎合、奉承，对她不喜欢的人则冷嘲热讽，不假辞色。贾母疼爱黛玉，把她安置在身边的房间，以便照顾，有好吃的只想着留给“颦儿和宝玉”，怕黛玉柔弱禁不住鞭炮声会将她揽在怀里。然而书中围绕在贾母身边一明一暗奉承讨好的一直是王熙凤和宝钗，黛玉从来没有为了老祖宗喜欢而特意说过什么好听的话，难怪贾母经常在众人面前对宝钗赞不绝口。第七回里，王夫人的陪房周瑞家的替薛姨妈送绢花给各位小姐，送到黛玉房里，她起了疑心，竟毫不顾及周瑞家的原是王夫人陪房的身份，对她冷笑道：“我就知道，别人不挑剩下的也不给我。”[6] 周瑞家的有王夫人做靠山，是贾府有头有脸的管家娘子，得罪她后果可想而知。同一章里，宝钗的表现却完全两样，不仅亲热地称周瑞家的为“周姐姐”，而且耐心地与她攀谈许久。宝钗、黛玉美貌才华旗鼓相当，自打第一次相见起便形成了天然的竞争关系，四十二回钗、黛和解之前，两个女孩子一直在暗暗地“过招”。她俩其他方面各有千秋，唯独在口碑上，黛玉是彻底的输家。在贾府一干人的眼里，她浑身都是缺点，小心眼、尖刻、孤傲，难以相处，宝钗则近乎完美，在待人接物方面处处体现了儒家所推崇的道德标准。是黛玉不通人情世故吗？书中的一些细节显示，她并非不懂，只是不屑于去做罢了。例如，第四十五回中，黛玉对宝钗差遣到潇湘馆送燕窝的老婆子便十分客气周到，不仅口头称谢，而且“命人给他几百钱，打些酒吃，避避雨气”[7]。这是她感念宝钗关心的一种表达。而在她心情好的时候，也会给小丫头，比如坠儿一些小费。

黛玉的所谓刻薄其实只是一种自我保护，她孤身一人来到贾府，唯一的靠山是年迈的贾母，时时有寄人篱下的酸楚，连想吃碗燕窝粥滋养身体都觉不便开口，因为想着“这里这些人，因见老太太多疼了宝玉和凤丫头两个，他们尚虎视眈眈，背地里言三语四的，何况于我？况我又不是他们这里的正经主子，原是无依无靠投奔了来的，他们已经多嫌着我了”[8]。黛玉在此生唯一的使命是还泪，因此她在世上几乎无牵无挂，宝玉是她唯一的知己，生活中最重要的内容，以她“眼里不揉沙子”的个性，决不能忍受宝玉的真情与他人分享，对宝钗的冷嘲热讽，对宝玉一次次地使小性儿，便源出于此。

黛玉这个角色的象征和审美的意义远远超过了现实意义，曹雪芹用空灵的笔赋予她种种“不食人间烟火”的个性特征，以常人标准而言远非完美，但从审美的角度来看，这无疑是贾府内外最美的女性角色。她的美，因其与众不同，即使在大观园里一群各具风采的青春少女中也显得那样突出，如清朝画家石涛笔下的兰花，超然、寂寞、遗世独立，纤柔中带着坚韧。

二、黛玉之美，是真性情的美

黛玉的籍贯是江南名城苏州，而她恰如这个钟灵毓秀之地孕育出来的一颗明珠。她第一次进贾府就惊为天人，“闲静时如娇花照水，行动处似弱柳扶风。”她的更高层次的美，在于至情至性。自幼丧母的特殊经历，使她得到父亲林如海格外的疼爱，没有儒家繁复严格的礼教的拘束，使她精神独立，使性灵得以充分地舒展、绽放。自小与诗书为伴的黛玉，无视一切世俗的价值标准，只专注于内心的自由世界。而宝玉厌弃“四书五经”，蔑视宗法社会的待人接物的规范，时常为父亲贾政责骂，为他人讥笑，偌大的贾府，黛玉是他精神上唯一的安慰。她和宝玉之间的知己之情，出于“惺惺相惜”，超出了爱情的范畴，是“士为知己者死”的无怨无悔。这种同质性决定了“二人世界”的牢不可破，任何第三者也无法插足其中。豪迈洒脱的史湘云偶尔也会规劝宝玉研究“仕途经济”，但黛玉对于宝玉却只有纯粹的喜欢和欣赏，从来不曾试图改造宝玉的自然心性。对诗的热爱、美的追求是宝黛二人精神世界沟通的桥梁。在三月落红纷飞的桃花树下，他们并肩共读《西厢记》，享受着诗意青春，憧憬着浪漫爱情，这一瞬，仿佛时光已经停止流逝。这无疑是《红楼梦》里一帧绝美的画面。[9] 而第二十七和二十八回里黛玉葬花吟诗之时，“正自伤感，忽听山坡上也有悲声，心下想到‘人人都笑我有些痴病，难道还有一个痴子不成？’想着，抬头一看，只见是宝玉坐在山坡上哭呢……”[10] 可见，能够懂得黛玉性灵之美的，世上唯有宝玉一人。宝玉虽幻想着有一天下女儿的眼泪流成河，带他漂到世界尽头，其实他心头最珍爱的只有一个林妹妹，只因她的“痴病”原是无人可及的性灵之美，宛如“明月松间照，清泉石上流”。

黛玉对宝玉，还的是所有的泪，终生的情。她的多疑多虑，尖嘴利舌，甚至浮躁莽撞，皆起于情。因此，第十八回里黛玉错怪宝玉误剪香囊袋，自己也马上后悔不迭，第二十七、二十八回黛玉因晚上被拒于怡红院的门外而误以为宝玉无情，听到解释之后却立刻破涕为笑。黛玉对宝玉的情不掺任何杂质，如老子《道德经》中所阐释的“婴儿”天性般纯真，是一颗天然的赤子之心。[11] 而在当时的宗法社会，强大的伦理道德的系统是治国治家的根本，作为个体的人，其个性情感几乎没有生存的土壤。因此，在贾府这种大家族，未婚的男孩女孩对于爱情的向往、青春的自然萌动皆被视为洪水猛兽而加以扼杀。第七十四回抄检大观园正是由丫鬟司棋和表弟潘又安私传绣春囊这种不起眼的小事而引发。反观荣宁二府长辈贾赦和贾珍，一个是公认的老色鬼，大把年纪却三妻四妾地娶回来，连贾母的贴身丫头鸳鸯也不放过；另一个在守丧服孝期间居然召集贵族子弟公然在府里赌博喝酒，搂着娈童取乐。如此不堪的人品，竟可以道貌岸然地逍遥于世。这种强烈的对比，深刻揭示了儒家的礼教荒谬虚伪、泯灭人性的本质。《道德经》第十八章有句云："大道废，有仁义；智慧出，有大伪。"[12] 曹雪芹塑造的黛玉一角，不仅寄托着在当时社会无法实现的爱情理想，更是对于宋儒理学"存天理，灭人欲"正统思想的反叛。

礼教森严的社会，没有纯真少年，也没有真正意义上的青春岁月。在"侯门深似海"的贾府更是如此。除了宝玉和黛玉两个"真人"，那些花季少年几乎个个都是暗怀心事的小大人。宝钗聪慧美丽，可惜她一味崇尚理性，过分克制了内心的真情实感，行为准则完全遵从礼教的规范。金钏儿被王夫人赶出贾府而含辱自尽，连王夫人都不禁垂泪，宝钗却轻描淡写地说金钏儿"不过是个糊涂人，也不为可惜"[13]。温柔贤惠如袭人，出身可怜可叹，可是为了给自己挣一个"光明"的前途而殚精竭虑，不惜牺牲同伴，主动到王夫人处告密。晴雯抱病被逐出大观园，奄奄一息，怡红院里的一些丫鬟也都受到了牵连，宝玉对袭人难免产生疑虑，她却气急败坏地脱口而出："晴雯是个什么东西"，"他纵好，也灭不过我的次序去。"[14] 都是花季少女，城府竟然如此深厚，同情心丧失得如此彻底，真是十分可怖。而娇俏可人的平儿，纵使善良仁厚，也不得不在贾琏和王熙凤的夹缝中天天委曲求全，完全被剥夺了爱的权利，令人叹息怜悯。相比之下，黛玉纯真脱俗，自由烂漫，是大观园里真正的青春美少女。她无视世俗的价值观，北静王赐给宝玉的念珠她会嫌脏而顺手扔掉，元妃省亲之日，人人都兴高采烈，她却因为没有机会一展诗才而"兴味索然"。她虽外表纤弱，却大胆地冲破禁忌读西厢，深夜激情涌动写题帕诗，对于宝玉情真、情痴，情到深处一往无前，乃至最后为情而耗尽了生命。黛玉的生命如同短暂而璀璨的烟花，在夜空中肆意地绽放，为青春和美挥霍着所有的光和热。

《红楼梦》里展示的女性群像中，大致可分为"感性派"和"理性派"。感性派中除了黛玉，还有和黛玉相似的晴雯、妙玉、龄官，以及直率刚烈的司棋、尤三姐等一干人，她们的共同特点是敢于冲破礼教的束缚，而最终走向了同样悲剧的命运。这种映衬的写作手法使得黛玉这个超现实的人物形象避免了单薄之嫌，变得更加立体。在第五回中，宝玉神游太虚幻境时，在“薄命司”里看到了预示“金陵十二钗”未来命运的簿册。如果说在册的女子作为父权社会伦理道德制度的牺牲品，暗示了全天下女性的共同命运，那么这些感性派的真性情的女孩，便是其中最冤的冤魂。曹雪芹写此书，目的在于质疑宗法社会伦理道德标准的合理性，发掘人性的价值。作为中国文学史上第一本以女性为主角的书，它赞美女性的纯洁之美，唤醒女性的自主意识，其鲜明的女性主义立场不仅在当时的社会看来是超前的，即使放在今天和同类作品相比也毫不逊色。

三、性灵的护持，清洁的精神

黛玉这一角色虽属虚构，可是若是在原文基础上追溯角色塑造的依据，读者便能找到审美的源头，更加深入地体会这一角色的另一重象征意义。

黛玉是远离尘嚣的大观园里真正的隐士和唯一的诗魂。她的身上兼备了女性的纤柔之美和文人的高洁品格。在人欲横流的贾府，黛玉无欲无求，淡泊寂寞。她喜散不喜聚，既是由于自幼丧失双亲造成的孤僻，也因为早早领悟到，人世间的繁华不过是一场过眼烟云。宝玉一生都在悟道，而黛玉是天生的开悟者，在第二十二回中，她在宝玉写的谒语“无可云证，是立足境”之后续道：“无立足境，方是干净”。[15] 这看起来只是玩笑，却暗示了她悲观主义者的本质。而她退隐的姿态既是勘破一切之后的自觉选择，又是有意识地对于性灵的守护。《红楼梦》里，黛玉的代表是菊花和芙蓉。而黛玉居住的潇湘馆，绿竹千竿，凉意飒飒，是“独坐幽篁”的绝佳避世之所。第三十八回众人赏菊赛诗，黛玉的《问菊》里有这样的诗句：“孤标傲世偕谁隐，一样花开为底迟”，[16] 正是以无心争春的菊花自比。第六十三回宝玉生日宴会上，黛玉掣的签是芙蓉花，象征了她的洁白无瑕。黛玉是一位女诗人。纵有宝钗和湘云在实力上与之匹敌，但她们作诗仅仅是娱乐，黛玉则是把自己写入了诗中，以诗明志，借诗抒情，尤其是一曲《葬花吟》，叹春惜春，自怜自嗟，感伤背后透着决绝。细读《红楼梦》，读者不难从黛玉身上依稀看见屈原、陶渊明，以及阮籍、嵇康等魏晋名士的影子。

而书中多处细节，暗示着黛玉这一角色更深的渊源：屈原和他写的楚辞。林黛玉住在潇湘馆，笔名“潇湘妃子”，喻其爱哭之意。[17] 黛玉每以湘妃自比，深夜在宝玉所赠旧帕上写下“彩线难收面上珠，湘江旧迹已模糊”之句。[18]“潇湘”二字的另一重深义，曹雪芹没有明说，却可以从词源追溯。湘江是湖南省最大的河流，所以此地简称为“湘”，潇水发源于湘南，向北汇入湘江。潇湘，乃楚辞诞生之地，古人多以潇湘暗指楚辞精神。李白诗云：“正声出微茫，哀怨起骚人。”[19]楚辞最重要的精神特质是哀怨。它出自诗人敏感多思的情怀，带着无法排遣的感伤和忧郁，恰如湘江之水，呜咽低徊，笼罩在浩渺云烟之下，伴随着凄婉的箫声。黛玉的诗，“风流别致”，同样缠绵悱恻，似有写不尽的哀思。屈骚的哀怨出于被排挤被毁谤，政治抱负的不能实现，感喟“日月忽其不淹兮，春与秋其代序。惟草木之零落兮，恐美人之迟暮。”[20]黛玉的“怨”是出于身世的凄凉，对于自己早夭的命运能够清晰预见，对于贾府虚伪的人情世故则坚决抗拒。芒种节大观园众儿女为花神饯行，“满园中绣带飘飘，花枝招展”，唯黛玉却在悼红伤春，为落花、亦为自己发出了“明媚鲜妍能几时，一朝漂泊难寻觅”的悲叹，也控诉严酷的自然和冷漠的人世：“一年三百六十日，风刀霜剑严相逼。”[21]“风刀霜剑”当然只是隐喻，可是正所谓“明枪易躲暗箭难防”。黛玉除了贾母之外无依无靠，又不会左右逢源，在势利的贾府必然受到各种伤害。第二十七回中宝钗无意中听到小红和坠儿的密语，唯恐被发现，便来了个“金蝉脱壳”，栽赃给黛玉。小红的反应竟然是：“若是宝姑娘听见，还倒罢了。那林姑娘嘴里又爱刻薄人，心里又细，她一听见了，倘或走漏了，可怎么样呢。”[22]第七十四回中，王夫人因暗查绣春囊一事，向凤姐询问“水蛇腰、削肩膀，眉眼又像你林妹妹”的晴雯，接着把晴雯传来，辱骂一通，唯一的理由就是晴雯“像个病西施”[23]。由此可见贾府中人对黛玉的真实态度。以黛玉的聪明敏感，自不难察觉自己处境堪忧，前途无着。

另外，屈原是唯美主义的代表，以香草美人和“美人迟暮”自比自喻，自述“纷吾既有此内美兮，又重之以修能”[24]。屈原有洁癖，史书上说他“瘦细美髯，丰神秀朗”，“性洁，一日三濯缨”。《楚辞·渔父》中，“屈原既放，游于江潭，行吟泽畔。颜色憔悴，形容枯槁”。渔父看见，询问原因，屈原答道：“举世皆浊我独清，众人皆醉我独醒，是以见放。”渔父劝他不要拘泥于事物，要学会随波逐流。屈原说，“新沐者必弹冠，新浴者必振衣”，不能让干净的身体被浊泥污染，宁愿“葬身于江鱼之腹中”[25]。黛玉的洁癖也是出了名的，自己亲手做的香囊唯恐宝玉送人被玷污，亲王的佛珠也被她斥为“什么臭男人拿过的东西”。

这种洁癖和妙玉嫌刘姥姥脏了她的茶盅看似如出一辙，实质是一种更高层次的精神“洁癖”，一种自我怜惜，深知世态炎凉，却不肯同流合污的决心。《葬花吟》的最后，哀伤之情转为铿锵之声，变成对于世情的追问和心迹的剖白：“天尽头，何处有香丘？未若锦囊收艳骨，一抔冷土掩风流。质本洁来还洁去，强于污淖陷渠沟。”[26] 黛玉甘心以柔弱之躯，承受“一朝春尽红颜老，花落人亡两不知”的命运，这种价值观和态度，实际上是屈原精神的延续，不愿做渔父那种超然世外的选择，而是怀着玉石俱焚的决心护持自己的高洁理想，直至生命的尽头。黛玉和屈原精神的联系，除了在她本人的诗中得到印证，还反映在第七十八回宝玉祭晴雯的《芙蓉女儿诔》中。这篇祭文用的干脆是赋体和骚体，通篇都是在借晴雯映射黛玉即将泪尽而死的未来，和第二十七回黛玉为自己写的谶语般的《葬花吟》遥相呼应。[27] 这篇祭文“就是要打破陈腐滥套，要师法从《楚辞》到魏晋文章的浪漫创造和真性真情”，它的丰富意象和多处引用“正是屈原、庄子、阮籍那一条脉络上的精神意度，也就是‘正邪二气所赋’的另一种表达”。[28]

总之，黛玉身上集中了几乎所有历代文人共同向往的理想人格，上能追溯至老庄的超脱和惊世骇俗，屈子的烂漫自由，清洁美好，下可承接陶渊明的淡泊宁静，魏晋名士的傲然于世，放浪形骸。一曲“葬花吟”，感伤哀婉，一唱三叹，往复回环，好似穿越几千年的苍茫时空，重续了骚人之遗韵。可以说，曹雪芹对这个角色格外偏爱，用情至深，用尽了毕生的心血，因为黛玉的精神境界，正是作者本人毕生追求的理想，而黛玉的性格气质，也是作者自身的人格投射。曹雪芹的挚友敦诚为他作的挽诗正是明证：“牛鬼遗文悲李贺，鹿车荷锸葬刘伶。古人欲有生刍吊，何处招魂赋楚蘅？”[29] 如果把《红楼梦》比作一个庞大而华丽的建筑群，那么黛玉一角便是作者心中一个幽闭的世外桃源，寄寓着他在百孔千疮的现实人生中无法实现的美好梦想。

四、长太息以掩涕兮，哀浮生之多艰

黛玉这一角色的特殊性以及和作者自身际遇、情感之间的深刻联系，在《红楼梦》里多用象征手法暗示，蕴藏在原文的多处诗词里和细节当中，需要读者在反复阅读原著的过程中方能领会。林黛玉既是和贾宝玉一样具有“正邪二气”的体制外人，是真性情的代表，又是整部《红楼梦》乐谱中的一个变奏。风和日丽之时，众人兴高采烈地举办着送花神的仪式，她却看到了落花易逝、世事无常和贾府衰败的前景，唱出了最早的挽歌，也吟出了曹雪芹肝肠寸断的身世之伤，贫病交加的孤独无望，抒发了作者对于世间种种毁谤和不平的愤懑和“宁为玉碎不为瓦全”的心声。手把花锄，独自葬花的黛玉，仿佛行吟泽畔被放逐的屈子，又是傲骨柔情的曹雪芹，即使为权贵所不容逐出京城，[30] 到了“举家食粥酒常赊”的穷途末路，[31] 仍不改初衷，苦苦支撑，只为“残杯冷炙有德色，不如著书黄叶村”[32]。

结语

林黛玉这一角色至情至性的美和清洁的精神，将《红楼梦》的审美和文学价值整体提升到了一个比其他现实主义小说更高的境界，继曹植《洛神赋》里的洛神、屈原《山鬼》里的山中女神之后，成为中国文学史上又一位经典而富有活力的女性形象。而《红楼梦》这一用作者毕生心血写就的巨著，也凭借其高超的写作技巧和其文本的开放性，正不断吸引着越来越多新的读者，它给人带来的不仅是单纯阅读的快感，亦成为个人生命中一次次影响深远的美的体验。

注释

[1] 张爱玲. 红楼梦魇[M]. 北京: 北京十月文艺出版社, 2007: 285.

[2] 第二回《贾夫人仙逝扬州城, 冷子兴演说荣国府》中, 贾雨村认为, 除了大恶大仁人之外, 世间还有一类秉承正邪二气之人, “置之于万万人之中, 其聪俊灵秀之气, 则在万万人之上; 其乖僻邪谬不近人情之态, 又在万万人之下”, 并举许由、陶潜、阮籍、嵇康、陈后主、唐伯虎、卓文君、红拂、薛涛等人为例。这些人的行为和儒家的礼法相悖, 因此均为当时的主流社会所否定和排斥。《红楼梦》中的男女主角贾宝玉和林黛玉, 以及次要人物晴雯、妙玉、尤三姐等都属此流。(曹雪芹, 高鹗. 红楼梦[M]. 长沙: 岳麓书社, 2010: 19.)

[3] “西方灵河岸上三生石畔的绛珠草”, 因为“时有赤瑕宫神瑛侍者日以甘露灌溉”, 日久便脱却草胎木质, 修成女体, “因尚未酬报灌溉之德, 故其五内便郁结着一段缠绵不尽之意”, 恰近日神瑛侍者“凡心偶炽”, “欲下凡造历幻缘”, 那绛珠草便道, “他是甘露之惠, 我并无此水可还。他既下世为人, 我也去下世为人, 但把我一生所有的眼泪还他, 也偿还得过他了。”(曹雪芹. 脂砚斋重评石头记[M]. 北京: 人民文学出版社, 2010: 17.)

[4] 曹雪芹, 高鹗. 红楼梦[M]. 长沙: 岳麓书社, 2010: 26.

[5] 梁归智. 红楼梦新词韵语新赏[M]. 北京: 北京师范大学出版社, 2010: 38.

[6] 曹雪芹, 高鹗. 红楼梦[M]. 长沙: 岳麓书社, 2010: 77.

[7] 曹雪芹, 高鹗. 红楼梦[M]. 长沙: 岳麓书社, 2010: 514.

[8] 曹雪芹, 高鹗. 红楼梦[M]. 长沙: 岳麓书社, 2010: 511.

[9] 曹雪芹, 高鹗. 红楼梦[M]. 长沙: 岳麓书社, 2010: 251.

[10] 曹雪芹, 高鹗. 红楼梦[M]. 长沙: 岳麓书社, 2010: 302-303.

[11] 老子《道德经》第十章中写道: “载营魄抱一, 能无离乎? 专气致柔, 能婴儿乎? ” 大意是让人们要持守婴儿般的自然纯真, 身心合一, 不在世俗中迷失了本性。(老子, Arthur Waley. 道德经[M]. 北京: 外语教学与研究出版社, 2001: 20.)

[12] 老子, Arthur Waley. 《道德经》. 北京: 外语教学与研究出版社, 2001: 20.

[13] 曹雪芹, 高鹗. 红楼梦[M]. 长沙: 岳麓书社, 2010: 361.

[14] 曹雪芹, 高鹗. 红楼梦[M]. 长沙: 岳麓书社, 2010: 924.

[15] 曹雪芹, 高鹗. 红楼梦[M]. 长沙: 岳麓书社, 2010: 235.

[16] 曹雪芹, 高鹗. 红楼梦[M]. 长沙: 岳麓书社, 2010: 428.

[17] 晋张华《博物志》: “尧之二女, 舜之二妃, 曰湘夫人。舜崩, 二妃啼涕挥竹, 竹尽斑。” (梁归智. 红楼梦新词韵语新赏[M]. 北京: 北京师范大学出版社, 2010: 180.)

[18] 曹雪芹, 高鹗. 红楼梦[M]. 长沙: 岳麓书社, 2010: 379.

[19] 朱良志. 中国美学十五讲[M]. 北京: 北京大学出版社, 2002: 81.

[20] 时光迅速逝去不能久留, 四季更相代谢变化有常想那花草树木都要凋零啊, 唯恐美人也将有暮年到来。(屈原. 楚辞[M]. 北京: 中国社会科学出版社, 2002: 2.)

[21] 曹雪芹, 高鹗. 红楼梦[M]. 长沙: 岳麓书社, 2010: 302, 303.

[22] 曹雪芹, 高鹗. 红楼梦[M]. 长沙: 岳麓书社, 2010: 294.

[23] 曹雪芹, 高鹗. 红楼梦[M]. 长沙: 岳麓书社, 2010: 877-879.

[24] 上天既赋予我这么多内在的美质啊, 又加之我注意修养自己的品性。(屈原. 楚辞[M]. 北京: 中国社会科学出版社, 2002: 2.)

[25] 屈原. 楚辞[M]. 北京: 中国社会科学出版社, 2002: 191.

[26] 曹雪芹, 高鹗. 红楼梦[M]. 长沙: 岳麓书社, 2010: 303.

[27] 曹雪芹, 高鹗. 红楼梦[M]. 长沙: 岳麓书社, 2010: 945.

[28] 梁归智. 红楼梦新词韵语新赏[M]. 北京: 北京师范大学出版社, 2010: 316.

[29] 前两句把曹雪芹比作唐诗人李贺和晋代诗人刘伶。后两句是凭吊之意。“生刍吊”典出《诗经・小雅・白驹》:“皎皎白驹, 在彼空谷。生刍一束其人如玉。”“何处招魂赋楚蘅”用《楚辞》中《招魂》篇意, 蘅即杜蘅, 香草的代称。(梁归智. 红楼梦新词韵语新赏[M]. 北京: 北京师范大学出版社, 2010: 368.)

[30] “明相国, 是乾隆的大学士明亮……明相国府中, 因雪芹学识渊博, 聘为西宾(俗称‘师爷’)。但后来有了谗言, 说他‘有文无行’, 视为品质不良, 道德败坏, 以致下了逐客之令, 不容许他停留, 这也就等于把他逐出了京城, 无有立足之地。”(周汝昌, 周建临. 红楼真影[M]. 济南: 山东画报出版社, 2009: 47.)

[31] 梁归智. 红楼梦新词韵语新赏[M]. 北京: 北京师范大学出版社, 2010: 363.

[32] 梁归智. 红楼梦新词韵语新赏[M]. 北京: 北京师范大学出版社, 2010: 360.

参考文献:

[1] 曹雪芹, 高鹗. 红楼梦[M]. 长沙: 岳麓书社, 2010.

[2] 曹雪芹. 脂砚斋重评石头记[M]. 北京: 人民文学出版社, 2010.

[3] 张爱玲. 红楼梦魇[M]. 北京: 北京十月文艺出版社, 2007.

[4] 梁归智. 红楼梦新词韵语新赏[M]. 北京: 北京师范大学出版社, 2010.

[5] 周汝昌, 周建临. 红楼真影[M]. 济南: 山东画报出版社, 2009.

[6] 老子, Arthur Waley. 道德经[M]. 北京: 外语教学与研究出版社, 2001.

[7] 屈原. 楚辞[M]. 北京: 中国社会科学出版社, 2002.

[8] 朱良志. 中国美学十五讲[M]. 北京: 北京大学出版社, 2002.

[9] 鲁迅. 国学杂谈[M]. 北京: 当代出版社, 2017.

基于虚拟仿真技术的色彩管理类课程教学改革探索与实践

徐艳芳　宋月红　刘　瑜　廉玉生

（北京印刷学院　印刷与包装工程学院　北京　102600）

摘要：色彩管理技术是媒体颜色传递的技术组成部分，也是印刷工程专业一门重要的基础课程。采用虚拟仿真技术方法，建立了课程内容的技术模块和模块系统，并开发了相应的虚拟仿真教学软件，可独立完成不同模块技术内容的深入学习和理解，也可完成媒体间颜色传递等实际工作流程的模拟操作。该虚拟仿真软件的应用，可同时促了进技术理论内涵的理解及提高实验、课程设计等实践内容的教学效率和教学效果。

关键词：虚拟仿真；教学改革；色彩管理技术

仿真技术是继数学推理、科学实验之后，人类认识自然界客观规律的第三类基本方法。伴随着计算机技术的发展，以软件操作、屏幕显示表现为特征的虚拟仿真技术在科研、教学等多个领域得到广泛应用。

我校的色彩管理类课程是印刷工程等专业的核心课程，理论和实践教学内容均有较高要求。色彩管理技术涉及很多方法和流程，实践性和可操作性较强。以往的实验主要集中在其基本技术素材的建立环节，而方法和流程实践过程烦琐、耗时，难以在大量学生情况下实施。无疑，虚拟仿真技术是该类技术知识较好的学习手段。通过技术过程的虚拟仿真，可以便捷、深入地理解其技术内涵，模拟其实际工作环节和流程，取得事半功倍的教学效果。

一、虚拟仿真软件的功能设计

欲在教学中发挥虚拟仿真技术的优势，首先要根据课程的技术特点设计虚拟仿真软件应具备的功能。我校色彩管理类课程具有很强的技术性和实践性，课程本身设有理论课程和设计实践两部分。因此，要求相应的虚拟仿真软件具备以下三方面功能：

（一）能够全面深入展示课程的知识点

色彩管理技术的知识点层面丰富，既有色彩学的基础理论，又有方法性的技术知识以及应用的系统性技术，各个层面知识和技术相互衔接和支撑，构成了可应用的色彩管理技术。而其中的许多知识、技术点不容用简单语言描述和静态的图示表征。因此，要求通过虚拟仿真，能够以数据分析和三维、静态、动态图像等多种形式深入地展示其各个层面的技术内涵。

（二）能够辅助课程的理论教学

色彩管理类技术本身即有很多软件技术，课堂理论教学中即需要特定的软件工具对知识点加以深入展示和说明，但 Word、Excel、Photoshop 等常用软件并不具备这种功能。因此，要求虚拟仿真软件能够有针对性地处理、剖析和分析色彩管理技术中的相关软件内容，能够辅助其理论教学。

（三）能够承担课程的实践教学

色彩管理类技术具有很强的实践性，我校该类课程中除了课程实验外，还专有课程设计内容。因此，要求虚拟仿真软件能够模拟色彩管理技术应用的流程模拟、应用过程各环节的技术内涵和应用结果的技术分析和效果展示，即能够承担简单的课程实验及实际应用的模拟实践。

二、教学内容的组织和软件开发

不同于语言教学，基于虚拟仿真的形成，需有效地组织和优化教学内容。

（一）教学内容模块化

将课程内容分为几个既可独立又相互衔接的模块，以便于每个模块中独立设计实践内容。如此，可以在单独的模块围绕该模块知识点进行实践教学模拟活动。该模拟仿真软件设有色彩管理技术基础的设备特性文件和特征色分析模块，体现设备颜色表征能力的色域表征和分析模块，以及颜色在不同媒体间传递的颜色转换模块等。

（二）内容模块系统化

色彩管理技术具有很强的应用性。因此，在其虚拟仿真软件中须能体现完整工作流程的模拟活动，即内容模块要形成一个完整的色彩管理工作系统。这里包括具备基础技术素材的分析，利用技术素材完成媒体间颜色传递的过程以及效果分析和表征等。如此，可通过模块间内容的交叉和有效组织，形成设计性的实践模拟活动。

（三）应用过程互动化

除了功能化要求外，作为教学用的模拟仿真软件，还需软件具有较强的互动性，以使学生在学习应用时能够明晰各个实践环节的技术和效果优劣。为此，软件设计有技术数据的输入和结果数据的输出端口，可对外来技术素材进行分析，也可输出结果利用外部工具进行分析，有效增强和扩展了软件的应用范畴。

三、实践与应用

所开发的虚拟仿真软件首先在 2014 级印刷工程专业教学实验课和课程设计实践中进行了应用。软件界面如图 1 所示。

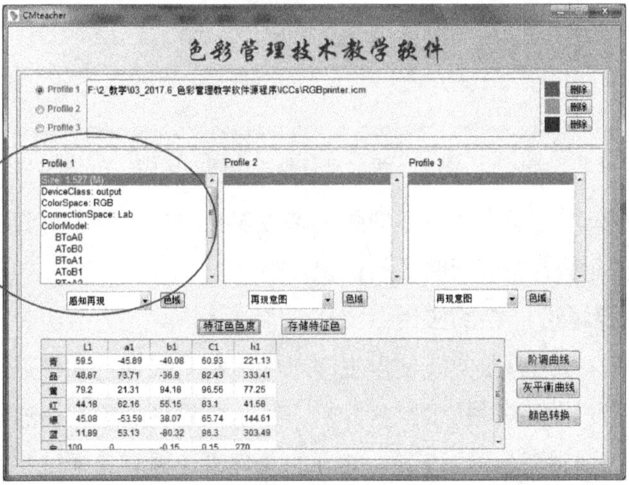

图 1　虚拟仿真教学软件界面

（一）在课程教学中的应用

该课程实验包括设备特性文件的制作和分析两方面内容。

特性文件是色彩管理技术的基本素材，实验中由专业软件制作完成。但特性文件中的数据内容、特点特色，以及其所代表的设备颜色表征性能却无法获知。所开发软件提供了对特性文件进行数据内容剖析的功能，给出特性文件含有的设备颜色空间、颜色关系等信息。如图 1 中的椭圆框中内容。

设备可表征的色域是设备的基本颜色能力。软件通过特性文件计算出设备的色域，并以三维立体图的形式表征出来。学生在实验中可用自己制作的特性文件分析所代表设备的色域大小，并方便地与其他设备的色域进行比较。如图 2 所示，为给出的两个设备色域空间的比较图。

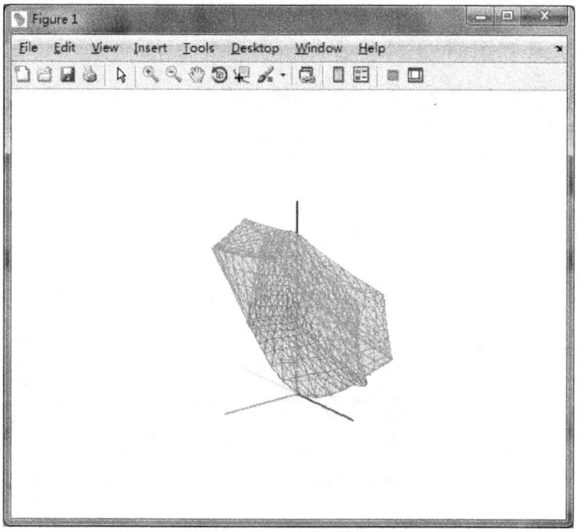

图 2 两个设备色域空间的比较

通过软件应用，学生对设备的颜色特性表征方式、设备可表征的色域大小等基本技术内容有了更加清晰明了的认识。

（二）在课程设计中的应用

课程设计拟通过自主实践使学生深入学习和掌握课程知识点。利用该虚拟仿真教学软件，设计了基础技术素材分析、显示类设备颜色件传递，以及具有行业应用特色的数码打样技术过程三大部分的课程设计内容。通过将软件各模块的功能作用介绍给学生，让学生自己设计实践内容的工作流程，自己组织和运行软件功能来模拟实际的工作过程，并对数据结果进行分析和表征。如图 3 所示，为利用“颜色转换”模块完成数码打样过程的数据流程。图中上中部、中左部和下中部椭圆框所标为流程的先后步骤，每步的结果示于其后数据框中。进一步，还可将每步的结果数据存储下来，在 Excel 等其他工具软件中进行分析和比较。通过该过程的模拟，使学生深入了解数码打样的技术内涵和实施过程。

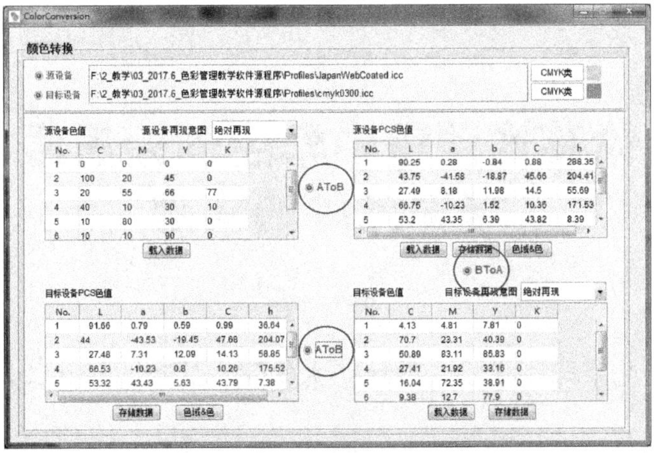

图 3　数码打样的虚拟仿真界面

从该教学软件的应用效果看，学生普遍反映对色彩管理技术内涵理解更准确了，对其应用的方法、过程和应用效果等也更清晰了。

四、结束语

针对色彩管理类课程的内容特点，开发了模块化、系统化的虚拟仿真教学软件，有效地解决了知识点学习难以深入、实践流程难以理解，以及效果分析难以量化等实践问题。在相应的课程实验和课程设计实践中的应用结果表明，应用虚拟仿真技术，不仅能快捷、方便地进行实践教学，还提高了学生的学习兴趣和学习效果。该虚拟仿真教学软件起到了促进技术内容学习、增强技术内涵认识和快速掌握实践技术原理的作用。

参考文献：

[1] 邱会东. 虚拟仿真技术在仪器分析理论课程辅助教学中的应用[J]. 科技与创新. 2017(9)：149-150.

[2] 罗晓东. 基于虚拟仿真技术的板形控制实践教学平台开发[J]. 实验室研究与探索. 2017, 36(9) : 114-117.

[3] 周晓玲. 基于虚拟仿真技术的平面机构创意组合实验的教学改革[J]. 上海理工大学学报(社会科学版) . 2017, 39(1) : 79-82.

[4] 王斌. 基于虚拟仿真式案例教学的矿业工程人才培养[J]. 煤炭高等教育. 2017, 35(2)：114-118.

论装饰课程中学生创新思维培养体系的构建

叶 蕤

（北京印刷学院　设计艺术学院　北京　102600）

摘要：创新思维对于艺术设计专业的学生而言非常重要，装饰课程作为一门专业基础课就是要让学生获得系统的造型创造能力，那么，如何在短短几周的时间里培养出学生造型语言的创造性思维，则是每一位装饰授课教师须研究与解决的问题。本文笔者通过对装饰基础课程教学的多年探索，总结出一套完整的造型创新思维训练体系的教学模式，并在近五年的实际教学中多次检验，从学生反馈与作业情况来看，该模式可以在较短的学时内提升学生的造型创造能力，它以开拓学生创新思维为教学中心，能够真正达到装饰课程基础教学的目的。

关键词：装饰课程；创新思维；培养体系

一、装饰基础课程的教学定位与目标

我国大多数艺术设计类高校大学本科教育体系中，装饰与设计素描、设计色彩、构成等课程是一环扣一环的基础课。对于一名设计专业大学一年级的初学者而言，设计素描与设计色彩是在其考前班所熟悉的写实性思维中加入了设计性的创意表现思维，并掌握相应的表现技法，但那种创造性思维主要倾向于画作主题表现上的创造力培养，在造型及色彩上仍以写实为主。再看构成，这门课程要解决的主要是画面及造型的“骨骼”问题，将世间万物繁复的外形还原成最为凝练、概括的点、线、面的视觉元素。如果说通过构成学创造出的是画面和造型的“骨骼”，那么，学生们在装饰基础课程中要掌握的就是如何创造画面和造型的“血肉与情感”，而画面与造型中的“血肉与情感”主要是通过强烈、鲜明的形式风格呈现出来的。由此，装饰基础课程的教学任务与目标就是培养学生对于画面与造型风格的创造与表现能力。造型风格的创造与表现能力主要在于思维环节的培养，笔者在多年装饰课程的教学实践与研究中总结出一套重在造型创造思维训练的系统教学模式，旨在通过“短、平、快”的教学，快速提升学生对于风格语言的理解以及他们的造型创新能力，并解决当下我国装饰教学中普遍存在的学生抄袭现象。

二、装饰课程中创新思维培养体系的基本构架

（一）能力的渐进培养

1. 形式与内容概念区分能力的培养

在装饰基础课程要区别两个关键性的概念——形式与内容。图形的内容就是指这个图表现什么主题，而用什么艺术语言去表现它，就是形式。打个比方：同样表现一轮冉冉升起的太阳，古代埃及人墓室墙面上所绘的太阳、汉代画像砖上的太阳、古印度人笔下的太阳等，所表现出来的风格皆相去甚远，原因就在于它们运用了不同的形式语言来创造装饰性的画面与图形。

2. 形式语言设定能力的培养

如何使装饰造型与被装饰物之间构成和谐的一体，需要学生掌握形式语言的设定能力。任何一个门类的艺术设计行业，其运用的造型都须和受众的审美水平、年龄层次、性别、设计艺术品的应用载体与环境、表现材质等诸多方面相协调一致。在装饰基础课程中，要结合后继专业课程，给学生做一些形式风格的设定思维训练。这样，既能在学习思路上把课程和后继课程自然地衔接起来，又可让学生为今后的设计实践打下坚实的基础。

3. 内容特征的分析能力培养

在厘清了形式与内容的关系后，就要学习如何分析所要表现的主题内容。一般情况下，主题内容的表现难度依次为：植物、风景、动物、人物、综合主题。虽然装饰课程的教学重点是传授给学生如何掌握装饰造型形式语言的相关知识及能力，但无论采用哪一种风格语言，都要准确地表现内容主题的特征。学习在物象诸多细节中寻找最突出的特点，是该训练环节的重点。以植物内容为例：表现植物为内容的装饰主题，要注意观察植物的生长结构、外形特征、生长环境等。若物象细节较多且结构复杂，那么，如何舍末逐本地抓住物象的根本特征，需要在多次思维训练中获得。何况，当学生进行形式语言转换训练过程中，由于要兼

顾表现主题内容与形式语言两方面的特征，往往易于忘记先前总结过的诸点，导致最后画出来的图形令人不知所绘何物。在授课中，教师要时常带着学生们反复总结物象特点，以养成分析与归纳的思维习惯。

4. 形式语言的分析能力培养

对于初学者而言，获得形式语言的创造与表现能力，通过借鉴与“拿来”作灵活的语言转化的模仿学习阶段非常有效。模仿某一种形式语言，并非直接照搬，须注意的是，我们不能让学生用古埃及艺术的形式语言去表现古埃及的人物、莲花抑或凡能在古埃及艺术中找到的形象。如若那样的话，就很容易造成抄袭现象，而非具备一定难度并能增进学生形式语言表现能力的模仿式学习了。

进行装饰课程上的模仿训练，要分析并归纳所模仿形式语言的特点。形式语言的分析与归纳比主题内容的分析与归纳要难得多，它要求学生在训练中逐步增强对于形式语言敏锐的观察力以及对于造型风格的感受力。比如，古埃及艺术中的造型给人以强烈的生硬感与秩序感，尤其是古埃及人物形象中采用的“正肩侧面律”手法，然而，古埃及造型艺术形式语言的特点最根本的源自它强烈的秩序感，而且这种秩序感与其他秩序化风格突出的民族传统艺术（例如，伊斯兰传统造型艺术、古代两河流域造型艺术等）不同之处在于古埃及人擅长用严谨、方正、硬朗的直线形态去进行秩序化的空间分割和表现物象的形态，因此，这是一种秩序中透着生硬（对于艺术风格，“生硬”并非贬义词，而是指一种个性的特点）、肃穆气质的艺术风格。在实际的教学中，教师不仅要启发学生去感受每一种形式语言的个性，还要带领学生们去逐个分析造型细节处的表现手法给人带来相应的视知觉感受。

5. 形式与内容的转换能力培养

在完成了以上两个分析与归纳训练环节后，便是装饰课程的核心训练环节了——装饰形式转换能力的培养。所谓转换能力，就是让学生学会用某种装饰形式语言转换表现某一特定的主题内容，从而创造出一个新的装饰造型。整个转换训练过程中，要始终帮助学生回忆已归纳、分析过的主题内容与形式语言的特征。实际训练时，尤其是训练的初期阶段，学生会因为还未养成造型创新的思维习惯，常常左支右绌，创作出的新造型不是内容不明、“不知所云”，就是形式不明、不具风格。

某一种形式语言的特点或许体现在多方面，但在转换中，可以灵活运用，要根据所表现的内容，有选择地选取其中最具代表性的特征加以转换，不一定悉数“拿来”。例如，分析商代青铜纹样中著名的饕餮造型特点可以归纳为：粗糙的拓印肌理、剪影式的轮廓、厚拙质朴的形态、对称式构图、适合纹样的样式、“面”与“线”结合的手法、狰狞夸张的表情与五官细部等。比较这些造型特点，方圆相寓的力度感与粗糙的拓印肌理是最突出之处。那么假定运用饕餮造型风格表现梅花鹿的主题内容，须注意在创作梅花鹿的外形时，造型不能太圆润，而是圆中带方，但又不能画出棱角，否则显得太锐利单薄，会破坏原形式中的浑厚感。“用圆去表现每一次线条的转向，与直线融合一体”是抓住这种造型个性的关键之一。方圆相寓的造型传达了饕餮纹样中浑厚的力度，而粗糙的拓印肌理更显露出特定的装饰材质与工艺彰显与烘托的造型风格。转换能力训练环节在整个课程教学中要设置相对较长的课时，通过难度不断增加的多项递进式单元训练才能帮助学生逐步掌握此能力。

（二）形式语言渐进式训练的设置与展开

递进单元训练可分为模仿与拓展两个阶段。形式语言的模仿阶段是培养学生造型创造性思维的初级阶段，却极为重要。通过模仿图例中的形式语言，教会学生从浩如烟海的装饰艺术作品中获得创作思路，实现“凡有图者，皆可‘拿来’转换”的训练目的。而拓展阶段则是在学生具备一定形式转换能力的基础上，侧重于从万物形态中采撷灵感，从而形成具有完全独创性的形式语言，力求让学生们达到“凡所见者，皆能萌生创意”的造型能力。

1. 模仿阶段的系统训练

模仿阶段大体上又分为平行转换、交叉转换、综合转换三大板块，以下逐个分析。

（1）平行转换

在进行转换之前，要先分别选定主题内容与形式语言的图例。假若设定为主题内容的图例（以下简称为内容图例）中表现的是花卉，而定为形式语言的图例（以下简称为形式图例）中表现的也是花卉，而二者又非同一种花卉（形态特征差异较大），那么，此属于装饰形式语言的平行转换训练。比方说，内容图例里是一张玫瑰花图案，形式语言图例里是一张牡丹花图案，通过平行转换训练，让学生完成用牡丹花图例中的形式语言去表现玫瑰花的造型。由于两个装饰图例都以花卉为表现主题，转换的难度不会太大，这是整个转换训练中最简单也是具有过渡意义的基础训练课题。

（2）交叉转换

接下来便是根据主题内容而难度渐增的多个交叉单元课题了，比如，用动物图案中的形式语言转换表现植物的主题内容、用植物图案中的形式语言转换表现风景的主题内容、用风景图案中的形式语言转换表现人物的主题内容等。在交叉转换环节，需要设置多项训练让学生逐渐养成对于造型形式语言的创造性思维习惯，密集的训练能够为此后的学习打下坚实的基础。

（3）综合转换

以上两种训练皆为针对单元主题内容（比如，植物、动物或人物等）作形式语言的转换，在学生们掌握了相应的技巧与能力基础之后，就可以展开综合性主题的形式语言转换训练了。让学生创作出一幅兼有植物、动物、人物等凡是三类或以上物象的画面，这是对学生形式语言转换能力整合性的强化与综合性的考量。

模仿阶段的训练循序渐进地引导学生往更高要求的专业道路上推进，三大板块之间首尾相连、难度递增，犹如初学者起步的三个阶梯，每上一台阶，即意味着能力的获得与增进。为以后拓展阶段的学习提供了必要前提。

2. 拓展阶段的训练

前面提及：拓展阶段让学生从训练中达到“凡所见者，皆能萌生创意”的学习实效。可见，此阶段已非照着图例里的形式语言模仿了，而是教学生从身边所见物象形态中获得形式语言的灵感。带领着学生去感受、分析可见之物中最为突出的形态特征，然后用这些形态特征去表现特定的装饰内容。获得形式语言拓展表现的能力，能让学生在今后的专业学习中根据图形设计风格的要求，在不依赖任何参考图例的情形下，驾轻就熟地创造出一个完全独创的风格造型。

（三）装饰课程创新思维培养体系中的教学法

就一名设计专业的初学者而言，无论是模仿训练还是拓展训练，都是一种全新的思维习惯的培养过程，因此，造型创造性思维的系统训练具有一定的难度。学习过程中的难点能够激发学生克服困难的欲望，但对于基础较差、又欠耐心的学生来说，就有可能出现：要么抄袭以应付作业；要么半途而废，不愿再动脑完成必要的训练过程等情况。如此就要求教师须采用一些方法帮助学生将装饰课程创造思维的系统训练顺利完成并取得学习成效。以下将谈到装饰教学的两大教学法：一方面，当学生面临学习困难时，要为其疏导前进的道路，帮扶学生跨越难关，即为“前导”教学法；另一方面，由于人在困难面前易于本能逃避，这时候，教师不仅要起到前导的作用，还要断其逃避的退路，努力将其往学习的更高台阶上推进，此为“后堵”教学法。当然，此二法相辅相成，须双管齐下、灵活配合。既不能让学生感到学习过于吃力，从而产生厌学情绪，又不能因此放松对学生的学习要求，导致装饰课上抄袭现象频发，否则的话，往往学生上交的作业看上去工整、美观甚至颇具创意，但实则根本没有获得相应的能力。因此在整个教学过程中，教师的“前导”作用更为重要。

1. “前导”教学法

“前导”教学法是通过多种教学手法与环节相互结合完成的，主要为：图解、启发、板演、讲评等。虽然这些皆为常见的教学手法与环节，但在装饰基础课程教学中，还有诸多特别之处。

比如，将图解分析、启发、板演同时进行，且都纳入课堂练习的环节中，此外，每次课堂练习与课后作业在训练内容与要求上也连成一体，构成一个完整的单元训练。一者，让学生在多重的教学手法感受中能够较快地打开创造性思维；二者，也让课堂练习变得更加实际有效，教师在课堂上就能通过训练发现他们的接受水平并作教学上的及时调整。课堂与课后练习构成完整的训练体系，让学生从每次训练中都能得到连续而深入的思维延展。这些教学方法中，启发与板演非常重要，只有在教师活跃的发散性思维的启发与不厌其烦的示范下，学生的创造潜力才能被激发、唤醒。另外，也须特别注意：教师在启发与板演时，宜“点”到为止，力求给学生自由拓展思维的足够空间。

2. “后堵”教学法

装饰课程教学中，“后堵”法的应用须配合“前导”法，“导”的同时，“堵”住学生可能会抄袭的后路，即便专业教师阅图无数，却也不可能看尽天下图。因此，要防止行课中的抄袭现象，最有效的方法，就是命题训练，使训练既具针对性，又让学生无法找到与主题相符的可抄图片。其实，“堵”仅仅是装饰课程教学中的一个方法与措施，更重要的仍是为学生疏导前路，引领他们不断进步，在造型创造能力的获得与施展中感受到创新的乐趣。

三、小结

设计贵在创新，作为艺术设计专业教师的任务就是要努力培养学生的创造力与创新思维。装饰课程承载着构建学生造型创造能力的教学任务，基于此，本文详细分析了笔者多年来在装饰教学中总结出的一套具有“短、平、快”教学实效的旨在培养造型创新思维的教学训练体系。该体系的重点在于开拓、激发学生的造型创新思维，此外，还须关注与训练项目相互配合的教学法，以免当下我国装饰基础课程中普遍存在的抄袭现象，激励学生直面学习中的困难，通过渐进式密集的训练体系与得当的教学方法，引导、帮助学生往专业学习的道路上一步步迈进。

供给侧视角下广告实践教育的转型与创新——以北京印刷学院广告专业展会实务课为例

郭　瑾

（北京印刷学院　新闻出版学院　北京　102600）

摘要：自1983年厦门大学创办广告学专业以来，中国开设广告学专业的院校已达350所。广告教育步入多层次平稳发展态势。然而，随着中国经济进入新常态，人才供求关系发生显著变化，广告教育亦面临结构性调整。推进高等教育广告专业供给侧改革势在必行。广告作为实践性很强的创新应用型专业，从实践环节入手，是探索转型与创新的可取路径。本文以北京印刷学院广告学专业选修课展会实务课两年来的教学改革实践为例，探讨以加强学生综合素质与动手实践能力为目标，如何逐步引入企业参与，达到产教相融，协同育人的人才培养效果。

关键词：供给侧；实践教育；产教相融；协同育人

基金项目：2016年北京印刷学院教学改革一般项目"广告学专业'产教相融、协同育人'模式研究"（22150116007/018）。

随着中国经济进入新常态，中国人才供求关系也开始发生显著变化，高等教育相应面临供给侧结构性改革。2015年12月，教育部、国家发展改革委员会、财政部联合发布了《关于引导部分地方普通本科高校向应用型转变的指导意见》，推动高校将办学思路转到服务地方经济社会发展，产教融合校企合作，以及培养应用型技术技能人才，增强学生就业创业能力。广告专业作为典型的创新应用型专业，北京印刷学院广告专业建设如何领会顶层设计的精髓，进一步抓住新产业、新业态以及新技术发展机遇，形成专业及人才培养模式升级，对于实现学科发展的"弯道超车"至关重要。

当前，北京印刷学院广告专业在教学体系设计上已注重理论与实践相结合，将提高学生的实践能力贯穿于各层级教学环节，如将实践融入每门专业核心课程以及专业选修课的理论教学中；通过小学期实践课程，促进学生进一步掌握广告专业核心技能；通过校外专家讲座、企业参观等“请进来、走出去”的方式提高师生专业素养等。这种教学设计在学生中反映良好。但从总体来说，除引入大广赛、学院奖等比赛进入课堂外，在大多数课堂与小学期实践环节中，仍停留在项目模拟实践阶段。如何进一步激发学生的专业能动性，提高专业综合素质与实践动手能力？本研究试图通过总结近两年针对北京印刷学院广告专业选修课——“展会实务”课程的教学改革实践，探讨将学校、企事业机构等多方资源及课题引入日常教学实践，真题真做，建立“产教融合、协同育人”人才培养模式的可行性，并归纳总结该模式在执行中面临的问题及解决路径。

一、高等教育供给侧改革的理论视角

根据教育部《2016年全国教育事业发展统计公报》显示，自1999年中国实施高等教育扩招计划以来，高等教育在学人数总规模已达到3699万人，毛入学率达到42.7%，提前实现了《国家中长期教育改革和发展规划纲要（2010—2020年）》确定的40%目标。中国高等教育占世界高等教育总规模比例的20%，成为世界教育第一大国。但是，在这个发展过程中，中国高等教育也遇到了一些不可忽视的难题：“人力溢出”与“人力匮乏”同时并存。一方面，一些高校因专业同质化严重，导致大量毕业生涌入劳动力市场时，不得不面对市场饱和问题；另一方面，因为高校新专业调整不及时，又导致一些领域人才匮乏，无人可招的问题。正如教育部高等教育司司长吴岩在2017年11月9日“2017教育部产学合作协同育人项目对接会”上做出的判断，中国高等教育已进入“内部精装修时代”，“如果所有学校发展的最终模式都是北大、清华，这将是中国高等教育的灾难”。高校必须结合自己的资源优势，实现特色化办学。

当前中国高等教育发展的关键已不再是总量问题，而是结构问题。2015年以来，我国经济新常态的特点更加突出，产业升级不断加快，人才供求关系也在发生深刻变化。高校作为人才供应的源头和基地，若要适应甚至引领这种变化，中国高等教育改革势在必行，过去一系列经验表明当前高教改革的重心就是高等教育供给侧改革。

“供给侧”是经济学名词，指相对于“需求侧”的所有供给方面，包括劳动力、资本、土地、创新等要素。只有供求平衡才能促进国民经济平稳发展，供给范围和水平低于或超过社会生产力发展，均不利于国民经济发展。由此衍生，“高等教育供给侧改革”即指从供给方面切入，通过调整和优化要素配置，在观念、机制、资源等层面全面推动高等教育的改革与创新，旨在解决高等教育中存在的结构、质量、效益和创新力等方面的老大难问题。

《国家中长期教育改革和发展规划纲要（2010—2020 年）》第七章第二十二条提出，高等教育应优化结构办出特色。“适应国家和区域经济社会发展需要，建立动态调整机制，不断优化高等教育结构。优化学科专业、类型、层次结构，促进多学科交叉和融合。重点扩大应用型、复合型、技能型人才培养规模。”结合纲要的要求，各个高校的高等教育供给侧改革目标就是——结合自身拥有的资源与优势，与国家关于高等学校的布局结构调整有机结合，通过建立相应的管理体制与机制，找准办学定位，提高教育质量，最终合力形成专业齐备、教育结构合理、办学形式多样、适应社会主义市场经济发展与现代化建设需要的中国高等教育体系。

二、高等教育广告供给侧改革驱动力

高等教育规模是由需求和供给两个方面所决定的。从高校广告教育来看，深刻体现了 20 世纪末以来，中国高等教育从精英化向大众化转型的过程。自 1983 年厦门大学创办广告学专业以来，截至 2017 年 6 月，中国开设广告学专业的院校达 350 所。从开设广告专业的学校数量、招生规模，到办学层次等，均取得跨越式发展，形成了多层次、多形式的专业布局。从总体上说，广告教育在一定程度上缓解了广告传媒人才的供给缺口，为广告及相关行业发展提供了重要的人才支撑与智力支持。然而，随着高校的扩招，广告专业办学数量和规模急剧增长，粗放式发展带来的问题也逐渐显现。与其他专业类似，也出现了专业设置雷同、缺乏特色、百校一面的情况。同时，一些学校广告专业也或多或少存在师资不足、课程设置滞后、学生学习目标不清晰等现象。因此，调整高等教育广告专业供给侧结构是广告教育深化改革的重中之重，是各院校广告教育改革的突破口。

以首都北京为例，北京作为首都具有得天独厚的优势，具有行业资源密集、链条完善、规模大、人才素质好、市场成熟度高等特点，连续多年居于全国广告业首位，是全国广告市场传媒中心、创新研发中心、广告品牌中心和高端人才中心。同样，北京也是全国开设广告专业高校最多的城市，共有18所高等院校本科阶段教育开设了广告学专业。其中，“985”工程大学共3所（北京大学、中国人民大学、中央民族大学）；“211”工程大学8所（包括除上述3所985高校外的5所高校，中国传媒大学、中央财经大学、华北电力大学、北京体育大学和北京工业大学），其余10所院校分别为首都经济贸易大学、北京印刷学院、北京工商大学、北方工业大学、北京服装学院、北京联合大学、北京城市学院、北京工商大学嘉华学院和北京工业大学耿丹学院、北京电影学院。

从18所高校广告专业本科培养计划来看，虽然在办学规模、办学层次、所属学科等方面有着显著区别，但在培养方案中的个性化办学的目标仍体现不显著。18所院校广告专业中，仅北京电影学院广告专业的特色化比较显著，致力广告导演培养。其他专业培养目标与课程设置均相似。例如，在强调综合素质教育大类招生的发展背景下，大多数学校的培养体系分为公共课、人文通识课、学科基础课、专业必修课及专业选修课。

（一）专业选修课校际差别较小

从专业必修课来看，各个学校设置课程与学分总量有一定区别，但区别不显著，较少能体现出校际之间的差别，课程基本围绕广告行业人才需要的五个大类进行设置，如策划、营销、文案、媒介、公关。具体如北京大学专业必修课为14门28学分，即“广告学概论”“广告视觉传达”“市场营销原理”“公共关系”“广告策划”“品牌研究”“广告心理学”“广告媒体研究”“广告创意与文案”“广告类型研究”“广告管理”“广告综合研究”“电脑辅助设计”“市场调查”。人民大学广告专业必修课仅3门6学分，即“广告策划”“广告媒体策略”“传媒经济理论”，其他与专业密切相关的课程设为专业选修课，共8门16学分，分别为“广告文案”“广告作品分析”“广告创意与表现”“品牌管理”“市场营销”“新媒体营销传播”“传媒经营管理案例分析”“公益广告史”。中央财大专业必修课共11门27学分，分别为“广告学概论”“公共关系学”“广告调查与效果测定”“广告策划”“广告创意”“广告设计”“广告文案写作”“广告媒介企划”“广告法规与伦理”“新媒体传播”“品牌管理”。中央民族大学专业必修课8门共23学分，分别为“传播学理论”“广告策划”“广告文案写作”“广告创意表现”“广告媒体”“广告经营与管理”“平面设计基础（一、二）”“公共关系学”。北京印刷学院专业必修课共9门36学分，如“广告学”“传播学”“广告策划”“传媒经济学”“广告调查”“媒体创意与策划”“新媒体研究”“电脑图文设计”“广告文案写作”。

（二）通识与选修课校际间存在一定差别

各个学校在通识课与选修课设置上，适当体现出一定的校际差别。例如，人民大学在通识教育方面设置25学分，强调科学、人文与方法、原著原典选读，以及英语口语能力，要求在大学二年级后必须达到《中国人民大学英语口语能力标准》。在学科基础课程中，社会学、经济学、政治学、法学均为必修课。此外，人大还开设“学术与应用”选修课以及“发展指导”选修课。强化对学生学术能力的培养。北京大学则在培养方案中强化了学校优质资源的使用，开设“社会科学类大类平台课”，要求选修非本院系课程不低于8学分，这些课程开设的学院来自政府管理学院、法学院、社会学系、国际关系学院、信息管理学院等。全院必修课也强调了对研究素养的要求，如开设“汉语语言修养”“社会调查研究方法”“信息检索与利用”“传媒法律法规”“传媒发展史”等课程。全院选修课要求最少14门课，开设的课程琳琅满目，偏向于传播与文化范畴。此外，北大设置了“本科素质教育通选课”要求必须达到12学分，开设的大类即数学与自然科学类、社会科学类、哲学与心理学类、历史学类、语言学、文学、艺术与美育类。中央财经大学在专业选修课中除“中外广告史”“广告摄影与摄像”“广告经营与管理”等与广告直接相关的课程外，还开设了“经济学原理”“消费者行为”“管理学基础”“金融学”“会计学”“社会心理学”等来自外部院系的课程，在一定程度上体现了学校特色。

（三）实践教育课校际差异显著

在实践教育方面，人民大学将实践教育共分配12个学分，除专业实习、毕设占8学分外，另外4学分分别为社会研究与创新训练，以及社会实践与志愿服务。在每年春秋学期之外，7月开设国际小学期，招收国际学生与人大学生同堂上课。从总体上更体现对学生社会人文素质以及国际化能力的培养。中央民大将实践教学环节分为学校与学院要求必须完成的实践环节。其中学校要求环节，除毕设与毕业实习外，要求广告专业必须参加“创新教育”，即参加全国性广告创意大赛；学院要求环节，需参加社会实践与专业见习、学术讲座与读书笔记、写作训练（现场写作大赛），以及学年论文。

总之，从供给侧视角来看，在广告专业广泛开设的大环境下，各个专业院校应注意从以下方面把握改革方向：供需不均，要求优化广告教育结构；定位模糊，要求完善广告实践教育；资源不平衡，要求注意提升广告办学效益。

三、北印广告实践教育改革的路径：产教相融 协同育人

2000年7月，北京印刷学院广告学专业在广告专业迅猛发展的大背景下创立，并不断受内、外力的驱动改革创新。2013年成为北京印刷学院重点发展的9个A类专业之一，文理兼收。截至2017年7月，已累计培养13届705名本科毕业生。2007年，开始招收广告学硕士研究生，隶属传播学一级学科。

北京印刷学院隶属于北京市，是由国家新闻出版广电总局（原国家新闻出版总署）和北京市人民政府共建的全日制普通高等院校。与北大、清华、中国传媒大学等“985”“211”院校相比，学校在专业定位上更强调立足北京以及更注重培养应用创新型人才。具体到课程教学方面，也就更突出理论与实践相结合，改变以往“项目模拟”的方式，逐步做到“真题真做”，进一步加强学生的实战能力，适应我国对创新创业人才的迫切需要。

为稳步推进北印广告学专业改革，我们选择从专业选修课展会实务课作为改革突破口，将学校资源与企业资源引入实践教学环节，探索提高学生创新实践能力，为专业教育提质增效提供经验教训，进而达到全面牵引整个专业教学的全方位改革。

（一）展会实务课简介

展会实务课全称为“展会理论与实务”，是北印广告学专业的一门专业选修课，共32学时，在大三第一学期开设。其先行课为广告学导论、公共关系学、广告策划、广告文案写作、广告调查等。该课程旨在通过理论教学，使学生系统了解展会、活动的管理和策划概念，同时通过展会实践，着重培养学生的应用能力与协作能力。

2015年前，该课程在教学中已开始嵌入较多实践环节，例如，请行业专家为学生做专题讲座，带领学生参观专业展览，由学生结合出版行业模拟完成主题活动/展会策划。

自2015年开始，该课程在继承讲座、参观等实践环节的基础上，将模拟展会或活动策划改为真实展会活动实践。以实战为导向，在课程初期，将展会实践命题与目标适时嵌入教学计划，强化实践导向，连续两年在不断改进中取得了较好的教学效果。

（二）展会实务课改革的探索与实践

1. 以创新实践动手能力为培养目标，将综合素质提升贯穿培养全过程

从2014年开始，教育部将高等学校专业设置从“审批制”调整为“备案或审批制”。新审批专业体现出三个特点，即综合性、实用性、职业性。它们体现出国家对高等教育的新要求：强调文理渗透，实用性和技能培养，以及重视能力与职业素养培养。

展会实务课作为广告专业一门特色选修课，是一门打通广告专业知识，为学生提供充分实践所学的最佳平台，因此，以培养学生动手能力为目标更有助于平台定位的实现以及学习效果的提升。例如，在展会策划实践中将综合运用到广告文案、广告调查、新媒体研究、广告策划、广告摄影、图文设计、影视制作、公共关系等课程所学。同时，通过办展，为大二学生正在学习的公共关系学提供了一次良好的实战机会，请同学们为此次展会举办真实的新闻发布会等。

此外，广告专业素养不仅包括专业技能，还包括团队协作能力。展会实践以项目制开展，强调团队合作精神，重视学生的综合素质提升。

2. 将真命题引入课堂教学实践环节，将实践命题与理论教学有机结合

在行业日常实践中，有大量的企业命题可以与高校教学对接。但不具备与企业合作的经验基础，相对较难有企业愿意真正将自己的项目交给学生去做。因此，在首次引入真实命题时，不妨从校内资源开始。例如，2015年适逢北京印刷学院创办15周年，为本专业举办15周年庆典活动是非常好的时机。在学院的鼎力支持下，也就有了首届学生展览实践“昨日今朝——广告学专业十五周年回顾暨广告系学生作品展”。2016年，在前一年成功举办“十五周年系庆”展览的基础上，学院给予师生及课程更多信任，为第二届广告专业学生作品展“广•角”提供了更多全方位支持。由此，也为学生在展会中引入企业命题提供了机会。

在传统实践教学环节，实践与理论的结合通常是局部结合，或者将实践作为检验理论学习的一种方式。在展会实务课程中，则将展会实践以项目方式有机对接到理论教学当中。例如，在9月展会课程初期，按照招标的方式，详细发布期末展会要求，请同学们自由组队申报展会项目，选择展会题材，并就展会要素进行策划，并提供展会立项可行性分析；随着课程内容进展到主题策划、招商策划、会议策划、活动策划，各项目组展会策划案也不断细化丰富，当展会理论讲授进行到最后章节“会展现场管理与风险管理”时，期末展会实践也已推进到策划案

的执行与实操阶段，在实践中融入现场与风险管理讲解，学生们体会更深刻。最后，将理论学习内容的“展会评估”章节融入期末考评大作业，请学生结合“会展评估表”，回顾办展中的各个环节及要素，总结经验，反思疏漏，进而对展会实务有更深入的体悟，达到理论与实践相结合的良好学习效果。

四、反思与讨论

（一）问题与出路

以展会实务课为例，通过校企反馈、学生评教以及评估调查，从整体来说，将真实命题引入教学实践环节有助于激发学生学习的主动性，提升专业理论学习效果。但是，在实践操作中也会遇到如下问题：（1）命题的可持续性；（2）资金来源的稳定性；（3）经验的可传递性；（4）投入产出效益最大化。

举办一场展会活动，投入的人力、物力、财力成本都是巨大的。以 2016 年展会课办展开支为例，展会开支在 5 万元左右，如果每年每门课都需要如此支出，单纯依靠日常教学经费，其可持续性令人质疑。解决出路：（1）从学校或企业出发，寻找双赢项目将是解决的出路之一。例如，将课程周期与学校毕业设计展或其他大展相结合，更有助于展会实践项目的长久运行。（2）通过积累展会经验，实践展会招商理论学习。例如，在 2016 年“广 • 角”大展中，学生们结合教学内容《展会的营销策划：招商策划》，理论联系实际，撰写招商策划，展开招商活动，最终成功招到 4 家赞助商。如简璞日化产品礼品赞助；广告门、大创意、环球购物等行业网站的媒介宣传赞助、VR 游戏公司设备赞助。为展会提供资金补充。（3）结合 VR 新科技，搭建网络展览虚拟平台，将展会环节中成本最大最难实现的部分虚拟化。在办展场所基本固定的情况下，一方面，通过 3D 建模将场景设计部分的工作简化，并可重复使用。另一方面，通过建模后的场景渲染生成二次传播的作品，便于展会传播效果的提升，使展会实践产出效益最大化。

（二）拓展与讨论

展会实务课作为实践教学改革的大胆尝试，其经验与教训同样可用于广告专业实践教学的各项改革中。在各种专业课程教学中，如广告文案、广告策划、广告调查等均可以项目制的方式，将校企事业单位的真实命题引入实践环节。为保证命题的稳定性，可将稳定的大学生专业赛事引入教学实践中，将随机性较大的临时性项目，对接到课外实践环节。实践命题的筛选应注重与行课节奏的一致性。

此外，在实践教学改革中应进一步明确改革发展思路，突出人才培养需求的要求。并根据专业拥有的资源与优势，突出特色发展。正如一位专家提到的，“特色是事物生存和发展的本质。没有特色就是混沌，就不能显示千姿百态，社会变得模糊起来。与时俱进的教育如果缺少特色，就会与大千世界格格不入，就会培养一批与世无争、不思进取、毫无创造和创新意识的平庸之人。教育在培养民族创新精神和创造性人才方面，肩负着特殊的使命。我们在推进高等教育大众化，进而实现普及化的今天，高等教育必须把办出特色作为改革和发展的方向。”

附件 1　2015 年展会实务课实践成果介绍

《昨日今朝——广告学专业十五周年回顾暨广告系学生作品展》

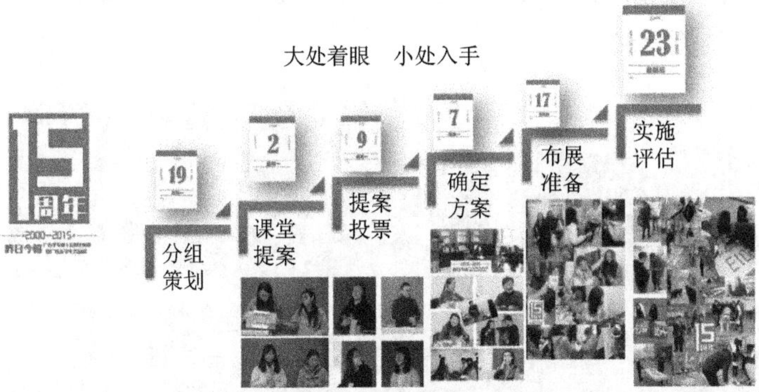

图 1　昨日今朝展会活动时间推进图

图 2　昨日今朝展会活动现场及活动海报

2015 年 9 月，时值北京印刷学院广告专业创办十五周年，展会实务课以此为契机，在教学初期以“广告系创办十五周年”为真实命题，导入整个课程教学计划。在2013级全体同学共同努力下，展会于12月23日如期顺利举办。

展会主题：昨日今朝——广告学专业十五周年回顾暨广告系学生作品展

展会地点：北京印刷学院康庄校区（文化小广场、食堂、教学楼大厅、103教室）

展会活动：

整个展会由精品活动及配套活动两大部分组成。

精品活动共三项：（1）围绕广告专业发展历史进行掷骰子问答的“大富翁游戏”；（2）激发观众参与文案创作的文案树互动活动；（3）由北印广告专业发起人、第一届班主任、校友及在校师生共同参与制作完成的母校寄语——视频串烧“你好，母校”。

展区配套活动共四项：（1）小型摄影展；（2）微电影作品展；（3）年味展；（4）老北京传统美食展。

图3 昨日今朝展会活动现场

附件2 2016年展会实务课实践成果介绍

《广•角——北京印刷学院广告专业教学成果展暨第二届广告系学生作品展》

图4 “广·角”大展主视觉海报

2016年，在上一年度展会实务课改革基础上，吸取教训，继续探索和尝试，带领2014级学生以“第二届广告系学生作品展”为命题，开展“广·角”主题展。本次展览活动通过丰富细化子展会项目，为每位学生提供了锻炼机会。

展会主题：广·角

展会地点：北京印刷学院康庄校区（分布于向日葵空地、红墙、操场、教学楼大厅、教学楼报告厅、食堂餐吧区、体育馆）

展会活动及创新：

本次展会由广告专业2014级同学承担策划、设计与执行，广告专业其他三个年级同学辅助完成展会各环节工作。展会前后酝酿了四个月，经过两周紧锣密鼓、夜以继日布展，最终呈现出一个线上线下的立体交互式展览，展示了最近一年广告学专业主要教学改革和教学成果，呈现广告学专业的核心课程以及比较具有视觉表现效果的课程。

主展区由分散在康庄校区的6个子展区构成：（1）摄影展区（对接广告摄影）；（2）微视频展区（对接核心课程：“视频广告创意与制作”）；（3）文案及策划案展区（对接核心课程：“广告文案写作”“广告策划”“广告调查”）；（4）新媒体展区（对接核心课程：“新媒体研究”）；（5）暑期实践及大奖赛获奖作品及平面类课业精品（对接的核心课程：“广告学”“电脑图文设计”“媒体创意和策划”“传媒经济学”）；（6）论坛及沙龙展区（对接大学生科研，研究生课程论文）；（7）展会新闻发布会由公共关系课带领2015级广告专业提供支持。此外，展会还介绍和呈现了广告系各位老师的专著。

广告专业学生学以致用，将各门课中的专业所学运用于展会平台课程中。如线上活动“北印广告带你看广·角”公众号于12月15日正式上线，截至12月26日，在展会前后 12 天共发布 33 条推文，老师同学们在朋友圈转发推文数百余次。线下布展、线上密集的推送和互动吸引大量关注。

图 5 “以梦为马”摄影展区——广告学子的专业梦想在康庄向日葵田绽放

图 6 “奇妙视界”文案策划案展区现场

图 6 “奇妙视界”文案策划案展区现场（续）

图 7 “没界”新媒体展区现场

图 8 “视 · 集”微视频展区现场

图 9 “知行”暑期实践及优秀作品展区现场

图 10 “万花瞳”及“时光·旅行”论坛及沙龙活动现场

图 11 “展会实务”课教师郭瑾与本次展会策划执行团队 2014 级广告专业学生合影

图 12 北印广告带你看广·角微信公众号截图

参考文献：

[1] 新闻网. 教育部官员：中国高等教育发展已进入世界中上水平. [EB/OL]. [2017-11-09]. http: //www. chinanews. com/gn/2017/11-09/8372514. shtml.

[2] 金保华，刘晓洁. 高等教育供给侧结构性改革的理论逻辑与实践路径[J]. 教育与经济, 2016(6) : 17.

[3] 国家中长期教育改革和发展规划纲要(2010—2020年) . [EB/OL]. [2010-07-29]. 中央政府门户网站. http: //www. gov. cn/jrzg/2010-07/29/content_1667143. htm.

[4] 北京电影学院广告专业因历史原因，一直归属于美术学院，但招生属于导演专业，至今仍为戏剧影视导演专业下设的广告导演方向，每年招生人数为10人。

大型仪器设备开放共享管理模式初探

畅应云　邵海翁　陈伟红　王东栋

（北京印刷学院　国资处　北京　102600）

摘要：大型仪器设备的开放共享水平是衡量实验室管理水平和高校教学、科研与社会服务能力的重要指标之一。提高设备维护水平和利用率，更好地为教学、科研和社会服务，是改进和提高实验室管理水平的重要研究课题。针对目前高校大型仪器设备管理机制和开放共享模式等普遍问题，结合印刷包装材料与技术，北京市重点实验室大型仪器设备管理实践，对实验室开放共享模式、大型仪器设备共享平台、效益评价与考核体系等进行了积极探索，重点研究了教学与科研融通的开放共享机制、信息化管理平台建设及考核评价奖惩制度，提高了大型仪器设备的利用率和使用效益，对促进实验室仪器设备的开放共享具有一定参考和借鉴作用。

关键词：大型仪器；开放共享；效益评价；管理模式

一、序言

随着我国国民经济和教育事业的高速发展，国家对高等教育投资的增加以及社会各方面需求的推动，高校仪器设备装备水平从质量到数量得到了极大改善。国家和社会重大科研任务的迫切需求、高校学科建设和中长期发展规划以及各学科研究的深入进行，对加强实验室资源共享、提高仪器维护水平和使用效率、提升实验室管理水平提出了更高的要求。另外，一些高校仪器资源封闭垄断，重复购置、闲置浪费等问题日益凸显。管理理念和管理方法的制约使得大型科研设备存在管理水平低、阻碍了共享使用、使用效率低等问题，专业化服务能力严重滞后。

北京印刷学院印刷包装材料与技术重点实验室成立于 2002 年 7 月，是在北印校内科研机构和重点学科进行整合的基础上建立起来的。经过十几年的发展，实验室空间达到了 2587 平方米；通过统筹使用中央财政支持地方高校专项发展资金、校重点建设学科和重点建设实验室等建设经费，购置了一大批先进的精密仪器设备，设备总价值 5554.53 万元，其中 10 万元以上的仪器设备 125 套，占了全校大型仪器设备的相当比例。为了充分发挥大型仪器设备的功能和作用，在校国有资产处和科研处的支持下，实验室管理处对大型仪器设备开放管理机制和共享模式进行了积极探索，以期推动印刷包装材料与技术重点实验室大型仪器设备开放管理步入良性发展轨道，并对我校其他实验室起到一定参考和借鉴作用。

二、建立教学、科研和社会服务融会贯通的大型仪器开放共享模式

为充分发挥我院重点印包实验室资源和设备的使用效能，为教师从事科学研究和社会服务，为研究生、本科生学习和科研提供必要的环境支撑和良好条件，我们建立和完善了科学合理的大型仪器设备管理体系，并构建与之相适应的管理运行机制和实验室开放模式。

1. 建立大型仪器设备管理体系

大型仪器设备管理与重点学科专业建设相结合，对全院师生开放，包括研究课题、仪器设备、图书资料等，并创造条件向行业开放。具备条件的还要设置开放研究课题。各实验室统一规划开放的实验项目、实验用房，并安排需要的仪器设备，配备称职的实验技术人员，落实实验场地及开放时间，做到有计划地开放。根据实验内容和层次，建立面向二级学院开放的实验室，逐步提高实验室的开放率。

2. 完善大型仪器设备管理制度

完善的管理制度是开展大型仪器设备开放共享的基础，只有做到制度健全，落实有力，才能有效提高大型仪器设备的维护水平，充分发挥大型仪器设备在教学科研中的作用。学校制定了“开放实验室管理规定”和“实验室仪器设备管理制度”等管理制度，结合印刷包装材料与技术重点实验室工作实际，制定了“实验室贵重仪器设备管理制度”。每台设备都要有安全操作规程和安装调试、保养维修、使用管理办法，贵重仪器设备必须实行专人管理制度，随时做到账、卡、物相符，为促进大型仪器设备的开放共享提供了制度保障。

3. 构建大型仪器设备开放共享模式

（1）满足教学需要

以本科毕业设计（论文）的形式为主，大型仪器设备向全校师生开放。通过

培训、考核合格的学生均可进入实验室，在教师的指导下从事科研活动。在实验方法、实验内容等方面不断融入创新元素，让学生进行自主设计、师生相互讨论，激发创新思维。每年有 5 ～ 10 门本科专业课程，约 70 ～ 100 名学生使用大型仪器设备进行开放实验或完成毕业论文，提高了学生的实验技能和综合素质。

（2）促进学生培养

以大学生创新创业、大学生实践创新项目和各级大学生科技竞赛、学校专业加深型个性化培养项目等为主，对有意进行专业深入学习和创造性研究的学生，开放实验室和大型仪器设备。每年全校有 50 ～ 80 名学生通过积极参与此类各种个性化培养开放项目，激发了专业学习兴趣，提高了专业素养和创新能力。

（3）支撑科研创新

服务和支撑信息记录材料与技术研究室、等离子体物理及材料研究室、印刷材料与技术研究室、包装材料与技术研究室诸多研究方向科研项目的开展、专业建设和研究生培养。近五年承担国家自然科学基金 12 项、省部级科研项目 63 项，获省部级科技成果奖 5 项，市厅级以上科技成果奖 15 项，SCI、EI 收录论文 276 篇，科研综合实力大幅提升。

（4）服务地方发展

依托中关村开放实验室平台，并加入首都科技平台和北京印刷学院研发实验服务基地，与中国包装总公司共建有中国包装科研测试中心北京分中心，与新闻出版总署质检中心共建有绿色印刷检测实验室，均已通过 CNAS/CMA 认证认可。近五年，执行各类横向项目 137 项，实验室主要以印刷包装材料及相关技术应用为研究方向，以现阶段产业发展、市场需求和企业需要解决的主要材料及技术问题为依据，针对印刷包装中所应用的材料及相关技术进行前沿性研究；服务北京，服务行业，促进科技成果产业化，推动产学研一体的创新平台建设。

三、建立大型仪器设备共享平台

学习和借鉴北京交通大学光电子技术研究所、北京理工大学光电学院、北京化工大学材料学院、河北工业大学化工学院等高校的管理经验，结合我校实际情况，投入经费分期建设了实验室开放预约与仪器设备共享管理系统，包括智能门禁、大型仪器设备预约与实验室管理、指纹识别等子系统，提高了实验室开放服务水平和大型仪器设备的使用效率。

（1）实行网上预约管理

开放共享的仪器设备信息在校园网上公布，包括仪器名称、型号、国别、厂家、主要性能指标、功能及服务范围、可供开放的时间和管理人员联系电话等。综合管理系统网络平台可初步实现预约、开放权限时限、人员、实验项目和仪器设备使用等多要素协同的全过程管理，并可在手机端发布相关信息。

（2）实时智能监控管理

结合智能指纹门禁系统和指纹识别开关机监控，全程记录追踪用户使用大型仪器设备的状况，在无人值守，全天 24 小时开放的情况下，起到了防盗、追踪仪器设备损坏、防止用户用别人卡代刷等作用。大大降低了实验室管理和工作人员的劳动强度，提高了监控的实时性和有效性。

四、建立效益评价与考核体系

以大型仪器设备使用的机时数、人才培养与科研成果、服务收入和功能利用及开发等为考核评价指标，对仪器设备开放共享情况进行年度考核。对开放共享和使用效益好的部门和人员予以奖励和表彰，并在实验室空间、设备维护经费等方面给予倾斜；对开放共享效益差的部门和人员，责令其查找原因，限期整改。

五、结论

大型仪器设备开放共享是一项复杂的系统工程，随着学科专业建设的不断深入，大型仪器设备共享在教学科研中的重要地位愈加凸显，提高仪器设备利用率和使用效益是高校实验室管理中将长期面临的一个重要课题。我校大型仪器设备开放共享平台的建设运行，在提高仪器设备的使用效益和提升教学科研水平方面均取得了一定的实效，促进了专业学科建设。大型仪器设备开放管理机制和共享模式还需要不断探索完善，特别是在使用人员培训、考核和实验室资质认证的软硬件条件建设上有所突破，进一步提升对社会服务的能力和水平，为学校教学科研工作提供更为有力的支撑。

参考文献：

[1] 刘恩岐，张建萍，唐仕荣，陈尚龙，巫永华，刘红玲. 大型仪器设备开放共享管理模式的实践与探索[J]. 实验室研究与探索，2016(5).

[2] 梁雄, 胡泽友, 杨毅. 高校大型仪器设备共享的探索与实践[J]. 实验室研究与探索, 2011, 30(7) .

[3] 蔡兵, 刘妹伶, 尹玲娜, 等. 高校大型仪器设备开放共享的实践与探索[J]. 实验室研究与探索, 2007, 26(3) .

[4] 杜守旭. 构建学科群下的教学科研仪器设备平台[J]. 实验室研究与探索, 2007, 26(3) .

[5] 吕远平, 卢晓黎, 贾利蓉, 等. 食品科学与工程专业实验室的建设与管理[J]. 实验室研究与探索, 2007, 26(4) .

[6] 乔明武, 张建威, 王慧荣, 等. 食品学科贵重仪器共享平台建设与管理[J]. 实验科学与技术. 2012, 10(6) .

[7] 严薇, 柴毅, 廖琪. 构建高效运行的大型仪器设备共享服务体系[J]. 实验技术与管理, 2010, 27(11) .

[8] 左玉生, 林俐, 孟正大, 等. 大型仪器设备共享平台的共享模式研究[J]. 实验技术与管理, 2013, 30(6) .

[9] 薛玉珍, 吴银素. 大型仪器设备开放管理系统的建设与实践[J]. 实验技术与管理, 2014, 31(8) .

中美大学物理教材内容的比较初探

何晓辉　金　杨　王东栋

（北京印刷学院　印刷与包装工程学院　北京　102600）

摘要：教材内容的改革和建设是教学改革的重要研究内容。本文通过对两套分别在中、美两国国内流传较广的大学物理教材的对比、分析，初步归纳总结了中美教材的不同特点，对于我校工科专业本科生和国际学院国际生的大学物理教学改革提出了一些个人的看法和建议，希望对于我校工科大学物理教材和教学改革可以发挥一定参考和借鉴作用。

关键词：普通物理；教学改革；工科院校；大学教材

一、序言

物理学是研究物质基本结构和物质运动最一般规律的学科。作为自然科学的基础，物理学研究涵盖了大至宇宙，小至基本粒子等一切物质及其基本运动形式和规律。它充分运用数学作为工作语言，以实验作为检验理论正确性的唯一标准，可以说近现代人类社会的每一次技术革命，每一项发明都离不开物理学的基础和指导。因此，不管过去、现在还是未来，普通物理都是工科院校的必修课之一，其基础性和重要性举世公认。

怎样与时俱进地调整和改革大学物理课程的教学目的、教学手段和教学内容，一直以来都是各大学物理教师思考的重要课题。而大学物理教材则是确立教学理念、界定教学内容和指导教学方法的重要媒介和载体。本文通过对两套分别在中、美两国国内流传较广并被北京印刷学院采用的大学物理教材的对比、分析，初步归纳总结了中美教材的不同特点，对北京印刷学院工科专业本科生和国际学院国际生的大学物理教学提出了一些个人的看法和建议，希望对我校工科大学物理教材和教学改革可以发挥一定参考和借鉴作用。

二、《大学物理学》和《概念物理》简介

清华大学张三慧主编的《大学物理学》于1990年出第一版，1999年出了第二版，是中国提交给联合国教科文组织的“基础物理学教学规划”送审教材，中国普通高等教育“九五”国家级重点教材。该书的特点是：起点高、系统性强、内容较为现代化，是一本有新意、有创意、可教性好的优秀教材。现为北京印刷学院本科生工科专业的基础教材。

保罗・休伊特教授主编的《概念物理（英文版原书第11版）》是现在美国最畅销的物理学教材，被哈佛大学、麻省理工学院、普林斯顿大学、斯坦福大学等120余所美国大学，全美国超过2/3的物理学教师选用，机械工业出版社2012年在国内出版发行。全书聚焦物理世界的基本原则，用最日常的小例子而非大量数学公式讲述最核心的概念。突出概念，强调物理，以基本概念、基本规律、典型现象和应用为主题内容，着力联系实际。虽然省略了复杂的数学，但对公式的产生及相关的物理概念给出了非常独特的阐述。现为北京印刷学院国际教育学院本科生工科专业国际生的英文物理教材。

三、中美大学物理教材的对比分析

（一）教材版面风格

中国的教材《大学物理学》以黑白印刷的版面设计为主，精美实物照片和图片较少，示意图具有严肃、简单的特点。美国教材《概念物理（英文版 原书第11版）》印刷精美，多以彩色版面呈现，书中有大量精美的实物照片和图片，示意图以生动形象的漫画为主。相比较而言，中国教材偏重于“说教”风格，而美国教材更有吸引力，更有利于提高学生的阅读兴趣，激发他们的好奇心和求知欲。

（二）理论课和实验课设置

物理学是一门基于实验的科学。物理学中每个概念的建立、每个定理的确认，都有其坚实的实验基础。中美两国本科生工科专业的物理学教育都非常重视大学物理实验课程。

在北京印刷学院工科专业本科生的物理学教学中，同时设置大学物理理论课程和大学物理实验课程，两门课程相对独立。作为理论课教程教科书的《大学物理学》，以数学逻辑贯穿始终，强调理论体系和公式推导。大学物理实验课程则

另有独立的教材，两门课程的内容安排和学习时间很难统一，这样的课程安排影响了学生在两门课学习时的知识衔接，对于深刻认识实验思想、方法和手段在物理学中的重要作用，理解物理实验和物理理论之间的逻辑关系增加了难度，导致了实践过程中动手能力差的缺憾。

美国教材《概念物理（英文版 原书第 11 版）》中实验的思想贯穿始终。在知识讲解中不但设置了大量演示实验，而且对于实验的思想、方法、手段和过程进行详细描述，对于实验结果的分析也常用曲线、图表等实验方式呈现，对于实验思想、实验设计和实验手段的培养浸淫了整个教学过程。比较有利于强化学生对于物理科学实验性的理解，促进动手能力的培养。

（三）知识体系和引入逻辑

中国教材《大学物理学》较为讲究体系严密、内容全面、论述清楚。在引入新的概念和规律时常采用演绎的逻辑思路，使学生由浅到深、由偏到全、逐步深化对物理知识的掌握，这样使学生所获得知识是一个有层次、有组织的有机整体，保证了知识体系的完整和逻辑思维的严谨。但是学生所掌握的知识与现实生活结合不够紧密，不利于培养学生的兴趣与信心，不利于培养其解决实际问题的能力，尤其是动手能力。

美国教材《概念物理（英文版 原书第 11 版）》更多的是以归纳的逻辑方式引入物理概念和规律。尤其可贵的是非常重视还原人类历史上对于该规律的认识历程，对于曾经错误的认识和理论也有详尽的介绍，可以使学生充分了解人类探索自然规律的思路和步骤，激发学习兴趣和动手冲动，引导学生沿着正确的思路探索未知世界，用科学方法来认识自然界。

（四）例题和习题设置

中国教材《大学物理学》中的例题和习题设置，常常直接给出理想的、抽象的物理模型，罗列出已知量和需要求解的物理量，然后向学生讲述怎么套用已学的物理规律，套公式、列方程求解。更重视学生对课本理论知识的掌握和熟悉，使学生尽快熟练掌握解决纸面理论问题的方法和步骤。

美国教材《概念物理（英文版 原书第 11 版）》中直接陈述物理情景和物理事件的例题和习题更多，在陈述过程中加入对某些物理量的测量经过和测量结果，然后提出问题，更重视增强学生对现实世界的感性认识，提高解决实际问题的能力。练习题的形式也更加丰富多样，有快速选择题、一步式计算题、思考题和自由讨论题。

四、几点启示和建议

通过以上几个方面对于中国教材《大学物理学》和美国教材《概念物理（英文版 原书第 11 版）》的对比，我们得到了以下启示，对于今后大学物理教材改革也有一些建议：

中国教材更重视物理学知识体系的完整性和严密性，强调公式的重要，偏好公式加上严格的数学逻辑推导来解决问题，对物理概念的重视程度不够，对于公式背后的物理性质与意义重视不够。一方面，容易使学生养成思维定式，看到问题硬套公式；另一方面，使得物理学显得枯燥乏味、晦涩难懂，影响学生的学习兴趣和动力。

在今后物理教材的编排和教学过程中，应该加强与实际生活的联系，重视理论对于实践的指导作用，重视物理规律的发现过程和在实际实践中的应用。在教材中要突出物理的实验性，尽量做到理论和实践的有机融合。将提高学生对于物理学的学习兴趣和学习热情作为教材编写的宗旨，努力使内容丰富多彩，表达形式生动有趣。

参考文献：

[1] 张三慧. 大学物理学[M]. 北京: 清华大学出版社, 2011.

[2] 保罗・休伊特. 概念物理[M]. 北京: 机械工业出版社, 2012.

[3] 冯灏. 中美大学物理教材的对比分析及启示[J]. 高等教育研究, 2009(3).

[4] 冯晨昱, 奥喜平. 影响高校双语教学效果的因素及其对策研究[J]. 教育探索, 2009(7).

[5] 苏秦, 杨鹏, 张陵. 双语教学实施效果的调查与分析[J]. 中国大学教学, 2002(10).

印刷包装综合创新实践基地的建设与思考

杨永刚　杨　珂　张改梅　梁　炯　施亚梅

（北京印刷学院　印刷与包装工程学院　北京　102600）

摘要：为了培养学生的实践能力，学校建立了印刷包装综合创新实践基地。本论文从基地概况、人才培养理念、基地特色和建设规划等方面详细介绍了基地的建设情况和未来发展的思考，对创新型人才培养的途径进行了理论和实践探索。

关键词：印刷包装；创新；实践基地；人才培养；建设规划

一、引言

我校印刷工程专业始建于1958年，是国家级特色建设专业、教育部卓越工程师教育培养计划试点专业，北京市首批一流专业；包装工程专业始建于1988年，是市级特色建设专业、校级优势专业。在我国现有印刷包装专业的100余所院校中，我校是唯一一所举全校之力办印刷包装类专业的院校。

2007年，我校建成印刷工程综合训练中心，并按照分类教学模式培养学生的创新能力。2011年在该中心基础上又成立了印刷包装综合创新实践基地。近年来，学校进一步整合印刷包装创新实践教学资源，结合教育部“卓越工程师教育培养计划”、北京市教委“实培计划”和大学生创新创业工作，依托综合印刷工程综合训练中心（市级）、印刷包装材料与技术重点实验室（市级）、印刷电子工程中心（市级）、北京绿色印刷包装产业技术研究院（市级）、北京印刷学院大学科技园（市级）等校内实践教学、科研服务和产业化平台，内引外联，以校内创新实践带动资源共享和校外创新主体参与实践活动开展，形成了综合型、开放共享型的大学生创新实践和创新创业人才培养基地。

在人才培养方案和教学计划中，印刷包装类专业本科生在校期间应修满实践创新学分不少于4学分，结合“创新与发明”“物理学与人类文明”“数学建模”“科学思想探索”“印刷与环境”“大学生创业基础”“大学生职业生涯规划”等课程教学，激发学生参与创新实践活动的热情。

经过几年来的建设，印刷包装综合创新实践基地已经建成6个创新实践教学平台，包括印刷工程创新实践平台、包装工程创新实践平台、印刷电子创新实践平台、3D打印创新实践平台、生物印刷创新实践平台、智能包装创新实践平台，依托市级大学科技园/大学生创新创业园建立了1个印刷包装创新创业平台，形成了“6+1”的印刷包装综合创新实践基地架构，综合开展各类实践教学、大学生科研、学科竞赛、创新创业等教学活动。基地建有独立网站，拥有独立服务器、网络环境和用户终端等，并组建了一支近50人的创新实践教学专、兼职队伍。2015年12月，印刷包装综合创新实践基地被批复为北京高等学校校内示范性创新实践基地。

二、创新实践基地概况

1. 创新实践基地组织管理模式

根据印刷包装综合创新实践基地建设目标定位，我校提出了“学校教务处统筹规划，印包学院牵头建设，各创新实践平台协同共享，学生创新实践项目驱动，基地教师跟进指导”的组织管理模式，保障了基地各项工作的顺利开展。

两级管理，实现资源开放共享。基地实行两级管理，学校教务处负责对基地建设及运行业务的指导，基地实行主任负责制，并设两名副主任，一名常务副主任，主持基地工作，负责基地的日常运行管理，协调校内各个机构，保障学生自主管理创新实践活动；另一名专职副主任，负责根据学校下达的教学任务，组织学生创新实践活动，指导教师、指导学生开展实践教学和创新实践活动，检查教学和实践效果。

创造学生自主管理环境，培养学生自主创新精神和实践能力。在专职副主任指导下，突出学生自我管理，在基地成立学生创业创新活动室，牵头组织学科知识竞赛和创新实践活动的宣传、动员、报名、资源组织及考评等工作。

2. 创新实践基地资源及平台

我校印刷包装综合创新实践基地由学校教务处负责统筹规划，依托印刷与包装工程学院教学建设和管理，由从事实验教学、实验室管理工作的教师负责日常管理和设备维护，由印刷工程教学团队、包装工程教学团队、实践创新创业教学团队和印刷包装材料与技术实验室、北京市印刷电子工程中心、北京绿色印刷包装产业技术研究院下属各科研团队的教师负责学生创新实践活动的具体指导工作。由于印刷、包装是我校特色、优势专业，我校主校区物理空间主要围绕印刷、包装进行布局。印刷包装综合创新实践基地场地主要集中在三个区域：教D楼、教E楼和研究院。

基地配置了印前图文设计、印前图文信息采集与处理、数字媒体设计、颜色测量与色彩管理、印刷输出打样、印刷材料适性测试、纸张测试、油墨测试、印刷电子材料制备与测试、3D打印材料开发与测试、生物印刷材料开发与测试以及包装装潢设计、包装结构设计、包装材料测试、包装制作、包装测试、功能包装材料开发、智能包装器件开发与测试等方面的仪器设备，基地还构建了一系列虚拟仿真实践教学平台，如印前数字化流程虚拟仿真实验平台、印刷工艺虚拟仿真实验平台、印刷生产管理ERP虚拟仿真实验平台、包装结构设计虚拟仿真实验平台、包装生命周期评价虚拟仿真实验平台。

三、创新人才培养理念

基地围绕“印刷、包装工程创新型人才培养”的目标，坚持“面向行业、注重特色；专属环境、平台共享；突出创新、项目驱动；开放共享、自主管理”的原则，通过探索高校创新型人才培养有效模式，搭建学生自主实践平台，构建学生自主实践的长效机制，为培养学生的自主创新能力和创新意识营造良好的环境和氛围，为印刷、包装行业培养具有专业综合能力和创新精神的应用型高级专业人才，提高人才培养质量。

1. 面向行业、注重特色

印刷、包装专业面向印刷、包装产业及文化创意、文化科技融合和媒体融合产业，印刷、包装行业在国民生产总值中占有较大比重，文化创意、文化科技融合、媒体融合属新兴产业发展潜力巨大，上述行业对印刷、包装专业复合型、创新型人才有着旺盛的需求，同时也给印刷、包装专业学生创新实践综合能力的培养提出了更高的要求。

2. 专属环境、平台共享

专属环境是指基地为参与创新实践的学生提供一个相对固定的场地，配备必要的条件，配备必要的专、兼职师资，专门用于学生的创新实践活动。此外，打通印刷、包装相关的教学、科研、产业化平台，实现特色、优质资源共享，积极为创新实践活动和教学提供平台支撑。

3. 突出创新、项目驱动

基地支撑的学生创新实践活动较多，包括实践教学、大学生科研、学科竞赛、创业项目和参与指导教师科研项目等。其中，开展和支持各种科技竞赛活动是实践创新基地的主要任务。目前，基地每年举办的校级科技活动有十余项，吸引了6个专业2000余名学生参加。通过竞赛，提高了学生专业学习热情，扩宽了学生获取知识的渠道，增强了团队合作意识。基地逐步拓展创新活动的项目，包括创新创业项目、大学生科研项目、国际专业类竞赛、大学生科技节等，在实践创新基地的建设上逐渐增加学生的参与程度，发挥学生的主导作用。以项目驱动学生参与的积极性，教师应逐渐走到后台，更多的是提供支持和引导。基地以学科竞赛为龙头，以各类项目为依托，实施项目驱动教学，为学生实践动手能力、团队协作能力和创新能力的综合提升，探索出一条科学、有效、简捷的路子。

4. 开放共享、自主管理

基地在保证安全、监督、监控机制健全的条件下，实现创新实践基地的全面开放。充分体现实践创新基地的特色，让学生成为基地的主人。创新实践活动重在过程，根本目的是创新意识的培养。因此，在实践创新基地的建设上要逐渐增加学生的参与程度，发挥学生的主导作用，教师应逐渐走到后台，更多的是提供支持和引导，在保证安全、监督、监控机制健全的条件下，实现实践创新基地的全面开放。北京印刷学院大学科技园于2010年12月成立的市级大学科技园，是北京市科委、北京市教委、中关村科技园区管委会认定的，以印刷包装、出版设计为特色的高新技术孵化器。同时设立大学生创新创业园，成立了大学生创新创业工作小组，综合条件平台全部免费向大学生创业团队开放，孵育学生创业企业11家，实行学生自主管理。在保证学生基础实践教学的基础上，大力组织学生参加印刷包装学科各种创新竞赛，使学生开展多种形式的创新与竞赛活动，从业务经费中拨出一定资金用于学生的活动经费和奖励。

基地通过完善自主创意空间、改善配套设施、加大项目经费支持力度，积极探索“有目标、有空间、有团队、有项目、有指导、有经费支持”的创新人才培养新模式，支持大学生开展自主实践、研究、创作和创业实践。

四、基地的主要特色

随着创新活动的开展，基地形成了如下特色：

1. 以真实的实训环境提升学生实践动手能力

依托印刷工程综合训练中心（市级），结合印刷产品生产工艺过程，实施模块化实践教学，学生顶岗操作为教学手段，提升学生实践动手能力。

2. 以学科竞赛活动提升学生自主学习能力

通过参与国内外各类学科、科技、创新创业等竞赛，激发学生自主学习的兴趣，培养学生荣誉感和团队意识，提升学生自主学习能力。

3. 以科研实践提升学生自主创新能力

依托北京市印刷与包装材料和技术实验室、北京市印刷电子工程技术研究中心、北京绿色印刷包装产业技术研究院，开展大学生科研活动，参与各项科研课题，在指导老师课题组的氛围环境中、研究生带动示范作用下提升自主创新能力。

4. 以创新创业活动培养学生创业意识

依托市级大学科技园 / 大学生创新创业园，以印刷包装为特色，免费向大学生创业团队开放，实行学生自主管理，孵化学生创业企业 11 家。从业务经费中拨出一定资金用于学生的活动经费和奖励，培养学生创业意识。

五、基地建设规划

1. 依托创新实践基地，提高创新实践活动在专业课程实践教学中比例

加强专业课程中创新体系的建设，进一步提高创新型实验比例，探索和建设一批更具创新性和工程性的科技项目。加大学生科技创新活动在教学计划中的比例，加大学生自主创新能力的培养，将学生创新实践活动纳入应用性教育教学环节，为大学生开展科研活动开设相关课程，增加资金、设备、场地等投入力度，提升创新实践教学的水平。

2. 建立健全运行管理制度，提升学生自我管理和自主学习能力

制定奖励机制和项目管理制度，鼓励学生交流互动，提升学生科研创新水平和工程实践能力。通过学生自我管理机构设置及活动开展，提升学生自我管理能力。通过基地优秀作品和项目奖励，鼓励更多的学生参与更多的科技项目中，培养自主学习能力。

3. 完善网络信息化自主实践管理平台建设，加强校校、校企衔接

通过整合现有网络资源，形成印刷包装综合创新实践基地网络管理平台，提高开放程度，利于学生自主管理。同时，进一步完善网络校校、校企交流功能，提高基地实践内容的实用性和先进性，把实践创新基地办成学生发挥聪明才智、获得实践经验和培养职业素质的重要平台。

参考文献：

[1] 张彦斐, 宫金良, 魏修亭等. 基于综合项目的大学生创新与实践基地人才培养模式探索[J]. 科教导刊(上旬刊), 2012(8) : 70-71.

[2] 钱政, 夏红霞. 基于职业核心能力的创新实践基地组织形式研究[J]. 安徽电子信息职业技术学院学报, 2013(4) : 75-77.

[3] 陈孝顺. 推进“1+X+Y”发展创新学生综合实践基地建设模式[J]. 中国教育技术装备, 2014(8) : 9-10.

[4] 向诚, 何培. 构建校企协同创新机制 建设专业学位联合培养实践基地[J]. 高等建筑教育, 2017(8) : 31-35.

[5] 任佳, 王杰, 梁勇. 北京高校校内创新实践基地建设分析探讨[J]. 实验技术与管理, 2014(8) : 222-224.

[6] 王建, 杨燕萍. 高等院校校内创新实践基地建设思路探索——以中国人民大学理科公共平台校内创新实践基地为例[J]. 中国大学教学, 2013(7) : 13-14.

[7] 王杰. 校内创新实践基地建设的重点和难点探析[J]. 实验室研究与探索, 2015(7) : 161-164.

[8] 吴小红, 潘巧明, 赵琳等. 地方高校大学生校内创新实践基地建设的探索与实践——以丽水学院为例[J]. 丽水学院学报, 2016(7) : 121-124.

[9] 赵志强. 大学生创新实践基地建设思考与探索[J]. 中国印刷与包装研究, 2013(8) : 94-98.

[10] 董德民. 大学生创新实践基地运行模式与管理机制研究[J]. 中国电力教育, 2014(2) : 191-192.

师德师风建设与实践篇

教育是爱的事业

胡虹霞

（北京印刷学院　社科部　北京　102600）

摘要：教育是爱的事业。实践证明，教育需要用爱来浇灌，需要用爱来研究，需要用爱来沟通。

关键词：教育；教师；爱；价值

当我还是一名小学生的时候，望着讲台上那儒雅、诲人不倦的老师们，无限的遐想便会浮现在我的眼前：有朝一日，三尺讲台上站着的就是我。太阳总在有信念的地方升起，为了这个信念，我努力、我奋斗。2002 年，北京师范大学研究生毕业后，我成为一名高校思想政治理论课教师，我终于如愿以偿地走上了讲台！如今，在黑板前徘徊了十几个春秋的我，依然庆幸我当年的选择，因为我深知教育是爱的事业，它教会了我如何去爱，也将更多的爱给予了我。

（一）教育需要用爱来浇灌

记得第一次以教师的身份踏进北京印刷学院时，我的心情是万分激动的、自豪的。可是工作不到一个月，我发现这份工作并不像我想象中的那样美好。我最初主讲的课程是“马克思主义哲学原理”，授课对象是大二的学生，在课堂上，当我不厌其烦地讲解哲学中的概念和原理时，我发现有些学生并没有认真听，有的在看英语，有的在做高数练习，有的男女同学在课桌下搞小动作，更有甚者，耳朵里还塞着耳机……面对这一幕幕画面，我有一种感觉，那就是我和那些学生分明处在两个不同的世界里。我不禁自问：这难道是一个公共基础理论课教师应该接受的命运吗？涉世未深的我，一下受到了前所未有的挫折，觉得好委屈，可又没处诉说，不觉眼前一片迷茫。

迷茫归迷茫，但凡事要尽力、尽良心、尽责任的态度始终是不变的。我想过，如果我睁一只眼闭一只眼，于我没什么大碍，可是，我这样做，对得起这些大孩子吗？对得起我这个岗位吗？对得起我每个月领到的工资吗？我必须振作起来，努力改变现状。

为此，我请教了部门的领导、年长的老师，走访了兄弟院校的“两课”教学部门，渐渐地，我明白了：原来教师的工作本来就这么具有挑战性，就这么平凡与琐碎。那些伟大与不平凡的赞誉都是教师们含辛茹苦、花费很多心血耕耘的结果。

接下来，我广泛吸取经验，取长补短，我多方面了解学生的所思、所想、所为，不断地调整教学心理和讲授方法。例如，为了吸引学生喜欢“马克思主义哲学原理”这门课，能真正从我的讲授中有所收获，我精心制作了动态的PPT，首先把最基本的概念和原理突出出来，让学生一目了然，不仅如此，我还辅以漫画、故事、寓言典故等形式，力求做到生动活泼。在讲到某些原理的指导意义时，我把当前的国际国内大政方针联系起来，把古今中外的历史教训结合起来，把历史中的成败人物的成长经历展现出来，让他们在不知不觉中学会如何看世界、看人生，如何去为人处世。这样做，我的备课量更大了，更辛苦了。可是，这样做，我却渐渐地站稳了讲台，改变了学生不爱学哲学的状况，每当我看到那一双双渴求的眼睛、一张张专注的面容时，我忘却了为了讲好每一堂课所付出的辛劳，留下的只有身心激动，自己似乎融入了无比圣洁的情境，生命也因此赢得了壮丽的升华。

最近几年，除了“马克思主义基本原理概论”之外，我还教过大学生“思想道德修养与法律基础”“毛泽东思想和中国特色社会主义理论体系概论”等主干课程。在教学工作中，我注意做到情理结合、以理服人、以情动人、感人心灵。例如，在讲授大学生思想道德修养这门课的过程中，我有意识地围绕学生的思想实际，结合青年学生的心理特点，在教学中渗透感恩教育的内容。课后有的学生反映：“胡老师的感恩课会让我们受益一辈子！”

（二）教育需要用爱来研究

老子有言：“道可道，非常道。”对其阐释众多，但有一点是相同的，那就是“道”非所有人都可轻易获得。作为面对莘莘学子的高校教师，要讲述出“非常道”，首先要对“道”乃至“非常道”有所体悟，万事万物虽有其根本所在，有本质可循，但人生有涯，而学海无涯，需要传道之人不断钻研才可。

教师科研创新的过程，就是不断地对“道”加深认知的过程。一方面，这提升了人类对事物本质认识的广度或深度，是“道”的积累；另一方面，它还可以提升教师“传道”“授业”“解惑”的能力，令学生所学更加符合未来所用，抑或使学生获取得“道”之径，最终可以做到“道”之相传，乃至以此“道”为根基的文明的延续。

高校教师所传授的是人们所受教育中较高层次、直接与人们未来所从事专业相关的知识体系、理论体系和方法体系，通过科研创新，能够促进高校教师对所涉及领域知识的积累、方法经验的获取、理论水平的提升，这些都可以构成教学内容或者可以促进教学内容的丰富和完善，有利于教师素质的提高，有利于教学效果的增强，有利于所培养学生素养的提高。

当代的教师只做一个“教书匠”是没有出路的。这些年来，我把教学和科研紧密地结合起来，围绕教学从事科学研究，以教学促动科研，以科研促进教学，形成了可喜的联动效应。近些年来，我主持和参与了多项省部级和校级科研课题，在国家一级出版社出版了两部专著，在国内外公开发行的学术期刊上发表了30多篇学术论文，其中有的文章还被转载，这些都将成为我进一步更好地做好教学工作的坚实后盾。

（三）教育需要用爱来沟通

“爱学生”是教育永恒的呼唤。

好的教育教学效果，离不开良好的师生关系。我在做好教学工作的同时，还把建立良好的师生关系作为自己工作的主要内容。作为一名青年教师，我比较容易了解学生的感受和体验、需求和愿望，并能在尊重的基础上爱护他们，通过对自己上大学时期的回忆，去了解和沟通他们的心灵。我把学生视为亲人，把他们的冷暖和困难记在心上，尽力为他们排忧解难。例如，多次送生病的学生去医院就医，并主动代垫医药费；多次陪同所教班级的部分学生去市场购买衣物等，切实帮助学生解决生活上的困难。还有一次，当我得知印刷工程专业的同学在新年元旦节晚上举行包饺子班会活动缺工具时，我主动带来了家里的一些炊具和餐具，和他们一起包饺子、一起分享了一个快乐的夜晚。有时为了更好地开展教育辅导工作，我还特意邀请学生到家里做客，亲手给他们做饭，并与他们促膝长谈，以达到解决问题的目的。有一年的五一节假期间，到我家做客和探讨问题的学生就有三批。

爱和尊敬是双向的，在爱学生的同时，我也赢得了学生的爱戴。每逢教师节、中秋节、春节以及平时，我经常会收到学生的电话、信函、短信的祝福和问候。其幸福的喜悦是难以用笔墨形容的。

虽然我只是一名普普通通的教师，但我始终以一个好老师的标准要求自己，用真、善、美去启迪一颗颗心灵，用智慧的钥匙帮助学生打开一扇扇人生之门。十多年的教书生涯，我深深地体会到：教师的工作是辛苦的，教师的生活是清贫的，但我已深深地爱上了教师这一职业，并在这一职业中实现了人生价值的提高。我知道，我的成长离不开学生、学校和社会，因此，我要在平凡的教书育人的岗位上，耕耘自己，回报学生、回报学校、回报社会。

亲爱的教育战线上的朋友们，让我们以陶行知先生“捧一颗心来，不带半根草去”的精神，守住心灵的宁静，在平凡的岗位上，用我们的爱与责任，谱写出真正属于我们教师自己的人生！

爱岗敬业　把教学当成一门艺术

张二艳

（北京印刷学院　基础部　北京　102600）

摘要：在三十年的教学实践中，作为一名教师，教学是我的职业，我的事业，但我更把它当成一门艺术。艺无止境，教学作为一门艺术也无止境。在教书育人这个系统工程中，不仅仅满足传授数学知识，而是结合教学内容，深入、准确地挖掘教学内容潜在的思想性，精心组织教学，找准切入点，点滴渗透，将德育和美育工作贯穿于整个教学过程中，让学生在高等数学课堂上，既可学到数学知识，又能受到思想品德教育。

关键词：教学；教书育人；教学艺术

我是基础部数学教研室的一名副教授，自 1987 年从河北师范大学数学系毕业至今，近三十年来一直从事数学的教学工作，主要讲授“高等数学”和“概率论与数理统计”课程，现为“概率论与数理统计”校级精品课程负责人。作为一名教师，教学是我的职业、我的事业，但我更把它当成一门艺术。下面我就把近三十年的教学体会与大家分享。

第一，把教学当作一种职业，爱岗敬业、潜心钻研，努力做好教学和科研工作，不断把科研成果转化到教学中去

二十九年来，我始终热爱人民教师这一职业。为了使自己具备扎实的理论基础、宽广的知识面，我满腔热情地工作。在教学中对自己严格要求，勤勤恳恳、任劳任怨，认真备课、上课、批改作业、辅导学生。二十九年来，我从没有迟到过一分钟，上课的时候，总是提前很早到校，做好各种准备，精神百倍地面对学生。尽管教学任务很重，但坚持进行教研和科研。自从教学以来，我先后主编了 3 部教材；主持完成了多个教改课题和科研项目；先后公开发表学术论文 40 多篇。

不断地将教学成果凝练在科研中，将科研成果应用在教学中。获得学校“雅昌教育奖”和校级教学成果奖。

第二，把教学当作一项事业，孜孜以求，创新探索教学规律，追求成功

在认真学习教育新理念的基础上，结合自己所教的学科，大胆尝试创新教育，积极探索研究式教学方法，并逐渐形成了自己的教学风格，公开发表了多篇关于教学方法的教改文章，并不断把新的教育思想和理念贯彻到教学中去。在教学中，我精心设计每一堂课程教学：一堂课如何开头、如何结尾、如何突出重点、如何解决难点，哪里需要详细讲解、哪里留给学生“自证”、哪里作为学有余力学生的“思考题”、哪里该有提问，怎样措辞更加具有启发性，板书中图解与文字如何搭配，哪里应该用彩色粉笔突出重点，等等，无论是大局把握还是细节描述，都要设计几种不同方案，以做到因材施教。一分耕耘，一分收获，连续10年教学等级评为优秀，连续12年成为“我最尊敬的教师”候选人，6次获得校级“我最尊敬的教师”称号。我指导的学生在2015年的数学建模竞赛中，获得了北京市甲组一等奖和高等数学竞赛乙组二等奖，并获得学校和北京市“优秀指导教师”的荣誉称号。

第三，把教学当作一门艺术，把课堂当成舞台，寓教于理、寓教于情、寓教于乐，将教学与育人完美结合

我一直孜孜以求的最高境界就是希望在课堂这个三尺舞台上能够博采众长、信手拈来地传授数学知识，让学生在学习、欣赏和享受中汲取广泛的数学营养，在潜移默化中陶冶情操，在解题过程中磨砺意志，为今后的学习和工作打好坚实的基础。

为了追求教学这门博大精深学科的表现艺术，我深知“一桶水和一杯水”的关系。“博大”就是自己要拥有渊博的知识，“精深”就是要吃透教材、了解精髓、讲出思想、讲出本质。我在教学中经常通过一些具体的事例，引导学生在愉快的氛围中学习知识、提高能力和素质。在向量概念一节的讲授中，面对繁杂枯燥的概念，我以电影《英雄儿女》中英雄王成孤身一人坚守阵地的情景为例。当他用对讲机请求炮兵支援时，报出“敌距我150米，正前方偏西15度”这两个数字，就是向量的应用。前者是向量的模长，后者是向量的方向。而当敌人一拥而上时，王成手握爆破筒跳向敌群，并大吼一声“向我开炮”。这就是零向量。它的模为零而无须方向。此言一出，迎来满堂笑声和掌声。亲切幽默的语言和生动的范例，给学生以深刻的印象。

把教学当作一门艺术，要善于激发学生的兴趣和热情，引发学生的好奇心。教学其实也是一门语言表达的艺术，它与相声一样，也要善于铺垫，要会“甩包袱”，使得教学过程生动活泼。例如，在讲授转动惯量时，我向学生提问“摇头容易还是点头容易”？进而引导学生计算关于x轴和y轴的转动惯量。容易算得：$I_x=\frac{2}{3}a\cdot b^3$，$I_y=\frac{2}{3}a^3\cdot b$。显然当$b>a$时，$I_x>I_y$。我继续问道这说明了什么？在学生们窃窃私语思考后，我在图形上画上了五官，显而易见，它对应了一句俚语“摇头容易点头难”。所以，数学就是这样地贴近实际生活，只要下功夫去学习它，妙趣多多。

把教学当作一门艺术，要深入了解学生，知晓学生的学习困难。学生刚刚步入大学，各个学科对于他们来说都是从头开始，学习出现困难是可想而知的。我在历届学生“高等数学”的第一堂课上，以微积分的发展史为例，通过牛顿、莱布尼兹两位科学家的故事，让学生明白成功靠的是天资＋勤奋。其中，最重要的是勤奋，天资再好，如果没有勤奋，聪明才智也发挥不出来。我在黑板上写下了“$W=F\cdot S$”“成功公式”。“W”意味着成功；“F”代表能力、毅力和精神；“S”则化为深入、深情，说明做任何事情，包括学习在内，不能浅尝辄止、遇难则退，要了解它的神韵所在，同时，要对其充满深情。有兴趣和感情才能做好事情。希望同学们记住这个公式。从而将教学与育人融为一体。

众所周知，如今有部分学生不愿意学数学的畏难情绪与日俱增，甚至已经走向了厌恶。为了探究学生为什么上课喜欢玩手机、玩游戏，我亲身尝试了“植物大战僵尸”和“找你妹”电子游戏，紧张的游戏让我在那一年视力下降，吃上了降压药。通过亲身体验，慢慢体会到现在为什么那么多孩子会沉迷于网络游戏。其实游戏本身没什么，只是游戏满足了孩子在现实生活中不能得到的东西，比如，可以把控一切和直接礼物回赠，虽然游戏是虚拟的，但使得现实中的烦恼可以在游戏中得到宣泄等。我通过自身的体会，告诫学生们要有节制地玩电子游戏，一定要有节制！为了加强与学生的沟通，我还建立了自己的“人人网”主页，通过小博文传递正能量，加强与学生的沟通，将教书育人延伸到课堂之外。

把教学当作一门艺术，在教书育人系统工程中不仅仅传授数学知识，还要巧妙地把思想品德教育寓于知识教育中。记得有一个学生在答疑交谈中，我了解到他因为失恋而情绪低落、一蹶不振，于是，我用数学的观点来开解她。方程 $x^2+1=0$ 在实数域内无解，在复数域内有解。结论是方程是否有解与其未知数的取值区域有关。然后，我又列了一个方程组，说明变量越多，方程越多，即约束条件越多，方程的解就越难找到，甚至会无解。说明有时精确解找不到的情况下，只能找个近似解就可以了。茫茫人海中寻找人生伴侣不就像方程求解一样吗？听完这一番分析，同学会心地笑了。在教学中，我经常适当穿插一些数学家立志成才的故事，如古代数学家刘徽、祖冲之、杨辉，当代的数学家华罗庚、陈景润、杨乐、张广厚等大家熟知的人物，他们的感人事迹无疑会让学生受到极大的感染，以此激励学生向这些楷模学习，树立远大的理想。另外，我还结合例题向学生展示高等数学知识在物理、力学、航空航天、工程技术、经济、管理、日常生活等诸多方面的应用实例，并启发引导学生：21 世纪是知识经济的世纪，要想在激烈的竞争中能有立足之地，就必须把崇高的理想与务实精神结合起来；必须扎扎实实打好基础，学好知识，拥有一技之长，为祖国现代化建设服务。总之，我在传授数学知识的过程中，找准切入点，把德育巧妙地结合于教学中，让学生在潜移默化中陶冶情操、磨砺意志，为今后的学习和工作打好坚实的基础。

艺无止境，教学作为一门艺术也无止境。作为一名教师，今天我们在教学上多花费一些时间，多付出一些辛苦，明天国家就可能多一个人才，建设祖国就多一份力量，这也是我们教师最大的心愿。

当前我国高校师德建设现状及对策

张书勤

（北京印刷学院　经济管理学院　北京　102600）

摘要：师德建设是高校教师队伍建设的灵魂。通过分析当前高校教师师德缺失的现状，提出加强教师自我修养、建立完成师德教育与管理制度、完善学生参与的师德考评机制等对策。

关键词： 师德；建设；对策

师德建设是高校教师队伍建设的灵魂，关系到高校的办学方向、人才培养目标和培养质量，对于实现高质量的教育具有重要意义。特别是对高等学校的教师来说，教师的师德不仅对培养的学生有导向作用，甚至影响着大学生“三观”的形成。因此，在新时期新形势下，加强师德教育工作是十分必要的。

一、加强师德教育的重要性

加强和促进师德建设是积极营造良好校园风气的重要因素，也是进一步提高高校思想政治教育工作和全面落实党的教育方针的根本保证。

（一）师德建设是校风建设的基础。教师是教育工作的主导者，教师对学生的教育不仅包括专业的知识和思考的方法，而且更重要的是教会学生如何做人，提升人格魅力，即信仰、品格和言谈举止。因此，每一位教师都应该在思想政治、道德品质和学识学风等方面以身作则，做到敬业爱生、严谨治学、教书育人、为人师表。在当前全面推进素质教育的进程中，每一位教师都要勇于超越自己。要从简单传授知识转向培养学生综合素质，让学生生动活泼、积极主动地发展。

（二）习总书记强调：“教育决定着人类的今天，也决定着人类的未来。广大教师要做学生锤炼品格的引路人，做学生学习知识的引路人，做学生创新思维的引路人，做学生奉献祖国的引路人。”改进高校师德建设，对于弘扬高尚师德，加强教师职业理想和职业道德建设，增强广大教师教书育人的责任感和使命感，提高高等教育质量具有重要现实意义；对于深入开展社会主义荣辱观教育，全面加强学校德育体系建设，提高全民族文明素质也具有广泛的社会意义。高尚的师德可以帮助学生树立远大的社会主义理想以提升思想境界，督促学生加强道德品质的修养，激发学生强烈的求知欲和学习热情，促使校园形成良好的学习风气。

（三）高校教师师德建设是我国高校坚持社会主义办学方向的一项重要内容，这既是我国高等教育规律使然，同时也有其政治性要求。与此相适应，教师的师德建设既要反映大学教师职业性质的要求，同时必须坚持社会主义核心价值观的精神实质，还要结合时代特点和复杂多变的国际国内环境要求，坚持以社会主义核心价值观为基础的教师师德建设，不断加强教师职业理想和职业道德教育，增强青年教师教书育人的责任感和使命感，树立关爱学生、严谨笃学、淡泊名利、自尊自律，做学生健康成长的指导者和引路人的思想。

二、当前高校部分教师师德缺失的表现

虽然高校教师师德师风的主流是好的，但在市场经济的种种消极因素下，一部分教师的思想观念、行为方式乃至心理状态等都发生了很大的变化，师德师风方面存在一些滑坡迹象，或理想信念弱化，或敬业精神缺失，或师表意识淡薄，或治学规范丧失。具体表现为：

（一）爱岗敬业精神弱化

奉献是教师的职业特征，发扬甘于奉献的精神，是教师的职业要求，也是客观现实的需要。然而，在市场经济的负面效应影响下，部分教师过分看重个人利益，把教师工作仅仅当作一种获取利益的手段和工具：无心研究本专业理论，视教育为副业，严重影响了教学和教育效果。有的教师备课不认真、知识陈旧、教学方法单一，把上课当作是完成任务，这些都直接影响教学秩序和教学质量，又或者有的教师除上课之外，很少与学生接触，很少关心学生的全面发展。

（二）行为规范不严，教师形象模糊

师德修养贵在自觉，除了不断学习，不断磨炼，更需要不断地自省和长期的身体力行。教师是学生的一面镜子，是学生的榜样。有的教师师表意识淡薄，行为规范不严，缺乏自尊自爱精神，缺乏应有的社会责任感和使命感。有的还出现

享乐主义、拜金主义等错误的人生观倾向，又或者举止不雅、言语不文明，在学生中造成不良影响；还有个别教师上课观点偏激，以自己的片面认识对学生进行误导，不注意自己言论的导向性。

（三）师生关系冷漠化、功利化

尊师爱生是和谐师生关系的良好体现，教师热爱学生、关心学生，这是一名教师的职责所在。作为一名好老师，应当平等地关爱每一位学生，所谓“一日为师，终生为父”“师徒如父子”，遗憾的是，当下现实生活中高校的师生关系，在很大程度上早已丧失了这种亲密的联系。一方面是师生关系冷淡、彼此漠不关心，另一方面是师生关系严重庸俗化、功利化，日益成为一种相互利用的交易关系。

三、完善师德建设的途径

教师师德建设涉及自身、高校、社会三方面，是一个复杂的系统工程，究其根本，则必须要加强教育、完善监督制度、用大环境引导，更好地发挥师德师风建设体系的强大力量。

（一）教师自身要加强自我修养，提高自身素质

道德的行为不是产生于强制，而是产生于自觉，达到自律道德，才算真正具有了道德意义。高尚师德的形成，需要经过长期的过程，最关键还是靠教师不断加强自我修养，提高自身素质，才能在传播知识的同时，对学生进行思想道德、意志品格等方面的教育，主观上热爱教育事业，乐于奉献，为人师表，做学生的良师益友，做一个有职业道德和修养的人；行为上应学会自我约束，要从思想观念、道德风尚、精神境界、工作态度、工作作风等方面塑造自己的形象，加强师德修养；建立师德师风自我评价系统，使自己的行为不断得到校正，调动师德师风修养的主观能动性；自觉抵御社会上各种不良诱惑，淡泊名利、志存高远，努力做受学生爱戴的好老师。

（二）积极开展专题教育活动，建立科学的管理体系

建立和完善师德教育制度。坚持思想政治理论学习是提高高校教师师德师风的有效措施。通过举办优秀教师事迹报告，师生、同行座谈会等方式，对教师组织开展理想信念教育、人生观教育、职业道德修养等教育，使教师更加明确自己肩负特殊的职业使命。建立和完善多元化师德考核制度。准确把握师德师风的情况，就必须建立科学的师德师风考评机制。制定一套具有科学性和可操作性的考核制度，是高校师德建设的关键。高校要把师德师风评价作为师资调配、教学评价、人事考核、评选先进的一个首要指标。

（三）加强完善学生参与师德考评机制

完善师德考评，必须加强和完善学生对教师的考评机制。学生对教师的师德考评也可以像教师考评学生一样分阶段多方面地进行点评，这样能在一定程度上“强制性”加强教师和学生的互动，促使教师对课堂授课的形式及内容进行深度的思考，实现课下对学生生活的关心和指导，从而在一定程度上改善教师与学生之间的关系。这也可以避免期末一次性评价的片面性和对教师考评的不公正。

作为教师这一特殊的职业，直接担负着培养下一代健康成长的历史重任，所以，师德比其他职业道德有着更加强烈的典范性，高尚的职业道德和良好的教师形象，是每个教师做好教育工作的先决条件，是时代的要求。树立良好师德师风，塑造良好教师形象，对推进社会向前发展和整个国家的文明建设起着重要的推动作用，具有重要的现实意义和深远的历史意义。每个教师都必须严格要求自己，处处以身作则，以正确的思想、高尚的道德、良好的品行感染学生，熏陶学生，影响学生。通过师德师风建设打造一支师德高尚的优秀教师队伍，可以使师生人际关系变得和谐，同时以教师自身的理想信念、思想品德、敬业精神和工作作风，直接感染和熏陶学生，使学生成为具备诚实守信、公平公正、崇尚奉献等良好品德的人。在和谐校园里，教师高雅的气质和风范往往是学子们争相效仿的楷模，以至于他们“为人师表”的精神风貌影响大学生的一生。教师不仅担负着“传道授业”的重任，而且肩负着“育人”的崇高职责。只有让教师队伍拥有高尚的师德师风，全体教师做到相互配合、和谐互补，才有和谐的高校，才有诚信友爱、充满活力、安定有序的和谐社会。

参考文献：

[1] 北京林业大学. 以制度建设为先，促师德师风建设[EB/OL]. http://www.jyb. cn/high/zjzz/201407/t20140706_589192. html.

[2] 赵培举. 加强师德师风建设 培养高素质教师队伍[J]. 中国高等教育,2013,(Z2) : 66-68.

[3] 石峰. 论教师德性[J]. 教师探索,2007,(5) .

践行"四有"好教师标准，培养行业合格人才

杨永刚

（北京印刷学院　印刷与包装工程学院　北京　102600）

摘要：加强师德修养与锤炼，用"四有"好老师的标准来要求与提升自己，是笔者今后一段时间的目标。文章主要从立足行业谋发展、关爱学生促成长两个方面简要介绍了笔者提升教学业务能力，悉心呵护学生成才的真实事迹，情节生动，反衬出笔者对行业发展与学生成长的良好期待。

关键词："四有"；好老师；印刷行业；合格人才

2014年9月9日，在第30个教师节来临之际，习近平总书记在与北京师范大学师生的座谈会上，提出了"四有"好教师的标准：要有理想信念、要有道德情操、要有扎实学识、要有仁爱之心。他说，好老师不是天生的，而是在教学管理实践中、在教育改革发展中锻炼成长起来的。今天的学生就是未来实现中华民族伟大复兴中国梦的主力军，广大教师就是打造这支中华民族"梦之队"的筑梦人。他希望全国广大教师把全部精力和满腔真情献给教育事业，在教书育人的工作中不断创造新业绩，也祝愿每个孩子都能遇到好老师。这是习总书记对教师的鞭策，也是党和人民对教师的要求，更是新时期教师不断进步的标尺。联系到实际工作中，我们一定要对照"四有"好教师的标准，锻造良好师德、刻苦钻研业务、塑造大爱情怀，努力培养出行业急需的应用型高级专门人才。

当代作家贾平凹曾说："百无聊赖何为教，一事无成怎做授"。21世纪，新时期教师的寄托是什么，精神支柱何在？在我看来，那便是看似轻实则重的"师德"二字。如果说，教育是太阳底下最光辉的事业，那么师德就是教育的光辉。师德是绿叶，衬托着千万朵桃李之花尽情地开放；师德是渡船，搭送着求知者驶

向成功的彼岸；师德是彩虹，是驿站，是教育的全部生命。教书育人是爱的事业，三尺讲台就是我们思绪纵横的绚丽舞台。在物欲横飞的年代，甘守一方净土，安于三尺讲台，用爱才能写好“师德”二字，才能达到“四有”好老师的要求。用渊博而又扎实的学识传道授业解惑，用仁爱之心宽厚待人、抚育学生成长，是成为“四有”好老师的核心和精华所在。来校工作的十五年里，我是这么要求自己，也是朝着这个方向去努力的。

一、兢兢业业，立足印刷专业及行业，不断提高自身业务能力

我是一个做事比较认真的人，认准的事情，我愿意投入百分百的精力和热情。初学印刷专业，我对印刷业未来的发展方向也感到些许迷茫，甚至有些失望。但随着自己经历的增长以及专业视野的开阔，我逐渐明晰了自己的定位和努力方向，感觉到印刷是与互联网结合最紧密的传统产业，也发觉只有立足印刷专业和行业，把个人的前途与学校的发展以及行业的进步联系起来，才能有所作为。

在学校教师教学发展中心，我负责了“名师公开课”活动，总有机会与市校两级教学名师零距离接触，不断学习和钻研他们好的教学方法和技能，以提高自己的教学水平。我很重视教学改革与创新，围绕印刷工程卓越班建设与管理，目前正有序开展一项2015年校级教改重点项目，以探索卓越工程师培养计划实践教学模式。我也始终关注行业的发展，经常深入企业参观与交流、开展讲座，以丰富自身的实践经历和认识。行业展会是了解行业新技术、新设备与新材料的窗口和最佳平台，每两年一次的上海全印展和北京市国际印刷技术展览会，我一般申请前去参观，有时会亲自带学生到展会去开展现场教学，让他们零距离地感受印刷包装技术所发生的变革以及给人们生活带来的便利。学生们兴致很高，通过与参展厂商的交流，掌握了很多课本之外的实践知识，也增强了同学们对印刷工程专业的自信，进一步明确了未来的奋斗目标。这种课堂内外相互结合的形式，对于人才培养、师资力量的增强都是很有好处的。

我乐于为专业发展和实践教学做一些力所能及的事情。今年年初，我受聘担任印包学院实践创新创业教学团队负责人，并兼任印刷包装综合创新实践基地（市级示范性校内创新实践基地）副主任。在基地成功申报市级示范性基地之前，就申报书的撰写、支撑材料的搜集整理等做了一些基础性的工作，也基本凝聚了核心团队力量。团队以竞赛项目和实践计划为抓手，以印包学院学科力量和资源为

依托，组织实施及参与了印刷技能大赛、创意印比赛、实培计划、高参中项目、大学生科研计划、暑期生产实习和创新创业计划等，取得了一部分阶段性的成果，激发了学生投入创新创业项目的热情，也较好地组建了一支业务精湛、主动服务意识强的创新创业教学团队。在“大众创业、万众创新”的新时期，只有审时度势，适应时代要求，大力培养工程创新型人才，才能使学生所学与市场接轨，培养出行业所需的高级专门人才。

二、换位思考，做学生的贴心人，照亮学生成长路

作为一线教师，我一直秉持着“矢志奉献，师生共成长”的教学理念及奋斗目标。我是 2002 年 7 月来校工作的，因工作需要，我先后两年担任了 00 级、01 级共四个班的班主任，那时学生刚进入大三，我是他们的第三任班主任。我研究生刚毕业，风华正茂，刚当老师，一切感觉比较新鲜，一边上专业课，一边承担班级管理工作。担任大学生的班主任是头一回，我没有任何经验，感觉自己也不是很成熟，比学生仅仅大四五岁，个头小，在学生当中没有树立充分的威信，有时个别学生当面顶撞我，弄得自己无所适从，也非常难受。我没有去查找分析原因，也没有深入学生当中去调查了解民意。我当时选择了逃避，想着把自己的课上好，把专业研究工作做好就行。

随着教学年龄的增长，我对学生了解和接触越来越多，我发现绝大多数学生其实是很尊重老师的，他们很愿意与老师建立互信，加强师生感情，也很在乎老师对他们的看法。我对课堂管理及班级管理又有了一种全新的认识和理解，恰好在 2014 年新生入学季，印包学院负责学工管理的副书记为了加强学生的专业教育，专门邀请了几位专业教学方面较好的老师担当新生班主任，我就是其中之一，有幸担任了 14 级印 2 班的班主任。14 级印 1、印 2 两个班是我校印刷工程在外省具备一本招生资格后进来的尖子生，他们在生源地都有着很好的学习基础，对未来充满憧憬，是印刷事业发展的生力军。我想，这样的好学生难得，必须管好、教好，不能把一手好牌砸在我们的手上。事实上，我跟这些刚入大学校园的新生一样，对印刷未来充满自信，对北京印刷学院的发展和壮大肩负着使命感，也许是缘于自己是印刷科班出身的原因，我开始着手组建班委和班团委，制定班级规范和学生管理制度，加强学业监督和专业引导，配合学工做好班级和学生管理工作，一切都干得很有热情，一切都做得井井有条。工作方法的得当和高素养学生

的配合，使我的工作很快打开了局面，班级和学生个人在一学年以后获得了很多荣誉，加强了班级凝聚力，也使二级学院对我所付出的努力给予了肯定。一年后，14 级毕昇卓越班组建，这个班几乎囊括了印刷工程，尤其是原印 1、印 2 两个一本班的优等生，可以说比以前更优秀、更卓越，我受命担任这个班的新班主任，我深感肩上的担子更重了，需要投入的精力更多了。要管理好这样一个班级，仅仅使用常规的方法是不够的，必须要换位思考，想学生之所想，急学生之所急，做学生的贴心人，学生才会与你交心，敞开心扉谈理想、谈抱负，谈现实中遇到的各种困难，并希望得到你的理解与支持。这种场合，班主任必须毫无保留地站在学生这一边，帮助学生解决在人生、交友和学业发展等方面出现的困惑，引导学生在专业素养上有更大的提升和进步空间，照亮学生成长路。

参考文献：

[1] 魏魏. 围绕“四有”好老师标准加强高校教师队伍建设[J]. 安徽工程大学学报, 2015(6) .

[2] 刘晓靖. “四有”好老师引领下的高校青年教师队伍建设探析[J]. 安徽广播电视大学学报, 2016(1) .

[3] 陈蕴智. 从印刷行业转型看专业人才培养[J]. 印刷杂志, 2015(8) .

[4] 汪伟, 陈春霞. 印刷行业高级能人才培养实践教学体系的构建与实施[J]. 教育教学论坛, 2013(8) .

心中有学生　脚下有力量

王　妍

（北京印刷学院　经济管理学院　北京　102600）

摘要：在平凡的教师岗位上，有千千万万的老师热爱自己的工作，将学生放在心中，并用满满的爱将其包围。今年是红军长征胜利 80 周年，老师们身上闪烁的耀眼光芒正是“长征精神”在教育领域的鲜活体现。这一精神给了我强大的力量，我摸索着如何做到常怀“仁爱之心”，如何为“做对学生最好的学校”贡献自己的力量。

关键词：长征精神；仁爱之心

2015 年 9 月，我来到北京印刷学院经济管理学院工作。虽然还是教育战线上的一名“新兵蛋子”，但是这一年多的时间里，我听到、看到、体验到了许多前辈们的故事，他们用自己的实际行动抒写着“教书育人”的真实内涵，也成为我眼中、心中的一面面旗帜，为我指引着前进的方向。

Z 老师，一名和蔼可亲的高数老师。由于从小喜欢数学，加上高数课对我带的 2015 级经管学院本科生至关重要，我去听过几次课，监考过一次小测验。Z 老师总能用深入浅出的方式给同学们讲解复杂的数学公式，并提供一些记忆的小技巧。对于每节课坐在前排、积极请教问题的同学，她如数家珍；对于经常带着早饭姗姗来迟，听不到几分钟课就趴下的同学，她打心眼里着急，一次次谈话。她会定期将所带班级的上课、小测验、特殊学生等情况一一反馈给班主任、辅导员；她会自己掏腰包给成绩优异的学生买数学竞赛参考资料；她在考试卷面上发现学生有不良情绪，会及时跟辅导员沟通学生的心理健康状况……

S 老师，一名幽默风趣的专业教师。作为一个地地道道的“北京爷们儿”，乍一听他说话，总觉得有些“糙”。但是“话糙理不糙”，他总能用学生乐于接受的方式，向他们传达自己的理念和方法。从学科知识和前沿，到未来职业发展，再到为人处世的道理，他用自己独特的人格魅力影响着学生，给他们以启迪、指导和警醒。出乎意料的是，就是这样一个老师，也有他体贴、细腻的一面。为了让学生们有自己的私密空间可以沟通交流，他不敢轻易加到学生微信群里，总是将编好的、详细的信息找信赖的学生或辅导员转发。终于，在学生们的热情邀请下，他“害羞”地入群，还发了一个大红包作为“见面礼”，一时间，群内气氛相当热烈。

H老师，一名认真负责的班主任老师。作为一名刚入职不久的专业教师，H老师承担着繁重的教学、科研和学科建设任务，同时，他还是两个班的班主任。我经常看到他带着厚厚的笔记本往教学楼方向走去，打招呼问：“去上课啊？”他微笑着回答：“是去听课。”他关心着班里每一个学生的学习和生活，开班会、找谈话自不必多说。他还创造了一些方法来激励学生，比如，大一上学期，为了让学生保持对学习的热情，他让每个同学给每一门课制定一个期末考试的目标，考试结束后对照自己的目标实现程度，给予适当奖惩，学生们的学习积极性大大提高了。

没错，与我们想象中不太一样，大学老师并不是上完课就走人，他们也可以如此“爱操心”。正是这种“爱操心”让他们变得更加可亲、可敬、可爱。

在平凡的教师岗位上，还有千千万万和以上老师一样的人们。他们热爱自己的工作，关心自己的学生，做着自己认为理所应当的事情。尽管这些事不一定能带来收入的提高、职位的提升等。当你问他们图什么时，他们也许只是一句轻描淡写的“问心无愧”。但是这“理所应当”“问心无愧”的背后，实则是他们一直将学生放在心中，并用满满的爱将其包围。

今年是红军长征胜利80周年，各行各业都在以自己的方式纪念这一重要的时间节点，呼吁大家弘扬和传承“长征精神”。老师们身上闪烁的耀眼光芒正是“长征精神”在教育领域的鲜活体现。

10月21日，习近平总书记在纪念红军长征胜利80周年大会上发表重要讲话，阐释了“长征精神”的科学内涵。他指出，伟大长征精神，就是把全国人民和中华民族的根本利益看得高于一切，坚定革命的理想和信念，坚信正义事业必然胜利的精神；就是为了救国救民，不怕任何艰难险阻，不惜付出一切牺牲的精神；就是坚持独立自主、实事求是，一切从实际出发的精神；就是顾全大局、严守纪律、紧密团结的精神；就是紧紧依靠人民群众，同人民群众生死相依、患难与共、艰苦奋斗的精神。

对照人民教师的工作实际，“长征精神”告诉我们，要把广大学生的根本利益看得高于一切，坚定自己的教育理想和信念；为了学生的全面发展，不怕艰难，克服困难，勇于付出；从每个学生的实际情况出发，实事求是、因材施教；有大局意识，将自身的发展与学校的发展和教育事业的发展紧密相连；陪伴学生一起经历学习和生活中的甜蜜与苦涩，共同成长进步，为实现中华民族的伟大复兴而努力奋斗。

人无精神则不立，国无精神则不强。老师们用一言一行诠释的“长征精神”给了我强大的精神力量。在过去的一年里，我摸索着如何做到常怀“仁爱之心”，如何为“做对学生最好的学校”贡献自己的力量。

面对经管学院 2015 级 248 名本科生，从起初的手忙脚乱、不知所措，到如今能够记住每个学生的名字，一边从容地处理日常工作，一边回复学生和家长在 QQ、微信、短信、电话中提出的各类问题，甚至深夜给学生做心理辅导，在这个过程中，我有过困惑，有过迷茫，有过纠结。但当我问自己，为什么还要这么做时，我发现，我所从事的工作和以往任何一段工作、实习经历都不同，它不仅仅是完成一项项任务，它要面对的是学生，是活生生的人，并且是有独立思想的人，这里面所包含的责任、情感是任何其他职业所没有的，所收获的感动和成就也是其他职业给予不了的。于是，从内心深处真正“爱学生”，想学生之所想、急学生之所急，已经不知不觉渗透到我的血液里。

这一年里，印象最深的是我去了五次网吧。一名参加“双培计划”的学生因为学业问题被退回，回校后，依然不去上课，也不在宿舍，手机经常关机，家长和老师都联系不上。得知他喜欢打网络游戏，无奈之下，我只好去学校附近的网吧碰碰运气。很幸运，第一次找他，刚跑了两家就找到了，他也满口答应回去上课，于是我心满意足地回去了。然而，第二天的课堂上并没有见到他的身影。第二次、第三次，他态度依然很好，但是对于回去上课表现得很犹豫，并表示想先做兼职赚点生活费，我答应给他时间思考和调整。第四次，我扑了个空，询问网管，也说两三天没见到他了，联想之前他说要去做兼职，我有点慌了，不会被哪个传销组织骗去了吧？于是我各种打电话，问家长、问与他关系较好的同学，都没有消息，这天晚上，我不记得自己睡了几个小时。第二天一早，他父亲的一通电话让我紧绷的神经稍微放松下来，他用别人的手机给家里打了电话，要了点生活费并报了平安。我抱着侥幸心理要来了那个电话并拨了过去，原来是他参加“双培计划”时所在学校附近的一家网吧。一个半小时的地铁加公交后，我终于见到了他，蓬头垢面、双眼布满血丝。这一次，我们聊了许多，从他的身世，到他与父亲的关系，再到他的女朋友。这一次，他决定不再逃避，但是依然没有回去上课，而是选择了休学。虽然心有不甘，但是我接受这样的结局，也充分尊重学生的选择，期待他的人生会有属于他的精彩。

今年教师节，是我教师生涯中第一次节日，当我收到我所带班级 30 名学生每人写了一页的留言本时，当我看到他们对我的关心、肯定和鼓励之后，我忍不住热泪盈眶……

关于高校教师践行师德的思考

杨树林

（北京印刷学院　信息工程学院　北京　102600）

摘要：教师的职业道德，简称“师德”，它是教师和一切教育工作者在从事教育活动中必须遵守的道德规范和行为准则，以及与之相适应的道德观念、情操和品质。本文分析了教师践行师德的重要性，并讨论了高校教师在新时期如何更好地践行师德。

关键词：教师；师德；建设

百年大计，教育为本；教育大计，教师为本。教师是人类文明的传递者，是学生人生道路的引路人。推动高等教育事业又好又快发展，培养数以万计的高素质人才，关键在高校教师，而教师的素质关键在于师德。在实现“两个一百年”奋斗目标、实现中华民族伟大复兴中国梦的伟大征程中，高校教师要积极践行师德规范，做“有理想信念、有道德情操、有扎实学识、有仁爱之心”的高校好教师。

一、高校教师践行师德的重要性

1. 践行师德是党和国家对教师的要求

早在2014年教育部就出台了《教育部关于建立健全高校师德建设长效机制的意见》。该意见明确指出：教师是人类灵魂的工程师，是学生成长的引路人。高校教师的思想政治素质和道德情操直接影响着青年学生世界观、人生观、价值观的养成，决定着人才培养的质量，关系着国家和民族的未来。加强和改进高校师德建设工作，对于全面提高高等教育质量、推进高等教育事业科学发展，培养中国特色社会主义事业的建设者和接班人、实现中华民族伟大复兴的中国梦，具有重大而深远的意义。习近平总书记提出的“有理想信念、有道德情操、有扎实学识、有仁爱之心”好老师的要求，更突出师德的重要性。长期以来，很多优秀的教师，忠诚党的教育事业，呕心沥血、默默奉献，潜心治学、教书育人，敢于担当、锐意创新，为高等教育改革发展做出了巨大贡献，赢得了全社会广泛赞誉和普遍尊重。但是，当前社会变革转型时期所带来的负面现象也对教师产生影响。少数高校教师理想信念模糊，育人意识淡薄，教学敷衍，学风浮躁，甚至学术不端、言行失范、道德败坏等，严重损害了高校教师的社会形象和职业声誉。一些地方和高校对新时期师德建设重视不够，工作方法陈旧、实效性不强。加强和改进高校师德建设工作，建立健全高校师德建设长效机制，从根本上遏制和杜绝高校师德失范现象的发生，切实提高高校师德建设水平，全面提升高校教师师德素养教育已经十分紧迫。在实现“两个一百年”奋斗目标、实现中华民族伟大复兴中国梦的伟大征程中，高校教师要积极践行师德规范，为我国经济社会发展培养大批有用人才，是党和国家赋予我们的神圣要求。

2. 践行师德是高水平大学的内在需要

师德是教育之魂，教师是立校之本。办好一所学校，必须要有一支高水平、高质量、高素质的教师队伍；而良好的师德又是建设优秀教师队伍的前提。一个学校如果没有良好的师德，就难以形成忘我工作、团结拼搏的精神面貌，就难以形成良好的党风、校风。江泽民同志指出：“教师是学生增长知识和思想进步的导师，他的一言一行，都会对学生产生影响，一定要在思想政治上、道德品德上、学识学风上，全面以身作则，自觉率先垂范，这样才能真正为人师表。”有了高尚的师德，教师才能热心于教育教学改革，不断研究教学内容，探索新的教学方法，提高教学质量；帮助学生树立远大的理想和崇高的思想境界，激发学生强烈的求知欲望，促使学生形成良好的学习风气。师德能起到调节教师群体的工作关系、调节其面临的各种人际关系的作用，对自身工作及其工作态度，对正确处理与他人的合作关系具有十分重要的意义，能促进团队的和谐发展。教师需要把同事关系变成一个协作、互动、共同专业成长的教师群体。那些充满生机、教育质量较高的学校，同时是一个个充满创新活力的学习型组织。

3. 践行师德是高水平教师的基础

高尚的道德情操是做好高校教师的根本。“教，上所施，下所效也；育，养子使做善也”。习近平同志强调：“教师的职业特性决定了教师必须是道德高尚的人群。合格的老师首先应该是道德上的合格者，好老师首先应该是以德施教、以德立身的楷模。”一位具有良好师德的教师，才会努力不懈地坚持自我教育，使自己的专业水平不断提高，进而纯化和完善自我。具体表现在：经常进修、加强专业教育、精通本学科的专业知识、扩充知识面、开阔视野、拓展思路、提高教学水平、增强教学效果。通过师德的养成，教师热爱教育职业，热爱教学工作，热爱学生，并会自觉地规范自己的行为。在教学中精神焕发、精力充沛，以自己的品行为榜样使学生在潜移默化、耳濡目染当中不知不觉地受教师的影响，使学生也形成坚强的意志与自制力，因而更富有理性，善于思考，发奋学习，从而进一步提高学习效率。

4. 践行师德是教育的重要手段

教师的教育和教学行为直接决定了其教学质量。而决定其行为的主要方面就是师德。教师的劳动区别于其他生产劳动的特殊性，在于他对受教育者施加影响的基本手段是与自身的素质融为一体的。从这个意义上说，教师的思想道德对受教育者的影响是最直接的。学生的行为方式常常是模仿其所相信和崇拜的榜样人物而逐步形成的，处于成长期的大学生也是如此，他们的行为方式有很大的模仿性和可逆性。不管我们愿不愿意、有无知觉，教师的言行举止，都在潜移默化地产生着教育的作用，都有成为学生之“榜样”的最大可能性。师德水平的高低，直接影响学生品德的形成和智能的发展。

二、新时期高校教师如何践行师德

师德，作为社会、教育本身及教师这种职业对其从业者的规定性要求，有历史的继承性，也有鲜明的时代特征。广义地说，师德是教师从事教育教学工作时必须遵循的各种道德规范的综合。它包括教师的职业道德、职业精神、思想观念、道德品质等，属于意识形态领域的诸多内容。随着社会、经济的发展及素质教育的要求，师德又融入了培养创造性、开拓性、实践性人才等更丰富的内涵。新时期高校教师要充分认识自己所承担的庄严而神圣的使命，发扬主人翁精神，自觉捍卫职业尊严，珍惜教师声誉，提升师德境界。要将师德修养自觉纳入职业生涯规划，明确师德发展目标。要通过自主学习、自我改进，将师德规范转化为稳定的内在信念和行为品质。要将师德规范积极主动融入教育教学、科学研究和服务社会的实践中，提高师德践行能力。要弘扬重内省、重慎独的优良传统，在细微处见师德，在日常中守师德，养成师德自律习惯。

1. 坚定信念，无私奉献

习近平总书记指出：“我们的教育是为人民服务、为中国特色社会主义服务、为改革开放和社会主义现代化建设服务的，党和人民需要培养的是社会主义事业建设者和接班人。好老师的理想信念应该以这一要求为基准。”高校教师只有了解国家的教育方针、教育政策，认识到个人理想与国家、社会的重要关系，自觉将个人理想和国家、社会、党的事业的目标结合起来，才能不断坚定自己的理想，才能最终教育培养出热爱祖国、热爱社会主义事业、热爱党的事业的德才兼备的学生，才能使他们真正成为中国特色社会事业的合格建设者和可靠接班人，自觉为党的教育事业、为国家的富强、民族的振兴贡献力量，借此而实现教师个人的人生价值。

教育事业对教师而言，既是一门职业，也是一项事业。热爱教育事业，做到无私奉献，是教师应具备的最起码的道德素质。前苏联教育家凯洛夫曾说过：“谁要没有强烈的感情，就不会有强烈的志向，也不能够热烈地把这个志向体现于事业上。”因此，教师只有对事业有浓厚的兴趣，才能由此激发正确的工作动机，并在这一动机的参与下，充分调动其工作的积极性、主动性以及投身于事业的信心和决心。热爱党和人民的教育事业，将全部的心血无私地奉献给教育事业，把千千万万个青年培养成才，这既是党和人民对教师的要求，也是“教育事业”对教师的要求。教师的工作是神圣的，也是艰苦的，教书育人需要感情，时间、精力乃至全部心血的付出，这种付出是要以强烈的使命感为基础的。教师必须具有为中华民族崛起而奋斗的坚定信念和为祖国培养现代化人才的责任感和使命感，要忠诚教育事业，爱岗敬业，尽职尽责；坚守高尚情操，廉洁从教，精于教书，勤于育人；发扬奉献精神，不断探索，勇于进取，为教育事业的改革和发展贡献聪明才智。

2. 矢志钻研，勇于探索

渊博扎实的学识是做好高校教师的基石。我国自古以来就有“学高为师”的古训。习近平同志指出：“‘水之积也不厚，则其负大舟也无力’，扎实的知识功底、过硬的教学能力、勤勉的教学态度、科学的教学方法是教师的基本素质。”丰厚的知识储备和宽广的胸怀视野，是高校教师“传道”的基本前提。特别是在现代信息社会，高校教师更要有“一潭水”。有了这“一潭水”，教学才不会捉襟见肘，才会游刃有余。另外，高校教师还必须是一名智慧型教师，要具备“勤于学习、善于处世、乐于生活、长于育人”的智慧和能力，做到既授人以鱼，又授人以渔，做到“三尺讲台系国运，一生秉烛铸民魂”。要培养高水平的学生，要求教师学识渊博，学业精深。教师一要有深厚的专业知识；二要有广博的相关领域知识，具有跨学科、跨专业的结合力，满足学生广泛的求知欲；三要不断更新知识体系，及时吸收、存储学科前沿知识与研究成果。因此，教师一要持之以恒开展科学研究提高专业水平；二要勇于开拓创新，积极参与教育教学研究，改进教学方法，提高教学质量。

3. 热爱学生，诲人不倦

拥有一颗仁爱之心是做好高校教师的关键。教育是塑造人心灵和灵魂的伟大事业，热爱学生是教师厚重的本真底色。教师应该是“仁义之师”，没有爱心的人不可能成为好教师。爱就是责任、就是担当、就是付出。选择了教师这一职业，就选择了教书育人这一沉甸甸的责任。高校教师要心中有学生、心中有大爱，恪尽职守、倾情奉献，真诚尊重学生、充分理解学生、宽容关怀学生，教好书、育好人、为好师，让广大青年学生在人间大爱的滋养中健康成长，成为社会需要的有用之才。

教师对学生的爱心是师德素养的重要表现。崇高的师爱表现在对学生一视同仁，绝不能厚此薄彼，按成绩区别对待。要做到“四心俱到”，即“细心、爱心、信心、恒心”。无论在生活上还是学习上，时时刻刻关爱学生，特别是对那些学习特困生，更要“特别的爱给特别的你”，切忌易怒易暴、言行过激，对学生要有耐心，对学生细微之处的好的改变也要善于发现，并且多加鼓励，培养学生健康的人格，帮助学生树立学习的自信心，注重培养他们的学习兴趣。教育家陶行知先生曾说过“把爱洒向每一片绿叶，哪怕是有斑点的绿叶，也需要我们用心去呵护，尤其是对学困生的关爱，可以擦亮孩子的心灵，这份温暖会给予他们无穷的力量，学生就会感到自己的面前不是一片沙漠，而是一片绿洲，学习动力由此而生”。

4. 以身作则，言传身教

常言说“榜样的力量无穷”，教师以身作则是一种巨大的教育力量。孔子说：“其身正，不令而行；其身不正，虽令不从。”教师往往被学生看成是真理、正义的化身，教师的一言一行、一举一动都对学生产生深远的影响。学生模仿能力强，总渴望得到效法的榜样。教师最易成为学生模仿的对象，因而成为学生的模范。教师的形象对学生思想品德的形成有较强的榜样作用。所以，任何一位教师都应当时时、事事、处处成为学生的楷模；教师的言谈举止、穿衣打扮都要自觉地为学生做出表率。教师的政治观点、道德情操、工作态度乃至日常生活的一言一行，对学生所产生的影响是直接的、潜移默化的，也是深刻的，很难磨灭的。一个充满爱国主义激情的教师，其学生怎能不被他那洋溢的爱国激情所熏陶？一个乐观向上、敬业有为的教师，对学生怎能不产生巨大的榜样力量？教师严谨的治学风格和实事求是的教学态度、公正无私的人品，这本身就是一种巨大的教育力量。另外，学生对社会的看法、对是非的辨别，常常是从家长和教师身上获取得第一印象的，他们受到了思想道德教育之后，也往往首先是以家长和教师的言行来加以验证的。“为师之道，端品为先”。作为教师，言行举止均要“随时检点”和“从严要求”。对学生的教育工作绝非仅是“言传”即可的事情。从某种意义上说，“身教”更胜“言传”，是取得效果的前提和保障。因此，以身作则，要求教师时时、处处为人师表，时时、处处做出表率，以满腔的热情和高尚的人格魅力不断汲取新的养料到自己的教育活动中来，这样，教师才能够以其深刻的思想、渊博的学识和崇高的精神获得学生的敬佩，以身作则也才能成为一种巨大的教育力量。

5. 严格自律 善于慎独

社会主义的师德修养观要求不仅体现在对教师职业道德的一般要求上，还体现在教师与学生交往最密切的教学活动上，体现在教师自身人格的不断提升和追求上，这就要求教师在道德行为和品质上要为学生树立良好的榜样，对学生的行为产生积极的影响。教师劳动的自主性和独立性要求教师具备慎独修养，慎独，是指一个人在独处无人监督时，仍能谨慎，遵守道德原则。师德修养水准的高低，取决于教师内心信念和道德意志，取决于是否达到“慎独”的境界。因为教师工作的职业特点决定了教师单独活动的单独开展工作的机会较多，无论是备课、上课，还是辅导学生教师的工作都具有相对的独立性和劳动个性的特点，具有“隐蔽”的特点。其所费耗的精力和心血是难以计算的，伸缩性很大，常人是不易觉察的，这时，衡量教师的真正品德，是看他在知道没有人发觉的时候做些什么。只有在别人看不见、听不到的地方自觉履行师德规范，养成良好的师德行为习惯，这样，就无须制裁和强制的压力来推动师德行为。一个教师离开了“慎独”，就无所谓“良心”，也谈不上什么师德修养了。教师能否把师德规范内化为自身内心信念，化作行为品质并时时处处以此支配自己的行动，直接关系到学生德、知、体全面发展，为此，教师必须有崇高的自尊自爱，自强不息，严以律己的精神。

三、结束语

加强师德建设，是一项重大的建设工程，是一项需要每一个人民教师长期奋斗的艰巨任务。让我们每一位拥有“人民教师”称号的人，怀着对学生负责、对社会负责、对科学负责的态度，“立师德、正师风、强师能”，使自己无愧于“人民教师”的光荣称号，使自己能够担当起培养新世纪需要的合格人才的历史重任。

参考文献：

[1] 教育部关于建立健全高校师德建设长效机制的意见. 教师, 2014(10).

[2] 习近平: 做党和人民满意的好老师——同北京师范大学师生代表座谈时的讲话. 人民网－人民日报, 2014. 9. 9.

[3] 杨树林. 师德与教师教学水平的关系. 探索、创新、发展. 北京艺术与科学电子出版社, 2007. 6: 307-311.

[4] 师德—承载高水平特色大学建设的坚强基石. [OL/EB][2009-6-9]. http: // www. fjzzjy. gov. cn/newsInfo. aspx?pkId=55933.

[5] 张贝贝. 浅谈大学教师的职业道德建设[J]. 中小企业管理与科技旬刊, 2015(30) : 186.

甘守三尺讲台需要的境界与智慧

韩丽雯

（北京印刷学院　文化产业安全研究院　北京　102600）

摘要：三尺讲台虽小，却需要大境界和大智慧。教师的职业要求教师要有高远的人生境界，积极向上的生活境界，甘守平凡的工作境界。心甘情愿地坚守三尺讲台还需要拥有丰富的智慧，教师需要拥有有效教学的智慧、爱学生和处理师生关系的智慧。甘守三尺讲台，需要教师不断修炼和终身学习，提升自己的境界和智慧。

关键词：三尺讲台；境界；智慧

春去秋来，学生一届一届地轮换，而教师却始终坚守在三尺讲台上；寒冬酷暑，学生以三尺讲台为踏脚石走向广阔社会，成为各行各业的中坚力量，而教师依然坚守在三尺讲台上。当教师看到自己的学生成为国家的栋梁之材，看到学生做出了贡献，看到学生取得辉煌时，教师会由衷地感到欣慰，发自心底地高兴。这是一种怎样的心胸和境界！这是一种怎样的格局和层次！甘守三尺讲台是心甘情愿地坚守在三尺讲台上，三尺讲台虽然范围狭小，但却要坚守，而且是心甘情愿地，这足以说明能够做到的人需要怎样的境界和智慧。从选择师范学院起，如今已逾二十年，三尺讲台的选择从来没有动摇过，在坚守与坚持中我越来越清醒地意识到，甘守三尺讲台需要拥有的境界和智慧。

一、甘守三尺讲台需要拥有的境界

心甘情愿地坚守三尺讲台需要大格局、大境界。人的境界包括人生境界、生活境界和工作境界。人生境界是人对于世界、人生的认识和看法；生活境界是人对于生活的态度；工作境界是人对于工作的追求和态度。教师的职业要求教师要有高远的人生境界，积极向上的生活境界，甘守平凡、甘做无名英雄的工作境界。

1. 教师需要高远的人生境界

作为名教师，人生境界必须高远，人生的格局必须要大。教师对于世界和国家的认识要高远，可谓是脚踏三尺讲台，心系国家和世界。三尺讲台虽小，教师的心胸却要想着国家的未来和发展，想着世界的和平与繁荣，所谓“国家兴亡，匹夫有责”。教师的人生格局要大，既不拘泥于一时一事的得失荣辱，也不拘泥于当下的点滴损失，具有远大的人生追求，正如古人云：“贤希圣，士希贤。”在信息多元化的今天，教师和学生都会受到来自不同渠道的不同观点的侵扰，对于国家现象的批评，对于国家前途的诋毁等屡见不鲜，作为高校教师应该站在更高的层次引领学生的思想认识，从历史和现实的角度对学生进行说服教育，引导学生对国家前途充满希望，辩证地看待国家发展过程中出现的不完善的现象，把国家的利益看得高于一切，把学生的理想信念引导到为国家发展做贡献、维护国家利益上来。新时代的教师应该具有强烈的民族文化自觉，不仅要了解、欣赏乃至热爱中华民族优秀传统文化，而且要对西方言论中有关“去中国化”的现象保持高度警觉。广大教师要用自己的学识、阅历、经验点燃学生对真善美的向往，培养学生成为对中华文化、中国精神、中国价值有归属感乃至有信仰的年轻一代。

2. 教师需要积极的生活境界

教书育人的职能需要教师拥有积极的生活态度，并始终拥有饱满的正能量。教师的职业是培养人才，学生是正在成长中的还未成熟的年轻人，在他们的人生道路上和日常生活中，还存在成长中的烦恼和前进中的挫折，他们有一颗缺乏经验而纯真的心灵，在面临生活中的挫折和困难时，他们会迷茫、困惑，甚至对世界、对人生产生消极的厌倦。这时候，教师的一言一行都会给学生留下深刻的印象，教师积极向上的生活态度会点燃学生心中希望的明灯，教师充满正能量的只言片语会增强学生的自信心。还清楚地记得在某次期末演讲考试中，一位大二学生在演讲中提到：“老师在上课时说过生活永远充满希望，所有的困难和挫折都不可怕，都是对你们的锻炼，这句话对我印象深刻，曾经激励我克服了一个又一个困难。”当时作为教师的我非常感动，是否说过这句话我自己都不记得了，但是对学生的激励让我欣慰，同时也让我对教师的语言和生活境界充满了警觉，教书育人的教师在三尺讲台上需要满满的正能量激励学生，需要积极向上的语言感化学生，点燃学生心中希望的灯火。

3. 教师需要甘守平凡的工作境界

三尺讲台的范围和清静预示了教师的工作是平凡的，甚至在轰轰烈烈的经济大潮中，教师的职业是清贫的，与灯红酒绿的娱乐圈和官场相比，教师的工作是寂寞的。作为教师，选择了这一职业，就要拥有甘守平凡、甘做无名英雄的工作境界。教师的工作主要包括备课、上课和科学研究，备课过程中教师需要安静地读书和查找资料，是一个坐冷板凳的过程；上课是给学生传授知识和与学生思想交流、问题探讨的过程；科学研究是不断调查、思考和写作的过程。教师工作的每个环节都需要清静，都需要不断地学习和绞尽脑汁地思考。作为教师，甘守三尺讲台需要耐得住寂寞，需要在平凡中彰显伟大，需要在清贫中提升境界。教师甘守平凡的工作境界的养成，需要高尚理想信念和高远人生追求的支持，需要安贫乐道生活态度的孕育。正如古人所云“经师易求，人师难得”。

二、甘守三尺讲台需要的智慧

心甘情愿地坚守三尺讲台在拥有高远境界的同时，还需要拥有丰富的智慧。高校教师担负着为国家、为社会、为行业培养人才的重任，培养人才的过程是一个智慧地探索教育教学规律的过程，在这一过程中，教师需要拥有有效教学的智慧、爱学生和处理师生关系的智慧。

1. 甘守三尺讲台需要智慧地教学授课

教师教学授课是富有科学规律的过程，教师不仅需要具有扎实的专业知识，而且需要努力探求教育教学规律，坚持授课过程中做到知、情、意的统一，坚持全面发展与个性发展的统一，坚持知与行的统一。在知识更新周期大大缩短的当今时代，做一名合格的好老师，就要始终牢固树立终身学习的理念，正如习近平总书记所提出的“站在知识发展前沿，刻苦钻研、严谨笃学，不断充实、拓展、提高自己”。教师不仅要教授给学生最新的知识，用知识的清泉浇灌学生求知的心田，而且要教给学生学习的方法、科学研究的方法和观察社会现象的方法，正所谓“授人以鱼，不如授人以渔”，从而在各方面给学生以帮助和指导，把学生培养成为有知识、会学习、善运用的社会有用人才。多年的从教生涯让我认识到，培养学生对知识的运用能力和解决问题的能力是教学授课的重点。

2. 甘守三尺讲台需要智慧地爱学生

热爱自己的学生是教师的职业操守，爱学生是教育学生的前提，同时教师的职业责任需要教师智慧地爱学生。智慧地爱学生需要教师在爱学生和严格要求学生之间把握好度，严格地爱学生需要教师在用爱打开学生的知识之门，用爱滋润浇开学生美丽的心灵之花的同时，严格要求学生，使学生养成良好的生活学习习惯，养成认识问题、思考问题和解决问题的思维习惯，养成遵守规则、尊重他人、尊重自己的意识。教师智慧地爱学生需要在让每个学生都感受到教育的温暖，让每个学生都有人生出彩机会的同时，尊重学生的差异和不同，教师需要具有尊重学生、理解学生、宽容学生的品质。智慧地爱学生，需要教师艺术地处理好师生关系，师生关系不同于其他关系，教师需要具有一颗慧眼，一颗包容之心，善于发现每一个学生的长处和闪光点，平等地对待每一个学生，尊重学生的个性，理解学生的情感，包容学生的缺点和不足，让所有学生都健康成长为社会需要的有用之才。多年的从教生涯，让我养成了观察学生、善于读懂学生的心理素养，与学生谈心成为我最大的乐趣。每当看到紧锁眉头的学生通过交流心花怒放的时候，每当看到因胆怯不敢发言的学生能够走上讲台滔滔不绝的时候，每当看到学生克服自身弱点而激动不已的时候，我都会由衷地感到快乐。

三尺讲台虽小，却需要教师拥有宽阔的胸怀，正所谓“三尺讲台系国运，一生秉烛铸民魂”。甘守三尺讲台，需要教师不断修炼和终身学习，提升自己的境界和智慧，为培养高素质的人才，为国家的繁荣和社会的发展做出应有的贡献。

甘为人梯　无私奉献——甘守三尺讲台争做“四有”教师

杨大禹

（北京印刷学院　设计艺术学院　北京　102600）

摘要：作为中共党员教师，为学生的一切做到兢兢业业。既传道授业，也要教育自己和同学们不怕任何艰难险阻，坚持理想信念，实事求是，顾全大局。严守学校纪律，紧密团结在学校党委周围，依靠广大师生，为学校的“两个转变”做出自己应有的贡献。

关键词：兢兢业业；传道授业；信念理想

2014 年 9 月 9 日，在第 30 个教师节到来前 1 天，习近平总书记在北京师范大学同师生代表进行了亲切的会谈。会谈期间，习总书记对广大教师表达了节日的问候，对广大教师的辛勤工作致以真诚的谢意。习总书记指出，作为一名好老师，应当具备四大特质，即有理想信念、有道德情操、有扎实学识、有仁爱之心。习总书记对广大教师寄予厚望，希望大家“把全部精力和满腔真情献给教育事业，在教书育人的工作中不断创造新业绩”。

今年是红军三大主力胜利会师 80 周年。7 月 18 日，习近平总书记在宁夏回族自治区参观三军会师纪念馆时指出，我们要继承和弘扬伟大的“长征精神”。有了这样的精神，没有什么克服不了的困难。我们完全有信心、有决心、有恒心实现中华民族伟大复兴的中国梦。

长征精神，就是把全国人民和中华民族的根本利益看得高于一切，坚定革命的理想和信念，坚定正义事业必胜的精神。作为党员教师，我也要为学生的一切做到兢兢业业。传道授业的同时，也要教育自己和同学们不怕任何艰难险阻，坚持理想信念，实事求是，顾全大局。严守学校纪律，紧密团结在学校党委周围，依靠广大师生，为学校的“两个转变”做出自己应有的贡献。

一、为人师表、敬业爱生

在学习了习总书记的讲话后，作为一名教师的我感慨万千，从中受到了极大的教育和启发。我深刻意识到，自己身上还存在着许多不足之处，距离“四有”好老师的标准还相去甚远。习总书记的讲话恰如指路明灯，为我的教师生涯确立了明确的奋斗目标，使我能够朝着既定的目标努力拼搏、不断进取，避免出现迷茫无助、徘徊不前等不良情况。正所谓，当头棒喝使人警觉。首先，我意识到，好老师一定要有正确的理想信念。我们的首要任务是传道，我们教育学生的目的是要教育他们追求真、善、美。我们要大力倡导社会主义核心价值观，积极传播中华民族伟大复兴的中国梦和中国特色社会主义的共同理想。我们要胸怀祖国和民族，要积极引导学生热爱祖国、热爱人民、热爱中国共产党。

在北京印刷学院从教的21年里，我兢兢业业，以身垂范，努力做一名好老师、好导师。作为一名任课老师，在上课期间，我从未因为自身原因耽误学生的课程进度。在课内教学中，我秉承孔夫子“因材施教”的理念，结合专业教学内容及学生自身特点，力争为学生打造轻松愉悦、高效实用的课堂。

自1997年担任班主任工作开始，我已经连续担任20年的班主任工作。并且在2005年、2006年、2010年、2012年、2014年5次被评为北京印刷学院“优秀班主任”。

2012级数字绘画班在2015年获得“北京市先进班集体”“北京市优秀团支部”两项光荣称号；2016届学生秦嘉婧、孙奇梦两名同学获得“北京市优秀毕业生”光荣称号；张璇、郝芮获得“北京印刷学院优秀毕业生”光荣称号。

在学生的课外学习方面，作为美术系的系主任，我尽量为学生寻求课内的资源补充，在学生专业方面有困难时，我第一时间为学生解决。在学生科研方面，我指导学生参加研究各种纵向课题，深入研究所学领域。例如，我组织学生积极参加每年的大学生科研立项，有多个科研项目立项，如北京印刷学院大学生科研立项“敦煌藻井图案在数字绘画中的应用”“美式漫画风格研究”等；北京市大学生科研立项“‘我的野生动朋友’数字绘画及动态插图研究”“电子动态插图——贾平凹‘秦腔’的展示”等；国家级大学生科研立项“当前国内外插图教学、人才培养及行业未来发展趋势”等。参加学生占班级成员的82%以上。做到百分之百按时结题，提前完成既定科研目标。并且“图画书的绘画语言与整体设计”被北京市教委评为大学生科研创业优秀项目。

在学生升学方面，我积极为学生做考研及出国的专业辅导，为有专业需求的同学拓展专业内知识。在学生迷茫的时刻为他们做合理的人生规划指导。例如，2016 级毕业生徐昂和李冰玉两位同学，在他们准备出国作品集期间，我一直指导他们从多个方面不断完善丰富自己的作品，最终二人分别就读于洛杉矶艺术大学和法国南特美术学院。近两年的绘画学生升研率都达到了 20% 以上。

在学生就业方面，我结合绘画系自身的专业教学特点及学生的多样化就业需求，积极拓展行业内就业资源，联系行业内知名顶尖的公司为学生做就业招聘的宣讲介绍会，为学生就业做了充足的准备。2012 级数字绘画专业的同学，毕业后就业率（含出国、考研）达百分之百。

二、严谨治学、服务社会

在学生的日常学习中，我积极督促学生提升自身的专业能力，并组织学生参加各种学科竞赛及专业赛事。在第三届全国高校插图展中，2012 级数字绘画专业学生 22 人中有 20 人参加比赛，并有 15 人获奖。在第一届全国高校动态插图大赛中，选送的 3 组作品中，有 2 组获得动态插图比赛一等奖。在今年 9 月举办的“情画北京”漫画大赛中，我们辅导的绘画学生包揽了包括一等奖在内的 12 个奖项。同时，我关心学生的学习生活，从学生及专业建设角度出发，关心学生日常学习生活，不定期自费购置专业相关画材及教具，供学生学习及科研使用，提升学生专业素养及科研能力。对个别困难学生提供专业道具支持，帮助学生更好地学习。

主动参与社会实践，自觉承担社会义务，积极提供专业服务。组织联系并义务指导绘画专业学生。近 3 年为中国青年出版社、福建人民出版社、河北教育出版社、青岛出版集团等绘制了 2000 余幅插图作品，为学生带来近 30 万元的稿酬收入，极大地提升了绘画专业学生的社会实践能力，为学生今后的继续深造与创业、就业打下了坚实的基础。为了更好地宣传我校绘画专业，出版物的插图作者署名为“北京印刷学院 数字出版绘画艺术工作室”，提升了我校绘画专业的行业知名度。

校长罗学科在今年教师节讲话中回顾和总结了“十二五”以来、特别是

“十三五”开局之年，学校在教学科研、后勤基建等各项工作中取得的丰硕成果。他讲道：“这一年，开局良好，形势喜人，成绩的取得凝聚了大家的心血和汗水，北印人的工作业绩、工作能力、敢于担当和主动作为，必须点赞。”身为北京印刷学院的一名老师，我也一直在反思自己的教学工作。我意识到，好老师一定要有仁慈怜爱之心。没有爱的教育，宛如无水池塘，终将枯竭。爱是世界上最美丽的语言，爱是解决一切问题的万能钥匙。身为教师，我们一定要有一颗仁慈怜爱之心，一定要热爱岗位、热爱学生，热爱世间一切美好的事物。我们要尊重学生、理解学生、宽容学生，我们要通过欣赏来增强学生的信心，通过信任来树立学生的自尊。我们要用爱来感化学生、教育学生，使学生身心健康、茁壮成长。有爱就有力量，用真爱武装起来的老师们是战无不胜的！总而言之，我深刻意识到，作为一名教师，我们一定要具备崇高的理想和正确的信念，一定要以身作则、学高身正，一定要充满爱心、善待学生。“春蚕到死丝方尽，蜡炬成灰泪始干。”只有奉献自己，才能造福社会；只有牺牲自己，才能照亮他人。

从教十年

卢　越

（北京印刷学院　外语教学部　北京　102600）

摘要：结合自己十年教学生涯的实践，讨论作为一名大学教师，应该如何从增加知识储备、身体力行、培养学生正确的价值观，以及人文关怀这四个方面来不断锻炼和提高自身的修养学识，达到新时代的更高师德标准。

关键词：师德标准；教师的知识储备；教师的身体力行；对学生价值观的培养；对学生的人文关怀

前几天读作家三毛的一本新出版的文集，碰巧遇到这一段："……停电了，我变得很慌张，工作不能停，摸黑点起了蜡烛，就着烛光，一份又一份学生的作业仍然批改下去，改到警觉那支烛泪已经流到天明……李商隐的诗句，悄悄地爬了出来，在闷热的黑暗里软软满满地来，春——蚕——到——死——丝——方——尽……"作为她的同行，读到这熟悉的场景真是感觉无比亲切，而作家细腻感性的笔触又着实将教师的奉献精神刻画得令人动容。可是，做一名称职的教师，远不止熬夜批改作业那么简单，而做一名优秀的教师，更不是仅凭甘愿燃烧自己的精神就能够实现的。

十年前，我还是一枚刚入职的"青椒"（"青年教师"的戏称），硕士刚读完，意犹未尽，踌躇满志，以为"凭自己的专业水平，教教非英语专业的大学生，还不是小菜一碟儿"？结果一上讲台，我就发现，教师这一行对人的要求实在是太高了，不仅需要知识，还需要智慧、体力、耐力、爱心，以及对经验教训的不断积累总结。

这十年来，通过和学生的朝夕相处，教学实践中的摸爬滚打，我深感在如今的数码时代，高等教育对于教育者提出了更高更多的要求。那么，如何当一名称职的符合师德标准的高校教师呢？对我而言，必须以以下几个方面为指南，不断努力，不倦探索，孜孜以求。

首先，认真备课，增加自身的知识储备，把教学任务尽可能圆满地完成。教学是教师的核心工作，一名好的教师，首先是令学生佩服的教学水平高的教师。回想我的学生生涯，最难忘的两位恩师是中学的英语老师和读研的导师。前者是母校所在城市最有名的英语教师，是他帮我打造了一个坚实的英语学习的平台，让我受益多年。后者是文学博士，发表过长篇小说，站在讲台上更是口吐莲花，如行云流水，令每一名学生陶醉。他对我的指导，常常是一两句就切中要害，便需我回家读一个月书。这两位恩师共同的特点是勤奋，把教学当头等大事，兢兢业业备好每一堂课。对我来说，从新手到老教师的过程，就是一次次总结经验、一次次更新教学材料和教学手段的过程。从前那种一本教科书用二十年的时代早已过去，在我从教十年间，换过各种教科书，尝试过所有课型，经历过部门若干次各方面的教学改革，这些都需要我付出大量精力和时间。每一次新课都需要更新材料，比如，在最新的美国总统大选之际，听说课就不能再给学生播放奥巴马的演讲，而是要赶快准备希拉里和特朗普辩论的最新视频及字词的解说，这才能达到最佳的课堂效果。课文的内容有些陈旧了，就必须自己增加一些新的材料，比如，电信方面的最新动态、克隆技术的最新进展，否则学生就会失去对课本的兴趣。现代英语的语汇在不断发展，作为英语教师，也必须更新自己的知识结构，对英语中的新的流行语汇了如指掌，对于外国文化的最新现象非常熟悉，对于英音美音的区别洞若观火，这样才能为求知欲强的学生解决各式各样的问题。至于西方文化，文学、哲学，甚至美术，宗教方面的书，当然要读，而且多多益善，否则讲课只是照本宣科，顶多重复中学老师的教授语言的职能，等于是变相糊弄学生。记得十年前参加高师资格培训的时候，首师大一名教授曾经说过，备课其实并不是每天几小时的事，生活中，一名老师是随时都在备课的。通过这么多年的教学实践，我才真正明白了他话里的真正含义，所以，即使是在国外旅游途中，我也会有意识地拍一些照片，存一些资料，回来和学生们分享。确实，做一名老师，自身储备相对于输出来说，应该是一个庞大的资源库，不仅有知识技能的储备，而且有修养和见识方面的积累。

除了完成教学任务以外，做一名有师德的高校教师，必须要身体力行，给学生树立榜样。在授课时，除了教授专业知识，还要进行正确的道德观、价值观的引导，帮助学生建立批判性思维。称职的教师一定是能够言传身教的教师。不能想象一名教师自己散漫懒惰，天天迟到，不批改学生作业，教学应付，科研舞弊，却要求学生勤奋学习、保持出勤率、考试和写作业时诚实守信。教学第三年时我教过印包专业一个班，给我留下了深刻的印象。第二学期开学，学生评教结果出来时，作为一名新手老师，我非常在意学生的反馈，于是一条一条地读他们的主观评价，结果意想不到地发现好几个学生都写道，老师嗓子发炎，失声，却坚持上课，感动。我仔细回忆了一下，才想起那个学期我有一次咽炎发作，因为课时多，虽然吃药也不管用，再加上心里着急，几天下来，不仅没好，而且有天早晨起来，发现竟然完全失声。八点钟要上课，没有其他办法，只好坚持。在课堂上，一开始，只能用气声讲话，学生在下面央求道："老师，您别讲了，休息吧。"于是，便打着手势加板书，把这节课改成阅读课。想到这儿，我的眼眶湿润了。其实，我仅仅是履行了教师的基本职责而已，"轻伤不下火线"，准点出现在教室，犹如演员不可替代。再继续往下读，还有几条学生评价，是表扬我"早上去教室很早"。我不禁哑然失笑：这是一群多可爱、多知道感恩的孩子啊！虽然受之有愧，但也许从此他们便把我当成是一位敬业的教师。正是这些看来寻常的小事，竟然产生了始料未及的良性效应，不仅我们师生感情融洽，我的意见，学生都愿意接受，而且这个班非常团结，学习英语的气氛很浓。我们的英语班级是由各个专业班级的学生混编而成，能营造这样的氛围，着实不易。

作为大学英语教师，除了教授语言文化之外，不可避免地会和学生探讨其他领域的问题。我们的教材会涉及西方社会教育、文化、社会保障、宗教等一些问题，难免会使学生片面地仰慕西方发达国家的文化，这时候，我经常会建议他们从东西方不同的文化特征入手，客观冷静地分析问题。课上，我会给出几个事先准备的问题，让同学们分组讨论，帮助他们建立批判性思考的能力，引导他们树立正确的价值观。如果说，课上的讨论都是和教学内容相关的，那么，课下学生问的问题，可就完全超出了我的专业领域。比如，有学生在QQ上给我发私信，谈到有学习不如他的同学靠作弊拿了奖学金，而他分数真实可信却一无所获，于是有点激愤地断言：这个社会，老实人吃亏，有手段的人才能名利双收。我既不是班主任，也不是心理老师，不知如何作答才算专业，只能简单地给出我的看法：既然大家都觉得老实人吃亏，那么诚信必将成为一种稀缺资源，坚守诚信，或许有时吃点小亏，但给你带来的回报却是终生的。这位善于思考而又有点腼腆的男生虽然没有再找我面谈，但是当四级成绩揭晓，我看到他通过踏实努力拿到了全年级前几名的高分时，我明白他是用行动给我交了一份完美的答卷。

其次，谈教育，谈师德，离不开教育的对象——个性各异，来自不同家庭、不同地域的学生。因此，师德的基础是人文关怀，灵活管理，师生之间的良性互动，否则只是“对牛弹琴”或“纸上谈兵”。一名好的教师一定是爱学生，把学生利益放在首位的教师。而仅仅有好的想法，没有控制课堂，管理学生的能力是不行的。记得我入职第一年，部门分配我去高职教书，遇到了一个个性张扬、我行我素的班级，迟到旷课是家常便饭，上课时下面学生的聊天声竟然超过了老师的讲课声。有一次上课，我只听见一声手机响，一个女生便招呼也不打地冲出了教室。正在讲课的我突然被打断，气愤之极，本能地命令其他学生：“把门锁上，别让她进来了！”之后发生的事可想而知：我不仅没能教育好这名女生，连其他学生也对我疏远了不少。直到有一天，课代表悄悄告诉我，那个女生接到的电话是通知她姑姑出车祸的消息，从小是她姑姑照顾她，比妈妈还亲。这时候我才意识到，我对于学生的管理技能还是一片空白。这件事我至今印象深刻，在和朋友聊天时，谈到自己当年的幼稚，经常会拿它自嘲一番。对我来说，它是一个可贵的教训，让我经常提醒自己，控制好自己的情绪，关注学生行为背后的原因和心理动机，管理方式不能太直截了当。也因此，我能够把一些矛盾更巧妙地化解。比如，去年 10 月，我发现一名印包专业的大二学生突然连续旷课数周，替他请假的同学也不知道具体原因。有一天面谈时，他才告诉我，父亲得了脑癌，从外地赶到北京住院，马上要进行第二次手术，需要他陪在医院照顾。基于对这名学生的了解，他说的是实情，只是由于要强不愿意让同学知道他的困难。我安慰了他几句，然后简单地告诉他，能来上课要尽量来，平时作业必须完成，找同学借笔记补上漏掉的课，有问题或需要任何帮助，随时来找我。事实证明，我的处理是对的。他虽然要不时去医院照顾父亲，但平时作业一项也没有落下，也没有耽误期末考试。第二学期开学后，他有五周都没能来上学，我一直用 QQ 联系他，告诉他，需要帮助时一定要说，千万不能放弃学业。直到有一天，看到他出现在教室，远远地和我微笑，我心里的石头才落了地。第二学期的四级考试在即，题型又有很大变动，原以为成绩平平的他无望一次通过，没想到他竟然顺利过关，而且随后又自信满满地开始备考六级。如今，每当在校园里偶遇这位不善言谈而刻苦诚实的同学时，我都会想：好险！假如大二第一学期我没有找他了解情况，直接按照规章制度给他不及格，那么早已不堪家庭重负的他，肯定又多了一份沉重的压力，更加难以面对人生中艰难的考验。

从教十年，我深感教师的职业需要无私付出，本着求真求实的态度，“以有涯为无涯”。教师的职业更是寂寞的，需要无视世间繁华，几十年如一日地默默耕耘，怀着高度的热忱和责任心，甘守三尺讲台，以自己毕生的收集为火种，照亮无数年轻学子前行的路！

参考文献：

[1] 陈懋平·你是我不及的梦[M]. 北京: 北京出版集团公司, 2014.

学高为师，德高为范——一位艺术教育工作者的点滴感受

张　宏

（北京印刷学院　新媒体学院　北京　102600）

摘要：中国传统文化中，有关师德的内容既宽广又深厚。文中内容仅是汲取少许精华，作为自己努力的方向与目标。作为老师，教学相长是根本，感恩学生、感恩讲台，才愿意为了他们不断地学习、不断提高；才乐于严于律己，以身示范。

关键词：教学合一；严于律己；以身示范

西汉杨雄说："师者，人之模范也。"教师除了向学生传授知识，还通过自己的言行，潜移默化地影响学生如何做人、做事。这就要求教师不仅要有渊博的知识，还要具有人格力量。而这种人格力量以人格美学角度，在中国常常是"人品"的代名词，其核心内容就是要提倡"一种牺牲和奉献精神"，以高尚的思想品德、健康的行为准则积极影响学生。高校师德师风的基本要求可诠释为遵纪守法，品德高尚，爱岗敬业，教书育人，热爱学生，严谨治学，团结协作，为人师表，淡泊名利，志存高远。

师者为师亦为范，学高为师，德高为范。走上三尺讲台，教书育人；走下三尺讲台，为人师表。教师不仅是社会主义精神文明的建设者和传播者，更是莘莘学子们的道德基因的转接者。因此，师德，不是简单的说教，而是一种精神体现，一种深厚的知识内涵和文化品位的体现！师德需要培养，需要教育，更需要的是——每位教师的自我修养！

身为教师，我们不能把教书育人降低到只传授知识的层面上。我们有责任、有义务从现在做起，从自身做起，通过学习，不断地在思想上、政治上、文化上充实自己，努力提高自己的从教素质。以无私奉献的精神去感染学生，以渊博的

知识去培育学生，以科学的方法去引导学生，以真诚的爱心去温暖学生，以高尚的师德去影响学生，用健全的人格塑造一切学生的美好心灵，影响一代又一代的学生，真正成为一名优秀的人民教师。

（一）教学合一：唯有学而不厌的人，才能教出学而不厌的学生

老师的责任不在教，而在教学，教学生学。教学生学是什么意思呢？就是把教和学联系起来：一方面要老师肩负指导的责任，另一方面要学生肩负学习的责任。所以要想学生自得自动，必先有教学生学的老师。

大学老师不单单是为教书而教书的“教书匠”，而应是一个教育家，是人类灵魂的工程师。教学的办法必须根据学习的办法。如何学习？如何教？学得多，教得多。学得少，教得少；学得快，教得快。学得慢，教得慢。大学教育工作者，能和自己研究联系起来。一方面指导学生，另一方面研究学问。严格要求、完善自己，才能身体力行，为学生树立榜样。

（二）教学激发：用爱去引导学生的兴趣

高尔基曾说过：“谁不爱孩子，孩子就不爱他，只有爱孩子的人，才能教育孩子。”师爱是教师必须具备的美德，也是教师的天职。无限的师爱，可以开启每个学生的心灵。因此，在教育工作中，我把信任和期待的目光投向每个学生，倾听学生的意见和呼声，和学生产生思想和情感上的共鸣，让一切学生的心灵都感受到师爱的温暖。

“以情育人，热爱学生；以言导行，诲人不倦；以才育人，亲切关心；以身示范，尊重信任”。尊师爱生，是一种理性化的高尚情感，对待学生，管而不死，严而不厉，爱在其中。教育是爱的共鸣，是心和心的呼应。教师只有热爱学生，才能教育好学生，才能使教育发挥最大限度的作用。可以说，热爱学生是教师职业道德的根本。对学生冷漠，缺乏热情，绝不是一个有良好师德的好教师。教师爱学生体现在“严”和“慈”上。常言道：“严师出高徒。”又说：“严是爱，宽是害。”对学生不严格要求、严格训练，是难以培育出跨世纪的可靠接班人和合格的建设者。“自古雄才多磨难，从来纨绔少伟男”。所以，对学生不严不行。当然，严要得法，严要有度。慈，就是对学生要关心、爱护、宽容、尊重。充分鼓励学生的自尊和自信，关心学生的学习和成长进步，使学生全面发展。教师要与学生平等相处，尊重学生、信任学生、爱护学生、保护学生。教师对学生的爱，既是敬业精神的核心，又是教师高尚品德的自我表现；既是育人的目的，又是教师教书这个职业的具体表现。

（三）教学引导：如何做一个艺术领域的长跑冠军

艺术创作需要充沛的精力、放松的身体，在领域内想做出些成绩，必须巩固“健康堡垒”。要建立“健康保垒”，必须注意几点：饱食终日，无所用心，固然不对，但是过分的用功，过分的紧张劳苦工作，也于一个人身体的健康有妨害。妨害着脑力的贫弱，妨害着体力的匮乏，甚至于大病，不但耽误了学习和工作，而且减损于全生命的期限！所以，我在去年早已提出“预防疲劳的休息”问题，希望大家时时提高警觉，预防疲劳。学生天天能在兴致勃勃中去工作学习，健康必然在愉快中进步了。

德国有一位大学教授，对自己儿子的营养问题，说过这样一段话：“我为什么有这样好的身体，可以担任这样繁重的事情？就是我的父母把我从小时候的营养就调节配备得很好，所以身体健康得像钢筋水泥做的一样。”

不忘初心，甘守三尺讲台

佟　东

（北京印刷学院　文化产业安全研究院　北京　102600）

摘要：本文以叙事的手法，以时间为线索，通过不同时期发生在作者身上的故事，提炼出“师德”在作者成长过程中的不断认知。

关键词：师德；不忘初心；三尺讲台；成长故事

30年前，初上幼儿园的我，认识了汉字，便开始教不识字的奶奶写字，奶奶说我是小老师；20年前，我上了初中，在姥姥家给上小学的表弟辅导功课，姥姥说我是小老师；10年前，面对硕士毕业后的去向，我选择了读博，到高校做一名教师，实现我多年从事教育事业的愿望。30年过去了，时间虽匆匆流逝，但仍然不忘我做一名教师的初心，未来的30年，我也会甘守三尺讲台，培育栋梁之材。

从上小学到博士毕业，我接受了22年的学校教育，博士毕业后，从事教育事业，从未走出校门的我，不知不觉间发生了角色的转变，从一名学生成长为一名青年教师。在不同的人生阶段，对师德也有着不同的感悟。

上小学的时候，由于学校处于建设时期，需要将原有日本统治时期建的校舍拆除重建，全校师生需要到其他附近的小学借教室上课，而且是两个班共用一间教室，每个班用半天，那时候，很多家长没有时间看管自己的孩子，剩余的半天时间就由班主任自己想办法解决，我们班有八九个孩子被班主任带回了自己的家，肩负起家长的责任，一年半的时间就这样过去了。那时候，虽然我不懂得“师德”这个词的含义，但我想，那种“敢于承担，甘愿奉献”的对学生的爱也许就是“师德”。

上初中的时候，我们班是学校的重点班，排名总是在全年级22个班的前列，不是第一就是第二。那时候，与我们班形成竞争关系的另一个班班主任教我们班语文课，但由于她的私心，没有好好给我们班上课，并且经常缺课，致使我们班的语文成绩急剧下滑，甚至到了中考备考的关键时刻，这位老师也没能放下私心。那时候，虽然我还是不懂“师德”这个词的含义，但我想，那种“不计名利，不存私心”地传授知识也许就是“师德”。

上高中的时候，学业负担加重，面对高考，无论是老师还是学生，都倍感压力。那个时候的班主任是数学老师，经历过高考的人都知道，无论对于文科生还是理科生来说，数学成绩是真正能够拉开分数档次的关键。还记得，每到下午自习课的时候，班主任最常说的一句话是“把上次考试的试卷拿出来，我挑几道题给大家讲讲”，谁知“几道题”就变成了“每道题”，尽管开始的时候同学们都很不情愿，但高考过后，每一名同学都对班主任深怀感激，我们班的数学平均分全省第一。对于我个人来说，数学基础也是那个时候打下的，为我之后的发展夯实了基础。尽管高中时所学的数学知识之后很少用得到，但那种逻辑思维的培养对我帮助很大。那时候，虽然我仍然不懂“师德”这个词的含义，但我想，那种“奉献自我，甘守讲台”地传播知识也许就是“师德”。

上了大学，学习和生活发生了变化，集中式管理变成了开放式，没有父母在身边照顾生活，没有老师在身边谆谆教导，一切都由自己做主。大学的课程要更加多样化，面对的老师也类型多样。四年的大学时光，让我对“师德”这个词有了初步的了解，哪些老师上课认真负责，哪些老师敷衍了事，作为学生，看得非常透彻。尽管每一名老师只给学生上一两门课，尽管上课的时间很有限，但每个老师的辛勤付出都会得到学生的认可。那时候，我了解了“师德”这个词的含义，我想，那种“兢兢业业，恪尽己任”地上好每一门课也许就是“师德”。

读了硕士，有了人生中的第一位导师，11 年前，我结识了她，一位年过半百的教授，两年的硕士学习时光，导师对我的帮助无处不在。在生活上，对于全国各地会集到云南读书的莘莘学子有诸多不适应，我也是其中之一，如何克服地域差异带来的思乡之情，如何顺利地融入新的生活环境，她给了我很多帮助；在学习上，两年的学习时光虽短却成为我人生的转折，本以为按部就班、碌碌无为的一生，让我重燃了做一名教师的愿望，是她的身体力行诠释了一个老师的责任、一个老师对学生的爱。那时候，我明白了“师德”这个词的含义，我想，那种“学为人师，行为世范”的对学生的爱也许就是“师德”。

读了博士，不仅接受着老师的教导，而且自己也逐渐走入教师的队伍中，为导师代课，为硕士生指导，使我初尝做一名教师的感受。第一次备课的毫无头绪，第一次走上讲台的茫然无知，第一次开口讲课的不知所措，使我深知一堂课背后所花费的时间不仅仅是45分钟，而是老师精心地准备、费心地思索。那时候，我理解了“师德”这个词的含义，我想，那种“认真负责，一丝不苟”地对待每一次走上讲台的机会，也许就是“师德”。

求学的经历，使我对“师德”二字从不知到理解，经历了一个漫长的认识过程，不同的教育阶段使我对“师德”二字的认识不断加深。当我真正走入教师队伍中时，对“师德”二字又有了更近一步的认识。

5年前，我博士毕业，开始从事博士后科研工作，开始帮导师带硕士研究生，对学生的责任，除了传授知识，更重要的是以身示范，学业上的帮助固然重要，但行为上的示范则更显重要，如何使学生能够健康成长，确定正确的职业目标、人生轨迹，对一个学生成长的重要性远超过学习知识。3年前，我博士后出站，正式成为一名青年教师，使我知道爱学生才是一名老师职业生涯的精髓。这时候，我感受到“师德”这个词的魅力，我想，那种“学高为师，身正为范”的自律准则，是一个老师从业的根本原则。

从教5年，实现了从小的愿望，未来还有30年的教师生涯，热爱教学、热爱学生是对我执业的要求，尽管面对如今高校对教师考核的科研压力，但我始终坚信，认真备课、认真讲课是作为一名教师不变的追求。即便我五六十岁的时候，我仍然愿意拿起粉笔，甘守三尺讲台。

从师德公正性原则看“师道尊严”

张　佩

（北京印刷学院　新闻出版学院　北京　102600）

摘要：“师德”，简言之，就是教师的道德。“师德公正性”是师德原则之一，与公益性、主体性、人道主义并驾，且在四者中占据特殊重要的位置。以师德公正性原则来考察“师道尊严”，后者在全新语境下的变化更为清晰。构建新型的“师道尊严”，需要注意以下两个方面：首先，教师要能够有效地建立公正、平等、民主的师生关系。其次，贯彻师德公正，也需要学生、学校乃至全社会的理解与努力。

关键词：师德公正性原则；师道尊严；教育资源

举凡命题与道、道德、公正、尊严相接，则必“大”可至浩瀚泱漭，莫说整合，即如单个著立成书，亦足可堆砌幅员，以震慑心目，以熨帖渴求。加以限制，为“师德”，为“师德之公正”，为“师道尊严”之论，则一仍元命题之宏大广深，难免置喙疏偏，抑或漫灌无法收束。笔者常思此中腠理骨骼，感触良多，偶有发明，遂就此题展开，试为议论，以求教于方家。

悬谈

所谓“师德”，简言之，就是教师的道德。于课程性质具体而发，就是高校教师的职业道德，是在高等学校任教的老师应当遵守的职业道德规范。而师德的公正性，是其原则之一，与公益性、主体性、人道主义并驾。盖缘“教师公正是教育公正的核心”，故，师德之公正性在四者中占据特殊重要的位置，是师者践行教育公正中必须考虑清楚，且能以身作则的。

而“师道尊严”，语出《荀子·致士》，其言：“尊严而惮，可以为师。”强调师者理当具有尊严，己所严守，徒所尊奉，方可为师以授业，端居敛袂而雅正传道。《礼记·学记》云："师严然后道尊，道尊然后民知敬学。"师者严明，则大道尊显；道之风行雨润，则天下烝民知敬学仰德，方可渐次化成。足见，"师道尊严"起首于对师者地位的认可，对师者职业的尊敬，对师者严肃以传道方式的默许，对师者以己安道、以道化民责任的希冀。语简而意深，如青莲广目，如镜水盈天，清明澄澈几不容杂滓。

将"师德公正"与"师道尊严"合观，本应珠联璧合，无所悖逆，然近来似可商榷者欻起，当于"理论"与"践行"处，各自为谋，深入探索。

一

"师德公正"当划归"教育公正"范畴。所谓"教育公正"，即为"社会公正"在"教育"领域上的扩展与绵延——教育起点、过程、机会乃至事业整体与教师职业个体差别悉数在内——视角多元，自可俯仰流连，非蜷局瞻顾一隅。宏观划分，则有系统内外之别。

于外而观，是教育资源分配合理与否，旨在区分"应得""不应得"；于内而言，是行为的发生应然与否，旨在厘清"应该""不应该"。个中真谛，在于"公正"天平的倾侧权衡，意味着教育制度层面要公正，师生交往实践过程中，同样要公正。

师德之公正，主要在师生交往中体现，自然属于教育系统内部的公正，是教育公正的价值追求，在教师个体与教学实践层面的具体体现和客观要求。

现代教育理念倡导：教师践行师德之公正，就要树立正确的教育公正观，要在整个教育活动中贯穿公正的原则。此中包括树立现代教育思想，体现教育民主理念，破除传统"师尊生卑"的思想，把学习和发展的权利交给学生，努力建立公正、平等、民主的师生关系。

从字面上，自是不差；放诸实践，应当也无可厚非。但既然言及"破除"与"建立"，我们就不能不对除旧布新的对象，有个清醒的划分与认识；对传统与现代之间的转变，有个"每事问"的专业态度，从而疏瀹五藏，澡雪精神。

首先，传统的"师尊生卑"由何而生？

以清末为界，此前的都可归入"传统"。孔子言："志于道，据于德，依于仁，游于艺。"在这个全面发展的教育观念中，"志于道"居于逻辑之首，是教育的原点与出发点，因"志于道"而"弘道"，则是通过最正确的方式去完成最宏大的教学目标。

《论语·卫灵公》曰：“人能弘道，非道弘人。”便是确立了人在弘道中的主导地位，如朱熹所释，“人外无道，道外无人。然人心有觉，而道体无为；故人能大其道，道不能大其人也”。道唯有借助人，才能得以彰显，如风过树杪，声应孔穴，必有其寓托。人之优异特出，可使大道高扬；但道之栖居，却因人而异。因此，由什么样的人承道、传道，又如何培养后续载道之人，便成为首要。但无论怎样的资质，这个人首先是要“志于道”的，唯有志才能勤勉，唯勤勉才能于道有所觉。冉求感叹：“非不说子之道，力不足也。”夫子不以为然，直言：“力不足者，中道而废，今女画。”（《雍也》）认为并不存在什么心有余而力不足的情况，在求“道”之路上，唯尽力而矣。所谓，“有能一日用其力于仁矣乎？我未见力不足者。”（《里仁》）孔子如此重视“志于道”，甚至认为其在力、智之前，是为学充分必要之条件，绝不容轻慢懈怠。

链条的第二段为“据于德”，乃是立志求道之后的精神所依。朱熹释“据”为“执守”；德为“得”。意即“得其道于心而不失”，旨以道德来明心固道。《为政》言：“为政以德，譬如北辰，居其所而众星共之。”又：“道之以德，齐之以礼，有耻有格。”这是孔子在原先的基础上更进一步，去构建他的德治思想。而这里学生特指“帝王”，师者已是“帝王师”，以辅弼君王来参赞天下。

链条的第三段为“依于仁”，在志向确立、精神稳固的情况下，再明确处理问题的方式乃是仁道，要尽可能以此作为凭借，使道德得以发挥。对人，要“爱人”（《颜渊》）；对己，要“克己”（《颜渊》）；对事，要坚持真理，“当仁不让于师”（《卫灵公》）。孔子要以仁道精神来培养“士”“君子”“成人”“贤人”，都是“道德化”的人；要实现“天下为公”之大同世界，便是用道德化的人去实现一个大道直行、仁恩充溢的“道德世界”。

链条的末段是“游于艺”，在前三者皆得的情况下，才能展开具体的科目学习。孔子以“礼”“乐”“射”“御”“书”“数”作为教习弟子的主要课程，务必使他们研习精熟，付诸实践，能够以此形而下之为来拱卫此前形而上之道。或者说，这末段是下一阶段“志于道”的铺垫，与其衔接融洽，圆圆旋转。“志于道”则既是本初起点又是终极目标，整个教育源于对社会责任的担当，奔向对社会整体的推动与延长。个人自我成就绝不是教育的唯一目标。

在这个序列中，“道”贯穿始终，而孔子向来罕言天道，他所重视的是“人道”，即做人的最高标准。其终生以求，便是无限靠近这个成为“至人”的标准，他视之极重，所谓：“朝闻道，夕死可矣。”缘此，教育的目的并不是传授给学生多少知识，多少立地可为的具体技能，相反，学生要通过自己所学，最终“达道”——仍然是无限靠近那个最好的人——成圣、成贤、成君子。若不能，则其所游之艺会瞬间变得无意义，如蔡京之书法，阮大铖之传奇，皆因作者的道德垮塌而价值受损。在儒家期待视野以内，人们实在无法在知其为人的情况下，去啧啧称赏书法中“风骨”，去拂袖拭泪作品中的“爱恨情仇”，毕竟，作者本人的道德价值体系与道德判断力已然虚无。

故而，为了使自己的作为与作品真正具有价值，受教之人都会努力提升自己的道德修养，“重道”自然落在实处，不会止于高标虚妄。与“重道”相匹配，主流的儒家学派确定教育的功能在于“教人伦”“明人伦”，这就不能不对秩序进行统筹规划，使人各有其位。孟子说：“教以人伦：父子有亲，君臣有义，夫妇有别，长幼有序，朋友有信。”（《滕文公上》）人伦的本质就是有等差的爱，孟子于此处，虽未明言“师徒”，但师徒在人伦中，明人伦，焉有不敬“教以人伦”者？故于别处，孟子引《尚书·泰誓》之语：“书曰：天佑下民，作之君，作之师”（《孟子·梁惠王下》），甚至将“师”与“君”并立。尽管这里设置的教习对象是宽泛意义上的百姓，但“下”与“上”等差划分和位置差异却异常清晰。后来韩愈言“古之学者必有师”，则所教之人已大致确立为有意求学问之人。与细分过的人群对应，韩愈提出师者的责任在于“传道、授业、解惑”，以传道作为整体教学目标，以授业作为中观职业内涵，以解惑作为基础教学手段。

通观而论，在以“道”为尚的传统中，“师”本身就是道的承载，学生求“道”，就得求“师”，此诚如《蒙卦》所言，“匪我求童蒙，童蒙求我”。重道与尊师无论怎样，都会共时发生；对师者的轻视无异于对所学的轻视，属于自我否定。故，古人重师承、重门派，重视以维护师者尊严的方式来维护所学的价值，“师尊生卑”在传统的逻辑与语境中自然形成，而师道尊严也成为传统教师道德理论的主流。

其次，“师尊生卑”与“师道尊严”在“新”的形势下发生了何种转变？

论及转变，则必须选择一个足以与“传统”相对的“新”的考察范畴与对象，笔者在这里特别说明要以“近代”来表述。陈青之在《中国教育史》中说道：“中国之有新教育，始于前清同治元年的京师同文馆，自同治元年到现在历时六十年，虽教育的制度、宗旨与方法屡经变更，总不切合于中国社会需要。教育方针总不脱离昔日的人才主义；平日所注意的在城市里面，所陶冶的全是文雅生活，所以新教育创办了六十多年，仍无补于中国之贫弱。”

这就道出了教育由“传统”向“近代”转型过程中的困惑与艰难——想在本土中植入新物，却有橘在淮北之窘迫——抄来的答案与老状元策论之间的沟壑，是非短期内能补填到位的。于是，在20世纪初，陈氏对未来教育的展望便是:“把教育当作发展产业的工具，使全民皆能受相当的教育，使受教育的人们皆能从事生产事业，则中国民族才有复兴的希望。”而这也不是他的个人创新，如其所言“是全国上下一致的呼声”“总算国人对于教育的认识之一进步”。

与传统儒家教育观比较，这是另一种意义上的“整体化教育”“全面发展观”，教育性质与目的已大为转变。教育的“工具”性突出，目的也不再是对超稳定社会结构进行伦理位次上的精神调节，其旨在改造、变革与促进社会整体的发展。这样一来，师者从圣坛上下来，成为操作“工具”的人，也要加入生产队伍。旧式的教育链条逆转，由“游于艺”开始领衔，我们会发现，在这种情况下，师者是无法要求学生必须“志于道”的。教师上第一堂课，都会向学生强调本门课程的重要性，这种重要性比较识趣地集中在“艺”与“工具”方面，甚少言明可以对学生的人格构建发挥多么巨大的作用。

在新的教育体系中，“志于道”也被专业化了，按照两种路线向前演进：第一，有专门的政治、思想品德类课程，“道”亦有“艺”；第二，已默认品德建设会在工具的运转中连带完成，“艺”可成“道”。那么，是否“据于德”“依于仁”，自然也不会是通向“游于艺”的必经环节，或者唯一路径。传统的链条断裂，师者从链条中析出，你应该专业技能过硬，首先是“艺”的化身，有学科素养，有教学技能，有对教育各部类的清醒认识。从学生的角度，这个“艺”的化身是谁并不固定，并不特殊，并不唯一，具有可替代性。在求学的过程中，他们不需要通过努力维护师者的尊严来维护所学的尊严，毕竟“师”与“道”已经不是互为表里的绝对关系。而“师”与“生”，在传习切磋学科技艺中构建关系，上下尊卑这种秩序等差被毵毵淡化，学生是较为容易适应的一方。于是，在新式教育格局中，不断呼吁“师道尊严”的往往是教师自己——有些说得含蓄温婉，有些诉得悲愤交加。是彻底去除那些残存的师道记忆，还是公正民主到忘怀为师的尊严，还真是个问题。

二

既然现代师德公正原则要求教师去破除的“传统‘师尊生卑’”，已由新式教育体制解构消化大半。那么，剩下的部分，又当如何去面对与处理？又如何在全新的语境下构建新型的“师道尊严”？

首先，教师要能够有效地建立公正、平等、民主的师生关系。

就“公正”而言，古今中外思想家，无论对其如何界定，其中都有“对等”“平等”“互利”的成分存在。一旦强调“公正”，便是率先注意到了天平的两端在实际中是“不对等”的，这种失衡的存在是“公正”一直被人们追求的深刻原因之一。“公正”总是有个“某对某”的逻辑结构，前者居高而后者处低；“教育公正”则同理有个“教师对学生”的逻辑结构，教师处于主导地位。在现代教育理念中，实践公平的做法之一，便是要提升学生在教育体系中的地位，把学习和发展的权利交给学生。

从“应然”角度来看，焕发学生主体意识，从而充分调动其潜力，当然没错。但“实然”中的确存在某些误解，比如为了“提升”学生，来特意“降低”老师。从理论上讲，“提升”并不需要以“降低”对方作为代价，至少我们应该让教师站在原位，而非俯身屈就、无所适从。毕竟，师生之间始终存在着一种“不对等”，即在某阶段以内，知识与能力的储备方面存在落差。这是无论“志于道”还是“志于艺”，都会存在的，不会随着时代的转变发生逆转，否则，师生关系没有确立的前提与必要。

厘清了“公正”两端的“实然”，教师才能真正在自我价值有保障的情况下，去处理与学生之间更深层次的关系。尽管绝对的“对等互利”与“礼尚往来”执行起来困难，难免要诉诸利益上的考虑与计较，涉及贡献与索取、给予与回报，但“公正”内涵中最宝贵的是，它同时也强调精神动机的纯正与评价行为的适度，认为强大的精神信念、健全的人格操守以及端正无邪的情感态度，也是构成公正的重要因素。简言之，道德的调节力量依然不容小觑。教师即使不是道德的化身，也“应当是道德卓异的人物”（捷克教育学家夸美纽斯语），“应当在自己身上体现人类的理想”（俄国教育家卢那察尔斯基语），唯有如此，才能像严父慈母般发自内心去爱护学生，以便让学生“在没有殴打、没有号泣、没有暴力、没有厌恶的气氛中，喝下科学的养料”（夸美纽斯语）——以最自然的方式实现公正，从而有效地构建新型师生关系。

其次，贯彻师德公正，也需要学生、学校乃至全社会的理解与努力。

陶行知先生倡导："教师的职务，是'千教万教，教人求真'。学生的职务是'千学万学，学做真人'。"教师应当有高尚的道德品质，构筑"人格长城"，学生也要有为此"添砖加瓦"的诚心与基本的善良。

在贯彻师德公正原则时，教师要坚持对学生一视同仁、平等以待。但"同施仁爱"与"不假区分"却是两重概念，前者强调无论形式还是内容都要体现出公正平等，后者则仅能达到形式上的趋同。对于学生群体的公平，还包括对个体出现偏差时予以批评矫正，予以必要的惩戒，但学生是否能真正理解这种"区别对待"，还未可知。

此外，贯彻师德公正原则，教师还要做到因材施教，坚持个性化的教育教学原则。"因材施教"这一原则滥觞于孔子，他未直言，是朱熹总结出的，所谓："孔子教人，各因其材。"意思是说，要按照受教育者的个别差异进行教育，包括对其智力、能力、性格、志向以及学习态度、才能所长等有较为全面与准确的判断，教学工作也是建立在"个别差异"之上。如夫子所言："中人以上，可以语上也；中人以下，不可以语上也。"（《论语·雍也》）也因此，孔子会采取抑制子路，却鼓励冉有的方案，使他们当退则退、当进则进，从而各有所成。这一原则影响至今，但在具体教学过程中，笔者感到学生大多不认为自己"不可以语上"，处于"中人以下"，所以教师若告知或暗中践行"你不适合做某事""你不是某方面的材料"时，往往会收到反效果，甚至遭遇学生的强烈反弹。故而"因材施教"在具体执行层面，与"一视同仁"一样，需要得到学生的配合与理解。

至于学校与社会，在高调称颂"太阳底下最伟大的职业"时，在反复强调"无私的奉献精神时"，是否也愿意直面这个职业目前的处境，愿意真正去延续"尊师重道"的优良传统呢？有些问题，并不是教师个体靠一己之力就能够解决与完成的，毕竟教师的道德是伴随着人类教育职业活动的发展而形成和发展起来的，还在"太阳底下"，需要学生、学校乃至全社会的理解与努力。

参考文献：

[1] 史学界对于近代、现代、近现代的划分方式尚存有争议，不少学者认为这种按照政治制度来划分的方式并不太科学。

[2] 陈青之. 中国教育史[M]. 北京：东方出版社，2012.

教师修身，以德为先

吴魏霞

（北京印刷学院　基础部　北京 102600）

摘要：加强教师队伍建设最重要的是加强师德建设。从民族、国家和学校三方面阐述了加强师德建设的重要性和必要性，每位教师都要十分重视。

关键词：教育；教师；师德建设

教育是民族振兴、社会进步的基石，教师是基石的奠基者，是太阳底下最崇高的职业。习近平总书记曾提出：“百年大计，教育为本 。教育大计，教师为本。”而加强教师队伍建设最重要的是加强师德建设。“教师修身，以德为先”。

一、加强师德建设是中华民族文化传统的要求

对于“教育”的古语解释为“上所施，下所效也”，为“教”；“养子使作善也”，叫“育”。教育就是要通过“身教”来完成知识和“善”（即道德）的传达，这里强调从事教育工作的人要有职业原则，要有“德”。

孔子是一位最杰出的教育家，被尊为“万古师表”。他从未广贴广告，却门庭若市，弟子众多，大多是慕名而来，原因何在？他道出其中的缘由，“其身正，不令而行；其身不正，虽令不从”。孔子十分重视师德的重要性。“不能正其身，如正人何”？（《论语・子路》）如果教师不能言行一致，以身作则，又怎么能去教育和影响学生呢？

中华民族从古以来就宣扬尊师重教，并把之视为社会文明进步的重要基础。教师既要做授业解惑的经师，更要做传道的人师，教师自身的道德操守、行为举止历来受到严格的条规约束。正如《礼记・学记》中所言“凡学之道，严师为难，师严，然后道尊；道尊，然后民知敬学”。此之谓“师道尊严”。社会之所以能

形成尊师重教之风，首先是因为教师修身养德、德高身正、严于律己、致知力行，正所谓“有为才能有位”，这样必能赢得社会的尊重，做好教育，形成良性循环。这样一个简单的道理，仍然值得今天广大的教育工作者细细品味、认真思考。

二、加强师德建设，是新时期党和国家对教育工作提出的新要求

新中国成立67年来，党和国家高度重视教育事业，投入了巨大的人力、物力和财力，建成了世界上最大规模的教育体系，保障亿万人民群众受教育的权利，显著提高了全民族的文化素质，有力支持了社会经济发展。

当今世界，科技进步日新月异、一日千里，国际竞争日趋激烈，而竞争的核心就是人才的竞争。“21世纪什么最重要？人才”一句流传广泛的经典电影对白揭示了全国上下对人才重要性所达成的共识。人才越来越成为左右经济社会发展的重要战略资源和推动力，而人才的培养要靠教育，所以教育的基础性、先导性、全局性地位和作用将日益凸显。党的十八大提出的“两个一百年”奋斗目标的实现，中华民族伟大复兴中国梦的实现，归根到底要靠人才、靠教育。而教育则要靠广大教师队伍辛苦地付出。“春蚕到死丝方尽，蜡炬成灰泪始干”。

习近平总书记在2014年教师节北师大座谈会上强调：“教师重要，就在于教师的工作是塑造灵魂、塑造生命、塑造人的工作……国家繁荣、民族振兴、教育发展，需要我们大力培养，造就一支师德高尚、业务精湛、结构合理、充满活力的高素质专业化教师队伍。”这里他把“师德高尚”放在了最重要的地位。之后在谈话中习总书记对教师队伍提出“四有”要求，即有理想信念、有道德情操、有扎实学识、有仁爱之心。四个要求中我认为其中三个都与师德建设有关，这彰显了习总书记对师德建设的高度重视。“教师修身，以德为先”。只有有理想、有道德、有爱心的老师才能培养出合格的实现伟大中国梦的建设者。“师者，人之模范也”。教师的职业特性决定了教师必须是道德高尚的人群。我们的一言一行都在不知不觉、潜移默化中影响每一位学生。“近朱者赤，近墨者黑”。好老师应当取法乎上，见贤思齐，不断提高个人道德修养，提升人格品质，并把正确的道德观传授给学生，自觉做弘扬社会主义核心价值观的传播者和践行者。

三、加强师德建设，也是保障我校可持续性发展的需要

师德建设绝不仅仅是每一位教师自身的事情，而应当作为我校大力提高教学质量的重要工作来抓。

作为教书育人的高校之一，北京印刷学院肩负着为社会培养优秀传媒类人才的社会责任。这里的优秀并不仅仅指学业优秀，还包括具有高尚道德品质、具有爱国心和较高的文明素质。每一位学生从学校步入社会后，首先应成为一名遵纪守法和具备基本文明素质的中国公民。而一位学业优秀但道德卑下的大学毕业生，对于社会来说无益反而有害，是一个危险品，而培养出此等“危险品”的学校是不称职的。学生道德水平的培养，在很大程度上依靠学校良好的道德氛围，这需要每一位老师的积极参与和言传身教。一支师德高尚、业务精湛的教师队伍是保障我校可持续性发展的基础。“教师修身，以德为先”。加强师德建设，需要全校上下各级领导、组织和全体教师的共同努力。

今年是长征胜利 80 周年，习近平总书记特别指出“长征永远在路上”。对于我们每一位北京印刷学院的教师来说，要继承和发扬“长征精神”，恪职尽责，重视和加强师德培养，保持正确的方向，在有中国特色社会主义的教育事业这条长征路上，坚定信念、勇于担当，不屈不挠，矢志奋斗，贡献我们的青春和才智。

致思想政治教育的 Teacher

刘元华

（北京印刷学院　社科部　北京　102600）

人类灵魂的工程师！太阳底下最神圣的职业！

这是什么？

师也！——

学以致用，术业专攻，牢固根基，社会主义现代化建设者灵魂的根基何为必备？

社会主义道路的坚定，民族伟大复兴的刚毅！

头脑中不可少的是什么？

有中国特色社会主义思想政治理论！

这样一群 Teacher，

每日坚毅的讲台，每年穿梭的学子，

浅曳的微笑，满身的粉尘，劳顿的身型。

无论外界如何喧嚣，无论酒会如何奢华，无论股市大盘如何曲折，我依然笃定扎实强悍的理论。

无论西哲、东哲抑或马哲，无论三观、思修抑或法治，

永远坚定着价值的春天，永远追求着收获的秋天！

或许有过内心的淡泊，或许有过灵魂的碰撞，

富强、民主、文明、和谐，在激励着我们！

自由、平等、公正、法治，在呼唤着我们！

爱国、敬业、诚信、友善，在涤荡着我们！

凡是人，皆须爱，天同覆，地同载，

爱是无形的力量，爱是师德的核心，爱是教育的灵魂。

是爱，让我们追求人格的唯美，

是爱，让我们坚守理论的阵地，
是爱，让我们捍卫无比华丽的精神家园！
多少次暮鼓晨钟，多少个不眠之夜，
学子们与我们激烈辩论，学习交流，
授人以鱼不如授人以渔，
把学生学习的主动权交付给学子们，
拨动学子心灵的琴弦，
让那些枯燥乏味的知识变得生动有趣，
引导学生理性地去触摸、去品味、去探究，
用自己笃定的信念和最具审美价值的艺术去建构人生历程，
为我们祖国繁荣昌盛添砖加瓦！
激发民族的文化智慧支撑我们民族的脊梁！

英语学习行为分析与矫正的情感融入

陈义家

（北京印刷学院　英语教学部　北京　102600）

摘要：本文从心理学的角度观察大学生的英语学习行为并对其进行分析，探讨大学英语学习中的知识管理策略与方法，根据管理策略的教学理念，帮助学生在英语学习中不断克服不良行为，修正低效的学习策略，培养正确的学习方法，提升英语学习的效度，从而体验教学带来的快乐。

关键词： 英语教学；学习策略；行为矫正

一、国内外关于学习行为与策略的相关论述

以巴甫洛夫为代表的早期行为主义认为，合适行为来自于 S-R（刺激 - 反应）的链接，教育的作用在于向学生提供适宜的材料（刺激）和奖励（强化），帮助学生形成适当的行为。卢梭在《爱弥儿》中提到：形成一种独特的方法比获得知识更为重要。应用行为主义把改变学生的学习行为称为行为矫正。理论上，应用行为分析需要清晰地描述所要改变的行为，细致地测量行为，分析不当行为的前因后果，然后按照行为矫正原理进行行为干预。

继巴甫洛夫刺激 - 反应的原理之后，Thorndike 提出了试误学习理论。这个理论给教师的启发是：给予学生尽可能多的尝试机会和鼓励；为学生提供及时的反馈，巩固正确的行为；激发学生的学习动机。

B. F. Skinner 继承了行为主义的传统，提出操作条件作用理论。Skinner 通过他的塑造学习行为、影响学习态度、动机和情绪的强化理论，提出了教学要及时反馈并循序渐进，对于良好的行为应予以肯定，对于不良行为要给予负强化，削弱其消极性。

同时，Albert Bandura 提出，人的学习活动是通过观察他人在特定模式中的

行为和强化过程来完成的。离开了对他人行为的观察，行为的习得或形成将会十分缓慢，观察在学习中占十分重要的地位。观察学习的理论强调了榜样在形成学生良好行为习惯上的重要作用。

之后，美国心理学家、教育家 J. S. Bruner 提出了发现学习的认知学习理论。他认为，学习者不是被动、消极的知识接受者，而是主动、积极的探究者。发现学习注重直觉思维的作用，鼓励学生在学习中大胆猜测。

当学生把教学内容与自己的认识联系在一起时，意义学习便产生了。这是美国心理学家 David P. Ausubel 在前人研究的基础上提出的理论。他的理论与 Bruner 的发现学习并不矛盾，二者都认为学习是对新知识消化和内化从而获得认知结构量与质的提升。

新行为主义的代表、美国心理学家 E. C. Tolman 把认知主义的观点引入行为主义的学习联结论，改变了学习联结理论把学习看成是盲目、机械的错误观点；它重视认知过程的研究，强调学习的认知性和目的性，是对学习理论研究的贡献。Tolman 认为，学习的实质是面对学习情境的刺激，产生某种需要，为了满足心理需要，而不断克服困难，继续学习。它为教师提供了如何优化学生学习行为的建议：教师要能够设置适度性问题，要让学生有“跳一跳”能摘到“苹果”的感觉，从而激发学生主动学习的愿望。Tolman 认为，个体行为有目的性、认知性，个体对目标的期待是行为的内在因素，刺激是通过学习者内部状态引起的行为反应，学习者的内部状态是个体行为产生的最直接原因。他认为，学习就是期待的获得，期待具有刺激功能，对学习起着维持和加强的作用。对自己的学习有着高期待的学生，体验到的成就感和价值感就高；反之，对自己的学习低，期待者就会对未实现的期待感到焦虑和受挫。Tolman 对学习和行为动机的理论是对巴甫洛夫 S-R 心理学家所持的驱力论或强化论的一种突破。

在我国，黄小华首先开始英语学习策略与行为方面的研究，之后，以文秋芳教授为代表的英语学习策略研究，对目前英语教学产生了最具影响力的效果。在吸收国外研究成果的基础上，文秋芳提出了适合我国学生特点的英语学习策略结构。但我国的英语学习行为与策略研究尚有待完善，专家对于英语学习策略的说法和界定还各执己见。但是，国内外众多研究都可以表明，学习效率与学习行为有密切关系。学习行为的形成过程比较复杂，有些行为的形成会受到特定文化环境和个人学习经历的影响，甚至还会受到别人的影响。因此，研究学生英语学习的行为，并帮助他们找到适合自己的学习策略是英语教师义不容辞的责任和义务。

二、大学生英语学习行为分析

目前，学生对待英语学习的态度可以分成三类：一类少数学生能够认真学习；二类相当数量的学生学习意志不坚定；三类一定数量的学生课上混时间，做与课堂内容无关的事。很多学生不重视学习过程，处于被动状态。缺乏足够的内在动机，上课心不在焉，不能积极主动地参与课堂教学，不思考，不提问，对教师布置的学习任务敷衍了事。他们把考试及格作为唯一目的。阅读、写作、语法、词汇和语感方面都存在较多问题。英国语言教学专家 Wilkins（1972）指出：没有语法，很多东西无法表达；没有词汇，什么也表达不了。以 Lewis （1993）为代表的学者甚至认为词汇应成为语言教学的中心。词汇对于外语学习十分重要，而相当一部分学生不讲究词汇记忆规律，生词成为他们英语的巨大障碍。很多同学考前“开夜车”，而知识的掌握来自平时的深厚积累，“临时抱佛脚”是不会带来好的学习效益的。这样的临时压力对学习有百害而无一利。

总之，学生的负面被动学习行为可以归纳为以下几点：动机肤浅，没有计划，忽视基础，缺乏毅力，没有自信，不善记忆，不记笔记，很少预习，不重过程，临阵磨枪。

三、行为矫正策略

个人认为，要纠正学生的不良学习行为，就要从研究教师的教学行为入手。现代教学理论认为，教学过程是师生交往、积极互动、共同发展的过程。教学应该根据不同学生的智力特点实施能够促进学生全面发展的教学手段、方法和策略，以便为每个学生创造最大的发展机会。目前，大学英语教学还不能摆脱“满堂灌”的传统教法。教师还是比较习惯于连续不断地讲解教学内容，希望把知识尽可能详尽完善地交给学生，生怕遗漏什么。殊不知，教师讲得越完善，学生可能忘得越快。就学生而言，一个知识点学完了，就意味着一个任务的完结，随之松弛的心理张力系统会促使其将能量投入到其他任务中去。俄国心理学家 Bluma Zeigarnik 1924 年提出了著名的 Zeigarnik effect（蔡加尼克效应）：任务在中途或快要接近结束时被打断，比任务开始后不久被打断的回忆程度高。蔡氏效应为打破传统的填鸭式教育提供了理论依据。教师应利用这种微妙的心理机制，给学生的学习、思考留下空间，从而使学生保持对教学内容的张力状态，加深学习印象。有西方人曾经这样解读中国古代的教育理念“Tell me，and I'll forget；show me，and I'll remember；involve me，and I'll learn.”（讲述于我，我会忘记；展示于我，我会记住；让我参与，我会学习。）这是对“满堂灌”教学方式的有利抨击，也揭示了教育的真谛。其实，我们完全可以改变教师“一言堂”的传统教学方法，只要让学生重复你所讲的知识点，复述课文内容，回忆已知知识，总结授课要点，即兴记忆，上台互动……这是教学信任感的体现。以下是个人在矫正学生英语学习行为方面的十项实践探索：

第一，注意最初的引导：根据美国心理学家 A. S. Lochins 的“首因效应”，即“第一印象”实验，人们对于事务的看法总喜欢停留在最初阶段。英语学习有“先入为主”的特点。在新生入学时就把你的教学理念和学习方法告诉学生。让他们了解你的教学思路，慢慢养成习惯并自觉按照去做。学生往往对自己的英语学习有一种固定概念，认为自己反正也学不好英语，单词也记不住，这种态度实质上导致他们进入大学以后英语学习止步不前，最终难以完成学习任务。因此，教师要在第一时间帮助学生克服这种心理定式，让他们重新思考英语学习，准备克服困难，完成学习任务。

第二，培养学习动机：心理学家把学习动机分为内部（学习者自身的兴趣、需要）和外部（鼓励与奖励）动机两种。他们认为，认知内驱力即内部动机是最稳定、最重要的动机。教育的任务之一就是让学生对知识本身感兴趣。Bruner 的学习动机实验证明，学习动机不是越强越好。过高的外部动机会削弱内部动机的作用；而过高的学习动机即内驱力也不利于学习成绩的提高。按照 Bruner 的观点，中等程度的动机唤起水平对学习产生的效果最佳。而较为简单的任务能唤起良好动机，随着任务难度加大，最佳动机水平也逐渐下降。如果学生的学习动机过多来自外部激励，就会导致学生只重视外部动机（奖励），而忽视学习的内部动机。因此，调动学生的学习动机要控制好动机的唤起水平，尤其是外部动机的激活程度，要重视学生内部动机的激发，加上外部动机的配合，使学生保持中等程度的动机水平，以获得持续、最佳的学习效果。

第三，鼓励学生提出质疑：旨在启发智力，激励兴趣。She is better than anyone in her class. 这句话在语法规则里是病句。基础不错的学生都会得出以上结论。其实，问题在于你如何看待这个句子：于一个班，本句话是病句；于两个班，本句话正确无误。这个教学案例带来的启示是：规则不可以死记硬背，语言脱离了一定的语境（discourse）就很难辨认其实际含义，任何人便可以对其断章取义。所以，语法规则不能死记硬背，为了鼓励学生质疑，教师要多设计课堂提问，激发学生不可估量的智慧和能动性。

第四，观察学生的学习行为： 鼓励有学习行为问题的学生参与分组活动，这样他们就可以受到其他同学无形的影响。心理学的“从众现象”认为，当人们面临群体压力时，普遍存在从众心理。这样，通过同伴潜移默化的影响，一些不良的学习行为会随之削弱、淡化。在参与和展示自我的分组活动中，学生分为若干小组对已知问题展开讨论，每组再派代表汇报讨论结果。在学生充分发表意见后，教师进行总结。教师可将课堂表现这个形成性评估与期末考试终结性评估相结合。

第五，精简练习内容：为了避免学生忽视学习过程只重视学习结果的不良行为，教师必须精简课堂练习。英语教学各种形式的练习非常繁多，如果教师不对学生手中的练习材料进行设计，大量泛泛的练习会令学生不知所措，甚至丧失兴趣和信心。为了确保语言知识的运用，让理论与实践相结合，教师一定要用心对待操练环节。

第六，平衡教育中的期望、表扬与批评：期待是一种教育策略，是一种无形的精神鼓舞。教师通过把自己的行为或语言传递给学生，尤其是成绩较差的学生，让他们受到教师“你能行”的积极鼓励。这样，学生就会有自信感，自身潜力会得到不断挖掘，学习自觉性也会得到加强。此外，作为教师反馈重要方式的表扬与批评在教育中同样尤为重要。美国心理学家Hurlock在1925年进行了此类实验。实验结果表明，受到表扬和受到批评的学生在学生中都会取得相应的进步，不理不睬的学生较上述学生的进步都慢或没有任何进步。这说明，放弃比批评更可怕。教师应多表扬、少批评，以满足学生的心理要求，激发学生的各种潜质。美国心理学家詹姆斯发现，一个没有受过激励的人仅能发挥其潜能的20%～30%；而当受到激励后，其能力是激励前的3～4倍。教师要利用好表扬与批评这把“双刃剑”为教学提供有利条件。当然，表扬要有限度，过分激励使内部动机变为外部动机（德西1971），可能会适得其反。当学习已经成为某些学生快乐的源泉（内部动机）时，过分肯定（外部动机）就会失去原有的功效，甚至会使个体从事活动的兴趣降低。所以，表扬和奖励只是一种激励手段，教师要利用这种手段并最终淡化这种手段，进而强化学习本身带给学生的快乐。

第七，归因训练：归因就是学生对自己学习结果的自我评价。一个阶段的学习过后，学生对自己失败的原因可以有多方面的解释，有人说自己对大学英语学习还不适应；有人说自己对英语课程的理解还不够深刻；有人承认自己不够努力；有人认为自己缺乏学习策略；等等。以上归因都有合理性。但是，心理学给予我们的提示是，当个体把成功归因于努力时，他产生的是积极的情绪体验；而当个体把失败归因于缺乏努力时，会导致诸如自我惩罚之类的消极情绪体验。所以，当完成一项学习任务时，教师应指导学生进行成功和失败的归因，帮助学生找到成功和失败的真正原因，从有利于今后学习的角度进行积极的归因，尽可能降低归因带来的负面影响。

第八，体验成功：当一个人控制特定事件的努力遭受多次失败后，就会停止这种尝试，他还会将这种直觉泛化到其他情境中去。这就是著名心理学家 Martin Seligman 的习得无助实验。在英语学习中，有相当一部分学生有习得无助感，他们不能给自己设立奋斗目标，遇到困难就自暴自弃，为了避免体验失败，他们会选择较低的目标。重复不变的消极方式带来的是重复不变的英语学习行为问题。针对习得无助的学生，教师应改变评价观念，对这类学生采取积极的评价，培养他们良好的自我概念，不要拿自己的短处和别人的长处相比，帮助他们进行正确归因，引导他们正确认识自己和他人，使他们看到自己的特长和能力，这种学习中的安全感有利于习得无助的学生实现自我价值，避免破罐破摔的不良行为的形成。

第九，重视学习中的迁移：迁移，就是一种学习对另一种学习的影响。它既可以是先前学习对后继学习的影响，也可以是后继学习对先前学习的影响。一般来说，把一种学习对另一种学习产生的积极影响，称为正迁移；把一种学习对另一种学习产生的消极影响，称为负迁移。作为当今世界教育改革流行的口号，迁移已经被用来衡量学校工作效率的尺度。学习的迁移是知识学习中的重要环节，对学习能力的形成产生重要影响。心理学家和教育学家们一直十分重视教与学的迁移作用，美国心理学家 Thorndike1901 年就知识迁移进行了著名实验，对学习迁移的条件、过程和规律进行了探索，他指出，学习迁移对学生学习新知识、掌握新技能有明显的影响和作用。学习迁移要建立在扎实的基本功基础之上，基本功越扎实，迁移就越广泛。迁移不是自动发生的，它需要教师教会学生迁移学习策略，引导学生充分认识学习策略的异同，促进学习正迁移，体现学生“能学、愿学、会学”的目标。学生在知识迁移的过程中，对自己的学习行为进行不断的检查和调整，形成自我反思、自我调整的有效机制，进而主动为自己规划自我学习历程，最终培养他们自我诊断、自我矫正、自我完善和自我实现的良好学习行为。以 passive voice 为例。语法知识不是大学英语教学的重点，语法应更多体现在应用上。教师可就“被动语态的概念及基本构成、为什么要使用被动语态、英汉被动语态的区别、比较实际应用文（如通知、规则）中的被动语态与主动语态的区别、如何培养英语被动语态的学习意识”等问题引发学生的思考。让学生将被动语态的语法规则迁移到大学英语的语言应用上来。应注意的是，大学英语的语法教学切莫重复中学教师的教学方法，要给已知知识不断注入新鲜的感觉，促进学生知识学习和思维方式的正迁移。

第十，做中学：加拿大心理学研究者 N. J. Slamecka 在研究记忆时，提出了“产生作用”（generation effect）。“产生作用”指在记忆过程中（如记忆单词），产生条件下（即自己说出某个单词）比被动地看这个单词的回忆效果好。“声音帮助记忆”的理论依据尚不明确，但这与 Slamecka 的“产生作用”似乎有着某种相关的联系。“打开书本什么都知道，合上书本什么都不知道”，这是许多人复习功课时出现的现象。利用记忆的“产生作用”可以很好地解决这个难题。“产生作用”是在记忆过程中“做中学”（learning by doing），是促进记忆主体更投入、更努力的结果。“做中学”是当前教育改革的重要理念之一，这就从实践角度证明了产生效应的科学性和普遍性。运用 Slamecka 的这一原理，可以帮助学生克服英语学习“记不住”的消极心理，矫正他们的记忆行为。

四、学生行为矫正中存在的问题

学生英语学习行为的矫正是一项长期任务。主观上，教师还需要进一步转变思想，要充分相信学生的潜能，放手让学生参与；客观上，目前英语课堂班级过大，人数过多，不利于学生的课堂参与。我们还需要从教育管理入手，加大改革力度，切实把英语学习责任、空间、自由和快乐还给学生。

教学方法呆板、课堂气氛乏味、极少关心学习者的不同社会背景和个人认知特点，结果，大部分学习者视外语学习如劳役，事倍功半。然而，就是在这种背景下，还是有不少学生成功地掌握了一门或多门外语。我们应该很好地研究他们的成功原因和学习行为。

知识管理理论提倡创造一种环境使知识获得、储存、应用、交流、传播更加科学、合理化，使知识更充分地发挥其创造价值的作用，最大限度地利用知识，形成个人的学习风格。它把知识分为隐性知识（tacit knowledge）和显性知识（explicit knowledge）。隐性知识是指难以通过文字和语言等外在形式表达的知识，如英语学习的技巧、方法、语感等；显性知识与隐性知识相反，是指可以通过语言和文字等外在形式表达的知识，如课本、图书等。知识管理所要掌握的是上述两种知识的转化与应用。教师需要对两类知识进行深入的探讨和研究。在教学环节中，尽可能用知识管理的手段将显性知识和隐性知识进行正确处理，让学习效果达到最优化。总之，如何运用教育心理学关于学习行为分析的原理，通过知识管理的介入，来纠正学生英语学习的不良学习行为，从而帮助学生完成自主学习的任务，仍然是英语教师面临的现实问题和挑战。

五、未来寄语

在剖析学生不良学习行为的同时，教师也要注意观察学生的有效学习行为。外语学习是一个极其复杂的心理过程，也是积极的过程，教师应善于引导学生充分利用原有和现有知识，获取新知识，巩固旧知识。还要对学习者的学习策略加以因势利导，充分利用学习策略提高语言学习能力。交际能力属于人类一般能力的一部分，不要把语言交际能力与应具备的一般能力割裂开来，去人为地制造英语学习的恐惧气氛。

学生有效的学习行为表现在多个方面。教师要尽可能尊重不同学生的个体差异，不要因为任何原因对其造成损害。任何学生的学习都具有一定的建构性，教师不能视学习者为被动的接受机器，每个学习者都在自己原有的知识体系中对新信息进行编码，建构自己的理解。教师还必须认识到，多数学生具有展示自我的欲望，这些行为对于学生的英语学习会起到积极的促进作用。建构主义强调把所学知识与一定的真实任务情境挂钩，突出体现了教育与现实世界之间的联系。有人说，现代教育与社会之间存在的不仅是空间上的距离，更重要的是教育内容、教育过程与真实世界之间的割裂。如果能够通过英语教学让学生走出学习的“金字塔”，则是英语教学对教育服务社会的最好诠释。

参考文献：

[1] 束定芳, 庄智象. 现代外语教学[M]. 上海: 外语教育出版社, 1999.

[2] 中国外语教育[M]. 北京: 外语教学与研究出版社, 2010.

[3] 顾菊华. 英语学习行为研究[M]. 昆明: 云南大学出版社, 2007. 3.

[4] David Gardner & Lindsay Miller. Establishing Self-Access[M]. 上海: 外语教育出版, 2002.

[5] Tricia Hedge. Teaching And Learning In The Language Classroom[M]. 上海: 外语教育出版社, 2002.

[6] 黄济, 王策三. 现代教育论[M]. 北京: 人民教育出版, 2009.

[7] 边玉芳. 教育心理学[M]. 浙江: 浙江教育出版社, 2009.

不忘“长征精神”做人民满意的好老师

施亚梅

（北京印刷学院　印刷与包装工程学院　北京　102600）

摘要：无私奉献是对教师职业的最高期望和赞誉。重温“长征精神”，就是要弘扬为教育事业无私奉献的崇高精神。本文以奉献精神为主题，从高校教师敬业、乐业、勤业三个角度论述了如何在新时期历史条件下，做一名人民满意的好老师，更好地服务于教育、教学改革和培养人才。

关键词：奉献敬业；乐业；勤业

---

80 年前，中国共产党领导的中国工农红军爬雪山、过草地，突破敌人围剿堵截，完成了伟大的战略转移。这场中国乃至人类历史上不畏艰险、不畏牺牲、坚定忠诚的伟大远征成为人们追寻奋斗精神的力量之源。80 年过去了，在物质生活极大丰富、文化发展大繁荣、国家逐步繁荣昌盛的今天，重温长征历史、重拾长征记忆，是用心灵感悟“长征精神”，用行动传承“长征精神”的再次启航。长征是在绝望中寻找希望的勇气之源，长征是充满着无私奉献的精神史诗，作为教育工作者，无私奉献是古往今来人们对教师职业的最高期望和赞誉。重温“长征精神”，对于教师而言，就是要弘扬为教育事业无私奉献的崇高精神。

一、教师的奉献要有敬业精神

师者，传道授业解惑也。作为高校教师，奉献的核心在于教书育人。古语云：“为业师易，为人师难。”2016 年 9 月，北京印刷学院师德先进个人座谈会上，学校党委书记刘超美同志对学校教师提出了期许和要求：一是要怀有对学生的大爱、保持对工作的忠诚；二是要在学习工作实践中不断提高传道授业解惑的能力，力求“道要传得正，业要授得精，惑要解得准”。大学生正处于人生观、价值观形成的关键时期，作为帮助和指导学生系好人生第一颗扣子的人，一定要在价值取向、道德情操、行为准则方面为学生做好行为示范。作为高校教师，拥有高尚的人格、扎实的学识素养和不断创新的教育、教学能力才能赢得学生的尊重。

回想起那些对自己影响深远的老师，无疑都是在行为准则和道德方面给自己树立良好榜样的人。在我们身边，也不缺乏这样的好榜样。印刷专业工程专业负责人金杨教授，数十年如一日，每天最早来到单位，最晚离开办公室，作为专业负责人和硕士生导师，金老师工作繁忙但却一直坚持给本科学生进行一对一辅导。课余饭后，常常看到金老师耐心细致地为学生答疑解惑。作为年轻人，我们比金老师有更好的体力和更多的精力，却很难做到像他那样全身心地投入到工作中。包装工程专业李莲芳老师的学生已经毕业好几年，每到教师节都会给学院每位老师送一份小礼物，令大家十分感动。试想，如果没有这些爱岗敬业、无私奉献的老师，学生们怎么会在毕业多年之后，依然记得感激老师的教诲之恩？这些年的职业生涯中，每每遇到困难，总是想起自己的老师和身边的同事，总是觉得对工作的投入还不够，对学生的关心还不足。桃李不言下自成蹊，优秀的老师们从来没有说过什么口号，但却用实际行动阐释了一名教师的价值观和无私大爱。

二、教师的奉献要有乐业意识

教师的奉献要有乐业意识。所谓乐业，就是要热爱自己所从事的职业。作为高校教育工作者，无论是课堂上的老师，还是从事教辅、行政的职员，都在从事着教育这项伟大的事业。任何工作，如果缺乏对工作本身的热爱，就难以全身心地付出，也就难以收获工作所带来的荣誉感。

热爱教育事业，要以学生的成才为荣。孟子说“老吾老，以及人之老，幼吾幼，以及人之幼”，体现的是平等、博爱的精神。每个学生都是家庭的一分子，孩子是每个家庭最珍贵的财富。作为高校教育工作者，正好面临青年学生身心全面发展、价值观人生观形成的关键时期，无论是本科生还是研究生，在他们的思想、学习和生活中，一定还有不少的困惑和难题。作为老师，不仅要关心学生的成绩，还要关注他们的心灵和成长，不仅要看到学生在校期间的三五年，还要引领学生未来的三五十年，只有学生真正成长成才了，老师才会收获事业的成就感。学生永远是学校最宝贵的财富，成才的学生越多，证明学校的教育越成功，学校也能获得更好的社会声誉。

热爱教育事业，要以同事的成就为荣。作为高校工作者，因为分工关系，每个岗位的工作内容和性质有所区别，但大家都为了共同的事业目标而走到一起。滴水不成海，独木难成林，同事之间，既有分工也有协作，有的岗位获得的成果多一些，有的岗位做出的辅助性工作多一些，但任何一项成就的取得，都不可能单靠个人力量。在工作中，大家团结配合，相互学习，相互支撑，共同成长，只有大家的心往一处想、劲儿往一处使，才能克服一切困难，获得事业上的新发展、新进步。

热爱教育事业，要以学校的发展为荣。无论身处哪个岗位，都应该关心和关注学校的发展。大河有水小河满，只有集大家的智慧和力量于一体，才能让学校事业蒸蒸日上。关心学校发展，并不是一句空话，而是应该扎扎实实体现到每个人的具体行动上。关心学校发展，首先要做好个人的本职工作，只有在各自的岗位上认真负责，才能圆满完成学校各项目标；关心学校发展，还要主动思考改进工作方法和措施，只有当各个部门通力配合，高效率高质量地完成既定目标，学校才能求发展求创新；关心学校发展，还要站在学校全局的层面上考虑问题，不能为个别或暂时的利益计较，只有在集体的奋斗中才能实现个人的价值，只有学校的这个“大家”的整体事业发展了，个人“小家”的利益才能得到更好的实现。

三、教师的奉献要坚持勤业行动

业精于勤荒于嬉。要做人民满意的教师，就要保持“空杯”心态，不断学习新事物，不断追求进步，辛勤耕耘无私奉献。

教师勤业要坚持终身学习，努力钻研业务。坚持终身学习是教师资深发展和适应社会变化的重要手段，教师肩负教书育人的重任，如果不能与时俱进地更新知识结构，不能保持对新知识的好奇和敏锐，就难以满足学生的求知欲，难以跟上时代的发展。近年来，随着互联网、大数据技术的发展和成熟，学生获得知识的渠道更加多元，对我们传统课堂和教学手段、管理理念都提出了新的挑战。对一个问题的认知，过去可能更多地依赖老师的课堂讲授、解析；但是现在的学生通过查阅资料、学习网络公开课就能获得更多的信息。教师如何把握主动权，如何更好地组织课堂教学、如何树立威信，都值得我们在具体工作中不断地思考和实践。

教师勤业要关注社会发展，引领行业创新。大学本科是高等教育的基础阶段，是学生在知识、能力、素质各方面发展的关键时期，也是学生认识行业、选择职业的关键阶段。从外部因素上看，高等教育面临很多新的挑战；从学校自身看，“十三五”期间，学校面临着从服务传统印刷包装行业向现代文化传媒行业服务转型，以及从教学型向教学研究型大学转变。在这种内外因素都有变化的条件下，作为教育者的我们，只有更多地关注社会变化、关注行业发展、思考行业创新点，才能不断更新观念、深入研究，更好地服务于教育、教学改革和培养、培育创新型人才。

习近平总书记在 2016 年教师节上谈道：一个人遇到好老师是人生的幸运，一个学校拥有好老师是学校的光荣，一个民族源源不断涌现出一批又一批好老师则是民族的希望。80 年前，正是因为拥有一批对人民有着无私大爱的红军战士，突破敌人的艰难险阻，所以为我们今天的幸福生活开创了新的希望。展望今天，作为高等教育工作者，我们定当牢记“长征精神”，不忘初心，为国家培养人才贡献力量，做人民满意的好老师。

发扬“长征精神”争做“四有”老师

刘 芳

（北京印刷学院 教务处 北京 102600）

摘要：1936年10月，中国红军完成了史无前例的二万五千里长征，“长征精神”引领着中国革命走向了胜利。在经济社会科技文化快速发展的今天，在工作、学习、生活的方方面面，“长征精神”依然指引着我们，高校教师要继承发扬“长征精神”，争做有理想信念、有道德情操、有扎实学识、有仁爱之心的好老师。

关键词：长征精神；“四有”老师

2016年，是中国红军长征胜利80周年。1934年10月到1936年10月，红军跨越了中国15个省份，翻越了20多座巨大山脉，渡过了30多条河流，斩关夺隘、涉险突围，摆脱了千万追兵阻敌，完成了史无前例的二万五千里长征。美国著名记者哈里森·索尔兹伯里热烈赞扬长征“是人类有文字记载以来最令人振奋的大无畏事迹”。《人类1000年》将长征列为人类历史进程中所发生的一百件重要事件之一，对此评价为“从此，中华人民共和国带领着世界上五分之一的人口进入了社会主义”。长征是中国共产党人的骄傲，是中国工农红军的骄傲，是中华民族的骄傲。在经济社会科技文化快速发展的今天，红军长征看似已经成为历史，但长征壮举留下的宝贵精神财富——长征精神，仍然闪耀着时代的光辉引领着我们继续前进。

一、发扬“长征精神”，坚定理想信念

王树增同志的战争系列长篇纪实文学《长征》，以严谨客观的态度审视历史，以全面翔实的史料印证历史，以坚定厚重的笔触展示历史进程中决定着国家前途和民族命运的军事较量和政治对抗。是什么样的精神，一直在支撑着这样一支武

器简陋、缺衣少粮的队伍，经过漫漫长征，转战大半个中国；又是什么精神，使红军在几乎处于绝境的状况下，还对自己的理想充满信心。正是坚定的信念、坚强的意志以及无与伦比的勇敢。习近平总书记10月21日在纪念中国红军长征胜利80周年大会上指出，长征是一次理想信念的伟大远征。崇高的理想，坚定的信念，永远是中国共产党人的灵魂。

理想信念是人性中最坚强的东西，缺少了理想信念，人们就很难经受得起各种考验和打击，理想信念也是一个人世界观、人生观、价值观的集中体现，可以说，理想信念决定着一个人的人生轨迹。我校印刷与包装工程学院金杨教授30年如一日，以认真严谨的态度精心做好各项教学工作，采用直观活泼的授课方式深入浅出地讲解科学原理和技术，创新课程考核方式，以身作则地认真做事，影响、带动学生认真对待学习，促进学生各方面能力的提高，多次被学生评选为“我最尊敬的教师”。学校作为传承文明、培养人才的摇篮，教师作为教书育人的使者，我们都应该为了自己所从事的崇高事业，为了自己所教的莘莘学子，坚定自己的理想信念，努力成为向金杨老师一样的教师，用自己的行动倡导社会主义核心价值观，用自己的学识、阅历、经验点燃学生对真善美的向往，这是教师的职责，也是历史和社会赋予我们的使命。

二、发扬“长征精神”，提高道德情操

长征是人类历史上罕见的不畏牺牲的远征。长征途中，红军在党的利益、集体利益和个人利益发生冲突时，从领导干部到普通士兵，无不表现出顾全大局、勇于奉献、牺牲个人利益、维护集体利益的精神品质。17名战士在敌人的枪林弹雨下抢渡大渡河，22名战士飞夺泸定桥，把生的希望留给别人，把死的危险留给自己。

老师是学生道德修养的镜子。老师对学生的影响，离不开老师的学识和能力，更离不开老师为人处世、于公于私所持的价值观。我校设计艺术学院刘秀伟教授甘将心血化时雨，润出桃花一片红，近12年来，组织、指导学生参加国内外的专业赛事195项，取得国际奖项2个，国家级奖项528个，省部级奖项1025个，获奖人数达3214人次。其中包括2015年世界顶级设计奖项“红点至尊奖”“红点奖”；2014年南京青年奥林匹克运动会中标吉祥物“砳砳”；2008年北京奥运会“同心结”项目中标标志；2013年汉仪新字体中的汉仪小印体等。她从没

计算过，指导学生们参加如此多的比赛要花多少时间，也不计较一幅能获奖的参赛作品需要几易其稿，组织如此多的比赛填表、打印、装裱、上传、交稿需要花费多少精力。当学生获奖感恩老师，邀请刘秀伟老师一同上台领奖，享受荣誉之时，刘老师却婉言谢绝，她说这一刻是属于你的。刘秀伟老师的“捧着一颗心来，不带半根草去”的高尚人格魅力，为学生们所敬重、所效仿。百年大计，教育为本，教育之本在于教师，教师之本在于师德，师德师风是教师素质的核心与灵魂，教师既要教书，更要育人，好老师应该不断提高道德修养，提升人格品质，并把正确的道德观传授给学生，以自己的人格魅力影响学生、引导学生、塑造学生，真正无愧于“人类灵魂工程师”的光荣称号。

三、发扬“长征精神”，掌握扎实学识

长征是人类历史上罕见的不畏艰难险阻的远征，也是我们克服困难、夯实业务基础的精神动力。我们要以红军长征途中遭遇敌军围追堵截时表现出的不怕牺牲、英勇作战的精神，爬雪山、过草地过程中艰苦奋斗、不屈不挠的精神勉励和警醒自己，做好本职工作，不断提升自身的知识技能和业务能力。

扎实的知识功底、过硬的教学能力、勤勉的教学态度、科学的教学方法是老师的基本素质，其中，知识是根本基础。我校机电工程学院李艳教授，在日常主讲“机械设计”“机械原理”等课程的同时，不断进行相关领域的科学研究。2007 年主持的“制秘机改造”项目获全军科技进步成果二等奖，2013 年承担的横向课题“便携式安全箱”获 2013 年军队科技进步三等奖，2015 年主持“外挂上光增值印刷装置”项目获泰国“发明者日”国际发明展银奖。先后主持、参与国家级、省部级科研项目 20 余项。以科研带动教学，将科研融入教学，获得师生的一致好评。社会在发展、时代在进步，教师如果故步自封，只能落后于社会前进的步伐，而被时代所抛弃。教师要给学生一杯水，必须自己先要有一桶水。当今科技日新月异，教育思想、教育理念、教育手段更新突飞猛进，教师需要不断提升自我、完善自我，树立终身学习的观念，将那些先进的教育思想、理念和手段运用到教育、教学当中。

四、发扬“长征精神”，永怀仁爱之心

长征之初，由于国民党军散布的“赤匪”谣言以及当地老百姓对红军的误解，一些群众对红军存在畏惧心理。因此，当他们听说、知道红军要经过时，有的收拾财物逃进深山，有的闭门不出，有的甚至存在敌对情绪。面对这种情况，一方面，红军对群众进行积极的宣传工作，用通俗的语言，极大的耐心同群众接近，纠正他们对红军的误解；另一方面，红军也以自身的行动向群众展示了自己是一支“正义之师”，是同群众心连心，代表他们利益的军队。他们对待群众亲密友善，不拿群众一针一线，帮助群众组织生产、尊重各少数民族的信仰，更有刘伯承与彝族的部落首领小叶丹歃血为盟的感人事迹。正是红军严明的组织纪律性，打动了沿途的群众，他们最终把红军当作自己的亲人，用各种形式表达对红军的支持和爱戴。红军也正是在广大人民群众的支持下，才最终克服困难，胜利会师。

没有学生，就没有老师，更何谈教育，爱是教育的灵魂，没有爱就没有教育。教师所从事的职业应该是“爱的教育”。我校新媒体学院程明智副教授教学过程中对学生严而有度，与同学们真诚相处，关爱学生成长，事事以“为学生好”为出发点。积极开展教学改革，注重学生实践能力的培养，基于“工作室”模式，激发学生学习兴趣，挖掘学生学习潜能，受到同学们和老师们的一致好评，所在专业学生转专业净转入率年均在20%以上。好老师要做到有教无类，宽严相济，要用爱培育爱、激发爱、传播爱，通过真情、真心、真诚拉近同学生的距离，滋润学生的心田。好老师应该把自己的温暖和情感倾注到每一个学生身上，用赞赏增强学生的信心，用信任树立学生的自尊，让每一个学生都健康成长，让每一个学生都享受成功的喜悦。

“长征精神”引领着中国革命走向胜利，今天学校中也有很多老师在默默地践行着“长征精神”，用自己的高尚师德教育、影响学生。传授知识、培养人才，本是神圣的事业，我们只有坚定教书育人、为人师表的信念，不断加强自身修养，提高自身素质，用良好的师德师风纯洁我们的校园，浸润学生的心田，才能真正无愧于我们的神圣职责和崇高使命，做一名崇高师德的践行者。

永远在路上

王　燕

（北京印刷学院　机电工程学院　北京　102600）

摘要：教师应做有理想信念、有道德情操、有扎实功底、有仁爱之心的“四有”好教师，作为一名教师，在践行社会主义核心价值观与实现中华民族伟大复兴的“中国梦”中，“师德”是至关重要的。自担任高校教师以来，我不断加强自身的业务水平与思想建设，勤勉工作，在日常教学、科研、学生教育等工作中，以高尚的道德去塑造学生的灵魂，引导学生形成正确的人生观、价值观，实现“经师”与“人师”的统一。

关键词：师德；高校教师；教学

师者，所以传道授业解惑者也！——唐代韩愈《师说》

作为一名教师，“传道”是第一位的。古人云：“经师易求，人师难得。”作为一名教师，应该是“经师”与“人师”的统一，更应该以“传道”为己任，心中要常怀国家和民族，明确意识到肩负的是国家使命和社会责任。“诲人不倦”——永远在路上。

众所周知，在第30个教师节上，习近平总书记号召全国教师应做“四有”好教师——有理想信念、有道德情操、有扎实功底、有仁爱之心。在这“四有”中，有三项与师德有关，所以，作为一名教师，在践行社会主义核心价值观与实现中华民族伟大复兴的“中国梦”中，“师德”是至关重要的。

有一首诗说，“理想、信念是灯塔”，信仰如同心灵的灯塔、不屈的脊梁、高扬的旗帜。人生有了它，就会照亮航程，高奏凯歌；事业有了它，才会高标前行，追求卓越。

作为一名平凡的高校教师，每当站在三尺讲台上，总能够令我心潮澎湃，看着孩子们渴求知识的眼神，我知道，教师就像一泓圣洁的泉水，不仅可以照见学生的全身，更能照见学生的灵魂。我和同人们乐为红烛、甘为人梯，人民赋予了我们“人类灵魂工程师”的称号，也把我们誉为祖国的“辛勤的园丁”，祖国交付给我们“托起明天的希望”的重任。教师应该以高尚的道德去塑造学生的灵魂，以身作则，引导学生形成良好的行为习惯、正确的人生观和价值观。

自担任自动化专业导师以来，我对于同学们提出的本专业定位、考研和就业问题，通过电话、微信、面对面方式，及时进行了交流和解答。具体表现在：（1）关心学生德、智、体、美的全面发展，帮助学生树立崇高的人生观和价值观，并与学生互留联系方式；（2）帮助学生了解所学学科、专业的发展方向。帮助学生了解所学学科、专业的知识结构体系和各课程之间及其与相关学科、专业之间的关系。对自动化专业进行了详细的介绍，根据学院的教学计划，将自动化专业分成了自动化物流技术方向与电气传动与控制方向两个专业，对自动化专业定位及特色、培养目标、课程体系结构设置、集中实践教学安排表等进行了介绍。（3）在选课、专业发展方向选择、学习方法、职业生涯设计等方面进行指导。尤其是详细讲解了核心课程：电路分析基础、模拟电子技术基础、数字电子技术基础、微机原理与接口技术、自动控制原理、电机与拖动基础、电力电子技术的主要内容及具体应用等。（4）向学生介绍了多种多样的科研活动：自动化教指委主办的全国大学生“飞思卡尔”杯智能汽车竞赛、华北五省（市、自治区）大学生机器人大赛等，培养学生的科学精神和创新能力。

从 2005 年 11 月成为一名光荣的人民教师以来，我不断加强自身的业务水平与思想建设，锻炼提高自己的教学能力，勤勉工作，与教研室和课题组的同人研究更为科学的教学方法，将自身的知识以同学们喜闻乐见的方式输送给他们，习总书记说：“过去讲，要给学生一碗水，教师要有一桶水，现在看，这个要求已经不够了，应该是一潭水。”教师的学识素养应该是三维的，一是本学科素养，这是深度；二是教育素养，这是高度；三是人文素养，这是长度。

作为机电一体化方向硕士生导师，我主要从事传感器与检测技术、信息采集、处理与传输等方面的教学与研究工作。在教学方面，主讲过 13 门课程，主要包括“电路与电子技术”“传感器与检测技术”“模式识别”“神经元导论”“数据库应用”“智能控制”“自动化专业英语”“过程控制系统”“数字信号处理”“自动化概论”等。教学中兢兢业业、精益求精，对学生严格要求，有问必答，每年都完成或超额完成教学工作量，在教务处公布的学生学评教评分中，本人近3年共6个学期所教的10门课的平均分为93.6分，近3年来，每年的教学效果都为优良。积极从事课程建设与教学研究，2011年负责进行《过程控制系统（双语）》校级课程建设；作为主编，编写了《现代测试技术》教材，已于2011年8月由北京大学出版社出版；发表了《自动化专业建设与实践教学的探讨》等教改论文。指导学生参加北京市大学生科研计划项目和学校的大学生科研计划项目，成果显著。积极参与响应社会和学校的各项工作与活动，包括参与专业实习基地建设、实验室建设、机械工程学科建设、学生导学等，出色地完成了岗位工作职责，以及学校与二级学院交给的各项工作。我所在的自动化专业教研室于2012年被评为学校师德先进集体，自动化专业教学团队也被评为校级优秀教学团队。

在科研方面，我始终关注本领域国内外最新研究动向，密切联系生产实际，突出并贯彻科研为社会服务，为企业生产服务的核心宗旨。近几年来，发表核心期刊论文13篇，其中3篇已被EI全文收录，主编书籍2部。主持校级科研重点项目“低功耗Wi-Fi无线传感网研究”、主持北京市青年教师拔尖人才项目“绿色环保振动微能源新型电池的关键技术研究”、主持横向课题“高压试验场远程视频监控软件”“数字化高速裱纸机联动线的研究”4项，参与各级科研项目10余项；以第一发明人获发明专利5件、软件著作权6件，其中发明专利“一种无级变速装置及变步距输纸机”实现了科研转化。

我担任电气11级4班学生班主任，指导大学生研究计划。2015年3月至2016年5月，担任自动化专业主任，认真主导并撰写中英文版本的2015年培养方案，出色地完成了相应岗位的工作职责，以及学校与二级学院交给的各项工作。

教师应常怀仁爱之心，虽然看似与道德情操相差不大，但是我觉得还是存在差异的，道德发生更多地是来自于环境的约束，而仁爱更多地是发自内心的需要。道德回答：“职业规范要求我这么做。”而仁爱回答：“我想这么做，我需要这么做，我必须这么做。”一个人如果有仁爱之心，在制度与人性发生冲突时，人性，比如，教师对某个后进生的态度，提高成绩和呵护尊严，有时候老师忍不住或者把握不好度。再如，班级卫生，在班级卫生出现问题的时候老师的态度是什么，是斥责孩子的无能、不听话，还是反思自己的管理，诸如擎着为孩子负责简单粗暴做摧花辣手的岂止是老师，还有很多无知的家长等。对后进生要心疼不要头疼，对麻烦不要烦，心中有爱，就有更多的包容和期待，就能把自己的姿态放得低一点，才能看到学生们的努力。

一个教师如果怀有仁爱之心，就会正视差异，善待差异，当老师到现在，我发现最有智慧的还是孔子说的“因材施教”和“教学相长”。孔子说：“中人以上，可以语上也。中人以下，不可以语上也。”有的地，天生是金矿，不用你采，它就闪闪发光；有的地，天生就是油田，我们的作用就是发现它的油田，有的出油面比较浅，有的出油面比较深，我们应该讲究智慧与方法；还有的地，天生只能种玉米、大豆，那就帮孩子把玉米、大豆种好。

小小的讲台，咫尺天涯。而这里，孩子的爱，敬业的执着化作一种平淡，无悔地守着一方尘嚣所染的宁静天地。年年岁岁在这里单调重复的生活，却因天性中的信和力，弹奏出无比丰富多彩的旋律。

一个欣赏的眼神，哺育多少自信的种子；一句鼓励的话语，扬起多少理想的风帆；一个美丽的微笑，足以让孩子们心灵沐浴春天般的温暖，因为有了这爱的浇灌，孩子们的心灵才能绿草如茵、繁花似锦。作为实现中华民族伟大复兴的新长征路上的一名平凡而又伟大的人民教师，我愿抱着“春蚕到死丝方尽，蜡炬成灰泪始干”的热情，将自己毕生的精力投入到这份光荣的事业中来。教书育人，诲人不倦——我永远在路上！

无悔的绿叶

张俊玲

（北京印刷学院　外语部　北京　102600）

摘要：以对教育事业的热爱为动力，陪伴关心每一位学生的成长成才；把以身作则看作是为师之道的基石；不断学习，精益求精；以德为本，提升自己，影响学生，达到“润物细无声”的效果。

关键词：以身作则；精益求精；修养；师德

泰戈尔在诗中写道：“花的事业是甜蜜的，果的事业是珍贵的，让我干叶的事业吧，因为它总是谦逊地低垂着它的绿荫。”带着对绿叶精神的追求，带着对教师的崇拜，带着对教育事业的憧憬与热爱，大学毕业后，我义无反顾地选择了教师这一职业，从此踏上了三尺讲台。从任教的第一天起，我便有一个执着的信念：全身心投入教育事业，努力工作、不断进取，尽我最大所能，帮助每一个学生成长。

一、热爱、投身教育事业

我是 1998 年来印刷学院工作的，自工作以来，我一直兢兢业业、认认真真地上好每一节课。直到现在我仍然是提前十分钟到课堂。记得刚来印刷学院时，那时学校大部分教室还没有多媒体，我就拎个录音机楼上楼下地跑，针对学生的情况，带学生听课文录音，或是复习以前学过的内容。现在想来，也是一道亮丽的风景线呢。功夫不负有心人，当年我带的三个班学生的首次四级通过率平均分在 50%，远远超过学校的四级通过率。

由于身体健康的原因，我于 2014 年申请教艺术系的学生，因为艺术系独特的教学特点，使得英语的课程安排相对分散，这非常适合我的身体情况。针对艺术系学生的特点，我狠抓基础，从词汇抓起，每次上课前十分钟都要检查学生的单词预习情况，并针对学生不同的情况进行分析和指导，课堂上尽量做到内容丰富、形式多样，以便能够激发学生的学习兴趣，我教的一个艺术班在今年6月的四级考试中通过率为47. 5%。两个班的平均通过率为31. 7%，远远超过艺术系的平均通过率。

二、尊重、关爱每位学生

每一个学生都渴望得到老师的理解和尊重。尤其是现在的孩子，个性强，更希望得到老师的关注。在日常教学中，我非常注意与学生的关系，不论他们的成绩如何，我都会平等对待他们，因为每个孩子都有他独特的地方，再者，由于他们和我自己的孩子年龄相仿，我也会把他们当作自己的孩子来对待，发现问题后，我会耐心细致地询问，在学习上帮助他们，在生活上关照他们。只有我们把学生看重了，学生得到了老师的尊重，他们才会尊重老师，愿意学习这个老师所传授的各种知识。在教育中要尽力做到严中有爱、爱中有严，如果我们把学生当成天使，那么我们的课堂就像是天堂般的温馨，相反，我们就会觉得上课是一种敷衍，是一种痛苦。

三、思想、行为以身作则

教师的言行对学生的思想、行为和品质具有潜移默化的影响，教师的一言一行，都将给学生的成长带来一生的影响。因此，在教学过程中，我一直严格要求自己，时时刻刻为学生树立好的榜样，凡要求学生要做到的，自己首先做到，坚持严于律己。众所周知，教育就是一朵云吹动另一朵云，一棵树摇动另一棵树，一颗心灵感动另一颗心灵。我们要学会并善于发现学生的优点和特长，让每一个学生都能得到充足的发展。所以，我觉得“润物细无声”才是最好的教育，我们不是也常说“身教重于言教”吗？！

四、勤奋、刻苦钻研业务

精通教学业务是教师之所以成为教师的关键。只有精通业务，才能将先进的、前沿的科学文化知识及时地传授给学生。如果学生提出的问题，教师总是不能准确地解答，久而久之，老师在学生心中的威信就会逐步丧失，学生对教师也就没有了信心，对教师所任教的学科也不可能有很大的学习兴趣，自然也就不可能学好这门课程，提高教育教学质量也将成为一句空话，所以，我在任教之余，一直努力提高自己的教学业务水平，自觉坚持学习和参加业务培训，并虚心向同事们学习，努力在教学实践中锻炼和提高。教师这个职业要求我们一定要与时俱进、孜孜不倦地学习，积极进取，开辟新的教学方法，并且要做到严谨治学、诲人不倦、精益求精。只有这样，我们才无愧于“教师”这个称号。

五、加强、提升师德魅力

“学高为师，身正为范”，在教师的道德素质中，最核心的一点就是奉献的精神，一个人之所以能够受到他人的称赞和社会的褒奖，就是因为他具有能够牺牲自己的利益，为他人和社会作出贡献的品质。在工作中，我们要有精益求精的态度；生活上，我们要有乐观向上的心态，作为一名教师，必须不忘修品练功，树立良好的教师形象。“桃李不言，下自成蹊”，教师是学生瞩目的焦点和榜样，我们必须努力学习，提高自我修养，方能成为学生心中的楷模。教师只有修品练功，以自己的人格魅力、学术魅力和工作魅力去感召和吸引学生，才能发挥良好的示范作用，获得学生的爱戴和敬重，从而使学生亲其师，信其道。

如今，在人人奔钱看的市场经济大潮的冲击下，作为教师的我们，往往是囊中羞涩的，但我们在精神上是富有的，有谁能像我们一样，一举手、一投足，一个美丽的微笑，一个鼓励的眼神，一句关切的话语，就能拨动一个个美妙的心弦，就能带给学生无限的欢乐？！

我是教师，就要奉献，时刻不忘自己的责任。当鲜花绽放于阳光之下，是绿叶最快乐的日子；当果实成熟于金秋时节，是园丁最欣慰的时刻；我是一片绿叶，一片快乐的，无悔的绿叶……

参考文献：

[1] 泰戈尔. 飞鸟集[M]. 北京: 人民文学出版社, 2007.

师德为本，坚守平凡，争做“四有”辅导员

慈妍妮

（北京印刷学院　新闻出版学院　北京　102600）

摘要：新形势下，高校辅导员需要坚持以理想信念为先，以道德情操为基，以扎实学识为器，以仁爱之心为力，做“四有”辅导员，做好大学生思想政治教育工作。

关键词：辅导员；师德；理想信念；道德情操；扎实学识；仁爱之心

辅导员是高校教师队伍中一个最为特殊的群体，既充当了负责学生日常思想政治教育工作的学生管理者角色，又扮演了言传身教、引领学生健康发展的学生导师角色。对于学校来说，其是学生和学校间重要的信息沟通桥梁；对于学生来说，其也是他们大学生涯的引路人与护航者。

在从事多年辅导员工作后，笔者深刻地认识到，辅导员能否体现真正的价值，其根本便在于能否将师德作为自己工作的根本，以激发自己的不懈动力，坚守在平凡的辅导员岗位上。这种以师德为本的具体表现，恰恰与2014年习近平总书记在北京师范大学座谈时劝勉广大教师争做“‘四有’好老师”的期许不谋而合。所谓师德，就是指教师在教育活动过程中，所形成并通过其教学活动和日常生活而对学生及周围的人们产生特殊影响的行为准则和道德风范，而“做好老师，要有理想信念”，“做好老师，要有道德情操”，“做好老师，要有扎实学识”，“做好老师，要有仁爱之心”这四个方面正是对师德表现给予了高度总结，也为广大高校辅导员指明了如何以师德为本、坚守平凡的工作方向。

一、理想信念为先

高校作为培养人才的重要场所，其不仅重于学生专业知识的传授，更重于健全学生人格的养成。相比一般高校教师课程上的知识传授，高校辅导员作为学生日常生活的重要管理者，其先天与学生近距离的特点，使得其具备了非同一般的模范表率作用。人们常说“有什么样的教师，就有什么样的教育；有什么样的教育，就有什么样的学生”。如何塑造学生崇高的理想信念，就不能仅仅以学生为主，作为辅导员也是这个塑造过程中的重要参与者与执行者。若要以师德为本，全心全意服务于学生，辅导员自身正确坚定的理想信念便成为首要前提。

身为主导学生思想意识的辅导员队伍，在与学生接触的日常工作中，就要表现出坚定的共产主义信念，坚持正确的政治方向，灵活运用马列主义的理论，帮助学生解决现实生活中的各种问题。尤其在当前复杂的社会环境下，针对高校学生个性多样化的时代特点，要在宣传党的方针、政策和服从社会稳定的大局上，时刻与党中央保持思想、政治和行动上的高度一致。这种目标就要求高校辅导员队伍在繁忙的日常工作中，在合理安排时间前提下，尽量多地自主进行党的理论、方针、政策学习，同时积极结合自身工作，总结经验与教训，反思自身理想信念的不足之处。

二、道德情操为基

我国西汉时期文学家扬雄曾言：“师者，人之模范也。”在当今社会，为人模范的基础便是道德情操。育人首正己，为师先养德。高校教师队伍其道德情操，时时刻刻显露在工作之中。师德中的“德”字，便是教师道德情操的高度凝结。《论语》有言：“其身正，不令而行。”学生对于教师不仅是听其言，更观其行，教师在学生眼中是为人的模范。辅导员在与学生的频频接触中，德行是给予学生最为直接的印象。一个辅导员的德行，决定着其在所负责学生群体心中的地位与形象，而这也直接影响着辅导员工作的开展是否能够取得成效。

在当前形势下，高校是培育与践行社会主义核心价值观的重要基地。因此，高校辅导员自身“立德”要紧密贴合社会主义核心价值观，真正在个人层面做到“爱国、敬业、诚信、友善”，从而引领学生自觉践行社会化主义核心价值观。辅导员宣扬良好的道德情操，并非是“短、平、快”的运动式行为，其需要的是一个长期持久的过程。其既要求辅导员不断陶冶完善自身道德，又要求辅导员在日常工作中，不能仅仅以简单的数字、百分比等指标考量自己的工作成果，而是要强调以情育人，结合中国优秀传统文化，弥补单纯专业教育在学生人格培养上的不足，促进学生的全面发展。

三、扎实学识为器

高校辅导员的主业是对学生进行思想政治教育，这就直接要求辅导员自身应具备扎实的学识储备，对马列毛邓理论、政治学、经济学、心理学等学科基本原理的掌握，以及具备较强的组织管理能力和语言、文字表达能力及教育引导能力、调查研究能力等。辅导员要想尽职尽责、全心全意服务于学生，仅仅是思想意识、道德情操上有所凭借，是绝对不够的。辅导员态度上积极主动，其落脚点便在于能够以科学合理的手段开展学生工作，其背后所主导的正是辅导员自身的扎实学识。辅导员唯有以扎实学识为手段，通过崇高的师德予以驾驭，其工作方能有所成效。

辅导员所需具备的扎实学识，绝不能止步于求学阶段所掌握的专业知识理论。教育部思政司组织编写的《高等学校辅导员培训教程》中规定了辅导员的素质和能力要求，并将其细分为11大类。《普通高等学校辅导员培训规划（2013—2017年）》（教党〔2013〕9号）对辅导员职业培训作出了具体的规定，包括思想政治理论教育、专业素养提升和职业能力培养等。教育部2014年印发的《高等学校辅导员职业能力标准（暂行）》进一步充实和规范了辅导员职业能力的内涵，职业知识包括基础知识和专业知识，职业能力标准分别对初级、中级和高级辅导员工作内容、能力要求以及相关理论和知识作出了不同要求。因此，这就要求辅导员始终处于学习状态，站在知识发展前沿，刻苦钻研、严谨笃学，不断充实、拓展、提高自己。

四、仁爱之心为力

高校辅导员要以师德为本，就需要认清能够驱使自己从事工作的动力来源。作为一名从事教育工作的教师，面对一个个鲜活的生命，只有发自心底的仁爱之心，才能驱使着自己不断前行。作为辅导员，虽然年龄与高校学生相近，但是从本质上讲其仍是一名对学生负责的人民教师，和其他专业教师一样，都需要用爱去教育和感染学生。追根溯源，能够驱使教师不断前行、获得不竭动力的是以师生相互信赖为基础的尊重、理解和关怀，这也就是所谓的仁爱之心。

辅导员面对学生任何一个小小的言行，都会对学生在校学习生活产生极大的影响。所以作为一名合格的辅导员，首先，要具备对学生的爱心。爱学生不等于无条件地赞赏鼓励，而是严格要求下的倾心爱护、衷心赞赏，要相信学生，相信每个学生都能够成为有用之才。其次，如今高校学生个性鲜明，独生子女的特有成长环境，让他们缺乏对他人的关爱之情。所以，高校辅导员对学生除有爱心之外，还要让学生在获得尊重、信任的同时，学会自我教育、自我完善，也就是所谓的“助人自助”，授人以鱼不如授人以渔，教会学生如何爱自己、爱他人、爱社会。爱心是学生打开知识之门、启迪心智的开始，爱心能够滋润浇开学生美丽的心灵之花，而辅导员的点滴工作正是仁爱之心“润物细无声”的实践。

高校辅导员岗位是平凡的，但同时也是体现高校教师队伍师德精神的重要窗口。成为一名合格的、优秀的高校辅导员，付出辛勤的努力是必需的，而在这段努力的进程中，可以理想信念为先，可以道德情操为基，可以扎实学识为器，可以仁爱之心为力。广大辅导员的朋友们啊，就让我们在这平凡的岗位上持之以恒地用心坚守，化身成一座座黑夜中的明亮灯塔，指引着广大学子磨砺前行！

用“心”引领大学生健康成长

曹　进

（北京印刷学院　设计艺术学院　北京　102600）

摘要：引领大学生健康成长重在用“心”，加强班级建设在大学生健康成长中，显得尤为重要。结合自身实践总结经验，围绕大学生班级建设，提出系列可行性建议：坚持以学生为本，用心关注学生成长；注重学生干部群体的培养，用心树立学生群体中的标杆模范；开展以学习为中心的品牌活动，用心调动专业学习积极性。

关键词：大学生；班级建设；学生干部；品牌活动

一、坚持以学生为本的班级建设

在大学的班级建设中，更应该加强班级的特色建设，针对不同的专业、不同的班级应进行属于本班的特色班级建设。在班级建设中，我一直坚持具体事情具体分析，针对不一样的班级对班级建设提出不一样的意见和建议。坚持以学生为本，坚持立足于学生的角度。“一切为了学生，为了一切学生，为了学生的一切”。从学生的内在需要出发，帮助学生形成正确的需要层次和结构，为学生成长创造各种可能的条件，最大限度地激发学生内在动力，把工作实实在在地放到育人为本这一工作价值目标上来。我在对全年级班委召开班委会的时候强调：班级建设必须面向每个学生，尊重、关心、教育、引导好每一个学生，突出学生的主体地位，尊重学生个性的张扬与优化，最大限度地满足每一个学生成长的需要。

荣获2015—2016学年北京印刷学院优秀班集体第一名的14级品牌2班，是我带领建设班集体的优秀体现。我对同学强调，班级建设应该以学生为本，所有事情的组织和开展，需要深入了解学生需要什么。学生是在不断成长的，在其成长过程中有诸多因素导致他们各有差异。要花时间用心沟通，深入学生中间了解和关心学生所思所想，解决学生成长过程中遇到的各种认知问题、心理问题和思想问题，如自制力差、学习落后、人际关系不好、情感受挫、经济困境、就业困扰等问题。在融入学生的同时，也适时地从学生中“抽离”出来，把握真正的公平、公正，正是这样才赢得了学生的信赖，学生也因此乐于接受教育，教育才能收到良好的效果。

我带领着班委在班级建设中打下了信任的基础，也为品牌2班后期开展的学风建设和思想建设等方面的活动做了结实的铺垫。在班级建设中，坚持从思想建设出发、从学风建设出发、从集体活动出发。在我不断的强调和耐心的指导下，品牌2班班委带领着班级同学在政治思想品德方面：积极向党组织靠拢，尊敬师长，同学之间相互友爱，相互帮助；在学风建设方面：按时完成作业；注重专业实践培养；培养科学严谨的学术态度和科研精神，配合班委工作，向班委提出有建设性的建议并指出班上不良的现象，促使班级及时改进；在班级集体活动方面：积极参加各项活动，开展与专业相关的讲座和参观活动、开展与榜样面对面交流的活动、开展针对学风建设，举办相应的主题班会、举行学生集体生日晚会、团队训练游戏、志愿者活动等来增强班级凝聚力。

二、坚持“桥梁”作用的学生干部培养

学生干部是学生和老师之间的桥梁和纽带，是学校内的一个特殊群体，是教育管理中的重要对象，又是教育管理最基层的组织实施者。学生干部对广大学生具有引领作用，加强学生干部队伍建设对学风建设具有重要作用。通过学生干部这一“桥梁”把良好学风建设的理念传达给学生，潜移默化地改变学生的观念。

在学生干部的培养中，坚持以培养一支政治素质高、思想品德过硬、工作责任心强、学习成绩好、生活作风正派、协作精神强、表率作用突出的领导班子为目标，以学生干部切实做到榜样带头作用，组织领导同学开展活动为落脚点；以“多分享、多交流”为基本沟通方式；以培养具有高度责任感、积极进取精神和较好的自我教育、自我管理、自我服务能力等优势为吸引点，开展了多项学生干部培养活动。

作为年级辅导员，我组织开展了多次加强班团干部修养的主题团校培训，针对不一样的课题，邀请不同领域的学生来进行经验传授，这样不仅能对学生干部有一定的指导引领的作用，还能将学生干部的榜样带头作用发挥出来。让学生干

部明白，作为学生干部不是只做活动、不用学习的，而是应该全面发展的，应该在集体中发挥学生干部特有的作用。通过系统的培训，也让学生干部的思想统一到学校整体的学风建设上来，保证在实际工作和生活中言行一致，倡导优良学风建设。带领广大同学共建良好的学习氛围，为学校的学风建设工作的顺利开展保驾护航。

三、坚持以学习为导向的活动品牌建设

在活动开展方面，我秉持着开展对学生有帮助，与专业相结合的活动为宗旨，每年都会组织开展多项与专业相关的主题活动，将活动开展落到实处，与学风建设相结合，与学生专业相匹配。

“大学学生，最主要的任务还是学习！活动的开展为的是让大家可以和专业学习更好地融入，提高兴趣，而不是成为大家不好好学习的借口。”在思想上矫正了学生对活动和学风建设之间关系的误区，要以正确的思想来统领学风；在这之后就是将活动载体和学风建设相结合，在活动载体方式上创新，激发其成才欲望，增强其学习的主动性、积极性和创造性。

组织开展的设计艺术学院第二课堂主题分享会：把专业知识和第二课堂活动相结合，邀请各专业优秀学子对不同专业进行讲解，经验传授和分析，有利于吸引学生的关注点，有利于学生真正汲取专业精华。风筝节和创意集市：将学生专业手工动手能力和创新创意相结合，不仅能提高学生的动手能力，而且能和专业知识相结合，创新方式，吸引更多的同学参与。在无形中就将学风建设落到了实处，将学生活动也落到了实处。

四、总结

坚持班级建设以学生为本的原则，有利于班主任对班级同学的了解，有利于班委对班级活动的开展，有利于形成有特色、凝聚力强的优秀班集体；坚持对有“桥梁”作用的学生干部培养，有利于培养出有能力的学生骨干，有利于在学生集体中发挥榜样带头作用；坚持以学习为导向的活动品牌建设，与学风建设相结合，开展的活动不再枯燥无味，不再无意义；与专业相结合，与学生自身相结合，调动学生的积极性，将活动开展得丰富多彩。

弘扬“长征精神”，做好本职工作

王秀玲

（北京印刷学院　网络信息中心　北京　102600）

摘要：人无精神则不立，国无精神则不强。作为高校教师，要努力弘扬“长征精神”，不忘初心，爱岗敬业，求真务实，为人师表；要以革命先辈为榜样，从自身做起、从身边做起，脚踏实地做好本职工作，在构造和谐的自我发展、构造和谐的身边环境的同时，为师生提供优质的服务，真正做到师德似雨露、润物细无声。

关键词：长征精神；高校教师；师德

人无精神则不立，国无精神则不强。精神是一个民族赖以长久生存的灵魂，唯有精神上达到一定的高度，这个民族才能在历史的洪流中屹立不倒、奋勇向前。伟大长征精神，作为中国共产党人红色基因和精神族谱的重要组成部分，已经深深融入中华民族的血脉和灵魂，成为社会主义核心价值观的丰富滋养，成为鼓舞和激励中国人民不断攻坚克难、从胜利走向胜利的强大精神动力。

——习近平在纪念红军长征胜利 80 周年大会上的讲话

1936 年 10 月，中国工农红军进行了举世闻名的长征。红军从江西瑞金出发，纵横 11 个省，长驱二万五千里，排除万难，胜利到达陕北。

光阴荏苒，一晃 80 年过去了。80 年前，一群衣衫褴褛、意志如钢的共产党人，在后有追兵、前有堵截的崇山峻岭、荒原戈壁，硬是靠着一种永不屈服、革命到底的坚定信念，艰难跋涉、战天斗地，硬生生靠着自己的双脚，走出了革命斗争的最低谷，走向了抗战胜利、全国解放、新中国成立的新的辉煌！80 年前，泸定桥边、大渡河畔珍藏了他们英勇无畏的身影；雪山草地、高山峻岭留下了他们坚毅执着的脚步；四出奇兵，赤水河记录着他们胜利后的笑容；三军会师，会宁载歌载舞恭贺他们创造人间神话。80 年前，先辈用他们的热血和生命谱写了

“惊天地，泣鬼神”的长征之歌，他们表现的英勇是史无前例的。80年前的长征是中国革命史上一幅无比壮丽的历史画卷，是人类军事史上一个空前的奇迹，是中国共产党的伟大壮举，是一部气吞山河的英雄史诗。

前事不忘，后事之师。80年后的今天，我们重温长征的历史，并不是号召大家再次用脚步去丈量那漫长的征程，而是要我们用心灵去感受、去领悟“长征精神”，去传承、去发扬“长征精神”，进而培育我们新时代的“长征精神”。坚定的信念和必胜的信心是战胜困苦的精神动力。长征途中，先辈们脚下踏着华夏坚实的土地，手中高擎着民族振兴的大旗，心中升腾着祖国飞翔的梦想。正是这样不屈不挠的理想信念，永远激励着我们一定要将“长征精神”融入我们的本职工作中，在新的长征路上继续奋勇前进。

作为一名高校教师，我应该从自身做起、从身边做起，构造和谐的自我发展，构造和谐的身边环境，为师生提供优质的服务，在本职工作中，真正做到师德似雨露，润物细无声。

弘扬“长征精神”，不忘初心，爱岗敬业。习总书记在讲话中说：“人无精神则不立，国无精神则不强。精神是一个民族赖以长久生存的灵魂，唯有精神上达到一定的高度，这个民族才能在历史的洪流中屹立不倒、奋勇向前。”作为惯称“人类灵魂工程师”的教师，只有守住了爱岗敬业的精神家园，才能在传道授业解惑的道路上不断续写新的长征。我总觉得，一个人是否快乐，不是取决于他在什么岗位，而是取决于他爱不爱自己的岗位。一个教师要工作得快乐，就要努力建设爱岗敬业的精神家园。通常，人与本职工作有五种境界：①无心无意；②三心二意；③半心半意；④一心一意；⑤舍身忘我。人若在无心无意、三心二意的境界中工作，即使做了大官，也还是不满足、不幸福、不光荣，还是要继续争名夺利、思想浮躁，甚至见利忘义，从而远离精神家园，迷失自我；若在一心一意、舍身忘我的状态下干工作，即使种地、做工、做普通的农村教师，也会心灵宁静、信念坚定、思想深沉……因为他们有着坚固温馨、爱岗敬业的精神乐园。

我们的社会要大步发展，恰恰需要的是这样一心一意、舍身忘我地工作的人。他们敬重自己所从事的事业，一心致力于事业，千方百计地把事情办好。传统的师德认为，教师应该恪守自己的职责，明人伦、修教化。“诲人不倦”“有教无类”是对敬业精神的最高概括，它体现出对教育事业执着的爱、对学生真诚的爱、对从教的非凡乐趣。这种热爱教育的敬业精神至今都有深远的影响，成为一代又一代教师的精神食粮。

但是近年来，由于受国际国内复杂形势的影响，在市场经济大浪的冲击下，少数教师淡漠了社会责任感和奉献意识，敬业精神不强，急功近利。所以，我们的大学校园里出现了这样的情况：有的教师责任心不强，对本职工作三心二意，甚至毫无兴趣，把主要精力放在与教书育人毫不相干的事情上，而在课堂上要么照本宣科、满堂人机共灌，要么天马行空、“乱弹棉花”，要么迟到早退，上课应付、马虎，教学效果差；有的教师不在乎学生的课堂反应、不关心学生的个性发展、更不尊重学生的个体差异、只教书不育人；有的教师出言不逊，伤害学生的自尊心；有的教师不注意自身形象、自身修养，并且把个人好恶带到课堂上来，缺乏人格魅力，无法做到言传身教；有的教师只注重个人发展，缺乏团队精神，不关心集体利益；有的教师利用多媒体上课，课后不关多媒体机柜，任由公共资源长时间浪费；有的教师明知不能将粉笔等物丢到多媒体机柜中，可还是无视规定，随心所欲地放置粉笔、板擦等物，以致多媒体机柜内“狼藉一片”，非常影响后面上课老师的情绪等。从这些小事情上就可以反映出一个人道德素养的高低。

实践证明，一个受到良好教育并有强烈责任意识的教师，比没有责任意识的教师成长要快，而且在人生道路上也比较容易有所作为。一个对国家与社会有高度责任感的、具有强烈敬业精神的教师，不仅能给学生传授科学文化知识，还能通过自身的人格魅力不断影响学生，给学生以战胜困难的勇气和智慧，帮助学生不断修正前进的方向。

中华民族历来有“敬业乐群”“忠于职守”的优良传统，既然选择了教师这个职业，就等于选择了一种人格的类型，就要做有魅力的师德教育，敬业和爱生是教师这个职业的核心。而且在现代社会，传统师德的内涵已经大大丰富，我们不仅仅追求“苦干”，我们更希望讲究效率，希望运用教育技术、信息技术的先进理念和手段来“巧干”，希望在职业生活之外拥有健康而丰富多彩的生活空间，所以，我们更提倡师德的一种新的境界——“智慧”和“发展”。因此，在信息资源极大丰富的现今，教师的师德教育与自我反省显得尤为重要。弘扬“长征精神”，坚定革命的理想和信念，坚信正义事业必然胜利的精神，保持心灵的宁静，认认真真地做事，兢兢业业地做学问，正是高校师德建设的核心。

弘扬“长征精神”，求真务实，为人师表。习总书记在讲话中强调：“历史是不断向前的，要想达到理想的彼岸，就要沿着我们确定的道路不断前进。每一代人有每一代人的长征路，每一代人都要走好自己的长征路。今天，我们这一代人的长征，就是要实现“两个一百年”奋斗目标、实现中华民族伟大复兴的中国梦”。“长征胜利启示我们：心中有信仰，脚下有力量；没有牢不可破的理想信念，没有崇高理想信念的有力支撑，要取得长征胜利是不可想象的”。作为教师，教好书、育好人，求真务实，把教书和育人有机地结合起来，是我们的信仰。

教师首先要严格要求自己，要有高尚的品德，处处为学生做榜样，为人师表。在学术造诣上，教师应树立终身教育的观念，积极主动地学习新知识，掌握新信息，不断完善和提高自己，特别是要具备本学科高深和广博的知识。常言说得好：要给学生一杯水，教师必须备有一桶水。在课堂上，教师不仅要交给学生本学科的知识，更要有发展的眼光，要注意培养学生再学习的能力。常听有同学这样说：“这门课的学习，既紧张又愉快，关键是教师教学水平高，要求严格，我们学得有兴趣。”而有的老师由于种种原因，授课过程中不严格要求学生，结果出现许多学生旷课的现象。当然，有些时候，不仅仅是教师的原因，但这至少说明教师的敬业精神、工作态度、治学方法等都会对学生产生不同的影响。

曾经在“高等教育管理干部培训平台”中学习“大学教学的七大原则”时，给我印象很深，讲课中老师强调：“①鼓励师生之间的密切接触；②发展学生之间的合作和互助精神；③鼓励能动学习；④给予及时反馈；⑤强调完成任务过程中的时间管理；⑥高期望的沟通与传播；⑦尊重天赋差异与学习方式的差别。”从这七个原则中我们不难发现，教学过程是一个以学生为主体的教学过程，要注重与学生的沟通技巧，并在与学生“做朋友”的过程中，积极鼓励学生、启发学生，要以身作则，对学生潜移默化，做好学生的表率和楷模，正所谓“润物细无声”。这样说来，教学同样是一个培养学生个体成长的长期而艰巨的任务。教师在完成这个任务过程中也是在不断地完善自己的过程，包括师德的体验与收获，从而丰富自己的精神世界，建设真正的精神家园，就能在尽责的同时更深切地享受到人生的快乐。叶圣陶先生说：“教育工作者的全部工作就是为人师表。”德国教育家第斯多惠也曾指出：“教师本人是学校里最重要的师表，是直观的最有教益的模范，是学生活生生的榜样。”只有在教书育人的工作中，淡化名利、心系师生，才能做好教育长征的宣言书、教育长征的宣传队、教育长征的播种机。

历史承载着我们的过去，蕴含着对未来的启迪，“长征精神”是我们中华民族宝贵的精神财富。“长征精神”将伴随中华儿女不断缔造辉煌。今天，我们以革命先辈为榜样，脚踏实地做好本职工作，长征在我们脚下再出发，以实际行动告慰英烈们。“长征精神”不朽！

青年教师如何做“四有”好老师

赵　珊

（北京印刷学院　新媒体学院　北京　102600）

摘要：在新时期的教育形势下，作为高校青年教师担负着时代赋予的神圣使命，必须要以习近平总书记提出的“有理想信念、有道德情操、有扎实学识、有仁爱之心”的“四有”目标严格要求自己，努力使自己成为符合时代要求、锐意进取、德才兼备的高素质教师，争做党和人民满意的好教师。

关键词：高校；青年教师；“四有”好老师

教育是振兴中华民族的希望，而振兴教育的希望就在于教师，而青年教师在高校教师队伍中比重较大，是学校的主力军，充满活力，是一支对学生教育产生较大影响力和感染力的有生力量，青年教师的成长关系着学校未来的发展。2014年，第30个教师节来临之际，习近平总书记在北师大同师生座谈会上，提出当代教师应该甘守三尺讲台，争做有理想信念，有道德情操，有扎实知识，有仁爱之心的“四有”好老师，这一要求正为当代高校青年教师的职业发展指明了方向。

每一位高校青年教师都应该以“四有”教师为指导，将它作为自己的职业操守和行为准则，规划自己的教师职业生涯，做好本职工作，为学生的未来和学校的未来做出贡献。作为一名高校青年教师，我时刻牢记习近平总书记的嘱托，以“四有”教师作为自己职业的目标定位和最好的职业归宿。对于刚刚进入高校参加工作的青年教师来说，普遍存在“两怕一难”的思想，即刚参加工作，怕影响业务的提高；资历浅，怕在学生中没有威信；没有工作经验，怕工作难打开局面等。我就是带着这种顾虑，担任起新媒体学院数字媒体技术专业的一名专业老师。在做专业老师和班主任的过程中，深感教书育人的重要性。在来校的这三年时间里，有许多的感动，也有很多的愤怒与委屈，同事给了我莫大的帮助，学生们也给过我暖心的支持。我始终坚信，只要坚持，总有一天会成为一个优秀的高等教育工作者。

青年教师要做有“精神”、有“知识”的教师，要有正确的“义利观”。青年教师正处于事业的起步阶段，在各方面发展自身的同时要确定好自己的工作目标，目标坚定才能有前进的方向和动力。“四有”标准从思想、道德、能力、品格四个方面对教师提出了严格要求，对新时期青年教师在处理个人与国家、个人与学校、个人与学生、个人与自身关系时应遵守的行为规范以及应有的道德素养做出了要求。只有把“四有”标准灌注到教师队伍建设，内化于心、外化于行，才能确保高校教师以人格魅力引导学生心灵，以学术造诣开启学生智慧之门。

1. 青年教师要有坚定的理想信念

理想信念是思想政治素养的核心，是人的精神支柱、心灵的灯塔，也是一个人生命意义之所在。理想信念是共产党人精神上的“钙”，当代青年教师如果没有理想信念或理想信念不坚定、不正确，精神上必然也会“缺钙”，也就不能成为学生健康成长的指路明灯。合格的高校青年教师，必须要有坚定的理想信念。崇高的理想信念可以帮助教师确立正确的人生目标，增强教师的责任感、使命感，唤起学生奋发向上的勇气。在当今中国，一名好教师应该心系祖国，将自己的教书育人事业与国家、民族的奋斗目标、前途命运联系在一起，以为人民服务、为中国特色社会主义服务、为改革开放和社会主义现代化建设服务为己任，不断增强对中国特色社会主义的道路自信、理论自信和制度自信，做社会主义核心价值观的践行者和传播者，致力于培养对中华文化、中国精神、中国价值坚定认同的新一代。

2. 青年教师要有高尚的道德情操

“学高为师，德高为范”。教师的职业特性决定其必须是道德高尚的人，他们需要在言传身教的过程中，用自己的道德情操去感染学生、引导学生。人们常常把教师誉为默默耕耘、不辞辛劳的园丁，这是对教师教书育人工作的赞许，更是对教师为人师表、高尚情操的充分肯定。因此，合格的教师首先应该是道德上的合格者，好教师首先应该是以德施教、以德立身的楷模。

教师的道德情操反映的是教师的道德修养和道德境界。教师是学生道德修养的镜子，教师职业的“示范性”特征决定了教师必须是道德情操高尚的人。好教师首先应该是以德施教、以德立身的楷模。合格的高校青年教师，必须要有高尚的道德情操。一个有道德情操的教师，要把敬业爱生作为教育工作的根本准则，献身教育，心系学生；严以律己，为人师表；严谨治学，诲人不倦；终身学习，追求进步；成就自己，成就学生。一个有道德情操的教师，要去除浮躁之气、远离功利之风，执着于教书育人，把心放在学生身上，把根扎在三尺讲台。一个有道德情操的教师，要在自我修养的不断提升中实现道德追求，在教育教学的实践中严以律己，用个人的行为来体现自己的价值观；在日常言行中三省吾身，自觉坚守伦理底线，见贤思齐、景行行止。

3. 青年教师要有扎实的学识

古人说“能者为师”，此论述深刻地揭示了学高才为师的教育哲理。面对当前的信息化时代，经济快速发展、社会日益多元，各种新知识不断涌现，一名好教师必须具备扎实的知识，努力提升自身的学识魅力，才能满足学生绵延不绝的求知欲，促进学生的学习发展和自身的专业成长。一个有扎实知识的教师，首先，应具备精深的学科知识、灵活的教育教学知识以及广博的文化知识；其次，应智商与情商相重，通晓教学、处世、生活、育人的智慧，既授人以鱼，又授人以渔，给学生全方位多层次的教育引导；最后，应树立终身学习的理念，敢于接受新事物、挑战新规则、打破新纪录，能够站在时代发展的前沿，引导学生走向健康智慧的人生之路。

如果教师的知识储备不足，实践能力不强，在教学中必然捉襟见肘。无法在学问和知识上引领学生的教师难以称为师。这就要求当代青年教师必须具备终身学习的能力，与时俱进，不断更新理论知识，熟悉专业技能，以满足学生的需求。教师不能用昨天的知识，教授今天的学生，适应明天的发展。

4. 青年教师要有仁爱之心

众所周知，爱是世界上最美好的情感，也是教育工作诸多方法和原则的核心。好老师的仁爱之心与教师职业道德的核心热爱学生是一脉相承的。教育规律显示，只有热爱学生、帮扶学生的教师，才会真正受到学生的尊敬与爱戴。合格的高校青年教师，必须要有仁爱之心，没有爱心的人不可能成为好教师。教师的仁爱之心体现为尊重、平等，在教育过程中尊重学生的人格，尊重学生的发展规律，充分顾及考虑每一个学生，在师生之间建立起平等民主的关系。教师的仁爱之心体现为仁慈、宽容，对学生的爱要像对子女的爱，慈祥、宽厚，能够包容隐忍其缺点和不足，善于发掘其闪光点，让每个人都能朝自己的努力方向成人成才。教师的仁爱之心体现为激励、鼓舞，站在学生的角度，充分理解每一位学生，激励鼓舞他们面对人生中的挫折和困难，并抱以最乐观的心态和最殷切的期望，帮助每一位学生健康快乐成长。

在当前的多元化时代，当代“90后”大学生带有“以自我为中心，情绪多变”等特点，较之以往，教育教学工作的脉络有了新的不同，给当前高校教育带来了困难。我们每一位青年教师应正确分析和认识学生特点，理解、宽容、接受多样化的学生，挖掘每个学生的潜力，让学生充满自信。有仁爱之心的老师会尊重学生多样化的个性，理解学生差异化的情感，包容学生的种种缺点，善于发现每一个学生的优点和闪光处，相信所有学生通过努力都能成为有用之才。

总之，新时期下的教育环境，决定了高校青年教师的工作更加纷繁和复杂，更加任重而道远。这就需要每一位教师具备过硬的自身思想和理论素质，做好对学生的引导和教育工作，肩负起管理、教育、服务学生的一系列责任，倾注满腔的热情，时时、处处、事事以学生为本，用现代化的教育方式，帮助他们适应新环境，真正成为学生成长成才道路上的引路人。同时，我们在埋头苦干之后，更要静下心来思考总结，如何提高教学效率，不断地改善工作方法，更新教育理念，提升自身素质，在不断的实践中步步成长，努力让自己成为一名有理想信念、有道德情操、有扎实知识、有仁爱之心的“四有”好老师。

甘守三尺讲台　争做“四有”教师

史利红

（北京印刷学院　外语教学部　北京　102600）

摘要：受习总书记对全国教育工作者的谈话鼓舞，我怀着对英语教育事业的热爱，对自己严格要求，努力从三个方面提升自己：①教书育人、循循善诱；②爱岗敬业、甘守讲台；③不断学习，提高科研素质。教师之路任重而道远，今后在工作中，我们应该不断改进自己的不足，不断提高自己的师德素养，在教师的神圣岗位上奉献自己毕生的力量！

关键词：四有教师；教育；外语

习近平总书记在北京师范大学与师生座谈时，谈到要做有理想信念、有道德情操、有扎实学识、有仁爱之心的好老师。习总书记的谈话让全国的教育工作者备受鼓舞，也让作为高校教师的我深受启发。“老师是太阳底下最崇高的事业。”我怀着对英语教育事业的热爱，时时提醒并严格要求自己不断提高自己的师德素养，努力成为一名优秀的人民教师。

《师说》有云：“师者，所以传道授业解惑也。”为师之道，首在师德。师德是教师的职业道德的简称，是教师的道德意识、道德关系和道德活动的总和，是教师在从事教育教学活动、履行教书育人职责时所必须遵守的行为准则和道德规范，也是教师的世界观、人生观、价值观的体现。作为一名高校教师，我们应当努力从以下几个方面提升自己。

一、教书育人，循循善诱

在教学工作中，我们应当认真履行教书育人的职责，关心、爱护学生，尊重学生人格，平等公正地对待每位学生，坚持循循善诱，帮助学生克服困难，减除心理障碍，让他们能够轻松学习，乐于学习。对于基础较差的学生，我们也应当在教学中以鼓励为主，多观察学生的学习状况，摸索提高学习兴趣的教学方法，努力提高学生学习英语的积极性。

二、爱岗敬业，甘守讲台

2011年12月23日，教育部、中国教科文卫体工会全国委员会颁布了《高等学校教师职业道德规范》，并就贯彻落实该规范有关工作发出通知。这是继2008年教育部、中国教科文卫体工会重新修订和印发《中小学教师职业道德规范》之后，首次制定印发《高等学校教师职业道德规范》。该规范从爱国守法、敬业爱生、教书育人、严谨治学、服务社会、为人师表六个方面，对高校教师职业责任、道德原则及职业行为提出了要求。作为一名高校教师我们要热爱祖国，热爱中国共产党，拥护社会主义制度，遵纪守法，甘守三尺讲台，为祖国的教育事业奉献自己的一生。在教学实践中，要积极探索，勇于创新，不断吸收新知识，在科研中，要勇于探索，追求真理，精益求精，实事求是，协同创新。要保持学术良知，恪守学术规范，淡泊名利，才能做到志存高远！

作为一名光荣的人民教师，我们一定要耐得住寂寞，不为纷杂的世界所诱惑，甘守教师的三尺讲台，保持教师的职业操守，教书育人，给学生以启迪，为学生树立榜样，支持鼓励学生的求知欲，为祖国的明天奉献终身！

三、不断学习，提高科研素质

作为一名高校教师，教师的科研素质非常重要。要想给学生一杯水，教师必须要有一桶水。因此，我们必须积极主动地参加各种岗位培训和大学教育继续学习，参与各种科研活动，听取各种学术报告，想方设法提高自己的科研素质和业务水平。要不断学习新知识，更新自己的学术库存，充分利用互联网带来的便利，大量快速地获取相关信息，提升自己的学术水平和专业素养，努力做到教学相长，教学和科研齐头并进！

此外，作为高校教师，我们还应当认真剖析自己，实事求是，正视自己的优势与不足，取长补短，认真做好自我批评，努力提升自己。

教师之路任重而道远，今后的工作中，我们应该不断改进自己的不足，不断提高自己的师德素养，在教师的神圣岗位上奉献自己毕生的力量！

以人为本，以德修身——浅谈高校图书馆师德建设

杨　雯

（北京印刷学院　图书馆　北京　102600）

摘要：高校图书馆不仅是学校文献信息中心，同时担负着服务育人的双重职责，是学校教学工作的重要组成部分。高校图书馆的服务核心是“以人为本，服务育人”，即以读者的全面发展为目标，从读者的根本利益出发，创新服务观念，提升育人水平，以达到服务育人的目的。

关键词：师德；高校图书馆

师德建设是我国高等教育基本建设重要内容之一，也是高教管理的核心主题。师德建设作为高校教师素质教育的重要手段和措施，渗透在高等教育工作的各个环节。高校图书馆不仅是学校文献信息中心，同时担负着服务育人的双重职责，是学校教学工作的重要组成部分。高校图书馆的服务核心是“以人为本，服务育人”，即以读者的全面发展为目标，从读者的根本利益出发，创新服务观念，提升育人水平，以达到服务育人的目的。高校图书馆能否以自身良好的师德，高水准的服务，感召、影响和推动高校师德建设，是高等教育对图书馆提出的更高标准和要求。

书是人类进步的阶梯，是塑造完美灵魂的重要途径。高校图书馆担负着学生自主学习、完善自我、培养文化素质的重要职责。一个大学生在校学习期间，除去正常上课外，大部分时间都要在图书馆度过，在这里，他们不仅得到知识的补充，更能培养其自我探索、自我学习和自我创新的精神，这也给我们每个馆员提出了更高的师德要求，既要启发、引导、帮助他们掌握获取知识的方法，又要以身示范教诲他们做人做事的道理。

“爱”是教育的前提和基础，师德的核心就是尊重和关心学生。图书馆的工作相对于其他部门来说是单调琐碎的。如果没有对工作、对学生的热爱和满腔热情，图书馆的工作就是一潭死水，毫无波澜。以积极、乐观的情绪投入到为学生服务中去，必将影响学生树立自尊、自爱、自信、自强信念，有了这种挚爱，就能在馆员和学生之间筑起一道情感的桥梁，自然形成一种潜移默化的教育氛围。我馆流通部有位老师对待学生就像对待自己的孩子，不仅细心为读者查找学习资料，在平时一些细节上也不忘叮嘱几句。“夏天天气热不要在空调下坐太久，当心感冒！”“要在光线明亮的地方读书”等。这“妈妈式的唠叨”不正是“爱”的体现吗？

古人云：修身、齐家、治国、平天下。即是说从自身做起，推己及人，以道德的力量教化和影响他人，从而达到和谐社会的理想境地。高校图书馆员加强自身修养具有举足轻重的作用。馆员面对的是广大师生读者，从事的是管理、服务和育人的工作，因此，更要注重自己的道德品行，要事事为读者着想，处处以读者为重，要“善以待人，诚以感人，爱以召人，德以化人”。某位年龄较大的教师急需一些研究资料，对电脑、网络不熟悉的他，到了图书馆竟无从下手。误打误撞来到了采编部。按理说，采编部老师的本职工作是图书订购和信息加工。像老教师的这类问题本不在他的工作范围内，完全可以让那位老师去其他部门咨询。但是看到那位老教师焦急的表情，立刻电话联系同事一起帮助他找到了所需要的文献。由于这些资料分散在不同馆藏地，我们这位采编部的老师又陪着这位老教师跑了好几个地方终于收集到了全部资料。

图书馆的服务育人是科学，也是艺术。“十年树木，百年树人”，服务育人这种长期艰苦的创造性劳动决定了图书馆员只有锐意进取，不断自我反思，才不至于沦为只能按部就班、就事论事，毫无教育智慧的“搬书工”，才能使自己的服务育人工作与科学艺术结缘，进而成为专家型的学科馆员。图书馆员要一边总结经验，一边改革创新；一边指导学生，一边研究学问。馆员必须树立终身学习的理念，积极“充电”，不断更新教育观念，及时汲取新知识，获取新信息，研究新学问，促进知识的整合，谋求新的发展和提高。为了更好地提高服务质量，每位馆员根据自身的工作性质定期制订学习计划。就是这样才造就了一批高学历的综合性服务科研团队，为广大师生提供了创新性服务。

图书馆员是图书馆的灵魂，是书刊资料与读者联系的桥梁。借书育人，为人师表是图书馆员的宗旨。图书馆员为读者服务的过程，也是了解读者，与读者进行思想交流、情感交流的过程。图书馆员热爱本职工作，对学生笑脸相迎，工作细心；急读者之所急，想读者之所想，体现了图书馆员的心灵美、行为美，也体现了他们热爱学生、关心学生的高尚情感。图书馆员这种行为与情感，也是人民教师应该具备的。图书馆员高尚的行为与人格的示范作用，能对学生产生良好的影响。

新时期高校图书馆的服务育人工作面临着新的挑战，也蕴藏着新的发展机遇。我相信只要坚持“以人为本，服务育人”的理念，认真学习和实践“育人为本，德育为先”“以身立教，德识相长”的师德师风，不断提高自身道德修养及业务能力，就一定会使图书馆师德建设与服务育人的水平不断提升。